二十一世纪"双一流"建设系列精品教材

 "十二五"普通高等教育本科国家级规划教材

金融风险管理

（第六版）

JINRONG FENGXIAN GUANLI

主　编　邹宏元

副主编　崔　冉

西南财经大学出版社

中国·成都

图书在版编目(CIP)数据

金融风险管理/邹宏元主编;崔冉副主编.—6 版.—成都:西南财经
大学出版社,2024.5(2025.7 重印)
ISBN 978-7-5504-6218-2

Ⅰ.①金…　Ⅱ.①邹…②崔…　Ⅲ.①金融风险—风险管理—高等
学校—教材　Ⅳ.①F830.9

中国版本图书馆 CIP 数据核字(2024)第 107263 号

金融风险管理(第六版)

主　　编:邹宏元

副主编:崔　冉

策划编辑:金欣蕾　李邓超

责任编辑:金欣蕾

责任校对:王青杰　杜显钰

封面设计:墨创文化

责任印制:朱曼丽

出版发行	西南财经大学出版社(四川省成都市光华村街 55 号)
网　　址	http://cbs.swufe.edu.cn
电子邮件	bookcj@ swufe.edu.cn
邮政编码	610074
电　　话	028-87353785
照　　排	四川胜翔数码印务设计有限公司
印　　刷	郫县犀浦印刷厂
成品尺寸	185 mm×260 mm
印　　张	19.875
字　　数	443 千字
版　　次	2024 年 5 月第 6 版
印　　次	2025 年 7 月第 4 次印刷
印　　数	6001—9000 册
书　　号	ISBN 978-7-5504-6218-2
定　　价	49.80 元

第六版前言

从本书第五版出版以来，中国金融业发生了许多重大的变化，同时也面临较大的金融风险。党的二十大报告指出，加强和完善现代金融监管，强化金融稳定保障体系，依法将各类金融活动纳入监管，守住不发生系统性风险底线。根据党的二十大报告中有关金融风险防范和系统管理的精神，我们对本书第五版做了大的修订。主要修订内容如下：

在第一章，更新了图表和数据资料，对中国人民银行的政策目标表述做了更新，增加了对地方金融监督管理局和货币基金的介绍，对股票市场和债券市场的发展和改革部分做了系统的修改，对中国证券业的开放做了新的说明。

在第二章，更新了图表和数据资料，并做了一些新的解释和说明。

在第三章，增加了第七节，介绍了中国商业银行的监管评级。

在第四章，分别介绍了中国银行业贷款市场和存款市场利率市场化的进程。

在第六章，更新了图表和数据资料，增加了商业银行金融资产风险分类的新方法。

在第七章，增加了中国银行业的风险迁徙率和贷款风险集中度的计算和说明。

在第九章，删除了本书第五版中的第一节金融机构国际业务简介、第二节金融机构外汇风险的含义和种类，重新改写了第一节和第二节：第一节为外汇市场和汇率，第二节为国际金融市场上的平价条件。

在第十章，根据 2023 年 11 月出台的《商业银行资本管理办法》重新编写了第三节中国银行业资本充足率的规定。此外，对第四节流动性风险管理和第五节宏观审慎评估体系（MPA）中的指标进行了细化和说明。

在第十一章，根据《商业银行资本管理办法》，重新改写了本章第三节和第四节：第三节为巴塞尔协议的市场风险资本计量要求，第四节为我国银行业对市场风险资本计量要求。在第三节，重点介绍和讨论了市场风险资本计量的新标准法；在第四节，重点介绍和讨论了市场风险资本计量的新简化标准法及其在中国的应用。

在第十二章，重新改写了本章第三节和第四节。在第三节，根据 2017 年巴塞尔银行监管委员会发布的《第三版巴塞尔协议改革最终方案》，重点讨论了操作风险资本计量的新标准法。在第四节，根据《商业银行资本管理办法》，重点讨论了操作风险资本计量的新标准法和基本指标法在中国银行业的应用。

　　本书提供了每章复习思考题的参考答案以供各位读者学习使用。读者可通过扫描位于每章末的二维码获得参考答案。

　　在对本书第五版的修订过程中，广西财经学院金融与保险学院的崔冉老师参加了部分章节的修订工作。

编者

2024 年 2 月

前言

2001 年 12 月，中国正式加入世界贸易组织（简称"世贸组织"，WTO）。这标志着中国金融业对外全面开放，同时也意味着中国金融业会加速改革以适应新形势的要求。伴随金融业的改革和开放，利率的市场化和人民币汇率从较为固定转向更为浮动。这些反映金融产品价格的利率和汇率的浮动，使得金融机构面临更大的风险（如利率风险、信用风险、外汇风险等）。正是出于这种新形势的需要，我们编写了本书。

全书共 11 章。第 1 章由邹宏元执笔；第 2 章由文博执笔；第 3 章由蔡飞执笔；第 4 章由王婷婷执笔；第 5 章由徐娜执笔；第 6 章由曾晓兰执笔；第 7 章由王雨执笔；第 8 章由吴寒梅执笔；第 9 章由蒋惠惠执笔；第 10 章由张蕾执笔；第 11 章由王贵平执笔。全书由邹宏元拟出大纲初稿，并最后总纂。

作为一本教科书，本书力求反映国内外金融风险管理方面已有的研究成果。因此，在写作过程中，我们参考了许多国内外的书籍、杂志、报纸和其他资料，但在每章参考文献中列出的只是其中的一部分。在此，我们对这些文献的作者、编辑和出版社表示感谢，同时也对出版本书的西南财经大学出版社表示深深的谢意。

编者

2004 年 12 月

目录

第一章　中国金融业概论 ································· (1)

　　第一节　加入 WTO 以前中国银行业的发展过程 ········· (1)

　　第二节　加入 WTO 以后中国金融业的发展、改革和开放 ········· (4)

　　第三节　中国的金融体系和结构 ················· (14)

　　第四节　当前中国银行业的风险管理 ··············· (27)

　　复习思考题及参考答案 ······················ (32)

　　参考文献 ······························ (33)

第二章　金融机构的财务报表 ························· (34)

　　第一节　金融机构的财务报表概论 ··············· (34)

　　第二节　银行的资产负债表 ··················· (36)

　　第三节　银行的利润表 ····················· (53)

　　第四节　其他主要非银行金融机构的财务报表：与银行报表的比较 ······ (60)

　　复习思考题及参考答案 ······················ (61)

　　参考文献 ······························ (61)

第三章　金融机构的业绩评价 ························· (63)

　　第一节　盈利比率 ························ (63)

　　第二节　股权收益率模型 ··················· (64)

　　第三节　金融机构业绩的比较 ················· (73)

　　第四节　综合案例的分析——利用银行业经营业绩统一报表分析银行经营业绩

　　　　　　 ····························· (75)

　　第五节　金融机构的综合评价——CAMEL 评级体系 ········· (86)

1

　　第六节　CAMEL 评级体系的应用 ·· （92）

　　第七节　中国商业银行的监管评级 ·· （96）

　　复习思考题及参考答案 ·· （98）

　　参考文献 ··· （99）

第四章　利率风险和管理（上） ·· （100）

　　第一节　利率风险概述 ··· （100）

　　第二节　利率风险的识别与测定 ·· （102）

　　第三节　中国银行业的利率风险管理 ··· （114）

　　复习思考题及参考答案 ·· （118）

　　参考文献 ··· （121）

第五章　利率风险和管理（下） ·· （122）

　　第一节　久期概述 ··· （122）

　　第二节　运用久期模型进行免疫 ·· （131）

　　复习思考题及参考答案 ·· （138）

　　参考文献 ··· （140）

第六章　信用风险和管理（上） ·· （141）

　　第一节　信用风险概述 ··· （141）

　　第二节　贷款种类及特点 ·· （142）

　　第三节　贷款收益率的计算 ··· （147）

　　第四节　信用风险的衡量——信用分析法 ······································· （151）

　　第五节　我国银行个人住房贷款分析 ··· （163）

　　复习思考题及参考答案 ·· （169）

　　参考文献 ··· （171）

第七章　信用风险和管理（下） ·· （172）

　　第一节　贷款集中风险的简单模型 ·· （172）

　　第二节　现代资产组合理论与贷款组合多样化 ·································· （176）

　　第三节　信用度量方法与贷款组合风险度量 ····································· （181）

　　复习思考题及参考答案 ·· （188）

　　参考文献 ··· （189）

第八章　表外业务风险和管理 ………………………………………………………（190）

　　第一节　表外业务与金融机构的清偿力 …………………………………（190）

　　第二节　主要表外业务的收益与风险 ……………………………………（192）

　　复习思考题及参考答案 ……………………………………………………（199）

　　参考文献 ……………………………………………………………………（200）

第九章　外汇风险和管理 ……………………………………………………………（201）

　　第一节　外汇市场和汇率 …………………………………………………（201）

　　第二节　国际金融市场上的平价条件 ……………………………………（210）

　　第三节　金融机构外汇风险分析 …………………………………………（212）

　　第四节　金融机构外汇风险的管理 ………………………………………（222）

　　复习思考题及参考答案 ……………………………………………………（223）

　　参考文献 ……………………………………………………………………（224）

第十章　资本充足率 …………………………………………………………………（225）

　　第一节　资本概述 …………………………………………………………（225）

　　第二节　资本的充足性与巴塞尔协议 ……………………………………（230）

　　第三节　中国银行业资本充足率的规定 …………………………………（243）

　　第四节　流动性风险管理 …………………………………………………（255）

　　第五节　宏观审慎评估体系 ………………………………………………（258）

　　复习思考题及参考答案 ……………………………………………………（260）

　　参考文献 ……………………………………………………………………（262）

第十一章　市场风险和管理 …………………………………………………………（264）

　　第一节　市场风险的概念以及测度的　般方法 …………………………（264）

　　第二节　风险度量模型 ……………………………………………………（268）

　　第三节　巴塞尔协议的市场风险资本计量要求 …………………………（274）

　　第四节　我国银行业对市场风险资本计量要求 …………………………（279）

　　复习思考题及参考答案 ……………………………………………………（286）

　　参考文献 ……………………………………………………………………（287）

第十二章　操作风险和管理 ……………………………………………（289）

第一节　操作风险概述 ………………………………………………（289）

第二节　《巴塞尔协议Ⅱ》对操作风险管理的建议 …………………（293）

第三节　操作风险的度量方法 ………………………………………（296）

第四节　中国银行业关于操作风险的度量方法 ……………………（301）

复习思考题及参考答案 ………………………………………………（304）

参考文献 ………………………………………………………………（305）

4

第一章
中国金融业概论

自 1979 年以来，中国的经济改革取得了巨大的成功，在较长时期内，国内生产总值保持较高的增长。大量的国有企业被改造成为股份制企业，新的私人企业迅速崛起，外资企业大量进入中国，这些都给中国经济带来了活力。

与此同时，以银行为主导的金融业也进行着广泛而深入的改革，已初步建立起包括银行、保险、证券的分业经营和分业监管体系。在本章，我们将回顾中国银行业的发展过程，并介绍中国金融体系和结构，中国金融业的发展、改革和开放，以及当前中国银行业的风险管理概况。

第一节　加入 WTO 以前中国银行业的发展过程

1

一、1979 年以前中国银行业的概况

中国人民银行成立于 1948 年。1949 年以后，中国人民银行依法接管了国民党政府的所有官方金融机构，没收官僚资本。

1954—1978 年，按照苏联的单一的、统一的银行模式，中国政府只保留了两家银行：一家是中国人民银行，另一家是中国人民建设银行。中国人民银行负责全国几乎所有的金融活动。全国所有的信贷资金，由中国人民银行统一管理，各级银行吸收的存款上缴总行统一使用；银行的各种贷款，则由总行按计划指标下达，各级银行在其指标范围内发放贷款。而中国人民建设银行成为财政部的一个分支机构，只负责提供基本建设资金的拨款和进行财务上的管理。这样形成了一个以中国人民银行为中心的"大一统"的银行体系。

二、金融机构的多元化

1979—1993 年，为了适应改革开放的新局面，中国进入了多元化金融体系建设时期。在这一时期，中央银行和专业银行相分离；新的银行、证券公司和保险机构相继成立，中国金融体系开始了第一个转型时期。

如前所述，1979 年以前，中国人民银行既是中央银行，又是商业银行，在执行中央银行货币政策职能的同时也经营所有的存款和贷款业务。为了适应经济发展的需要，1979 年起，中国政府对银行采取了一系列的改革措施。其主要措施是中央银

行和专业银行的分离。

1979 年 2 月，重新组建了中国农业银行。它主要是负责农业部门的贷款和领导管理农村信用合作社。同年 4 月，中国银行从中国人民银行中分离出来，专门从事外汇和国际清算的贷款和存款业务。1979 年以后，中国人民建设银行逐渐从财政部独立出来，发展成为中长期投资信用银行。从 1983 年起，中国人民建设银行正式成为国有专业银行，负责全国基本建设的拨款和贷款。1983 年 9 月，国务院决定中国人民银行专门行使中央银行职能，不再从事国内工商信贷业务和储蓄业务，另外成立了中国工商银行，承办原来由中国人民银行从事的工商信贷业务和储蓄业务。1984 年 1 月，中国工商银行在北京正式成立，其主要业务是为城市工商企业提供营运资本贷款和结算服务，同时吸收工商企业、机关团体以及城镇居民存款。至此，就形成了工商银行、农业银行、中国银行、建设银行（简称"工、农、中、建"）四大银行分揽全国不同专业信贷服务的局面。四大银行在从事信贷业务同时，还要从事各种政策性贷款业务，这样它们并没有成为真正意义上的商业银行。由于它们分别从事不同的专门业务，所以被称为四大专业银行。

在这一段时期，沿海地区和特区经济迅速发展。为了支持这些地区的经济发展，在 1986—1993 年，中国人民银行先后批准成立多家全国性和地区性股份制商业银行①。其中，新成立的全国性商业银行有：1986 年成立的交通银行，1987 年成立的中信实业银行，1992 年成立的中国光大银行和华夏银行，1995 年成立的民生银行。而新成立的地区性商业银行有：1986 年成立的中国招商银行，1987 年成立的深圳发展银行，1988 年成立的广东发展银行和福建兴业银行，1992 年成立的上海浦东发展银行、烟台住房储蓄银行和蚌埠住房储蓄银行。

值得一提的是，在此期间成立的区域性商业银行一共有 9 家，到了 2004 年，保留下 7 家。海南发展银行于 1998 年关闭；1999 年 3 月，中国光大银行兼并了中国投资银行。目前，一些区域性商业银行已发展成全国性商业银行。

三、建立双重银行体制

1993—1997 年是中国金融体系的第二个转型时期。在这一个时期，中国的市场经济已经基本形成。为了使中国金融体系适应这一市场经济的需要，1993 年，《国务院关于金融体制改革的决定》和《国务院关于进一步改革外汇管理体制的通知》发布，开始了中国新一轮的金融体制和银行体制的改革。

这一时期的金融体制和银行体制的改革主要有如下几个方面：①把中国人民银行转型为在国务院领导下执行货币政策和金融监管职能的现代中央银行；②把国有专业银行转变为国有商业银行；③银行、证券和保险实行分业经营；④建立银行间统一的拆借市场、债券市场和外汇市场；⑤在城市信用社的基础上开始组建城市商业银行。

为了使四大专业银行变成真正的国有商业银行，1994 年中国政府批准成立了三家

① 全国性和地区性商业银行之间的不同仅是区域上的限制。

政策性银行，目的是把政府直接指导下的政策性借贷业务从商业银行经营业务中分离出去。这三家政策性银行分别是：①国家开发银行，负责为国家基础建设进行融资；②中国进出口银行，负责国际贸易融资；③中国农业发展银行，负责为农业发展提供融资。

1995 年，《中华人民共和国中国人民银行法》《中华人民共和国商业银行法》《中华人民共和国保险法》等先后颁布。这些法律文件为中国金融改革和银行改革提供了一个法律上的框架，同时也确立了中央银行和商业银行分离的双重银行体制。《中华人民共和国中国人民银行法》正式确定了中国人民银行作为中央银行的两大职责：一是在国务院的领导下制定和实施货币政策，二是对金融业（包括商业银行、证券公司和保险公司）实施金融监管。银行、证券和保险开始分业经营。原来隶属于中国人民银行和商业银行的各个证券公司从银行体系中分离出来，独立进行经营。

此外，在金融市场方面，1994 年中国实现了汇率并轨，建立起统一的全国性银行间外汇市场。1996 年，形成了统一的全国性货币市场，即银行间拆借市场和债券市场。

四、防范金融风险

1998 年至 2001 年是中国银行体制转型的第三个时期。发生在 1997 年 7 月的东南亚金融危机，对中国的经济和对外贸易产生了重大影响。在此背景下，中共中央、国务院于 1997 年 11 月在北京召开全国金融工作会议，这次会议确立了这一时期金融体制和银行体制改革的目标——防范金融风险。

为了加强对金融机构和银行的监管，从 1998 年起，中国人民银行不再承担对证券业和保险业的监管职能。中国证券监督管理委员会（简称"中国证监会"）和新成立的中国保险监督管理委员会（简称"中国保监会"）分别承担对证券业和保险业的监管。至此，中国正式形成了银行业、证券业和保险业的分业经营和分业管理的金融体制。

为了增强国有商业银行的竞争力，1998 年财政部发行了 2 700 亿元特别国债，专门用于补充国有商业银行的资本金。针对四大国有商业银行存在的大量不良资产，1999 年成立了信达、东方、华融和长城四家资产管理公司，专门收购和处置四大国有商业银行的不良资产。到 2000 年年底，这四家金融资产管理公司共接收四大国有商业银行 1.4 万亿元不良贷款。

此外，为了使中央银行的分支机构摆脱地方政府的行政干预，中国人民银行也做出了重大的结构性调整。1998 年，中国人民银行撤销了 31 家省级分行，组建了九大跨省的大区分行和两个营业管理部，使其能独立地实施货币政策并进行金融监管。加入 WTO 后，为了使中国人民银行专注于货币政策的制定和实施，2003 年 4 月 8 日，中国银行业监督管理委员会（简称"中国银监会"）正式成立。中国银监会分担了原来中国人民银行的监管职能，将所有银行纳入其监管范围。这样就形成了以中国人民银行为中心实施货币政策，中国银监会、中国证监会、中国保监会分业监管的政府金融宏观调控和监管体系。

2001 年年底，中国加入 WTO，中国金融业进入新的发展时期。对于这一发展时期的分析，参见本章第二节。

第二节　加入 WTO 以后中国金融业的发展、改革和开放

2001 年 12 月 1 日，中国正式宣布加入 WTO。按照 WTO 的市场准入和国民待遇这两条基本原则，中国政府承诺将在五年内全面开放金融业。外资金融机构的进入，必然促使中国的金融机构进行深层次的改革，这样才能在激烈的竞争中求得一席之地。在本节，我们将分别介绍加入 WTO 以后中国金融业的发展、改革和开放。

一、加入 WTO 以后中国金融业的发展和改革

(一) 银行业的发展和改革

加入 WTO 以后，为了营造一个稳定的金融业环境，首先就要求建设安全、健全的银行业。这时银行业的改革主要针对以下三个方面展开。

1. 重组国有大型商业银行

早在 1999 年，东方、信达、华融、长城四大国有金融资产管理公司就剥离了工、农、中、建四大国有商业银行 1.4 万亿元不良资产。

2003 年年底，中国政府决定重组和改革五大国有商业银行（四大国有商业银行加上交通银行）。改革的目标是在 2006 年年底（加入 WTO 的五年过渡期内）把这些国有商业银行改造为资本充足、内控严密、运营安全、服务和效益良好、具有国际竞争力的现代化股份制商业银行。

2004 年国有商业银行的股份制改革，采取了市场化的运作方式，如剥离不良资产、国家外汇储备注资、引入战略投资者、公开上市等。

（1）剥离不良资产方面。

2004 年，信达金融资产管理公司以 50% 的折扣价格收购了中国银行和建设银行出售的 2 787 亿元可疑类贷款。东方和信达两家金融资产管理公司剥离了中国银行 1 424 亿元、建设银行 569 亿元、交通银行 640 亿元损失类贷款。2005 年，东方、信达、华融、长城四大金融资产管理公司剥离了工商银行 4 500 亿元可疑类贷款。加上 1999 年剥离的 1.4 万亿元不良资产，共计剥离了 2.2 万亿元不良资产。通过这几次剥离，五大国有商业银行的不良贷款率从原来的 25% 左右下降到了 5% 左右。

（2）国家外汇储备注资方面。

2003 年 12 月，中央汇金投资有限公司（简称"汇金公司"）成立。2004 年 1 月，汇金公司拿出国家 450 亿美元外汇储备注资中国银行和建设银行。2004 年，交通银行以定向募股的形式补充了资本金 191 亿元，其中包括财政部、汇金公司、社保基金分别注资的 50 亿元、30 亿元、100 亿元。2005 年 4 月，汇金公司对工商银行注资 150 亿美元。2008 年 11 月，汇金公司对农业银行注资 190 亿美元。

（3）引入战略投资者方面。

战略投资者是指与发行股票业务联系紧密且欲长期持有发行公司股票的机构投资者。五大国有商业银行不光引入了境内的战略投资者，而且还引入了境外战略投

资者。在引入境外战略投资者方面，2004年8月，交通银行引入了汇丰银行，当时汇丰银行持股比例为19.90%。2005年6月，美国银行分阶段入股建设银行，最终持股份额为19.90%。2005年7月，淡马锡的全资子公司——亚洲金融控股入股建设银行，持股份额为5.10%。2005年，英国苏格兰皇家银行、新加坡淡马锡、瑞银集团、亚洲开发银行、全国社保基金入股中国银行。2006年1月，高盛入股工商银行，持股份额为8.89%。

（4）公开上市方面。

在经过不良资产剥离、国家外汇储备注资和引入战略投资者以后，五大国有商业银行就开展了上市工作。2005年6月，交通银行H股在香港交易所（简称"港交所"）上市。2005年10月，建设银行H股在港交所上市。2006年6月，中国银行H股在港交所上市。2006年7月，中国银行A股在上海证券交易所（简称"上交所"）上市。2006年10月，工商银行A股和H股同步分别在上交所和港交所上市。2007年5月，交通银行A股在上交所上市。2007年9月，建设银行A股在上交所上市。2010年7月，农业银行A股和H股分别在上交所和港交所上市。至此，五大国有商业银行的股份制改革基本完成。

2. 改革农村信用合作社

当中国城市的经济发展迅速的时候，人们开始寄希望于广大的农村地区，想让它们成为中国经济增长的另一个热点。而这一切都依赖于农村金融机构运行的良好程度。在2003年下半年，国务院决定改革农村信用合作社，并在8个省（直辖市）进行试点改革。2004年就进入全面的改革时期。农村信用合作社的改革集中在其所有权的转变，以及管理效率和经营机制的改善方面。总的来讲，农村信用合作社的新模式主要有以下三种形式：

①各省级政府组建省级联社；

②组建统一法人的农村商业银行（如北京市、上海市）；

③组建两级法人的农村合作银行（如天津市）。

这些新组建的农村银行可自行决定采用股份制、合作制、股份合作制三种制度形式的任意一种。此外，还可自行决定采用农村商业银行、农村合作银行、以县（市）为单位统一法人、县乡两种法人四种组织形式的任意一种形式。到2008年年底，全国共组建了22家农村商业银行、163家农村合作银行。

对于农村信用合作社这样一种新的管理模式，中央政府给出的指导方针是"国家宏观调控、加强监管，省级政府依法管理、落实责任，信用社自我约束、自担风险"。

3. 重组小型银行和困难银行

原中国银监会对小型银行和困难银行进行全面的评估，在加入WTO以后的3至5年里有计划地对这些银行进行清算和重组。在改革的过程中还要注意轻重缓急，如果改革得过快反而对金融体系是一种破坏；如果改革得太慢，成本又是高昂的。同时，公司治理的改善以及信用文化的建立是改革过程中的附带产品。

（二）保险业的发展和改革

1979年2月，中国人民银行召开了全国分行行长会议，决定恢复国内保险业务。1979年5月至6月，先后推出企业财产保险、货物运输保险和家庭财产保险三个险种。同年9月至11月，上海、重庆等地率先开始经营国内保险业务。在一直延续下来的涉外保险的进出口货运险业稳步发展的同时，来料加工、建筑工程等新险种业务也陆续发展起来。

1986—1992年，新疆生产建设兵团农牧业生产保险公司、中国平安保险公司、中国太平洋保险公司等保险公司的相继成立，初步改变了保险市场由中国人民保险公司垄断经营的格局。此后，永安财险、华泰财险等股份制保险公司相继成立，进一步促进了市场竞争。

1992年，友邦保险在上海设立分公司，一种全新的保险营销模式——个人营销代理制开始进入中国，同时也标志着中国保险市场开始对外开放。随后，这一模式被国内各寿险公司采用。这一保险营销模式的引入也推动了中国保险产品的创新，各寿险公司逐步将业务发展重点向个人业务转移，开发了一大批针对个人需求的寿险产品和健康险产品，寿险产品结构发生了很大的变化，由从简单人寿保险、团体意外伤害保险及养老年金保险为主逐步变为以生存和养老风险保障为主的传统人身险。

1995年，《中华人民共和国保险法》颁布，以法律的形式确立了产、寿险分业经营的原则。1996年，中国第一家合资寿险公司——中宏人寿保险有限公司成立。1996年，中国人民保险公司改建成集团公司，下辖三个子公司，而后更名为中国人民保险公司、中国人寿保险公司和中国再保险公司。2000年，新疆兵团保险公司完成分业经营体制改革，改名为"新疆兵团财产保险公司"。随后，中国太平洋保险公司和中国平安保险公司相继完成了分业经营体制改革。

1998年11月，中国保监会成立，负责统一监督管理全国保险市场。

加入WTO以后，保险业于2003年完成了国有公司股份制改造上市，并建立了较为规范的公司治理结构框架。中国逐渐形成了以偿付能力、公司治理结构和市场行为监管为三大支柱的现代保险监管框架。

（三）股票市场的发展和改革

改革开放以来，中国经济开始从计划经济转变为市场经济。在这一经济转变过程，企业的股份制改造也开始出现，进而产生了对股票市场的需求。1984年，上海飞乐音响发行的股票，被认为是改革开放后发行的第一批股票。1986年，中国工商银行上海市信托投资公司静安证券营业部率先对其代理发行的"飞乐音响"和"延中实业"股票开展柜台挂牌交易，这意味着股票二级市场的初步形成。1990年11月，上海证券交易所成立，1990年12月深圳证券交易所（简称"深交所"）成立，这标志着改革开放后集中交易的资本市场开始形成。从这时起，股票市场大约经历了如下三个发展时期：

1. 探索成长期（1990—1999年6月底）

在20世纪90年代初期，全国出现一些地方性的股票交易场所。1993年，中央开始整顿各地股票交易场所，决定股票交易只在上海证券交易所和深圳证券交易所进行，从而形成了全国统一的证券交易市场。在市场制度初步形成方面：1993年

4月，实行了额度管理的审批制度；在1994年，对上市公司退市做出了规定；1996年，又将额度管理改为指标管理；1996年12月，对股票交易实行了10%的涨跌停板制度。在对外开放方面：1991年，在上交所和深交所推出了以外币认购和买卖的B股，B股也就是注册地和上市地都在中国境内的外资股；1993年，青岛啤酒在港交所挂牌。在法律法规建立方面：1993年4月，国务院发布了《股票发行与交易管理暂行条例》；1998年12月，《中华人民共和国证券法》颁布。在逐步形成统一监管体制方面：1992年10月，中国证监会成立，统一负责全国证券业、期货业的监管。

2. 规范发展时期（1999年7月—2012年年底）

1999年7月，《中华人民共和国证券法》正式实施。此后，资本市场得到进一步规范发展。在这一时期，除了主板外，中小企业板的设立、创业板的设立，以及全国中小企业股份转让系统的设立等，标志着我国多层次的资本市场体系初步形成。此外，在这一时期，实施了股权分置改革，并实行股票发行核准制，形成了全国统一的证券登记结算体系，开展了一系列提高上市公司治理的专项活动，正式建立起上市公司退市制度，并规范了证券公司的发展等。

3. 改革发展新阶段（2013年至今）

2013年1月，全国中小企业股份转让系统正式揭牌运营。2019年，科创板设立并试点注册制。这一时期，区域性股权市场规范发展。这些意味着多层次资本市场体系基本形成。在这一时期，股票发行注册制的全面推进、交易制度的进一步完善、并购重组市场改革的进一步深化、退市制度的进一步改革等，标志着资本市场制度建设取得了较大的进展。

在我国股票市场的发展和改革过程，有如下几个方面的重大改革值得一提：

1. 股票发行制度改革

中国的股票发行制度，经历了从审批制到核准制，再到注册制的转变过程。在20世纪90年代股票市场建立初期，股票发行实行的是审批制。审批制是指采用行政和计划的办法来分配股票发行的指标和额度，由地方或行业主管部门根据指标来推荐企业发行股票的一种发行制度。2001年3月，我国正式启动股票发行的核准制。核准制是指从原来由政府选择发行股票企业，改为由市场中介机构来选择和推荐发行股票的企业，同时承担相应的法律责任。核准制的思路是，让专业人员分析企业的财务数据和信息，来决定股票是否上市发行。与指标管理和行政推荐的审批制相比较，核准制是一大进步。2019年7月，上交所设立科创板，并在科创板试点股票发行的注册制。2023年2月，中国证监会宣布全面实行股票发行的注册制。注册制的核心是，要求发行人充分披露投资者做出价值判断和投资决策所必需的信息，并确保信息的真实性、准确性和完整性。

2. 股权分置改革

20世纪90年代，上市公司设置了流通股和非流通股两类股份。其中，发起人股东、控股股东或实际控制人股东持有的股份是不流通的，这实际上使得股份处于分置状态。在不流通的股份中，国有股占到了70%。在股权分置的情况下，两类股

7

东的利益诉求存在着重大的差别。2005 年 5 月，股权分置改革正式启动。股权分置改革的重大意义在于，确立了股票市场的全流通时代，形成了两类股东的共同利益。

3. 多层次股权市场体系的建立

到目前为止，我国股权市场已基本形成了包括主板、中小板、创业板、科创板、新三板以及区域性股权市场等在内的市场体系。在 20 世纪 90 年代初期，上交所和深交所只有主板。主板市场是股权市场的主体，主要是指国民经济和行业中的支柱企业。2004 年 5 月，深交所开始在主板市场内设立中小企业板。中小企业板主要服务于中小企业，是多层次股权市场的一个重要组成部分。2008 年以来，为了拓展中小微企业股权融资渠道，全国各地成立了一批区域性股权交易市场。随后，经过多年的清理、整顿和规范，已形成了 34 家区域性股权市场，基本形成一省一市场的格局。区域性股权市场主要服务于各省内中小微企业的私募股权市场，是地方政府扶持中小微企业的一个平台。2009 年 10 月，深交所正式开始设立创业板。创业板服务于创新创业的企业。2013 年，全国中小企业股份转让系统（简称"新三板"）正式营业，新三板是为创新型、创业型和成长型中小微企业发展服务的全国性证券交易场所。2019 年 6 月，科创板正式开板。科创板主要服务于符合国家战略、突破关键核心技术、市场认可度高的科技创新企业。

（四）债券市场的发展和改革

1981 年，中国恢复国债发行，标志着中国债券市场正式出现。1985 年，沈阳市房地产开发公司向社会公开发行 5 年期企业债券，这是改革开放后有记载的第一只企业债券。1985 年，中国工商银行和中国农业银行开始在国内发行人民币金融债券，这表示金融债券首次出现。2005 年，中国人民银行开始进行信贷资产证券化。在 2004 年以前，中国公司信用类债券市场发展较慢，而且品种单一，只有企业债券。在 2005 年以后，我国开始加强债券市场化建设。2005—2014 年，公司债券的发行得到快速发展，并且产品不断创新。从公司信用债发展规模来看，2014 年年末，公司信用债存量为 12 万亿元，是 2004 年年末的 49.2 倍。从产品品种来看，这一时期陆续推出了中期票据、超短期融资券、资产支持票据、定向债务融资工具等。为了支持商业银行股份制改造，中国人民银行先后推出商业银行次级债券、混合资本债等金融债券。2015 年以后，为了支持国家重大战略发展和经济转型，我国推出了更多的债券创新产品，如：绿色债券、碳中和债券、双创债券、扶贫债券、并购票据等创新产品。为了满足金融机构和企业补充资本的需求，我国推出了资本补充债券、永续债券等金融债券。

现在，我们来谈一谈债券的流通市场。1981 年，在恢复国债发行时，没有流通市场，产生了大量国债的黑市流通交易。1986 年以后，在商业银行、证券公司柜台和地方证券交易中心等场外市场，债券转让业务得到开展。1993 年，上交所开展国债现券、期货和回购交易等场内市场交易。1994 年，深交所也开始进行场内的债券交易。1995 年，由于当时场外交易产生了卖空现象和金融诈骗等，所以国家把债券交易全部集中在证券交易所进行场内交易。因此，上交所和深交所是当时合法的债券交易市场。1996 年，大量银行资金通过交易所内债券回购违规进入股市。因此，

1997 年 6 月，国务院要求商业银行全部退出证券交易所市场。与此同时，为了满足银行间持有债券的流通转让需求，1997 年 6 月，全国银行间拆借中心开始进行银行间债券回购和债券现券交易，从而产生了全国银行间债券市场。从此，全国形成了两个主要债券市场：一个是交易所的场内债券市场，一个是银行间的场外债券市场。从 2022 年全年的债券现券交易来看，银行间债券市场现券成交额为 271.2 万亿元，交易所债券市场成交额为 38.1 万亿元。从这些交易数据可知，银行间债券市场已成为最大的债券交易市场。

二、加入 WTO 以后中国金融业的开放

外资金融机构一直以来是中国金融业发展中一个重要的组成部分。早在 20 世纪 70 年代末期，一些外资金融机构开始进入中国。在 2001 年 12 月 1 日中国正式宣布加入世界贸易组织后，越来越多的外资金融机构进入中国市场。在此，我们将回顾外资金融机构进入中国的步伐并简要地介绍中国政府加入 WTO 后开放金融业的承诺。

（一）加入 WTO 以后银行业的开放

外资银行是最早进入中国的外资金融机构，它进入中国的历史要追溯到 20 世纪 70 年代末期。外资银行进入中国银行业经历了如下五个不同的历史阶段：

1. 20 世纪 70 年代末期到 80 年代初期

以日本输出入银行（现为国际协力银行）在北京设立代表处为开端，中国开始允许外资银行在中国设立代表处。截至 1982 年年底，共有 31 家外资金融机构在华设立了代表机构。

2. 20 世纪 80 年代中期到 90 年代初期

外资银行可以在中国的几个经济特区建立营业性分支机构。少数香港的银行在深圳设立了分行。接着，中国批准了外资银行在上海设立营业性分行的要求，之后又逐步扩大了金融开放的领域，大连、天津、青岛、南京、宁波、福州和广州七个沿海城市先后对外资银行开放。

3. 1994 年到 2001 年 11 月，外资银行以分行形式进入中国市场。

1994 年，国务院发布了《中华人民共和国外资金融机构管理条例》，标志着中国政府对外资金融机构监管的正式开始。同一时期，对外资银行开放的城市增加到 23 个。1996 年 12 月，国务院发布《上海浦东外资金融机构经营人民币业务试点暂行管理办法》，允许上海浦东地区的外资银行试点经营人民币业务，这是对外资银行放开人民币业务的一些限制。但此时外资银行的人民币业务，只局限于外国居民和三资企业。1998 年 7 月，中国取消外资银行在中国设立机构的区域限制。

4. 2001 年 12 月到 2006 年 10 月

2001 年 12 月 11 日，中国正式加入 WTO。按照对 WTO 的承诺，中国宣布在 5 年间逐步取消对外资银行经营人民币业务的地域限制。因此，在 2006 年前，外资银行在中国的经营仍然会受到来自地域和业务领域方面的限制。

按照中国对 WTO 承诺的时间表，在地域方面，天津、大连、珠海包括已开放

的上海和深圳成为第一批开放的城市；2002年中国又开放广州、青岛、南京和武汉；2003年继续开放济南、福州、成都和重庆；2004年昆明、北京、厦门成为第四批开放的城市；2005年汕头、宁波、沈阳、西安相继开放；2006年全面开放所有城市。在业务领域方面，中国承诺了将逐步取消对外资银行所从事的业务领域的限制。这些承诺包括：加入WTO时取消外资银行办理外汇业务的地域和客户限制，允许外资非银行金融机构提供汽车消费贷款；加入WTO两年内，允许外资银行对中国企业提供人民币业务服务（人民币的批发业务）；加入WTO五年内，允许外资银行对中国居民提供人民币服务（人民币的零售业务）。

2003年，原中国银监会发布了《境外金融机构投资入股中资金融机构管理办法》，规定单个境外金融机构向中资金融机构入股比例不得超过20%，多个境外金融机构对非上市中资金融机构投资入股比例合计不得超过25%。在此之后，大量外资银行参股中国本土银行。

5. 2006年11月至今

2006年11月，国务院发布了《中华人民共和国外资银行管理条例》，向外资银行开放人民币零售业务和取消开展业务的地域限制等，并承诺对外资银行实行国民待遇。2007年，原中国银监会发布了《中国银行业对外开放报告》，鼓励外国银行设立或者将现有分行转为中国注册的法人银行。2008年国际金融危机对外资银行海外总行造成很大的冲击，大多数前期参加国有大型银行股份制改革的战略投资者开始出售在这些国有大型银行的股份。

2017年以来，我国金融业开放主要体现在金融机构持股比例和金融业务限制大幅放宽。就银行业而言，银行和金融资产管理公司的外资持股比例限制被取消，允许外国银行在我国境内同时设立分行和子行，鼓励在信托、金融租赁、汽车金融、货币经纪、消费金融等银行业金融领域引入外资。2019年7月，国务院金融稳定发展委员会推出"11条金融业对外开放措施"，进一步允许外资机构在华开展信用评级业务、鼓励境外金融机构参与设立、投资入股商业银行理财子公司等。2024年1月，中国政府宣布，允许外商独资100%控股银行和保险公司。

（二）中国保险业对外开放情况以及加入WTO以后的开放承诺

从20世纪80年代开始，外国保险公司获准在中国设立代表处。1980年10月，美国国际集团率先在上海设立代表处。1992年9月，美国友邦保险公司经中国人民银行批准在上海开设分公司，标志着中国保险业市场对外开放。1994年日本的东京海上火险保险公司被批准在上海设立分公司，成为首家外资独资财险公司。1995年11月，中国第一家中外合资的人寿保险公司——中宏人寿保险有限公司在上海成立。同年，中国又将保险开放的试点范围扩大到广州。截至2002年年底，外资保险公司已经达到16家，中外合资保险公司有15家。

2001年11月22日，原中国保监会正式公布中国保险业加入WTO对外开放的承诺。

在外国保险企业进入形式和合资比例方面，我国承诺：对外国非寿险公司，加入时允许设立分公司或合资公司，合资公司外资比例可达51%，加入后2年内允许设立独资子公司；对寿险公司，加入时允许设立合资公司，但外资比例不超过50%，外方可自由选择合资伙伴；对再保险公司，加入时允许设立合资公司、分公司和子公司；对保险经纪公司，加入时允许设立合资公司，比例可达50%，3年内不超过51%，5年内允许设立独资子公司；以上各类保险机构，在地域限制取消后，允许在华设立分支机构。

在地域限制和开放时间上，我国加入WTO后立即开放上海、广州、大连、深圳、佛山；此后两年内，开放北京、成都、重庆、福州、苏州、厦门、宁波、沈阳、武汉和天津；三年内取消地域限制。

在开放的业务范围方面，对外国非寿险公司，加入时允许跨境从事国际海运、航空和运输险及再保险业务；允许在华非寿险公司从事没有地域限制的"统括保单"和大型商业保险业务，允许提供境外企业的非寿险业务、在华外商投资企业的财产险、与之相关的责任险和信用险服务；加入后两年内，允许向中国和外国客户提供所有的非寿险服务。对寿险公司，加入时允许向中国公民和外国公民提供个人（非团体）寿险服务，三年内允许合资寿险公司向中国公民和外国公民提供健康险、团体险和养老金/年金险服务；对保险经纪公司，加入时允许跨境或来华设立机构，从事大型商业保险经纪业务和国际海运、航空、运输险业务以及再保险经纪业务。对在华外国再保险公司，加入时允许开展寿险和非寿险的再保险业务，且无地域或发放经营许可的数量限制。对20%的法定再保险，加入后每年降低5个百分点，直至取消。

2017年以后，我国对外国保险公司开放力度进一步加大。2018年4月，我国将外资寿险占股比例放宽至51%。2018年5月，原中国银保监会批准筹建首家合资保险资产管理公司——工银安盛资产管理公司。2018年11月，原中国银保监会批准筹建首家外资养老保险公司——恒安标准养老保险公司。2019年7月，国务院金融稳定发展委员会公开了11条金融业对外开放措施，取消人身险外资持股51%的比例限制，允许境外投资者持有保险资产管理公司股份超过25%，放宽外资保险公司准入条件。

从目前来看，外资产险和寿险业务已完全放开。但在寿险方面，还存在营销渠道、股权结构和资本金等方面的问题有待解决。

（三）加入WTO以前和加入WTO以后证券业的开放

从1991年下半年沪深B股市场成立以来，中国证券业经历了30多年的开放历程。B股市场的建立是中国证券市场开放的第一步。1991年11月29日，上海真空电子器材股份有限公司成功发行B股，这是境外投资者直接投资中国证券市场股票的开始。

1998年5月，中国人民银行正式批准了5家在上海经营人民币业务的外资银行进入全国银行同业拆借市场。截至2002年年底，已有53家外资银行在银行间债券市场上从事债券交易。

此外，中国证券监管部门还允许外资企业在国内证券市场进行融资。早在行政审批实行期，就有个别外资企业在我国境内上市，如闽灿坤B于1993年6月30日在深圳 B 股市场上市，成为第一家上市的外资企业。2002 年 3 月 28 日，中国证监会公布了《公开发行证券的公司信息披露编报规则》第 17 号通知，明确允许外资企业在我国境内直接上市融资。

1995 年，日本五十铃自动车株式会社和伊藤忠商事株式会社一次性购买了占总股本 25% 的北旅公司的非国有法人股，开了外资并购我国上市公司的先河。2002 年 11 月 4 日，中国证监会、财政部和国家经贸委联合发布《关于向外商转让上市公司国有股和法人股有关问题的通知》，允许外资受让上市公司非流通股股权并对外资受让上市公司非流通股股权进行了规范。2002 年的统计结果显示，外资企业持股比例 25% 以上的 A 股公司有 29 家（不包括同时在境外上市的 A 股公司）；具有外资法人股的 B 股上市公司有 23 家。

2001 年 12 月 11 日中国正式加入 WTO。在同一天，中国证监会公布了我国加入 WTO 后证券业开放的承诺，主要包括以下四个方面的内容：

①外国证券机构可以不通过中方中介，直接从事 B 股交易。

②外国证券机构驻华代表处，可以成为中国所有证券交易所的特别会员。

③允许设立中外合资的基金管理公司，从事国内证券投资基金管理业务，外资比例在加入 WTO 时不得超过 33%，加入 WTO 后三年内不超过 49%。

④加入 WTO 后三年内，允许设立中外合资证券公司，从事 A 股、B 股和 H 股、政府和公司债券的承销和交易以及发起设立基金，外资比例不得超过三分之一。

加入 WTO 后，中国资本市场开始正式对外开放，其对外开放大致可分为如下四时期。

1. 2002 年 11 月到 2010 年 7 月，首次启动合格境外机构投资者（QFII），标志着我国股票市场正式对外开放

2002 年 11 月，我国正式启动 QFII 购买中国境内沪、深两市股票，这标志着我国资本市场正式对外开放。不过，这时的投资领域仅限于国内股票市场，而且投资规模不大。2007 年 4 月，我国启动了合格的境内机构投资者（QDII），允许经审批的中国金融机构投资海外股票和债券。

2. 2010 年 8 月到 2014 年 3 月，中国银行间债券市场正式对外开放

2010 年 8 月，我国允许境外央行、境外人民币业务清算行和境外参加行三类金融机构，在核定额度内投资中国银行间债券市场。2012 年 11 月，我国允许人民币合格境外机构投资者（RQFII）将离岸人民币资金投资到中国境内股票市场和债券市场。2013 年 3 月，我国允许 QFII 投资银行间债券市场。这一时期的特点是境外资金可以同时进入我国境内的股票市场和债券市场。

3. 2014 年 4 月到 2016 年 3 月，我国股票市场对外开放加速和资金双向开放

2014 年 4 月，沪港通正式推出。沪港通是指上海证券交易所和香港联合交易所允许两地投资者通过当地证券公司或经纪商买卖规定范围内的对方交易所上市的股票。前期的 QFII、QDII 和 RQFII 只是资本市场的单向开放，而沪港通的推出才标志着资本市场的双向开放。2015 年 6 月，中国人民银行批准已获准进入银行间债券市场的境外人民币业务清算行和境外参加银行开展债券回购交易。2015 年 7 月，境外

央行、国际金融组织、主权财富基金三类金融机构进入中国银行间债券市场由审批制改为备案制，投资范围可以从原先的债券现券交易扩展到债券回购、债券借贷、债券远期、利率互换、远期利率互换等交易。2015年9月，中国人民银行允许境外央行（货币当局）和其他官方储备管理机构、国际金融组织、主权财富基金参与中国银行间外汇市场。

4. 2016年4月到现在，我国债券市场开放加速，资本市场开放进一步深化

2016年2月，中国人民银行允许认可的中长期境外投资者投资中国银行间债券市场，并且没有额度限制。2016年6月，中国人民银行允许境外金融机构投资中国银行间同业存单。2016年12月，深港通正式开通。2017年4月，中国人民银行允许各类境外机构投资者在银行间市场进行现券交易；还有，境外人民币业务清算行和参加行可在银行间债券市场上进行债券回购交易。2017年7月，北向通开通。债券通，是指境内外投资者通过香港与内地债券市场基础设施机构连接，买卖香港与内地债券市场交易流通债券的机制安排，包括"北向通"及"南向通"。北向通是指境外投资者经由香港与内地基础设施机构之间在交易、托管、结算等方面互联互通的机制安排，投资于内地银行间债券市场。2019年6月，沪伦通开通。沪伦通是指上海证券交易所与伦敦证券交易所互联互通的机制；符合条件的两地上市公司，可以发行存托凭证（DR）并在对方市场上市交易。2019年9月，国家外汇管理局取消了对QFII和RQFII的投资额度限制。2020年6月，跨境理财通推出。跨境理财通是指粤港澳大湾区居民个人跨境投资粤港澳大湾区银行销售的理财产品。2020年9月，中国证监会、中国人民银行、国家外汇管理局正式发布《合格境外机构投资者和人民币合格境外机构投资者境内证券期货投资管理办法》。该管理办法一是将QFII、RQFII的资格和制度合二为一，并放宽准入条件和简化申请程序；二是扩大了QFII、RQFII的投资范围，除原来的股票和债券等投资外，新增了投资领域，如全国中小企业股份转让系统挂牌证券、私募投资基金、金融期货、商品期货、期权等，允许参与债券回购、证券交易所融资融券、转融通证券出借交易等。2021年2月，符合资格的上海证券交易所的科创板股票纳入沪深港通股票范围。2022年2月，中国证监会将沪伦通双向扩容；西向除原有的伦敦证券交易所外，还纳入德国和瑞士的证券交易所，东向从上海证券交易所扩展到深圳证券交易所。2022年7月4日，中国人民银行、香港证券及期货事务监察委员会、香港金融管理局发布联合公告，开展香港与内地利率互换市场互联互通合作。2022年9月，南向通开通。南向通是指内地机构投资者通过内地与香港基础服务机构连接，投资于香港债券市场的机制安排。

中国加入WTO后相当长的一段时期里，外资在证券、基金和期货三大领域基本上以合资形式经营。

在证券方面，2002年6月，中国允许外资持股比例不超过33%；2012年10月，外资持股比例放开到49%；2018年4月，放开到51%；2020年4月，取消了外资持股比例限制。

在基金方面，2001年12月中国加入WTO以后，允许外资持股比例不超过

33%，三年后将这一比例提高到不超过49%；2017年11月，放开到51%；2020年4月，取消了外资持股比例限制。

在期货公司方面，2012年5月，单一外资持股比例不超过5%；2018年5月，这一比例提高到不超过51%；2020年1月，我国取消了外资持股比例限制。

第三节　中国的金融体系和结构

一、中国银行业

银行业在中国金融体系中处于主导地位。根据有关统计，到2022年年底，中国银行业资产总额达到379.39万亿元，保险业资产总额达到27.15万亿元，证券业资产总额达到13.11万亿元，银行业资产占中国全部金融机构资产的90.41%。从这样一种意义上讲，中国金融体系实际上是一种以银行业为主导的金融体系。中国的银行大体上分为六种类型：商业银行、政策性银行和开发性金融机构、外资银行、信用合作社、非银行金融机构和新型农村金融机构。

截至2022年底，我国共有银行业法人机构4 567家，其中包括3家政策性银行和开发性金融机构、6家国有大型商业银行、12家股份制商业银行、125家城市商业银行、19家民营银行、1 606家农村商业银行、23家农村合作银行、1家储蓄银行、41家外资法人银行、548家农村信用社、1 645家村镇银行、4家贷款公司、37家农村资金互助社、67家信托投资公司、252家企业集团财务公司、71家金融租赁公司、25家汽车金融公司、6家货币经纪公司、30家消费金融公司、5家金融资产管理公司及41家其他金融机构。

（一）商业银行

1. 国有大型商业银行

中国有六家国有大型商业银行：中国工商银行、中国建设银行、中国农业银行、中国银行、交通银行和邮政储蓄银行。到2022年底，这六家银行总资产占到了银行业总资产的41.2%。它们的正常运行直接影响着金融业的发展方向和中国经济改革的进程。中国工商银行、中国农业银行、中国银行、中国建设银行四大行在建立初期都有特定的专业贷款方向，因此在过去它们也被称为"专业银行"，其专业方向分别是：

①中国工商银行：为城市的工业和商业部门提供流动资金贷款。

②中国农业银行：为农业和农村提供贷款。

③中国银行：从事国际业务，如外汇服务和贸易信用。

④中国建设银行：为建筑和基础项目提供贷款（通常是长期贷款）。

专业方向的确定使四大行在较长一段时期内承担了大量的政策性贷款的责任。为了建立现代银行制度，1994年中国正式成立了三大政策性银行，直接接管了原来由四大银行从事的政策性贷款业务。从此，四大商业银行的职能从政策性贷款职能转向商业贷款职能，信贷的投向也开始多元化。交通银行创始于1908年。1958年，交通银行国内业务分别并入中国人民银行和在交通银行基础上组建起来的中国人民建设银行（现称中国建设银行）。1987 年 4 月，重新组建的交通银行正式开始对外营业。

1986 年 1 月，邮电部和中国人民银行在北京、上海、广州等 13 个地方试点邮政储蓄业务。同年 4 月，邮政储蓄业务在全国推广。邮政局把收到的存款存入当地人民银行的分支机构。当时邮政储汇局的收益来源于人民银行支付给它们和它们支付给储户的利差。2004 年 5 月，《邮政储蓄机构业务管理暂行办法》实施，将邮政金融正式纳入银行业管理范围。2005 年 7 月，《邮政体制改革方案》明确了"加快设立邮政储蓄银行"的要求，邮政储蓄业务将与邮政业务分离，进行独立经营，组建单独的邮政储蓄银行。2006 年 12 月 31 日，原中国银监会批准邮政储蓄银行开业，同意中国邮政集团公司以全资方式出资组建中国邮政储蓄银行。

2. 股份制商业银行

中国有 12 家股份制商业银行：中信银行、中国光大银行、华夏银行、广东发展银行、平安银行、招商银行、上海浦东发展银行、兴业银行、中国民生银行、恒丰银行、浙商银行、渤海银行。到 2022 年底，这 12 家股份制商业银行的总资产占到银行业总资产的 17.5%。这种商业银行是按照《中华人民共和国公司法》的规定以股权联合的方式设立的。它们被允许从事广泛的银行业务，如接受存款、发放贷款、提供外汇和国际结算服务。由于它们的规模不大，公司文化更倾向于私人部门，因此它们比国有大型商业银行更灵活，在同样的成本下，能够赢得更多的市场份额。它们在中小企业贷款市场上尤其活跃，因此股份制商业银行往往具有更高的资产收益率。

3. 城市商业银行

城市商业银行是由城市信用合作社组建而成的。由于历史上的原因和资本的不足，城市商业银行的经营范围主要集中在它所在的城市。和股份制银行不同，它们的经营范围过于狭窄，这对于它们以后的发展比较不利。到 2022 年底，城市商业银行的总资产占到银行业总资产的 13.3%。一些城市商业银行开始向区域性银行模式发展，甚至把自己的分支机构和经营业务扩展到全国。2020 年 10 月，中国人民银行发布了《中华人民共和国商业银行法（修正建议稿）》，对今后城市商业银行、农村商业银行、村镇银行等区域性银行跨区域建分支机构和开展业务作了严格限制。

4. 农村商业银行和农村合作银行

农村商业银行和农村合作银行是在农村信用合作社基础上组建的，它主要局限于某一特定的农村区域。农村商业银行是由辖区内农民、农村工商户、企业法人和其他经济组织共同入股组成的股份制地方性金融机构。农村合作银行是由辖区内农民、农村工商户、企业法人和其他经济组织入股，在合作制的基础上吸收股份制运作机制而建立的股份合作制的社区性地方金融机构。股份合作制这种产权制度，既不是传统意义上的合作制，也不是现代意义上的股份制，而是合作制与股份制的有机结合。合作制的特点是"社员入股、一人一票、服务社员"，适合于分散、弱小的个体劳动者的经济互助，是一种劳动的联合；股份制的特点是"大股控权、一股

15

一票、商业经营",适合于市场经济发达、商业化程度高的地区,是一种资本的联合。在股权设置上,农村商业银行的股本划分为等额股份,同股同权、同股同利;农村合作银行的股权可划分为资格股、投资股两种股权。资格股实行一人一票,投资股每增加一定额度就相应增加一个投票权。最早的三家农村商业银行于2001年11月在江苏的张家港、常熟和江阴建立。2003年3月,首家农村合作银行——宁波鄞州农村合作银行正式开业。农村商业银行和农村合作银行的建立,是未来在农村地区改造农村信用合作社和发展农村地区银行的一个主要途径。

5. 民营银行

当前学术界对民营银行的认识大致可分为产权结构论、资产结构论和治理结构论三种。产权结构论认为由民间资本控股的就是民营银行,资产结构论认为民营银行是主要为民营企业提供资金支持和服务的银行,治理结构论则认为凡是采用市场化运作的银行就是民营银行。建立民营银行,主要是为了打破中国商业银行的国有垄断,实现金融机构多元化。

民营银行试点始于2014年,首批设立五家,分别是深圳前海微众银行、上海华瑞银行、天津金城银行、温州民商银行和浙江网商银行。到2022年底,共有19家民营银行开业。

(二) 政策性银行和开发性金融机构

政策性银行,主要是指由政府创立或担保,以贯彻国家产业政策或区域发展政策为目的,具有特殊的融资原则,不以营利为目标的金融机构。开发性金融机构是政策性金融机构的深化和发展;并以国家信用为基础,以市场业绩为支柱,通过融资贯彻国家政策,实现政府的发展目标。简单地说,就是既开展政策性金融业务,又开展商业性金融业务的金融机构。中国政府在1994年建立了三大政策性银行来接管四大行的政策性贷款职能。它们是:

①中国农业发展银行,主要接管中国农业银行的政策性贷款职能。

②国家开发银行,主要接管中国建设银行和中国工商银行的一部分政策性贷款职能。

③中国进出口银行,主要接管中国银行的政策性贷款职能,尤其是贸易融资任务。

政策性银行的资金主要来源于发行债券。目前,国家开发银行已从政策性银行转型为开发性金融机构。

(三) 外资银行

外资银行只是一个统称,包括外国银行分行、外商独资银行等多种形式,在所在国从事的业务范围有所不同。外资银行有如下四种形式:

1. 代表处

代表处是外资银行建立在我国的最初级的办事机构。一般情况下,代表处不会在国内开展银行相关业务,是进行市场调查、提供资讯服务的外国银行派出机构。1979年,日本输出入银行(现为国际协力银行)在北京设立办事处,开启了外资银行进入中国金融市场的序幕。

2.　外国银行分行

外国银行分行是设立在海外银行母行之下的下属机构，不是一个具有独立法人性质的实体。因此，在中国，外国银行分行的业务经营受到如下限制：

①不可从事银行卡业务；

②除了吸收中国境内公民不少于 50 万元人民币的定期存款以外，不可从事其余境内公民的人民币业务；

③特定比例的资产要以监管规定的合格资产形式存在；

④营运资金加准备金等项之和与其风险资产的比例不得低于 8%（按人民币计价）；

⑤流动性资产余额与流动性负债余额的比例不得低于 25%；

⑥其他央行、国务院以及国家金融监督管理总局的具体要求。

3.　外国独资银行

外商独资银行是通过海外母行投资建立，但具有一定独立性的外国银行的子公司，如渣打银行（中国）。2006 年后，监管层已取消外商独资银行开展业务的地域限制以及其他非审慎性限制，外商独资银行可享受"国民待遇"，与本土银行为竞争关系。

4.　中外合资银行

中外合资银行是国内企业、投资者与外国投资者通过合资建立，在境内开展银行业务的金融机构，属于独立法人机构，如厦门国际银行、上海巴黎国际银行、福建亚洲银行等。中外合资银行与外商独资银行一样享受"国民待遇"，与本土银行为竞争关系。

截至 2019 年 10 月末，外资银行已在我国设立 41 家法人机构、114 家母行直属分行和 151 家代表处，营业性机构总数达到 976 个。此外，外资银行在银团贷款、贸易融资、零售业务、资金管理和衍生产品、外汇等业务方面的服务优势进一步显现。2022 年年末，外资银行总资产占中国银行总资产的比例仅为 1.3%。在最近的十年里，这一比例一直处于较低的水平，而且还呈现出下降的趋势。

（四）信用合作社

信用社属于银行类金融机构，所以它具有吸收存款、发放贷款等银行类金融机构的共同特征。与此同时，信用社又是信用合作机构。所谓信用合作机构是指由个人集资联合组成的以互助为宗旨的合作金融机构，即以互助、自助为目的，在社员中开展存款和放款业务的金融机构。目前，信用合作社主要为中小企业和私人提供信贷，可以分为城市信用合作社和农村信用合作社。截至 2022 年年底，全国有 548 家农村信用社，城市信用社在 2012 年退出了历史舞台。农村信用合作社最初是由中国农业银行监管，后来改为由中国人民银行监管。2003 年，原中国银监会接管对农村信用合作社和城市信用合作社的监管。由于农村信用合作社受地区政府的控制，因此它们的信贷决策受到地区政策的影响。

（五）非银行金融机构

目前，我国属国家金融监督管理总局管理的非银行金融机构主要有七种类型：

17

信托投资公司、企业集团财务公司、金融租赁公司、汽车金融公司、货币经纪公司、消费金融公司和金融资产管理公司。

1. 信托投资公司

1979 年，中国国际信托投资公司的设立，标志着停办 20 年的中国信托业务的恢复。在随后的由计划经济向市场经济转轨的时期，信托公司在建立中国证券市场、改革建设资金和金融资源配置方式、国际融资等方面发挥了重要作用，同时也付出了沉重的代价。

经过 1999—2002 年的清理整顿，信托公司停止了存款、结算业务，剥离了证券经纪与承销资产业务。2007 年，原中国银监会颁布了《信托公司管理办法》和《信托公司集合资金信托计划管理办法》，推动信托公司功能从"融资平台"向专业理财机构转型。

在现阶段，信托业的发展方向大体有三个：一是服务实体经济；二是发展投资理财业务；三是服务社会各方面未覆盖或覆盖不充分的领域，如绿色信托、养老消费信托等。

2. 企业集团财务公司

企业集团财务公司的设立是我国经济体制和金融体制改革的产物，也是 20 世纪 80 年代国家实施"大公司、大集团"战略的配套政策之一。1987 年 5 月 7 日，东风汽车工业财务公司成为中国首家由中国人民银行批准设立的企业集团财务公司，标志着中国特色的实业资本和金融资本开始结合。

随着财务公司的发展，政府对其职能定位进行了数次调整。2022 年 10 月，原中国银保监会修改的《企业集团财务公司管理办法》，将其职能定位为"以加强企业集团资金集中管理和提高企业集团资金使用效率为目的，依托企业集团、服务企业集团，为企业集团成员单位提供财务管理服务的非银行金融机构"。

3. 金融租赁公司

金融租赁公司起源于改革开放初期的融资租赁业，经历了初创、迅速发展、清理整顿、发展与问题并存等多个阶段。2007 年，原中国银监会颁布了修订后的《金融租赁公司管理办法》，规定只有符合资质要求的商业银行、租赁公司、大型设备制造商及其他原中国银监会认可的金融机构，才能成为主要出资人，并鼓励金融租赁公司为企业设备销售及技术改造提供金融支持。

4. 汽车金融公司

汽车金融公司是指为中国境内的汽车购买者和销售者提供金融服务的非银行金融机构。2003 年 10 月，原中国银监会颁布了《汽车金融公司管理办法》，在我国正式引入了汽车金融制度。2004 年 8 月，原中国银监会批准我国首家汽车金融公司——上海通用汽车金融有限责任公司成立。2023 年 7 月，国家金融监督管理总局对《汽车金融公司管理办法》进行了修订。

5. 货币经纪公司

2003 年，原中国银监会提出建立货币经纪制度的试点方案。2005 年 8 月，原中国银监会颁布《货币经纪公司试点管理办法》。根据该办法，货币经纪公司可从事境内外外汇市场交易、境内外货币市场交易、境内外债券市场交易、境内外衍生产品交易，以及其他经原中国银监会批准的业务。同年 9 月，中国第一家货币经纪公司——上海国际货币经纪公司由中国外汇交易中心和英国毅联汇业货币经纪公司合资设立。

6. 消费金融公司

消费金融公司是指经原中国银保监会批准，在中华人民共和国境内设立的，不吸收公众存款，以小额、分散为原则，为中国境内居民个人提供以消费为目的的贷款的非银行金融机构。

2010 年，国内首批 3 家消费金融公司于 1 月 6 日获得原中国银监会同意筹建的批复，首批获批的消费金融公司发起人分别为中国银行、北京银行和成都银行，这 3 家公司分别在上海、北京、成都三地率先试点。

7. 金融资产管理公司

1999 年，东方、信达、华融、长城四大金融资产管理公司相继成立，分别负责收购、管理、处理相对应的中国银行、中国建设银行、中国工商银行、中国农业银行所剥离的不良资产。目前，金融资产管理公司已经完成历史使命，正在向业务多元化转型。当前，它的核心业务定位是，逐步发展成以处置银行不良资产为主业、具备投资银行功能和国有资产经营管理功能的全能型金融控股公司。2005 年 9 月，银河资产管理公司成立，成为中国第五家金融资产管理公司。

（六）新型农村金融机构

2006 年 12 月，《中国银行业监督管理委员会关于调整放宽农村地区银行业金融机构准入政策更好支持社会主义新农村建设的若干意见》发布，按照"低门槛，严监管"的原则，调整和放宽农村地区银行业金融机构准入政策，先期在四川、内蒙古、甘肃、青海、吉林和湖北六省（自治区）进行新型农村金融机构试点。

1. 村镇银行

村镇银行是指由境内外金融机构、境内非金融机构企业法人、境内自然人出资，在农村地区设立的主要为当地农民、农业和农村经济发展提供金融服务的银行业金融机构。村镇银行的最大股东或唯一股东必须是银行业金融机构，最大股东的持股比例不得低于村镇银行股本总额或股份总额的 20%；单一非银行金融机构及其关联方持股比例不得超过村镇银行股本总额的 10%。

2. 贷款公司

贷款公司是指由境内商业银行或农村合作银行（包括境外银行业金融机构）在农村地区设立的专门为县域农民、农业和农村经济发展提供贷款服务的非银行金融机构。贷款公司不得吸收公众存款，主要业务范围包括：办理贷款业务、办理票据贴现、办理资产转让业务、办理因发放贷款而派生的结算业务等。

3. 农村资金互助社

农村资金互助社是指由乡（镇）、行政村农民和农村小企业自愿入股组成，为社员提供存款、贷款、结算等业务的社区互助性银行业金融机构。农村资金互助社可以吸收社员存款，并接受社会捐赠资金或向其他银行业金融机构融资；但不得向

19

非社员吸收存款、发放贷款及办理其他金融业务，不得以该社资产为其他单位或个人提供担保。

二、中国的保险业

1949年10月20日，经中国人民银行报政务院财经委员会批准，成立了中国人民保险公司，作为国有保险企业经营各类保险业务。与此同时，国家采取了一系列措施对旧保险业进行改造和整顿。1951年，全部中资私营保险公司合并成国家参与大部分股份的"太平洋保险公司"和"新丰保险公司"，1956年又进一步合并成专营海外保险的"太平洋保险公司"。从1952年开始，中华人民共和国成立前在华的64家外资保险公司逐步撤离中国保险市场。

然而，由于在计划经济体制下，保险发挥作用的空间不断萎缩，1959年5月，中国人民保险公司全面停办国内业务，只保留涉外保险业务继续经营。20世纪60年代国民经济开始好转，1964年在广州、天津等地先后恢复了国内保险业务。1966年，"文化大革命"爆发，国内保险业务全部停办，国外业务除可以吸收外汇的出口业务被保留之外，其余的都被停办。

1978年12月，党的十一届三中全会召开。1979年4月，国务院在批转的《中国人民银行分行行长会议纪要》中，明确提出要开展保险业务。同年11月，中国人民银行召开全国保险工作会议，决定从1980年起恢复停办的国内保险业务，并要求发展涉外保险业务。1980—1985年，中国人民保险公司的国内业务逐步恢复并快速发展。1983年9月，经国务院批准，中国人民保险公司（简称"人保公司"）成为第一家升格为国务院直属局级经济实体的保险公司。1984年1月，它又从中国人民银行分离出来。1986年，新疆生产建设兵团农牧业生产保险公司成立。中国平安保险（集团）股份有限公司于1988年成立，中国太平洋（集团）股份有限公司于1991年成立，打破了国内保险市场由人保公司独家经营的格局。

1992年，我国在上海进行了开放保险市场的试点。同年9月，美国友邦保险有限公司在上海成立分公司，被允许经营人寿保险业务和财产保险业务。随着改革开放的不断深入，大批中外资保险公司相继成立，保险中介也从无到有，得到了较快的发展。2001年，中国成立了第一家政策性保险公司——中国出口信用保险公司，专门从事出口信用保险业务。截至2022年12月底，全国有保险集团（控股）公司12家、财产保险公司87家、人身保险公司97家、再保险公司12家、保险资产管理公司24家。至此，我国的保险市场初步形成了以国有商业保险公司和股份保险公司为主体、政策性保险公司为补充、中外保险公司并存、多家公司竞争发展的新格局。

三、中国的金融市场

（一）股票市场

随着中国在1978年以后的经济转轨和企业的股份制改造，直接融资的途径（如股票和债券市场）出现了。为了促进资本市场的发展，上海证券交易所和深圳证券交易所分别成立于1990年12月和1991年7月。2021年9月，北京证券交易所正式成立，成为中国第三家证券交易所。

从表 1.1 可知，在 2022 年 12 月末非金融企业境内股票融资占全年社会融资规模存量的 3.1%。

表 1.1　2022 年 12 月社会融资规模存量结构分布

项目	存量/万亿元	增速/%
全年社会融资规模存量	344.21	9.6
人民币贷款	212.43	10.9
外币贷款（折合人民币）	1.84	−17.4
委托贷款	11.24	3.4
信托贷款	3.75	−14
未贴现的银行承兑汇票	2.66	−11.6
企业债券	31.01	3.6
政府债券	60.19	13.4
非金融企业境内股票融资	10.64	12.4
存款类金融机构资产支持证券	1.99	−8.6
贷款核销	7.34	16.3

数据来源：2022 年第四季度中国货币政策执行报告。

从 1990 年股票出现起，中国股票市场有了长足的发展。上市公司的数目从 1990 年的 10 家增加到 2023 年 6 月的 5 223 家，总市值从 1990 年的 109 亿元上升到 2023 年 6 月的 89.99 万亿元。

21

（二）债券市场

中国从 1981 年起恢复了国债的发行，不过此时的债券市场只是简单的实物券①场外柜台交易。20 世纪 90 年代初，以上海证券交易所的成立为代表，出现了集中交易。在实物券托管结算系统出现风险后转变为记账式债券，但并没有废止凭证式债券的发行。1994 年，中国实行财税体制改革，财政部不得向中央银行透支，发行国债成为弥补财政赤字的最主要的手段。与此同时，三家政策性银行成立，国家开放银行于 1994 年 4 月首次发行了金融债券。1997 年 6 月，银行间债券市场应运而生，我国场外债券市场开始成形。多年来，中国人民银行、财政部、原中国证监会以及沪深两家交易所为了激活债市，做了大量的工作。2002 年 3 月 25 日，上海证券交易所和深圳证券交易所实行国债净价交易，并对国债利息收入免征所得税。净价交易的全面实施，成为中国债券市场与国际接轨的重要一步。2002 年 4 月，中国人民银行和财政部颁布了《商业银行柜台记账式国债交易管理办法》，拓宽了个人和企业等各类投资人购买国债的渠道。投资人可以在商业银行的柜台随时购买记账式国债，也可以在需要资金时通过商业银行卖出国债，大大提高了投资人债券资产的流动性。至此，我国债券市场形成了银行间债券市场、交易所债券市场、银行柜

———————

① 国债实物券即凭证式国债。

台交易市场三分天下的局面。2022 年各类债券发行情况见表 1.2。

表 1.2 2022 年各类债券发行情况

债券品种	发行额/亿元	较上年同期增减/亿元
国债	97 163	29 328
地方政府债券	73 556	−1 271
中央银行票据	0	0
金融债券①	306 195	−17 321
其中：国家开发银行及政策性金融债	58 433	3 152
同业存单	205 120	−12 803
公司信用类债券②	136 720	−10 085
其中：非金融企业债务融资工具	91 334	−5 300
企业债券	6 191	−83
公司债	28 209	−4 079
国际机构债券	825	−32
合计	614 458	620

注：①金融债券包括国开行金融债、政策性金融债、商业银行普通债、商业银行次级债、商业银行资本混合债、证券公司债券、同业存单等。②公司信用类债券包括非金融企业债务融资工具、企业债券，以及公司债、可转债、可分离债、中小企业私募债、非金融企业发行的交易所资产支持证券等。

数据来源：2022 年第四季度中国货币政策执行报告。

（三）货币市场

货币市场是指期限在一年以内的金融资产交易的市场。该市场的主要功能是保持金融资产的流动性，以便随时转换成可以流通的货币。它的存在，一方面满足了借款者的短期资金需求，另一方面为暂时闲置的资金找到了出路。就目前来讲，同业拆借市场、证券回购市场和票据市场是我国货币市场体系最主要的三个组成部分。现在，货币市场已成为我国货币政策的重要传导渠道。此外，这里还要介绍一下货币市场基金。

1. 同业拆借市场

同业拆借市场是指为金融机构之间相互短期融通资金需要服务的市场。1984 年 10 月，中国人民银行确立了"统一计划，划分资金，实贷实存，相互融通"的信贷资金管理体系，明确了"相互融通"就是资金的横向调剂，主要是各地区、各银行之间相互拆借资金。1986 年，国务院颁布《中华人民共和国银行管理暂行条例》，为拆借市场的发展提供了法规依据。同年，建立了以广州、重庆、武汉、沈阳、成都等城市为中心的有形拆借市场。截至 1987 年 6 月底，除西藏外，全国各省（自治区、直辖市）均建立了不同形式的同业拆借市场。其中也存在许多不足之处，比如市场分割，无法形成全国统一的拆借市场利率。1996 年 1 月，全国统一的同业拆借网络市场的成立和运行，解决了上述问题。1996 年 6 月，中国人民银行放开了拆借利率，从而初步形成了以市场供求决定的统一同业拆借利率（Chibor）。2007 年 1 月，上海银行间同业拆放利率（Shibor）以位于上海的全国银行间同业拆借中心为技术平台计算、发布并命名。与此同时，Shibor 作为基准利率的功能也逐渐得到市场的认可，成为债券、票据、利率互换、同业存款等金融产品定价的重要参考因素。2022 年，同业拆借市场累计成交了 146.8 万亿元，其中 7 天以内的交易占全部同业拆借交易的 98%。

2. 债券回购市场

债券回购是一种以债券作为担保的融资方式，其债券回购期限通常在一年之内，它是货币市场的重要工具。1991 年，全国证券交易自动报价系统（STAQ 系统）最早推出我国国债回购业务。1997 年，为防止信贷资金进入股市，中国人民银行要求商业银行全部退出证券交易所。同年 6 月，银行间债券市场成立，并推出了银行间债券市场债券回购制度。目前，我国债券回购主要在证券交易所和银行业债券回购市场上进行。从回购交易量来看，银行间债券市场债券回购交易量从 1997 年的 307 亿元增加到 2022 年的 13 745.85 万亿元，从占国内回购总交易量的 2.5%上升至 97.1%；同期，交易所的债券回购交易量从 1997 年的 1.2 万亿元增加到 2022 年的 403.5 万亿元左右，占国内回购总交易的比重从 97.5%下降到 2.9%。由此可见，银行间债券市场的债券回购已成为我国债券回购市场的主体。

3. 票据市场

票据市场是短期资金融通的重要场所，是在商品交易和资金往来过程中产生的以商业汇票发行、担保、承兑、贴现、转贴现来实现短期资金融通的市场，是直接联系产业资本和金融资本的枢纽。20 世纪 70 年代末，中国人民银行就批准了部分企业签发商业承兑票据。1981 年，首次出现完成商业承兑汇票和银行承兑汇票的贴现业务，这标志着中国票据市场的出现。1995 年，《中华人民共和国票据法》颁布，为未来票据市场快速发展提供了法律保证。2000 年以后，我国票据市场进入快速发展时期。从 2001 年到 2022 年，商业票据累计贴现量从 1.76 万亿元上升到 53.9 万亿元。

4. 货币市场基金

货币市场基金是公募基金。货币市场基金聚集社会闲散资金，由基金管理人运作，其主要投资于短期货币工具（一般期限一年以内），如国债、央行票据、商业票据、银行定期存单、政府短期债券，高信用等级的企业债券，以及同业存款等短期有价证券。

货币市场基金产生于 20 世纪 70 年代的美国。20 世纪 70 年代，美国经济处于衰退期，出现了高的通货膨胀（简称"滞胀"）。为了振兴经济，恢复市场信心，美国政府于 1970 年取消了 Q 条例①中关于 10 万美元以上大额存款的最高存款利率的上限。各商业银行和储蓄机构竞相提高大额存款利率，以争取大额的存款客户，但中小存款客户并没有从中获利。1971 年，华尔街两位证券商布鲁斯·本特和亨利·布朗创立了货币市场互助基金，以聚集中小储户的小额资金，这样使得中小储户能获得与大储户相同收益的权益。

---

① Q 条例是指美国联邦储备委员会按字母顺序排列的一系列金融条例中的第 Q 项规定。

与欧美发达国家相比，我国的货币市场基金出现较晚。2004年8月，原中国证监会和中国人民银行联合发布《货币市场基金管理暂行规定》。随后，诺安基金管理有限公司推出了诺安货币市场基金，这标志我国货币市场基金正式出现。截至2022年12月底，我国公募货币基金规模达到10.46万亿元。

（四）外汇市场

1979年，中国为促进对外开放、扩大对外贸易和鼓励出口，实行了外汇留成与上缴制，产生了外汇调剂市场。1980年10月，中国开始办理外汇调剂业务，在企业间调剂留成外汇。此时，外汇调剂业务由中国银行办理，并采取行政手段限制外汇调剂价格。1985年11月，深圳经济特区率先设立外汇调剂中心。1987年，为配合外贸体制改革，国务院扩大外贸企业的外汇留成比例。1988年3月，各地相继成立外汇调剂中心，在北京成立了全国外汇调剂中心。同时，放开调剂市场汇率。1988年9月，上海成立了我国第一家公开化的外汇调剂中心，实行会员制与竞价交易方式。

1994年，中国进行了人民币汇率制度改革，实行了单一的汇率制度，建立了全国统一的银行间外汇市场（中国外汇交易中心），实行银行对客户的结售汇制度。人民币汇率基本上由市场供求决定，中国人民银行只是根据银行间外汇市场交易情况公布汇率，规定银行间市场的汇率浮动幅度及银行挂牌汇率的浮动幅度，并通过央行外汇公开市场操作，适时入市买卖外汇，平抑市场供求。1997年4月，中国人民银行和国家外汇管理局批准中国银行试点办理远期结售汇业务，正式开始了国内人民币对外币的衍生品交易。2005年7月21日，我国再次进行了人民币汇率机制改革。2005年8月15日，中国外汇交易中心开展银行间人民币外汇远期交易。2006年4月24日，我国正式推出了银行间人民币外汇掉期交易。2011年4月1日，我国推出了人民币对外汇的普通欧式期权交易。2015年8月11日，我国进行了人民币汇率中间价报价制度的改革，这是一次人民币汇率从管理浮动汇率制向自由浮动汇率制过渡的重要尝试。

（五）金融衍生品市场

20世纪70年代，西方国家放松了对金融的管制，实行了利率、汇率市场化，金融衍生品应运而生。2006年9月，中国金融期货交易所批准成立，有力地推进了中国金融衍生产品的发展，完善了中国资本市场体系结构。

目前来看，中国的金融衍生品市场主要包括信贷资产证券化市场、外汇衍生产品市场、利率衍生产品市场、期货和期权市场、信用互换市场。

1. 信贷资产证券化市场

2005年12月15日，国家开发银行和中国建设银行首次分别在全国银行间市场发行了信贷资产支持证券和个人住房抵押贷款支持证券。2006年，资产管理公司的不良贷款被纳入基础资产范围，2008年又扩大到汽车抵押贷款和商业银行的不良贷款。

2. 外汇衍生产品市场

2005年7月21日，我国开始实行以市场供求为基础，参考一篮子货币进行调节，有管理的浮动汇率制度。为了加强对汇率波动的风险管理，2005年8月15日，中国人民银行允许符合条件的银行间外汇市场参与主体开展银行间远期外汇交易。2006 年 4 月 24 日，银行间外汇市场正式推出了人民币与外汇掉期交易。2011 年 4 月 1 日，我国推出了人民币对外汇的普通欧式期权交易。

3. 利率衍生产品市场

2005 年 6 月，我国正式率先推出债券远期交易。2006 年 2 月，我国推出人民币利率互换和利率掉期。2007 年 9 月，我国推出远期利率协议。2007 年 10 月，经中国人民银行授权，为了加强对金融衍生产品交易的规范，中国银行间市场交易商协会发布了《中国银行间市场金融衍生产品交易主协议》，它覆盖了所有场外金融衍生产品，成为市场参与者从事金融衍生产品交易的基本准则。2020 年 3 月，中国外汇交易中心推出了利率互换期权和利率上下限期权。

4. 期货和期权市场

2010 年 2 月，中国证监会正式批复中国金融期货交易所沪深 300 股指期货合约和业务规则。至此，股指期货市场的主要制度已全部发布。2010 年 4 月 16 日，沪深 300 股指期货合约正式上市交易。2015 年 4 月 16 日，中国金融期货交易所推出了上证 50 股指期货、中证 500 股指期货。2015 年 2 月，上海证券交易所推出上证 50ETF 期权。2019 年 12 月，中金所推出沪深 300 股指期权。在国债期货方面，2013 年重新推出 5 年期国债期货，2015 年推出 10 年期国债期货，2018 年 8 月推出 2 年期国债期货。2019 年 12 月，上海证券交易所和深圳证券交易所推出沪深 300ETF 期权。

5. 信用互换市场

2010 年 10 月，中国银行间市场推出了信用风险缓释合约和信用风险缓释凭证这两种信用互换产品；2016 年 9 月，又新增了信用违约互换和信用联结票据这两种信用风险缓释工具；2016 年 11 月，推出了信用违约互换（CDS）这一信用互换产品。

四、监管机构

（一）中国人民银行

中华人民共和国成立以后，实行的是计划经济体制。全国金融体系由中国人民银行和财政部共同主导。当时的中国人民银行承担货币政策和经营银行等多项职能。1979 年改革开放以后，我国开始逐步建立了社会主义市场经济体制。这一时期，中国人民银行既是从事存贷业务的商业银行，又是实施货币政策的中央银行。从 1984 年起，随着中国银行和中国工商银行从中国人民银行剥离出来，中国人民银行不再从事商业银行业务，成为相对独立的实施货币政策和从事对金融业监管的中央银行。1992 年，中国证监会成立，证券期货市场的监管职能从中国人民银行剥离出来。1998 年，中国保监会成立，保险市场监管职能从中国人民银行剥离出来。2003 年，中国银监会成立，银行、金融资产管理公司、信托公司和其他存款机构等的监管职能从中国人民银行剥离出来。不过，中国人民银行还是保留了对银行间债券市场、货币市场、外汇市场、票据市场、黄金市场，以及上述市场有关场外衍生产品等的监督管理。

25

2023 年 8 月，中国人民银行进行了分支机构改革。其中包括撤销中国人民银行大区分行及分行营业部、总行直属营业管理部和省会城市中心支行，在 31 个省（自治区、直辖市）设立省级分行，在深圳、大连、宁波、青岛、厦门设立计划单列市分行。中国人民银行北京市分行保留中国人民银行营业管理部牌子，中国人民银行上海市分行与中国人民银行上海总部合署办公。另外，不再保留中国人民银行县（市）支行，相关职能归到中国人民银行地（市）中心支行。

2021 年 12 月，中国人民银行发布了《宏观审慎政策指引（试行）》。其中指出要健全货币政策和宏观审慎政策双支柱的调控框架。传统中央银行的主要目标任务是以货币政策为一单一支柱，运用调整利率和信贷投放来稳定和推动经济增长。2008 年国际金融危机以后，各国中央银行面临新的课题，就是如何加强对金融市场的管理，规范金融机构的行为，防范系统性金融风险的顺周期的累积。相对于针对经济周期的传统货币政策目标和调控框架，还需要有针对金融周期的宏观审慎政策目标和调控框架，这就形成了中央银行的货币政策和宏观审慎政策双支柱的调控框架。

1. 货币政策

《中华人民共和国中国人民银行法》中，货币政策目标表述为：保持货币币值的稳定，并以此促进经济增长。保持货币值稳定指的是对内保持物价水平稳定，对外保持人民币汇率在合理均衡水平上基本稳定。促进经济增长指的是中央银行通过调整利率、存款准备金率和信贷投放等方式来给经济增长提供一个良好的金融环境。比如保持广义货币（M2）和社会融资规模同名义经济增速相匹配；还有就是贷款市场报价利率（LPR），在综合考虑市场利率走势并参考中期借贷便利（MLF）的基础上，形成"市场利率加上央行引导→LPR→贷款利率"的传导机制；再有就是运用结构性货币政策工具，引导金融机构加大对符合新发展理念相关领域的金融支持，等等。

2. 宏观审慎政策

宏观审慎政策的目标是防范系统性金融风险，尤其是防止系统性金融风险顺周期累积以及跨机构、跨行业、跨市场和跨境传染，提高金融体系的韧性和稳健性，降低金融危机发生的可能性和破坏性，促进金融体系的整体健康与稳定。为达到宏观审慎政策的目标，中央银行运用了如下宏观审慎政策工具：比如宏观审慎评估体系（MPA），在本书第十章将进行介绍和分析；还有就是在外汇流动和跨境资金流动方面，运用了外汇风险准备金，以及将金融机构和企业跨境融资与资本金挂钩，设立杠杆率和宏观审慎调节参数等宏观审慎政策工具；与房地产市场调控的宏观审慎政策工具有房地产贷款集中度，等等。

（二）国家外汇管理局

国家外汇管理局成立于 1979 年 3 月，主要对金融机构的外汇活动进行监管。外汇管理局的职能包括：负责国际收支、对外债权债务的统计和监测，按规定发布相关信息，承担跨境资金流动监测的有关工作；负责全国外汇市场的监督管理工作；承担结售汇业务监督管理的责任；培育和发展外汇市场；负责依法监督检查经常项目外汇收支的真实性、合法性；负责依法实施资本项目外汇管理，并根据人民币资本项目可兑换进程不断完善管理工作；规范境内外外汇账户管理；负责依法实施外汇监督检查，对违反外汇管理的行为进行处罚；承担国家外汇储备、黄金储备和其他外汇资产经营管理的责任等。

（三）国家金融监督管理总局

2023 年 5 月 18 日，国家金融监督管理总局正式揭牌。国家金融监督管理总局是在原中国银行保险监督管理委员会（简称"中国银保监会"）基础上组建的国务院直属机构。原中国银行保险监督管理委员会成立于 2018 年 4 月，它又是由成立于1998 年的原中国保险监督管理委员会和成立于 2003 年的原中国银行监督管理委员会合并组成的。

国家金融监督管理总局的主要职责是统一负责除证券业之外的金融业监管，强化机构监管、行为监管、功能监管、穿透式监管、持续监管，统筹负责金融消费者权益保护，加强风险管理和防范处置，依法查处违法违规行为。

（四）中国证券监督管理委员会

中国证券监督管理委员会成立于 1992 年，并于 1999 年成为中国证券市场（包括期货、股票和债券等）唯一的监督和管理机构。中国证监会主管证券公司，执行对上市公司的监管，批准股票发行申请。

（五）地方金融监督管理局

2008 年国际金融危机后，中国实行了宽松的货币和金融政策。随之而来，像公募基金、担保公司、典当行等非银行金融机构得到了较快发展。这些非银行金融机构的发展满足了当时中小企业的融资需求。为此，2014 年 8 月，国务院印发了《关于界定中央和地方金融监管职责和风险处置责任的意见》，要求地方政府承担对部分金融活动的监管职责。2017 年，又正式界定了地方政府承担金融监管职责的大致范围。这一范围包括"7+4"类金融机构，其中 7 类地方性金融机构指的是小额贷款公司、融资担保公司、区域性股权市场、典当行、融资租赁公司、商业保理公司、地方资产管理公司，4 类其他金融组织指的是管辖区内投资公司、农民专业合作社、社会众筹机构、地方各类交易所。2020 年 5 月后，各地区原来的"金融服务办公室"或"金融工作办公室"改制为"金融局"或"金融管理局"，继续承担地方金融监管等多项职能。在 2023 年《党和国家机构改革方案》这一文件出台以前，原中国银保监会地方派出机构的一项职能是指导和监督地方金融监管部门的相关业务工作。而根据这一文件的精神，现在提出了强化其派出机构的监管职能，未来可能不再限于指导和监督，而是直接参与到地方政府金融监管工作中去。

第四节 当前中国银行业的风险管理

金融风险存在于金融机构的全部经营活动，因此董事会、管理层、各分支机构和营业部门，都要对风险管理负责。所以，金融机构风险管理由决策层、执行层和操作层来进行。决策层是董事会下的风险管理委员会，负责制定风险管理战略并对风险管理负有最终责任。执行层是指风险管理部，是风险管理委员会下设的负责风险管理的高层管理机构。风险管理部负责实施风险管理委员会制定的风险管理战略。操作层是指业务部门，是实施风险管理策略的最基层单位。

金融风险管理全过程包括风险识别、风险测定和风险管理三项任务。风险识别是指对金融机构所面临的各种风险类型进行识别，风险测定是指运用定量方法对已识别的风险类型的大小进行度量，风险管理是指金融机构选择适合的风险管理策略和工具来处置风险。银行风险管理的主要目标是实现股东收益的最大化，但收益和风险存在密切的关联性。银行管理的核心是风险管理。银行面临的风险有多种，如信用风险、利率风险、市场风险、操作风险、外汇风险、表外业务风险、流动性风险、国家或主权风险等。当上述的一种风险或多种风险发生，导致银行的资本或权益接近为零或等于零时，银行就面临破产风险。所以，金融机构监管者和银行管理者把银行资本的充足率作为一项关键的指标，来判断银行在面临多种风险发生时，能否保持足够的清偿力，并能继续经营下去。

在 20 世纪 80 年代中期，在中国四大国有商业银行成立后，在一个较长的时期内，无论是从会计概念还是从经济概念来看，都没有对银行资本做一个明确的定义。1994 年 7 月 1 日《中华人民共和国公司法》正式施行，这才第一次出现通过法律形式对公司的资本要求加以确定。1995 年，《中华人民共和国中国商业银行法》颁布并施行，这一法律正式提出了所有商业银行的资本充足率不得低于 8%。1996 年，根据《巴塞尔协议 I》，中国人民银行颁布了《关于商业银行资产负债比例管理监控、监测指标和考核办法的通知》，对商业银行资本做了更明确和详细的规定。由于没有任何有效手段来对商业银行进行约束，这些法律和条例所规定的资本充足率并没有得到较好的实施。

2004 年 2 月，原中国银监会颁布了《商业银行资本充足率管理办法》。该办法参照了《巴塞尔协议 II》的三大核心组成：资本充足率要求、金融监管和市场约束。其内容包括了资本充足率的计算、监督检查、信息披露及附则等内容。

2012 年 6 月，原中国银监会发布了《商业银行资本管理办法（试行）》，并于 2013 年 1 月 1 日起实施。该办法借鉴了 2010 年发布的《巴塞尔协议 III》，对银行的资本充足率和管理进行了更严格的要求。

2023 年 11 月，参照 2017 年巴塞尔委员会发布的《第三版巴塞尔协议改革最终方案》，国家金融监督管理总局出台了修订的《商业银行资本管理办法》。关于修订后的这一办法，我们将在第十章进行讨论。除了严格监管商业银行资本外，我国还针对不同类型的银行、产品，以及风险制定了多项规章，具体见表 1.3。

表1.3　我国有关金融风险管理的主要规章

规章名称	发布时间和修订时间
《商业银行集团客户授信业务风险管理指引》	2003 年 10 月 23 日发布、2007 年 7 月 3 日修订
《股份制商业银行风险评级体系（暂行）》	2004 年 2 月 5 日发布
《商业银行资本充足率管理办法》	2004 年 2 月 23 日发布、2007 年 7 月 3 日修订
《商业银行不良资产监测和考核暂行办法》	2004 年 3 月 25 日发布
《商业银行房地产贷款风险管理指引》	2004 年 9 月 2 日发布
《商业银行市场风险管理指引》	2004 年 12 月 29 日发布
《商业银行个人理财业务风险管理指引》	2005 年 9 月 24 日发布
《商业银行风险监管核心指标（试行）》	2006 年 1 月 1 日发布
《中国银行业监督管理委员会关于进一步加强外汇风险管理的通知》	2006 年 2 月 28 日发布
《商业银行合规风险管理指引》	2006 年 10 月 26 日发布
《商业银行信息科技风险管理指引》	2009 年 6 月 1 日发布
《关于进一步加强银行业金融机构与机构客户交易衍生产品风险管理的通知》	2009 年 8 月 6 日发布
《商业银行流动性风险管理指引》	2009 年 9 月 28 日发布
《商业银行资产证券化风险暴露监管资本计量指引》	2009 年 12 月 23 日发布
《商业银行贷款损失准备管理办法》	2011 年 7 月 2 日发布
《商业银行杠杆率管理办法（修订）》	2015 年 1 月 30 日发布
《商业银行并购贷款风险管理指引》	2015 年 2 月 10 日发布
《银行业金融机构全面风险管理指引》	2016 年 9 月 27 日发布
《商业银行大额风险暴露管理办法》	2018 年 4 月 24 日发布
《商业银行流动性风险管理办法》	2018 年 5 月 23 日发布
《商业银行银行账簿利率风险管理指引（修订）》	2018 年 5 月 30 日发布
《银行保险机构声誉风险管理办法（试行）》	2021 年 2 月 8 日发布
《商业银行监管评级办法》	2021 年 9 月 10 日发布
《商业银行表外业务风险管理办法》	2022 年 11 月 28 日发布
《商业银行金融资产风险分类办法》	2023 年 2 月 11 日发布
《商业银行资本管理办法》	2023 年 11 月 1 日发布
《银行业金融机构国别风险管理办法》	2023 年 11 月 24 日发布
《银行保险机构操作风险管理办法》	2023 年 12 月 27 日发布

29

（一）《商业银行集团客户授信业务风险管理指引》

该指引共分四章：在第一章里，定义了商业银行的授信对象，即集团客户、授信业务的范围；第二章是授信业务的风险管理；第三章为信息管理和风险预警；第四章为附则。

（二）《股份制商业银行风险评级体系（暂行）》

该办法于 2004 年 2 月 5 日颁布，主要针对当时 11 家股份制商业银行。股份制商业银行是目前在中国银行业中公司治理和管理水平相对完善的银行，因此，对它们的风险管理要求更为严格。股份制商业银行风险评级主要是对银行经营要素的综合评价，包括资本充足情况、资本安全状况、管理状况、盈利状况、流动性状况和市场风险敏感性状况评价，以及在此基础上加权汇总后的总体评价。评价结果将作为监管的基本依据，同时也作为股份制商业银行市场准入和高级管理人员任职资格管理的重要参考。

（三）《商业银行资本充足率管理办法》

该办法共分为五章：第一章为总则，规定了商业银行资本充足率不得低于 8%，核心资本充足率不得低于 4%，并明确了商业银行资本应抵御信用风险和市场风险；第二章为资本充足率计算；第三章为监督检查；第四章为信息披露；第五章为附则。

在很大程度上，该办法参照了《巴塞尔协议 I》和《巴塞尔协议 II》的有关文件，同时也考虑了中国银行业的具体情况。

（四）《商业银行不良资产监测和考核暂行办法》

商业银行不良资产和考核包括对不良资产、非信贷资产和表外业务风险的全面监测和考核。不良贷款严格按照五级分类标准执行。对商业银行不良资产的监测和考核包括下面几个方面：不良资产的监测、分析、考核、数据来源和分析，以及管理和明确监管责任等。

（五）《商业银行房地产贷款风险管理指引》

该指引对商业银行土地储备贷款、房地产开发商贷款、个人购买住房贷款做了明确的风险管理和控制的规定。

（六）《商业银行市场风险管理指引》

该指引共分为四章，其主要内容包括：总则、市场风险管理、市场风险监管、附则。

（七）《商业银行个人理财业务风险管理指引》

该指引共分为五章，主要内容包括：总则、个人理财顾问服务的风险管理、综合理财服务的风险管理、个人理财业务产品的风险管理、附则。

（八）《商业银行风险监管核心指标（试行）》

该文件共分为四章，适用于国内中资商业银行。核心指标分为风险水平、风险迁徙和风险抵补三个层次。

（九）《中国银行业监督管理委员会关于进一步加强外汇风险管理的通知》

该通知要求银行业评估人民币新汇率机制与银行间外汇市场发展可能带来的风险，准确计算外汇风险的敞口头寸，加强对外汇交易的限额管理，提高价格管理水平和外汇交易报价能力，加强交易、信息和风险管理系统的建设，制定并完善交易对手信用风险管理机制，有效防范外汇交易中的操作风险，加强对外风险的内部审计，严格控制外汇衍生产品风险，配备合格外汇交易人员和外汇风险管理人员等。

（十）《商业银行合规风险管理指引》

该指引的发布是为了加强商业银行的合规风险管理。合规风险是指商业银行因没有遵循法律、规则和准则可能遭受法律制裁、监管处罚、重大财务损失和声誉损失的风险。

(十一)《商业银行信息科技风险管理指引》

该指引界定了信息科技和信息科技风险，提出了建立对商业银行信息科技风险的识别、计量、监测和控制的有效机制。

(十二)《关于进一步加强银行业金融机构与机构客户交易衍生产品风险管理的通知》

该通知要求银行业金融机构制定或完善对相关客户的衍生产品交易的适合度评估制度。

(十三)《商业银行流动性风险管理指引》

该指引强调了商业银行要建立流动性风险管理体系，运用流动性管理方法和技术的重要性。

(十四)《商业银行资产证券化风险暴露监管资本计量指引》

该指引对资产证券化中的信用风险转移和监管资本计量、资产证券化标准法，以及资产证券化内部评级法等做出了规定。

(十五)《商业银行贷款损失准备管理办法》

该办法共四章。该办法规定了贷款拨备率基本标准为 2.5%，拨备覆盖率基本标准为 150%，这两项标准的较高者为银行贷款损失准备的监管标准。贷款拨备率为贷款损失准备与各项贷款余额之比，拨备覆盖率为贷款损失准备与不良贷款余额之比。

(十六)《商业银行杠杆率管理办法（修订）》

该办法共分五章，明确了计算杠杆率的一级资本净额和表内外资产余额，要求银行并表和未并表的杠杆率均不得低于 4%。

(十七)《商业银行并购贷款风险管理指引》

该指引界定了并购和并购贷款，强调了并购贷款的风险评估和风险管理。

(十八)《银行业金融机构全面风险管理指引》

该指引共分八章，根据《巴塞尔协议Ⅲ》，要求银行对信用风险、市场风险、流动性风险、操作风险、国别风险、银行账户利率风险、声誉风险、战略风险、信息科技风险以及其他风险进行全面风险管理。

(十九)《商业银行大额风险暴露管理办法》

该办法共分六章，要求银行加强对客户集中度风险暴露的管理，并制定了衡量和限制相关风险暴露的指标体系。

(二十)《商业银行流动性风险管理办法》

该办法共分四章，要求商业银行建立流动性风险管理体系，制定了包括流动性覆盖率、净稳定资金比例、流动性比例、流动性匹配率和优质流动性资产充足率等的风险监管指标和达标标准。

(二十一)《商业银行银行账簿利率风险管理指引》

该指引将商业银行的账簿分为交易账簿和银行账簿，并要求商业银行对银行账簿利率风险的四种类型进行计量和检测。

（二十二）《银行保险机构声誉风险管理办法（试行）》

该办法界定了声誉风险和声誉事件，并建立起声誉风险管理流程和管理体系。

（二十三）《商业银行监管评级办法》

该办法指出，商业银行监管评级要素包括资本充足、资产质量、公司治理与管理质量、盈利状况等九个方面，商业银行监管评级结果分为六级。

（二十四）《商业银行表外业务风险管理办法》

该办法共分六章，要求银行对包括担保承诺类、代理投融资服务类、中介服务类，以及其他类等全部表外业务实施全面风险管理，并给出了考核标准。

（二十五）《商业银行金融资产风险分类办法》

该办法重新界定了五级分类划分标准，该标准不仅用于贷款风险程度的分类，而是扩大到包括资产负债表内和表外承担信用风险的金融资产，但不包括银行交易账簿下的金融资产以及衍生品交易形成的相关资产。

（二十六）《商业银行资本管理办法》

该办法共分十章。这是一份非常重要的资本和风险管理文件。在该文件中，界定了总资本（包括核心一级资本、其他一级资本和二级资本）、加权风险资产（包括表内外信用风险加权资产、市场风险资产和操作风险加权资产）。在计提 2.5% 的储备资本要求下，该办法要求核心一级资本充足率不低于 7.5%，一级资本充足率不低于 8.5%，资本充足率不低于 10.5%。

（二十七）《银行业金融机构国别风险管理办法》

该办法对国别风险的主要类型、评估因素，以及风险分类标准做了规定和说明。

（二十八）《银行保险机构操作风险管理办法》

该办法共分六章：第一章为总则，第二章为风险治理和管理责任，第三章为风险管理基本要求，第四章为风险管理流程和方法，第五章为监管管理。

复习思考题及参考答案

1. 请简要回答中国加入 WTO 以前银行业的发展过程。
2. 请简要回答中国银行业的分类情况。
3. 请简要回答外资银行有哪几种类型。
4. 请简要回答中国的货币市场有哪几种类型。
5. 请简要回答加入 WTO 后，重组国有大型银行先后采取了哪几个步骤。
6. 试述中国股票市场的发展和改革。
7. 请简要回答中国人民银行的货币政策目标。
8. 请简要回答中国人民银行的宏观审慎政策目标。
9. 请简要回答加入 WTO 后，中国资本市场开放的四个时期及特征。

扫一扫，即可获得参考答案

参考文献

[1] 卡苏，吉拉尔多，纽克斯. 银行学 [M]. 2 版. 郭宁，汪涛，译. 北京：中国人民大学出版社，2020.

[2] 李奇霖，孙永乐. 初探货币政策-宏观审慎双支柱调控框架：流动性分析手册二 [R]. 红塔证券，2022.

[3] 梁维和. 入世后中国金融业改革与开放 [M]. 北京：中国社会科学出版社，2003.

[4] 刘志平，李晴阳. 改革开放结硕果，新起点砥砺前行 [R/OL]. (2018-11-22) [2024-01-15]. https://data.eastmoney.com/report/zw_industry.jshtml? encodeUrl=2Wpjeb/INVQaQIFiZGyWgwUEjJG44kcey+24Nsg6bmg=.

[5] 马婷婷. 金融开放系列三：对银行行业有何影响 [R/OL]. (2019-07-24) [2024-01-15]. http://vip.stock.finance.sina.com.cn/q/go.php/vReport_Show/kind/search/rptid/4648889/index.phtml.

[6] 乔桂明. 中国保险业发展战略研究 [M]. 上海：复旦大学出版社，2003.

[7] 沈炳熙，曹媛媛. 中国债券市场 30 年改革与发展 [M]. 2 版. 北京：北京大学出版社，2014.

[8] 吴定富. 中国保险业发展改革报告（1979—2003）[M]. 北京：中国经济出版社，2004.

[9] 吴晓灵. 中国金融体制改革 30 年回顾与展望 [M]. 北京：人民出版社，2008.

[10] 吴晓求. 中国资本市场三十年：探索与改革 [M]. 北京：中国人民大学出版社，2021.

[11] 徐忠，曹媛媛. 中国债券市场 [M]. 北京：中信出版集团，2023.

[12] 张明，陈骁，魏伟. 开放进程谨防风险，外资银行重点突进 [R/OL]. (2019-07-24) [2024-01-15]. http://vip.stock.finance.sina.com.cn/q/go.php/vReport_Show/kind/search/rptid/4648889/index.phtml.

[13] 中国银行间市场交易商协会. 现代金融市场：理论与实务（上、下）[M]. 北京：北京大学出版社，2019.

[14] 中国证券监督管理委员会. 中国资本市场三十年 [M]. 北京：中国金融出版社，2021.

33

第二章
金融机构的财务报表

　　财务报表是金融机构进行财务分析、业绩评估、风险管理的基础，同时它也是投资者、债权人、监管当局做出各种决策的依据。我们只有理解了金融机构的财务报表，才能够对金融机构的盈利能力、风险暴露做出全面而客观的评价。

第一节　金融机构的财务报表概论

　　什么是商业银行？根据《中华人民共和国商业银行法》的定义，商业银行是指依照本法和《中华人民共和国公司法》设立的吸收公众存款、发放贷款、办理结算等业务的企业法人。在第一章我们已经知道，银行业在我国金融体系中处于主导地位。2023年6月末，银行业资产占全部金融机构资产的90.43%。

　　商业银行与其他实体公司相同之处在于，它的最终业绩取决于其股东权益的价值。但与其他实体公司相比较，商业银行又有如下独特的性质：

　　（1）它提供了如帮助货币政策实施这样一种特殊服务，以及受到不同于企业的严格监管（参考第十章）。

　　（2）由于银行经营的主要是金融资产和负债业务，而不大涉及商品和服务的生产和交易，所以它的财务报表（如资产负债表、利润表等）与实体企业财务报表大不相同。由此可知，银行的资产负债表和利润表已反映了资金的流入和流出，因此只分析这两个财务报表就能了解银行的全貌。

　　（3）银行业是一个高杠杆的行业。如果用银行业总资产与它的权益资产的比率作为金融杠杆率的话，我们可知在2023年6月末，中国银行业总资产为406.25万亿元，权益资本为32.62万亿元，其金融杠杆率为12.5倍，远高于中国企业部门平均2.5倍的杠杆率。

　　下面，我们将对商业银行财务报表做一个简单的介绍。

　　资产负债表和利润表是反映金融机构财务信息的两个最基本的报表（见表2.1和表2.2）。它们也可以看作记录金融机构的资金投入和产出的财务报表。资产负债表反映了在给定时点上金融机构有多少资金资源可以用于发放贷款和进行其他投资（投入），以及有多少资源已经用于贷款、证券或其他用途（产出）。利润表（又称损益表）与资产负债表不同，它记录的投入和产出反映了在两个资产负债表结算日之间金融机构吸收存款和其他资金所耗费的成本及银行利用这些资金创造了多少收入的财务业绩。这些成本包括支付给存款者和其他机构债权人的利息成本、雇用管理层和工作人员的费用、购买和使用办公设备所耗费的管理成本及支付给政府的税款。利润表所记录的金融机构为社会提供服务所产生的收入包括贷款、租赁和为客户提供账务服务的收入，以及其他形式的利息收入、投资收入和服务费收入。最后，用所有的收入减去所有的成本支出便可以得到净利润，金融机构可以将这些净利润用于再投资，也可以作为现金股利发放给金融机构的股东。

表 2.1　资产负债表中所记录的资金投入和产出

资金产出 （金融机构的资金使用或资产）	资金投入 （金融机构的资金来源或负债加所有者权益）
现金及同业存放	公众存款
证券投资	非存款形式的借款
贷款和租赁	股东的权益资本

注：在任意一个金融机构的资产负债表中，资金的来源必然等于资金的用途，即资产＝负债＋所有者权益。

表 2.2　利润表中所记录的资金投入和产出

资金产出	资金投入
贷款收入	存款成本
证券收入	非存款形式的其他借贷成本
同业存放的利息收入	雇员成本
各种服务的手续费收入	管理费用
	税款

注：在任意一个金融机构的利润表中，总收入减总成本必然等于净利润。

除此之外，现金流量表和股东权益（又称所有者权益）表也是财务分析中经常使用的会计报表。现金流量表也被称为资金来源和使用的报表，与资产负债表的时点概念不同，它综合反映了一定时期内金融机构的经营活动、投资活动和筹资活动对其现金流入和流出的影响。该报表的编制是建立在如图 2.1 所示的关系上的。

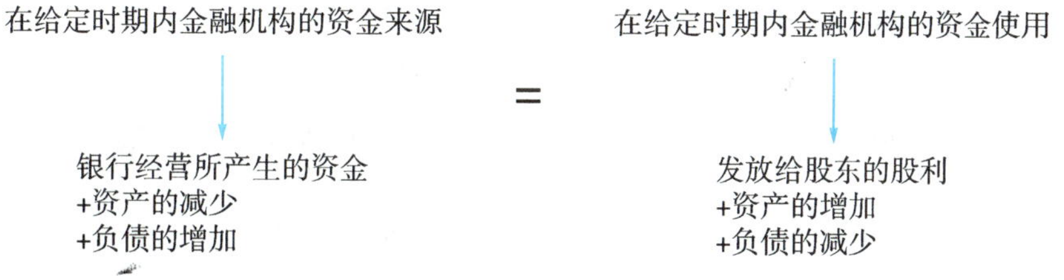

在给定时期内金融机构的资金来源　＝　在给定时期内金融机构的资金使用

银行经营所产生的资金
＋资产的减少
＋负债的增加

发放给股东的股利
＋资产的增加
＋负债的减少

图 2.1　现金流量表的编制原理

虽然监管当局一般不会强制要求金融机构报送现金流量表，但是在绝大多数金融机构的年报中都能够看到现金流量表。

股东权益（又称所有者权益）表也是常见的一种财务报表。该报表记录了所有重要资本账户的变动。我们通过它可以知道股东对金融机构索偿权变动的原因。由于股东权益的变动反映了金融机构吸收贷款损失及保护存款人和其他债权人利益的能力，因此监管机构和金融机构的债权人都会非常仔细地审查股东权益表的变化。

以上四种报表，构成了金融机构完整的财务报表体系，但是现金流量表和股东权益表都是可以从资产负债表和利润表中推导出来的次级财务报表，并且金融监管当局也不强制金融机构报送现金流量表和股东权益表，因此它们只是作为资产负债表和利润表的补充说明在金融机构的年报中出现。所以在本章，我们只着重考察金融机构最基本的报表——资产负债表和利润表。

第二节　银行的资产负债表

一、理解资产负债表恒等式

同一般工商企业的资产负债表一样，银行的资产负债表总结记录了一个银行在某一特定时点上资产、负债和股东（所有者）权益的财务状况。由于银行只是出售特殊金融产品的企业，因此基本的资产负债表恒等式"资产=负债+股东权益"对银行也是成立的。虽然各国的银行法规不同，银行所处的经济背景和开办的业务种类不同，不同国家的银行甚至同一国家的银行在具体科目的设置上也有所区别，但总体上还是一致的。在表2.3，我们给出了一个中国商业银行简化资产负债表。在这一简化的资产负债表中，资产大致可分为五类：①现金及存放中央银行款项；②同业资产；③金融投资；④发放贷款及垫款；⑤其他资产。负债和股东权益大致可分为六类：①向中央银行借款；②同业负债；③应付债券；④客户存款；⑤其他负债；⑥股东权益。

表 2.3　中国商业银行简化资产负债表

资产	负债和股东权益
现金及存放中央银行款项	向中央银行借款
同业资产	同业负债
存放同业和其他金融机构款项 拆出资金 买入返售金融资产	同业和其他金融机构存放款项 拆入资金 卖出回购金融资产
金融投资	应付债券

表2.3（续）

资产	负债和股东权益
以公允价值计量且其变动计入当期损益的 金融投资 以公允价值计量且其变动计入其他综合收 益的金融投资 以摊余成本计量的金融投资	应付债券 应付同业存单
发放贷款及垫款	客户存款
企业贷款和垫款 　票据贴现 　个人贷款	公司存款 　个人存款 　其他存款
其他资产	其他负债和股东权益
资产总计	负债和股东权益总计

资料来源：Wind。

一方面，对资产负债表的解释是将银行的负债和股东权益理解为累积的资金来源，它为银行取得资产提供足够的支付能力。另一方面，银行的资产可以理解为累积的资金使用，用于为银行的股东赚取利润、向存款人支付利息及为雇员的劳动和技能支付报酬。显然，每使用一笔资金必须有相应的一笔资金来源支持，因此累积的资金使用一定要等于累积的资金来源。这样，资产负债表的恒等式可以简化为如下的公式：

$$累积的资金使用 \quad = \quad 累积的资金来源$$
$$（资产）\qquad\qquad （负债+股东权益）$$

在现实生活中，资产负债表的每一个科目通常是由若干个账户构成的，因此真实的银行资产负债表要远比上述的表述复杂。下面我们引用2022年中国工商银行的资产负债表来进一步学习资产负债表的主要构成部分。

为了方便分析，接下来讨论工商银行资产负债表时，我们将这一报表分为资产、负债和股东权益三个部分来分析。此外，我们借鉴了一些证券公司的研究报告和相关文献（参见本章的参考文献），把36家A股上市银行分为国有大型银行、股份制银行、城商行和农商行四类银行，分别考察和比较它们的资产负债表上主要项目的近期变化，以及不同类型银行在这些项目上的差异。与此同时，我们还进一步分析了宏观经济变化和监管政策变化对其产生的影响。

二、理解资产负债表

表2.4是一个合并的报表，代表中国工商银行股份有限公司的资产负债表的资产部分。这一集团的财务数据，不仅包括中国工商银行股份有限公司（简称"工商银行"）的财务数据，同时还包括符合并表的其他子公司的资产负债数据。投资者更关心的是集团公司合并的财务报表。

表 2.4　2021 年度和 2022 年度中国工商银行股份有限公司合并资产负债表上的资产部分

科目	本集团			
	2021 年		2022 年	
资产：	金额/亿元	占比/%	金额/亿元	占比/%
现金及存放中央银行款项	30 984.38	8.81	34 278.92	8.65
存放同业及其他金融机构款项	3 464.57	0.99	3 656.25	0.92
贵金属	2 659.62	0.76	2 732.89	0.69
拆出资金	4 806.93	1.37	6 768.79	1.71
衍生金融资产	761.40	0.22	872.05	0.22
买入返售款项	6 634.96	1.89	8 640.67	2.18
客户贷款及垫款	201 092.00	57.17	225 936.48	57.04
金融投资	92 577.60	26.32	105 272.92	26.58
以公允价值计量且其变动计入当期损益的金融投资	6 232.23	1.77	7 148.79	1.80
以公允价值计量且其变动计入其他综合收益的金融投资	18 036.04	5.13	21 780.18	5.50
以摊余成本计量的金融投资	68 309.33	19.42	76 343.95	19.27
长期股权投资	617.82	0.18	658.78	0.17
固定资产	2 700.17	0.77	2 748.39	0.69
在建工程	181.82	0.05	170.72	0.04
递延所得税资产	792.59	0.23	1 016.00	0.26
其他资产	4 439.97	1.26	3 343.71	0.84
资产合计	351 713.83	100.00	396 096.57	100.00

资料来源：2021 年、2022 年工商银行年报。

（一）资产

1. 现金及存放中央银行款项

现金及存放中央银行款项包括商业银行的库存现金和存放在央行的法定准备金、超额准备金及财政存款等。其中，库存现金是商业银行为了满足日常交易需要而持有的通货。由于库存现金属于非盈利性资产，一般而言商业银行只保留必要的最低额度，超出部分存入央行或同业。存放中央银行款项中，法定准备金具有强制性且一般不得动用，超额准备金可被商业银行用于日常的各种支付和贷方活动，当商业银行库存现金不足时，亦可随时提取。从表 2.4 中可知，2022 年中国工商银行现金及存放中央银行款项占总资产的 8.65%。

2. 贵金属

银行持有的贵金属包括黄金、白银等。表 2.4 中贵金属的价值是按报表日贵金属成本和公允价值（市场价）中的较低值计价的。一般来讲，在银行资产中，贵金属价值占比较低。

3. 同业资产

同业资产是指银行与同业的金融机构之间开展的以投资和融资为核心的各项业务资产。在表 2.4 中，存放同业及其他金融机构款项、拆出资金、买入返售款项三个科目属于同业资产，并被认为是传统意义上的同业业务。因此，我们在这里把它们放在一起来讨论。

（1）存放同业及其他金融机构款项。

存放同业及其他金融机构款项是指本行存放在其他商业银行和金融机构的款项。从表 2.4 中可知，2022 年，工商银行中这一款项占总资产的 0.92%。

（2）拆出资金。

拆出资金是指本行拆借给其他商业银行和金融机构的资金。从表 2.4 中可知，2022 年，工商银行中这一款项占总资产的 1.71%。

拆出资金与上面的存放同业及其他金融机构款项相比较，有几个方面的差异：一是拆出资金是在银行间同业拆借市场上进行交易，而存放同业及其他金融机构资金是在市场外线下交易；二是拆出资金的期限普遍小于同业存放期限。

（3）买入返售款项。

买入返售款项是指两家银行或其他金融机构按照事先约定先买入金融资产，再按约定价格在到期时将该项金融资产返售的交易行为。在 2022 年，工商银行这一款项占比较小，仅为总资产的 2.18%。

同业资产和下面将要讨论的同业负债业务的存在，主要是因为单一一家银行难以做到投放的资产与吸收的存款完全匹配，这就需要在银行同业之间进行相互拆借和存放来进行平衡。

4. 客户贷款及垫款

贷款是指银行贷给客户的款项。垫款是指银行为客户垫付的款项，比如一家企业出现资金周转困难，无法支付原材料款项，银行代替这家企业支付这一笔款项。商业银行最主要的功能是发放客户贷款。贷款和下面要讲到的金融投资是银行最主要的盈利性资产。不过，贷款是最缺少流动性的资产，因此银行的信用风险和流动性风险很大程度上是由贷款造成的。从表 2.4 中可知，2022 年，在工商银行各项资产中，客户贷款及垫款占比最高，达到总资产的 57.04%。

从贷款结构来看，客户贷款及垫款又分为公司类贷款、个人贷款和票据贴现三类。从 2022 年工商银行年报中可知，2022 年工商银行贷款结构为，公司类贷款占56.3%，个人贷款占 41.9%，票据贴现占 1.8%。还有根据国盛证券研究所的研究报告，在 2022 年 42 家 A 股上市银行中，六家大型国有银行，除邮储银行公司贷款占总贷款比例的 37% 以外，其他五家大型国有银行公司类贷款总体上接近总贷款的60%，而且贷款结构大体相似。股份制商业银行贷款结构差异较大，招商银行和平安银行的个人贷款占比分别高达 52.25% 和 61.50%，显著高于其他股份制商业银行；而华夏银行和浙商银行的公司类贷款占比高于 64%。对于城市商业银行和农村商业银行，大多数上市银行公司类贷款占比在 55% 以上；其中，成都银行、南京银行、齐鲁银行的公司类贷款占比相对更高，分别为 78%、66% 和 67%。重庆银行、西安银行、无锡银行、江阴银行的票据贴现业务占比较高，分别达到 13.49%、12.87%、12.56% 和 13.09%。一般来讲，在公司贷款需求相对较弱的时候，银行往往会增加票据投放"补量"，因此在票据增长的情况下，利率变化情况将成为反映信贷需求的重要指标。还有，农商行贷款结构差异较大。比如，常熟银行的"微贷"特色业务（个人经营性贷款+消费贷款）占比较高，所以常熟银行个人贷占比为 59.97%，远高于其他农商行。

表 2.5 给出了 2018—2022 年 A 股上市银行整体对公司分行业贷款占比结构。从表 2.5 中可知：

①水利、环境的公共设施管理业，租赁及商业服务业等不良贷款率相对低的行业，贷款占比逐年上升。

②2022 年，由于制造业、批发零售业贷款不良率的下降，以及响应国家政府加大支持小微企业的力度，这两个行业贷款占比有所上升。

③由于房地产业不良贷款率大量上升，A 股上市银行的不良贷款率从 2021 年的 2.45% 上升到 2022 年的 3.77%，因此，其房地产业贷款占比有所下降。

表 2.5　A 股上市银行整体对公司分行业贷款占比结构

单位:%

行业	2018 年	2019 年	2020 年	2021 年	2022 年
公司贷款余额	56.71	54.73	54.68	54.22	55.18
农、林、牧、渔业	0.18	0.17	0.24	0.24	0.24
采矿业	1.67	1.43	1.30	1.18	1.11
制造业	10.13	9.18	9.05	9.11	9.65
电力、热力、燃气及水生产和供应业	4.64	4.24	4.14	4.22	4.33
建筑业	2.52	2.46	2.39	2.44	2.45
批发和零售业	5.44	5.10	5.02	5.18	5.51
交通运输、仓储和邮政业	8.58	8.58	8.85	8.99	8.92
信息传输、计算机服务和软件业	0.35	0.34	0.31	0.31	0.32
住宿和餐饮业	0.09	0.10	0.09	0.08	0.08
金融业	1.67	1.81	1.84	1.85	2.38
房地产业	6.28	6.46	6.44	5.92	5.59
租赁和商务服务业	6.90	7.01	7.64	7.95	8.08
科学研究和技术服务业	0.07	0.08	0.09	0.10	0.12
水利、环境和公共设施管理业	4.03	4.13	4.42	4.58	4.61
居民服务、修理和其他服务业	0.02	0.02	0.01	0.01	0.01
教育	0.11	0.11	0.10	0.10	0.10
卫生和社会工作	0.21	0.23	0.21	0.26	0.24
文化、体育和娱乐业	0.37	0.39	0.39	0.39	1.19
综合	0.00	0.48	0.00	0.00	0.00
票据贴现	3.48	4.37	4.03	4.25	5.61

资料来源：国盛证券研究所。

从不同类型上市银行看公司类贷款结构占比：

①国有大型银行，除了中国银行和邮储银行外，其他四家银行的基建类贷款占公司类贷款的30%左右。基建类贷款涉及交通运输、仓储和邮政业，水利、环境和公共设施管理业，电力、热力、燃气及水生产和供应业，租赁和商务服务业四个行业。

②股份制商业银行的房地产类贷款占公司类贷款的比例相对较高，但招商银行的公司类贷款的行业分布相对分散。

③对于城市商业银行而言，公司类贷款的走向与当地经济发展紧密相关。比如，2022年，得益于成渝地区双城经济圈战略升级带来的巨大投资需求，成都银行的基建类贷款在公司类贷款中的占比高达46.81%。南京银行、杭州银行和齐鲁银行的基建类贷款在公司类贷款中的占比也在30%以上。

④大多数农村商业银行的小微企业业务占比较高。江阴银行和苏州农商银行的制造业贷款在公司类贷款中的占比约为30%。无锡银行和重庆农村商业银行，基建类贷款在公司类贷款中的占比相对较高，超过30%。紫金银行、无锡银行、青岛农商银行和江阴银行的批发及零售业贷款在公司类贷款中的占比较高，超过10%。

从个人贷款方面来看，当前我国银行业把个人贷款分为个人住房贷款、个人消费贷款、个人经营贷款、信用卡透支四类。从2022年中国工商银行年报中可知，个人住房贷款占比最大，占个人贷款总额的78.9%；其次是个人经营贷款，占11.3%；接下来是信用卡透支，占7.8%；最后是个人消费贷款，占2.8%。

根据国盛证券研究所的报告，2022年A股上市银行的个人贷款结构有如下特点：

（1）国有大型商业银行个人住房贷款占比较高。

除交通银行外，工、农、中、建和邮储银行个人住房贷款占总贷款（公司贷款+个人贷款）的占比为30%左右，显著高于其他上市银行。

（2）股份制商业银行普遍信用卡贷款占比较高。

比如招商银行，个人住房贷款占总贷款的占比为23%，信用卡贷款占比为14.6%，经营性贷款与其他贷款占总贷款的占比为14.6%，较为多元化和分散化。再如平安银行，消费贷款加上信用卡贷款合计超过32%，在股份制商业银行中占比最高。这类贷款业务具有高风险和高收益的特性。不过，平安银行持续优化客户结构，这类贷款业务资产质量指标表现出相对稳定。

（3）城市商业银行表现差异较大。

比如宁波银行，消费贷款占总贷款的占比较高，为23.3%，而个人住房贷款占比仅为6.2%。此外，成都银行、北京银行和齐鲁银行的住房贷款占比在城市商业银行中较高，接近或超过总贷款的18%。

（4）农村商业银行经营性贷款占比较高。

比如常熟银行，"三农两小"战略突出，"微贷业务"特色鲜明，经营性贷款占总贷款的38.4%。

5. 金融投资

在表2.4中，金融投资包括这三个科目：以公允价值计量且其变动计入当期损益的金融投资、以公允价值计量且其变动计入其他综合收益的金融投资、以摊余成本计量的金融投资三项。2022 年工商银行这三项投资分别占总资产的 1.8%、5.5%、19.3%，三项加起来为 26.6%。

这里需要说明的是什么是公允价值？公允价值亦称为公允市价或公允价格，是指在市场中，信息充分的买卖双方在公平交易的条件下所确定的价格，主要应用于计量交易性金融资产。

这里还需要说明的是，根据 2014 年国际会计准则理事会发布的《国际财务报告准则第 9 号——金融工具》（IFRS9），我国财政部于 2017 年 3 月修订并发布了《企业会计准则第 22 号——金融工具确认和计量》《企业会计准则第 23 号——金融资产转移》《企业会计准则第 24 号——套期会计》三项金融工具会计准则，并自 2018 年 1 月 1 日起实施。因此，商业银行金融投资的子科目就发生了变化。在这里，需要对子科目变化进行比较说明。根据国盛证券研究所的报告，在 2018 年以前，金融投资包括如下四个科目：

①交易性金融资产：货币基金、债券基金、信用债、同业存单等，整体占比低。

②可供出售金融资产：部分同业理财、同业存单、部分信托收益权等。

③持有至到期投资：年初做好规划及配置，除非经济及金融环境发生特别大的变化，一般不会大幅调整。

④应收款项类投资：包括资管产品、信托收益权等表内非标资产、买入的同业理财等。

在 2018 年以后，金融投资将以前四个科目重分为三个科目：

①以公允价值计量且其变动计入当期损益的金融资产：主要对应"交易性金融资产"及基金、理财产品。

②以公允价值计量且变动计入其他综合收益的金融资产：主要对应可供出售金融资产。

③以摊余成本计量的金融资产：主要对应持有至到期投资，以及大部分应收款项类投资。

其中票据类资产根据业务模式不同可分别计入三类资产。

如果我们把金融投资细分为债券投资（包括政府债、金融债、企业债、其他债券和同业存单等）、基金、非标投资（包括信托、资产管理、理财、类信贷或票据、未明确归类的权益类投资、ABS 的部分等），可以看到，在 2022 年 A 股上市银行中：

①国有大型银行投资金融资产占总资产比例在 22% 到 35%，其中以债券类投资为主，占总资产的比例在 21% 以上，非标资产投资很少。

②股份制商业银行债券类投资占比低于国有大型银行，但基金、非标等投资相对高于国有大型银行。

③城市商业银行金融投资类资产占总资产的比率在各类银行中最高，但各家银行金融投资类资产结构存在差异。比如，宁波银行和苏州银行，基金类投资占比最高，分别占总资产的比例为 9.4% 和 10.3%。又如，贵阳银行和郑州银行，由于它

们与当地政府合作项目较多，因此非标资产占总资产的比例最高，均高于10%。

6. 其他投资

我们把衍生金融资产、长期股权投资、固定资产、在建工程、递延所得税资产、其他资产等归类到这里进行简单说明。

（1）衍生金融资产。

衍生金融资产又称为衍生金融工具或产品，是指建立在基础产品之上，其价格随基础金融产品的价格变动而变动的派生金融产品。衍生金融资产包括期货、远期、互换、期权等金融产品。在发达国家的银行中，衍生金融资产已成为一项重要资产。

（2）长期股权投资。

商业银行往往会控股和参股一些子公司，如村镇银行、金融租赁公司、信托公司等。银行年报也有两个：一个是本集团的，一个是本行的。在2022年工商银行的资产负债表中，本集团报表中长期股权投资为658.78亿元，而本行为1 913.4亿元。为什么会出现这一差距呢？简单地讲，本集团合并报表只合并银行可以控股的子公司，但银行还可能投资自己不是控股股东的公司。对这些不是控股公司的持股，银行就记在本集团报表中的长期投资科目上。

（3）固定资产。

商业银行经营业务需要有分支网点，如果采用自购自建，就会有房地产资产。这些房地产主要是自己使用的，并作为固定资产且以历史成本计量。这些年来，中国房地产价格快速上涨，从2022年工商银行的报表来看，以历史成本计量的固定资产为2 748亿元，占比为0.7%，远低于其市场价值。

43

（4）在建工程。

在建工程包括正在建造的办公楼及其附属物和设备的成本，在建工程自达到可使用状态时就转列为固定资产。从表2.4中可知，2022年工商银行在建工程占总资产比例极低，仅为0.04%。

（5）递延所得税资产。

商业银行的递延所得税资产，主要是由银行拨备引起的。银行拨备计提是为了应对未来可能的贷款损失。但在税务核算银行所得时，并不认可银行拨备计提，只有贷款最终处置后的实际损失，才能够作为应税所得扣减项。

（6）其他资产。

其他资产包括其他应收款项、无形资产、使用权资产、商誉、抵债资产、长期待摊费用、应收利息，及其他等。

（二）负债

银行的负债主要由各种类型的存款和其他借款组成，这些资金用于资产负债表资产方的贷款和金融投资。从表2.3中可知，商业银行资产负债表的负债科目大体上可分为五大类：向中央银行借款、同业负债、应付债券、客户存款、其他负债。现在，我们对表2.6中的2022年中国工商银行股份有限公司资产负债表的负债科目加以说明。与此同时，我们还会把A股上市银行分为国有大型银行、股份制商业银行、城市商业银行、农村商业银行，并且对比分析这四类银行2022年的各主要负债科目。

表 2.6 2021 年度和 2022 年度中国工商银行股份有限公司合并资产负债表的负债部分

科目	本集团			
	2021 年		2022 年	
	金额/亿元	占比/%	金额/亿元	占比/%
向中央银行借款	397.23	0.12	1 457.81	0.40
同业及其他金融机构存放款项	24 316.89	7.62	26 649.01	7.38
拆入资金	4 893.40	1.53	5 206.63	1.44
以公允价值计量且其变动计入当期损益的金融负债	871.80	0.27	641.26	0.18
衍生金融负债	713.37	0.22	963.50	0.27
卖出回购款	3 659.43	1.15	5 747.78	1.59
存款证	2 903.42	0.91	3 754.52	1.04
客户存款	264 417.74	82.90	298 704.91	82.75
应付职工薪酬	410.83	0.13	494.13	0.14
应交税费	1 088.97	0.34	1 020.74	0.28
已发行债务证券	7 913.75	2.48	9 059.53	2.51
递延所得税负债	56.24	0.02	38	0.01
其他负债	7 318.18	2.29	7 220.49	2.00
负债合计	318 961.25	100.00	360 958.31	100.00

资料来源：2021 年、2022 年工商银行年报。

1. 向中央银行借款

这一科目是商业银行向中央银行借款款项。中央银行拥有发行货币的权力。从理论上讲，中央银行拥有"无限"的流动性。商业银行缺少流动性时，可以向中央银行借款。从表 2.6 中可知，工商银行 2022 年向中央银行借款 1 457.81 亿元，在它的总负债中占比较小。中央银行向商业银行借款有两种类型的政策工具：一种是传统的货币政策工具，另一种是新型的货币政策工具（又称非常规的货币政策工具）。

传统货币政策工具包括再贷款、再贴现和逆回购三种形式。

（1）再贷款。

再贷款是指中央银行根据宏观调控目标，以高等级债券和信贷资产质押的方式，向金融机构发放的贷款，用于引导金融机构扩大对"三农"、小微企业等国民经济重点领域和薄弱环节的信贷投放，降低社会融资成本，支持实体经济。

（2）再贴现。

再贴现是指商业银行或其他金融机构将贴现所获得的未到期的票据，向中央银行做出的票据转让。再贴现也是中央银行向商业银行提供资金的一种形式。

（3）逆回购。

逆回购是指中央银行向一级交易商购买有价证券，并约定在未来特定日期将有价证券卖给一级交易商的交易行为。也就是中央银行获得质押债券，把钱借给银行。

近年来，中央银行再贷款和再贴现主要用于"三农"贷款、小微贷款和扶贫贷款等。逆回购主要是向市场释放流动性。

这里需要说明的是，2001 年年底，中国加入世界贸易组织，标志着中国加快了对外开放的步伐。随着中国对外开放的深化，中国的贸易顺差大幅上升，人民币汇率也开始大幅升值。为了稳定人民币汇率，中国人民银行通过向市场投放本国货币来收购外汇，这些投放的本国货币被称为外汇占款。到了 2008 年，外汇占款达到了最高峰。因此 2001 年到 2008 年，由于外汇占款的增加，中国人民银行不需要通过借款给商业银行来投放货币，而是需要提高准备金、发行央票。央票全称为中央银行票据，是中央银行为调节商业银行超额准备金而向商业银行发行的短期债务凭证。这种提高准备金率和发行票据的行为，是为了防止由于外汇占款而投放市场人民币过多而引起通货膨胀。2008 年以后，由于贸易顺差和国际收支顺差减少，外汇占款也随之下降。特别是 2012 年以后，外汇占款下降加速，这就需要中央银行向商业银行投放货币来保持流动性。从 2013 年起，中国人民银行采用了新型货币政策工具（又称非常规的货币政策工具）来对商业银行投放货币。

2013 年 1 月，中国人民银行引入了常备借贷便利（SLF），主要为满足金融机构临时流动性需求。SLF 的主要对象是政策性银行、全国性商业银行和中小银行机构。常备借贷便利利率有利率走廊上限的作用，用以维护货币市场利率的平稳运行。

2014 年 4 月，中国人民银行引入了抵押补充贷款（PSL），主要是为了支持国民经济重点领域。PSL 的主要对象为政策性银行。

2014 年 9 月，中国人民银行引入了中期借贷便利（MLF）。MLF 是央行提供中期基础货币的政策工具，主要对象为符合宏观审慎管理标准的商业银行和政策性银行。

2018 年 12 月，中国人民银行引入了定向中期借贷便利（TMLF），主要为小微企业、民营企业提供长期稳定资金来源，降低其融资成本。

以上是主要的新型货币政策工具。

2. 同业负债

在表 2.6 中，同业负债包括同业及其他金融机构存入款项、拆入资金、卖出回购款项三个科目。同业负债这三个科目，分别对应于同一资产负债表上资产方的同业资产科目上的存放同业及其他金融机构款项、拆出资金、买入返售款项三个科目。由表 2.6 可知，2022 年工商银行同业负债占总负债的 10.4%。同业负债的产生和同业资产的产生一样，都是由于单一一家银行在经营过程中，难以做到资产投放与存款吸收相匹配，所以需要在同业市场上进行银行间的相互融通和调剂。

下面分别介绍同业负债的这三个科目：

（1）同业及其他金融机构存入款项。

同业及其他金融机构存入款项是指其他商业银行和金融机构存入本行的款项。由表 2.6 可知，2022 年工商银行的这一科目款项占总负债的 7.38%。

（2）拆入资金。

拆入资金是指其他银行和金融机构拆借给本行的资金款项。我们由表 2.6 可知，2022 年工商银行拆入资金总额占负债的 1.44%。

45

（3）卖出回购款项。

卖出回购款项是指两家银行或其他金融机构之间按照协议先卖出金融资产，然后再按约定价格于到期日回购这项金融资产的融资行为。我们由表 2.6 可知，2022 年工商银行卖出回购款项占总负债的 1.59%。

3. 应付债券

应付债券包括商业银行发行的各类债券和同业存单。同业存单是存款类金融机构在全国银行间市场发行的记账式定期存款凭证。同业存单是作为同业存款的替代品出现的。从性质上讲，同业存单是可以交易的同业存款，类似于银行向金融机构发行的短期债券。

由表 2.6 可知，工商银行应付债券中只包含已发行债务证券这一科目，其占总负债的比重为 2.51%。细分下去，已发行债务证券科目可分为次级债、二级资本债和其他已发行债务三类。

次级债是银行发行的债券，在清偿顺序上排在存款和高级债券之后、优先股和普通股之前的一种债券。2012 年，原中国银监会发布的《商业银行资本管理办法》规定，二级债正式取代次级债。由于已发行的次级债期限较长，2010 年 9 月 12 日前发行的不合格二级资本工具（以前叫附属资本，包括次级债），2013 年 1 月 1 日之前可计入监管资本，2013 年 1 月 1 日起按年递减 10%，2022 年 1 月 1 日起不得计入二级资本。

二级资本债是商业银行为增加二级资本而公开发行的债券。它既解决了银行的长期资金来源，又提高了银行的资本充足率。

其他已发行的债务是指工商银行在境外发行的债券和同业存单。

在表 2.6 中，工商银行应付债券这一项中列出了已发行债务证券，而未列出同业存单这一项目。

4. 客户存款

客户存款是银行最重要的负债和主要资金来源，它代表企业、个人、政府对银行的债权。当银行破产进行清算时，出售银行资产的收入首先要用于归还存款者的本息，剩下的部分才用于补偿其他债权人和银行股东。从表 2.6 中可知，2022 年工商银行客户存款占总负债的 82.7%。从存款期限来看，客户存款分为活期存款和定期存款。活期存款是指不规定存款期限和可以随时存取的存款，定期存款是银行与存款人双方在存款时先约定期限、利率、到期后支取本息的存款。从存款性质来看，客户存款可分为个人存款和公司存款。从表 2.7 可知，在 2022 年工商银行的客户存款中，个人存款占比为 48.7%，公司存款占比为 49.1%，其他存款和应计利息占比为 2.2%。从币种结构上看，客户存款还可分为人民币存款和外币存款。

银行非常依赖于客户的存款，通常总资产的 70% 到 80% 都是由存款来支持的。从 2022 年工商银行年报中可知，工商银行客户存款占总资产的比率为 75.4%。由于公众对银行的债权通常不太稳定，并且它们与银行的自有资金的投入高度相关，因此银行面临着相当大的破产风险。同时，银行必须时刻保持其流动性以满足客户的提款要求。这样，风险和流动性的双重压力迫使银行在选择其贷款和其他资产时十分谨慎。如果做得不好，银行就会在客户提款的金额达到某一额度时彻底破产。

表 2.7 2021 年度和 2022 年度和中国工商银行股份有限公司按业务类型划分的客户存款结构

科目	2021 年		2022 年	
	金额/亿元	占比/%	金额/亿元	占比/%
活期存款				
公司客户	75 331.10	28.5	80 762.56	27.0
个人客户	53 905.82	20.4	59 913.87	20.1
小计	129 236.92	48.9	140 676.43	47.1
定期存款				
公司客户	57 983.53	21.9	65 948.98	22.1
个人客户	71 073.86	26.9	85 539.19	28.6
小计	129 057.39	48.8	151 488.17	50.7
其他存款	2 503.49	0.9	1 994.65	0.7
应计利息	3 619.94	1.4	4 545.66	1.5
合计	264 417.74	100.0	298 704.91	100.0

资料来源：2021 年、2022 年工商银行年报。

由于客户存款是银行负债的主要来源，因此监管机构设立了法定存款准备金率、存贷比、存款偏离度、存款保险等监管指标和保护存款者权益的办法。

（1）法定存款准备金率。

法定存款准备金率是指一国中央银行规定和要求商业银行和存款机构必须缴存中央银行的法定准备金占其存款总额的比率，这也是监管存款的最核心的指标。1984 年，我国中央银行设立了这一指标，初衷是保持存款的支付和清算，随后演变成为中央银行所使用的货币政策工具。当这一比率指标上调时，会减缓银行货币信贷增长；当这一指标下调时，会促进银行货币信贷增长。2019 年 5 月，中央银行提出了"三档两优"的存款准备金政策框架。"三档"指的是把银行分为大型、中型和小型银行，其中大型银行包括 6 家国有大型银行，中型银行包括股份制商业银行、城市商业银行、非县域农村商业银行和外资银行，小型银行包括农村信用社、农村合作社、村镇银行、服务县域的农村商业银行。"两优"则是指在三个基准档次的基础上实行的两项优惠政策。第一项优惠：针对第一档和第二档中达到普惠金融定向降准政策考核标准的银行，可享受 0.5 个或 1.5 个百分点的存款准备金率优惠。第二项优惠：针对第三档中达到新增存款一定比例用于当地贷款考核标准的机构，可享受 1 个百分点的存款准备金率优惠。从 2018 年到 2023 年 9 月 15 日，中央银行根据我国宏观经济状况，先后下调了 10 多次法定存款准备金率。其中，大型银行下调到 10.5%，中型银行下调到 8.5%，仅在省级行政区内经营的城市商业银行下调到 6.25%，小型银行下调到 5.0%，这还不包括享受两项优惠带来的下调比例数额。

（2）存贷比。

1994 年，我国中央银行发布了《关于商业银行实行资产负债比例管理通知》，制定了存贷比指标，规定贷款占存款的比率不得超过 75%。1995 年颁布的《中华人民共和国商业银行法》将这一指标定为法定指标。2015 年 10 月 1 日起，监管当局把存贷比这一指标由法定存贷监管指标转为流动性监管指标。

（3）存款偏离度。

2014 年，为了防止金融机构月末和季度末加大拉存款的力度，监管机构设立了存款偏离度指标，比如，存款偏离度 =（月末最后一日各项存款 - 日均存款）／日均存款，并规定这一指标不得高于 3%。2018 年 6 月，《中国银行保险监督管理委员会办公厅 中国人民银行办公厅关于完善商业银行存款偏离度管理有关事项的通知》发布，把这一指标数值从 3% 调整到 4%。

（4）存款保险。

2015 年 5 月 1 日，存款保险制度在中国正式实施，各家银行向保险机构统一缴纳一定数额的存款保险费用。如果一家银行破产，单一存款者在这家银行存款额在 50 万元人民币以内（含利息）的部分，保险机构将负责包赔。

5. 以公允价值计量且其变动计入当期损益的金融负债

这一科目包含有发行同业保本理财产品、与贵金属相关的金融债和已发行债务证券等。其中，根据风险管理策略，与贵金属相关的金融负债和部分已发行证券是与贵金属或衍生产品相匹配的，目的是降低市场风险。从表 2.6 中可知，2022 年工商银行此科目占总负债的 0.18%。

6. 衍生金融负债

从 2022 年工商银行年报中可知，这一科目包括有货币衍生工具、利率衍生工具、商品衍生工具及其他衍生工具。从表 2.6 中可知，2022 年工商银行这一科目仅占总负债的 0.27%。

7. 存款证

这是工商银行在境外发行的存款证明。从表 2.6 中可知，2022 年工商银行这一科目占总负债的 1.04%。

8. 应付职工薪酬

这一科目包括工资、奖金、津贴、补贴、职工福利费、社会保险费、住房公积金等。从表 2.6 中可知，2022 年工商银行这一科目占总负债的 0.14%。

9. 应交税费

这一科目包含所得税、增值税、城建税、教育附加费等。从表 2.6 中可知，2022 年工商银行这一科目占总负债的 0.28%。

10. 递延所得税负债

与前面讲的递延所得税资产相类似，这里不同处是负债而不是资产。从表 2.6 中可知，2022 年工商银行这一科目占总负债的 0.01%。

11. 其他负债

这一科目包括其他应付款项（待结算及清算款项、代理业务、保证金、本票等）、租赁负债、信贷承诺损失准备及其他。从表 2.6 中可知，2022 年工商银行这一科目占总负债的 2%。

根据国盛证券研究所的报告，在 2022 年 A 股上市的我国银行的负债结构有如下特点：

（1）国有大型银行：存款优势明显。

在存款方面，工商银行、建设银行和农业银行占比在 80% 左右，邮储银行最高，高达 96%，中国银行和交通银行存款占比相对低一些。

在同业负债方面，除邮储银行占比为 2.3% 以外，其他五家国有大型银行占比为 10% 左右。

在应付债券方面，占比极低（同业存单少）。相比于其他国有大型银行，交通银行的同业负债加同业存单占比较高（21.7%），但仍显著低于监管要求。

（2）股份制商业银行：负债结构差异较大。

兴业银行的同业负债加同业存单占比在股份制商业银行中最高，达到 35.3%。

招商银行的负债结构与国有大型银行结构相似，核心负债来源稳定，存款占比在股份制商业银行中最高，达到 82.6%。

（3）城市商业银行：同业负债加同业存单占比较高。

中西部上市银行，如兰州银行、成都银行和西安银行，存款占比较高，均超过 75%。长三角地区的城市商业银行的同业负债加同业存单占比较高。

（4）农村商业银行：存款占比较高。

农村商业银行深耕当地，区域优势明显，负债以存款，尤其是居民储蓄存款为主，大多数农村商业银行存款占比在 80% 以上。

根据国盛证券研究所的报告，2022 年 A 股上市的我国银行的存款结构有如下特点：

（1）国有大型商业银行。

除交通银行外，国有大型银行个人存款占比高，这与它们的网点布局密切相关。比如邮储银行，在全国有近 4 万家营业网点，能覆盖全国 39 789 个乡镇级行政区。而工、农、中、建四大国有银行，在全国网点有 1 万到 2 万家。所以邮储银行个人存款占总存款的 88% 以上，工、农、中、建四个国有银行个人存款也占总存款的 45% 以上。

（2）股份制商业银行。

招商银行在所有股份制商业银行中，活期存款占比最高。招商银行的负债端成本优势明显，其存款成本率仅为 1.52%，在上市银行中最低。

（3）城市商业银行。

杭州银行的活期存款占比近 50%，其中主要来自对公司类大客户的活期存款，仅对公司活期存款就占总存款比重的 44%。

宁波银行、齐鲁银行和西安银行的活期存款增速较高，分别达到 11.2%、16.6% 和 24.9%，领先同业。

杭州银行、宁波银行、南京银行的公司存款占比在城商行中较高，均在 70% 以上。但客户结构、业务特色有所不同，宁波银行的主要客户群体为江浙地带的小微企业，且更注重对客户群的综合金融服务经营，活期存款的沉淀相对较多。

（4）农村商业银行。

2022年，瑞丰银行的活期存款增速高达22.5%，领先同业。

（三）股东权益

资产负债表中的股东权益（所有者权益）反映了股东持有银行的股份。监管机构要求，银行股东需要首先对每一个新设的银行投入一定的自有资产，然后才能从社会筹集资金，利用财务杠杆进行经营。事实上，银行和其他非银行金融机构是所有企业中财务杠杆比率最大的。通常情况下，银行的资本账户金额占总资产价值的10%左右。从表2.4和表2.8中可知，2022年工商银行的股东权益为35 138.26亿元，占工商银行总资产价值的8.87%。从《中华人民共和国商业银行法》中第十三条可知，设立全国性商业银行的注册资本最低限额为十亿元人民币。设立城市商业银行的注册资本最低限额为一亿元人民币，设立农村商业银行的注册资本最低限额为五千万元人民币。注册资本应当是实缴资本。

2020年9月11日，《国务院关于实施金融控股公司准入管理的决定》发布，当日，中国人民银行发布了《金融控股公司监督管理试行办法》。这两个文件对金融控股公司的准入条件和监管办法做出规定，并要求金融控股公司实缴注册资本不低于50亿元人民币，而且不低于所控股金融机构注册资本总和的50%。

表2.8　2021年度和2022年度中国工商银行股份有限公司合并资产负债表中的股东权益

科目	本集团			
	2021年		2022年	
股东权益	金额/亿元	占比/%	金额/亿元	占比/%
股本	3 564.07	10.88	3 564.07	10.14
其他权益工具	3 543.31	10.82	3 543.31	10.08
资本公积	1 485.97	4.54	1 481.74	4.22
其他综合收益	−183.43	−0.56	−204.84	−0.58
盈余公积	3 571.69	10.91	3 924.87	11.17
一般准备	4 389.52	13.40	4 967.19	14.14
未分配利润	16 206.42	49.48	17 675.37	50.30
归属于母公司股东的权益	32 577.55		34 951.71	
少数股东权益	175.03		186.55	
股东权益合计	32 752.58		35 138.26	
负债及股东权益总计	351 713.83		396 096.57	

资料来源：2021年、2022年工商银行年报。

从表2.8中可知，股东权益包括股本、其他权益工具、资本公积、其他综合收益、盈余公积、一般准备、未分配利润等。下面对这些不同科目的股东权益做简单的说明：

（1）股本。

股本是股东投入银行的资本。股份制银行发行的股票，是按面值计入股本的。

超过面值发行所取得的收入，作为股本溢价，计入股东收益的另一个被称为资本公积的科目中。工商银行发行了 A 股和 H 股，每股面值都为 1 元人民币。

（2）其他权益工具。

从 2022 年工商银行年报来看，其他权益工具主要指的是工商银行境内外发行的优先股和永续债。优先股是指在利润分红和剩余财产分配的权力方面，优先于普通股的股票。不过，优先股对公司事务无表决权。永续债理论上讲是指永久存续的债券，一般情况下是指到期期限很长或不确定的债券。通常情况下，永续债在股东大会上没有投票权，但对一些约定的特定事项有投票权。

2013 年，武汉地铁集团发行了国内第一只永续债，当时商业银行还未在国内发行永续债。监管机构于 2017 年年底发布了流动性新规则，又于 2018 年年初出台了委托贷款新规则，目的是限制同业业务，使银行回归到传统信贷业务。相对于传统信贷业务而言，同业业务的一个优势是节约资本。如果银行从同业业务回归到传统信贷业务，必然会增加对资本的需求。因此，补充资本就成为银行的一项艰巨任务。2018 年 2 月，中国人民银行发布《中国人民银行（2018）第 3 号》，规范银行业发行资本补充债券（包括无固定期限资本债券和二级债券）的行为；同年 3 月，原中国银监会等五部门发布了《关于进一步支持商业银行资本工具创新的意见》，提出了要增加资本工具种类，包括各种债券和债务工具等；同年 12 月，金融委办公室召开会议，研究支持商业银行多渠道补充资本，包括启动永续债券发行。2019 年 1 月，中国银行获批发行了境内首单商业银行永续债。

（3）资本公积。

这里资本公积是指银行收到的投资者的超出其在银行注册资本所占份额，它包括资本（股本或债券）溢价和其他资本公积。例如，股本溢价是公司发行股票的价格超过票面价格的部分。从表 2.8 中可知，2022 年工商银行资本公积占股东权益的比例为 4.22%。

（4）其他综合收益。

2014 年 7 月，财政部修订了《企业会计准则第 30 号——财务报表列报》，新增一项会计科目——其他综合收益。它属于股东权益，主要反映的是非日常经营活动形成的利得或损失，最终会影响到股东权益。从表 2.8 中可知，这一科目在股东权益中占比较小而且在 2022 年是负值。

（5）盈余公积。

盈余公积是指银行或企业从税后利润中提取的，留存在银行或企业内部的积累，可用于弥补亏损、转增资本（或股本）的利润部分。它包括法定盈余公积和任意盈余公积两个部分。按照有关规定，企业应按净利润的 10% 提取法定盈余公积。当法定盈余公积累计达到注册资本的 50% 以上时，可以不再提取法定盈余公积。在提取法定盈余公积后，经股东大会批准，企业可自行决定是否提取任意盈余公积。从表 2.8 中可知，2022 年工商银行这一科目份额占股东权益的 11.17%。

（6）一般准备。

2012 年财政部发布了《金融企业准备金计提管理办法》，这一办法取代了 2005

年发布的《金融企业呆账准备提取管理办法》，对银行和金融企业一般准备的计提要求更为严格。一般准备是指银行每年年终根据承担风险和损失的资产余额，从净利润中提取一部分金额，用于弥补尚未识别的可能损失的准备。按照2012年发布的新办法，一般准备的余额不应低于风险资产年末余额的1.5%。从表2.8中可知，工商银行一般准备余额为4 967.19亿元，占股东权益的14.14%。

（7）未分配利润。

未分配利润是指银行历年利润中未支付给股东而留在以后年度分配的利润。从表2.8和2022年工商银行年报中可知：2022年未分配利润（17 675.37亿元）＝2022年年初未分配利润（16 206.42亿元）＋2022年度产生的归属母公司股东的净利润（3 604.83亿元）－当年提取盈余公积（353.18亿元）－当年提取一般准备（577.67亿元）－当年普通股现金股利（1 045.34亿元）－当年对其他权益工具持有者的分配（148.10亿元）＋其他综合收益结转留存收益（3.19亿元）－其他（14.78亿元）。

三、银行表外业务科目的发展

表外业务是指商业银行从事的，按现行会计准则不列入资产负债表内，不形成现实的资产负债，但影响银行当期损益的经济活动。该类业务由于未列在资产负债表内，所以被称为银行表外业务。根据中国人民银行发布的《中国金融稳定报告（2019）》，在2018年年末银行业表外业务余额为338.42万亿元，表内总资产余额为268.24万亿元，表外资产规模相当于表内资产规模的126.16%。2022年11月，原中国银保监会发布的《商业银行表外业务风险管理办法》把我国的表外业务分为以下四大类：

①担保承诺类业务包括银行承兑汇票、保函、信用证、贷款承诺等。

②代理投融资服务类业务包括委托贷款、委托投资、非保本理财、代客交易、代销债券等。

③中介服务类业务包括代理收付、财务顾问、资产托管、各类保管业务等。

④其他类业务包括金融衍生工具，如远期合约（远期、期货、期权），互换合约等。

在传统的金融财务报表中，这些表外业务都没有完全详细地披露出来，但是它们会使银行暴露在额外的风险中。尤其是在备用信用协议中，如果客户无法归还第三方的贷款，银行必须为它偿还所有对第三方的债务。此外，如表2.9所示，表外业务发展如此之快，以至于它们超过了银行的总资产。

表2.9 2011—2016年中国银行业表外业务余额及增速业务概况

年份	表外业务		占表内总资产比率/%	银行承兑汇票		委托贷款		表外理财	
	余额/万亿元	增速/%		余额/万亿元	增速/%	余额/万亿元	增速/%	余额/万亿元	增速/%
2011	39.16	17.98	35.1	6.68	20.14	4.96	29.38	2.35	
2012	48.65	19.68	36.41	7.72	15.57	6.28	26.61	4.97	111.49

表2.9（续）

年份	表外业务		占表内总资产比率/%	银行承兑汇票		委托贷款		表外理财	
	余额/万亿元	增速/%		余额/万亿元	增速/%	余额/万亿元	增速/%	余额/万亿元	增速/%
2013	57.7	18.6	38.12	8.94	15.8	8.2	30.57	6.53	31.39
2014	70.44	22.07	40.87	9.83	9.96	10.69	30.37	10.09	54.52
2015	82.36	24.48	42.41	10.43	6.1	12.38	15.81	17.43	72.75
2016	253.52		109.16	3.9	−62.61	13.2	6.62	23.1	32.53

资料来源：历年中国金融稳定报告以及历年中国银行业理财市场年度报告。

考虑到表外业务越来越大的风险暴露，美国财务会计标准委员会（FASB）于2000年颁布并实施了专门针对衍生金融工具和套期保值业务的第133号文件。新的规则要求所有进行衍生金融工具交易和套期保值业务的公司必须在财务报表中清楚地披露交易细节，同时还要求披露该交易对公司收入的影响。衍生金融产品合同一旦产生就必须以市场价格作为衡量盈利和损失的标准，因此可能增强银行收入的波动性，从而影响银行的利润表。更进一步，为了保证公众的利益，银行必须受到严格的监管，在经营过程中衍生金融工具只能用于规避现实的风险暴露（不允许银行用衍生金融工具进行投机）。在本书第八章，我们专门讨论表外业务风险和管理。

第三节　银行的利润表

一、利润表的作用

利润表记录了一定时间段里银行获取的收入和产生的费用。由于资产负债表中的资产是银行营业收入的主要来源，而负债产生了主要的营业费用，因此银行的资产负债表和它的利润表有着非常紧密的联系。与资产负债表相比，银行的利润表反映了一段时期内资金流量的情况，而资产负债表反映的是某一时点上资产、负债和股东权益的存量。因此我们可以将利润表视为记录资金流入和流出的报告（如表2.10所示）。

表2.10　利润表

资金流入	资金流出
贷款的利息收入	存款的利息支出
手续费及佣金收入	手续费及佣金支出
投资收益	其他各种费用
其他各种收入	税款费用

注：总资金流入−总资金流出=净利润。
　　（总收入）　　（总支出）

银行最重要的利润来源是"盈利性资产"——贷款和投资所实现的利息收入。银行也可以通过收取特定服务的"手续费"来获得收入。银行主要的费用支出发生在收入产生时，如支付给存款者的利息，支付给其他非存款形式借款的利息，股权成本，支付给银行雇员的工资、奖金及其他福利，与银行有形固定资产相关的管理费用，为贷款损失预留的资金，应付的税款和其他各种费用。

总收入和总费用之间的差额就是净利润，因此净利润＝总收入−总费用。结合总收入和总支出的构成部分，图2.2展示了净利润的计算过程。

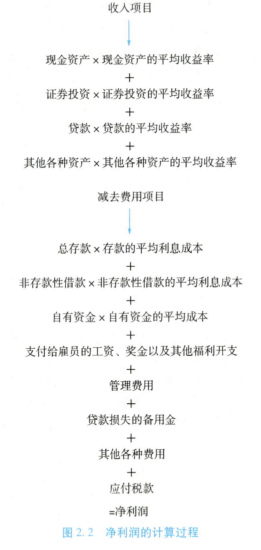

图 2.2　净利润的计算过程

从图2.2中我们可以知道，银行和其他金融机构如果要增加其净利润将面临多种选择：①提高每一项贷款和资产的收益率；②重新组合盈利性贷款和资产，将更多资金投入收益率高的贷款和资产项目中；③增加能够产生手续费收入的服务项目；④提高所有服务项目的手续费率；⑤以更低的成本来筹集资金；⑥设法降低各种管理和营业费用；⑦采取合理合法的避税措施减少应付税款。

　　显然，银行管理层不能完全控制和影响银行净利润的所有项目。长期来看，社会公众是决定银行出售何种金融产品、提供何种服务的主要因素。不同贷款和资产的收益率、提供服务的手续费收入，以及为存款和其他非存款形式借款所支付的利率也最终取决于市场供求的力量。虽然银行面临着市场竞争、监管机构的监督及公众需求对银行的外部压力等问题，但是银行的管理决策仍然是影响银行贷款、证券、现金、存款及收入和费用各部分规模和比例的决定性因素。

二、理解利润表

　　表 2.11 是一张真实的银行利润表，它是我们学习银行财务报表时所研究的工商银行 2021 年度和 2022 年度的利润表。绝大多数银行的利润表的科目设置与表 2.11 相同。我们可以将它分为营业收入、营业支出等几个主要的部分。

表 2.11　2021 年度和 2022 年度中国工商银行股份有限公司合并利润表

单位：亿元

科目	本集团	
	2021 年	2022 年
利息净收入	6 906.80	6 936.87
利息收入	11 622.18	12 803.76
利息支出	（4 715.38）	（5 866.89）
手续费及佣金净收入	1 330.24	1 292.65
手续费及佣金收入	1 487.27	1 458.18
手续费及佣金支出	（157.03）	（165.53）
投资收益	339.99	402.20
其中：对联营及合营企业的投资收益	28.69	44.27
公允价值变动净收益（损失）	144.73	（115.58）
汇兑及汇率产品净损益	35.71	（37.56）
其他业务收入	670.15	701.31
营业收入	9 427.62	9 179.89
税金及附加	（93.18）	（101）
业务及管理费	（2 259.45）	（2 296.15）
资产减值损失	（2 026.23）	（1 824.19）
其他业务成本	（813.12）	（754.77）
营业支出	（5 191.98）	（4 976.11）
营业利润	4 235.64	4 203.78
加：营业外收入	22.99	33.56
减：营业外支出	（9.64）	（11.69）
税前利润	4 248.99	4 225.65
减：所得税费用	（746.83）	（615.27）
净利润	3 502.16	3 610.38

资料来源：2021 年、2022 年工商银行年报。

（一）营业收入

在表 2.11 中，营业收入包括利息收入和支出、手续费及佣金收入和支出、投资收益、公允价值变动净收益或损失、汇兑及汇率产品净损益、其他业务收入等科目。下面，我们将对这些科目加以分析和说明。

1. 利息收入

由贷款等账户产生的利息收入是银行收入中的最大部分（通常为总收入的三分之二或更多）。由表 2.11 可知，2022 年，工商银行贷款等的利息净收入为 6 936.87 亿元，利息净收入（利息收入减去利息支出）占到营业收入的 75.56%。从 2022 年工商银行年报中可知，如果细分贷款等账户，利息收入来自客户贷款及垫款、金融投资、存放和拆放同业及其他金融机构款项、存放中央银行款项等科目，详见表 2.12。这些利息收入对银行来说是十分重要的，但是它们对银行利润的相对重要性因为利率和贷款需求的变动而不断变化。然而，必须指出的是，与手续费及佣金收入等其他收入相比较，贷款收入对银行营业收入和利润的相对重要性正在发生大的变化。工商银行 2021 年利息净收入占营业收入的比率为 73.26%，2022 年上升为 75.56%。这是由于银行家近几年来致力于发展以赚取手续费等为基础的服务业务。

2. 利息支出

银行财务中最大的费用项目通常是存款的利息支出。从表 2.11 中可知，2022 年工商银行利息支出为 5 866.89 亿元。从表 2.12 中可知，利息支出主要来自客户存款，其次是同业及其他金融机构存放和拆入款项，最后是已发行债务证券科目。

3. 利息净收入

利息收入减去利息支出就可以得到一个新的科目——利息净收入。这一重要的科目通常被称为"利差收入"，即银行贷款和投资证券的利息收入与筹资的利息成本之间的差额。它是银行利润的决定因素。当利差收入下跌的时候，银行的股东将会看到利润表底线上方"税后净利润"的下降，以及每股分红的减少。

表 2.12　2021 年度和 2022 年度工商银行利息收入和支出

单位：亿元

科目	本集团	
	2021 年	2022 年
利息收入：		
客户贷款及垫款	8 321.36	9 001.49
公司类贷款及垫款	4 679.73	5 072.52
个人贷款	3 537.33	3 769.50
票据贴现	104.30	159.47
金融投资	2 628.27	2 987.22
存放中央银行款项	420.27	454.25
存放和拆放同业及其他金融机构款项	252.28	360.80
合计	11 622.18	12 803.76

表2.12（续）

科目	本集团	
	2021 年	2022 年
利息支出：		
客户存款	(3 976.25)	(4 800.83)
同业及其他金融机构存放和拆入款项	(443.87)	(707.32)
已发行债务证券	(295.26)	(358.74)
合计	(4 715.38)	(5 866.89)
利息净收入	6 906.80	6 936.87

资料来源：2021 年、2022 年工商银行年报。

4. 手续费及佣金的收入和支出

从表 2.11 中可知，2022 年工商银行手续费及佣金的收入为 1 458.18 亿元，手续费及佣金的支出为 165.53 亿元。其净收入是 1 292.65 亿元，是银行营业收入中仅次于利息净收入的第二大收入来源，净收入占营业收入的 14.08%。近年来银行都瞄准非利息收入，借助于现代金融科技，广泛地发展各种各样的服务业务，因而手续费及佣金等也在迅速增长。可以预见，手续费及佣金等收入将在未来成为银行收入的支柱之一。从表 2.13 中可知，其银行手续费及佣金收入来自银行卡，结算、清算及现金管理，个人理财及私人银行，投资银行，对公理财，担保及承诺，资产托管，代理收付及委托。更进一步说，银行通过大力发展这些金融服务业务，不仅能够增加净利润，还可以将利润的来源分散化，这也使得银行能够充分地免疫于过度利率波动对银行收入的影响。

57

表 2.13　2021 年度和 2022 年度工商银行手续费及佣金净收入

单位：亿元

科目	本集团	
	2021 年	2022 年
手续费及佣金收入：		
银行卡	412.70	454.39
结算、清算及现金管理	300.01	262.53
个人理财及私人银行	224.16	195.86
投资银行	166.79	177.36
对公理财	151.65	141.72
担保及承诺	97.56	88.03
资产托管	87.38	87.09
代理收付及委托	18.08	18.94
其他	28.94	32.26
合计	1 487.27	1 458.18

科目	本集团	
	2021 年	2022 年
手续费及佣金支出	（157.03）	（165.53）
手续费及佣金净收入	1 330.24	1 292.65

资料来源：2021 年、2022 年工商银行年报。

5. 其他收入

其他收入包括表 2.11 中的投资收益、公允价值变动净收益或损失、汇兑及汇率产品损失、其他业务收入等。这几项收入相对较少，加总后占 2022 年营业收入的 10.35%。

投资收益科目的损益是指银行以高于或低于所购入证券初始成本的价格从投资组合中出售未到期的证券时，所产生的投资收益或损失。从表 2.11 中可知，2022 年工商银行有 402.2 亿元的投资收益。

公允价值变动净收益或损失是指为交易者持有的证券与以公允价值计量证券的价值变化，这两类证券对市场利率敏感，对银行损益影响较大，因此这种还未实现的收益或损失需计入当期损益，以反映资产的真实价值。从表 2.11 中可知，2022 年工商银行这一科目有−115.58 亿元的净收益。

汇兑及汇率产品净损失是指包括与自营外汇业务相关的汇差收入、货币衍生金融工具产生的已实现损益和未实现的公允价值变动损益，以及外币货币性资产和负债折算产生的汇兑损益。从表 2.11 中可知，2022 年工商银行产生了 37.56 亿元的汇兑损失。

其他业务收入包括了保费净收入及其他共计 701.31 亿元。

这里值得一提的是，从国盛证券研究所的报告中可知，在 2022 年 36 家 A 股上市银行中，四类上市银行的收入来源各有其特点，具体如下：

（1）国有大型银行：以利息净收入为主。

国有四大行利息净收入占营收比重显著上升，除交通银行外基本都超过 75%。交通银行的收入结构更类似于股份制银行，利息净收入占比约为 60.25%，手续费净收入、其他非息收入占比分别为 16.35% 和 21.39%。

（2）股份制商业银行：手续费及佣金净收入占比较高。

股份制商业银行主要在银行卡、财富管理、交易银行、投资银行业务领域布局较广，除民生银行、浙商银行、华夏银行等外，其他银行非利息收入整体占比有所上升，基本在 15% 以上。招商银行的手续费及佣金净收入占营业收入的比重为 27.3%，显著高于其他银行。其原因在于，在财富管理、银行卡、交易银行、投资银行等业务方面处于行业内领先地位，综合创收能力强。

（3）城市商业银行：其他非利息收入占比较高。

比如，宁波银行、南京银行、苏州银行等其他非利息收入占比较高。

（4）农商行：利息净收入占比最高。

农商行对利息收入依赖度高，主要受制于客户结构（主要在县域、农村等地区）、规模（难以形成大型结算网络，且科技投入力度有限），以及金融市场牌照等因素约束。

（二）营业支出

从表 2.11 中可知，营业支出包括税金及附加、业务及管理费、资产减值损失、其他业务成本四项科目。2022 年工商银行总的营业支出为 49.761 1 亿元。

1. 税金及附加

税金及附加科目包括城建税、教育费附加及其他三项。2022 年工商银行此科目为 101 亿元。

2. 业务及管理费

业务及管理费是营业支出科目中最大的一项。从表 2.11 中可知，2022 年工商银行这一项支出为 2 296.15 亿元。业务及管理费包括职工费用（如工资及奖金、职业福利、各种公积金等），固定资产的折旧费用，一些无形资产的摊销，以及业务费用（如日常经营消耗的水电费、办公费、维修费、租金等）等。

这里要引出的是一个成本收入比指标，它是业务及管理费与营业收入之比。成本收入比反映银行的经营效率。成本收入比较低，说明其经营效率高。成本收入比与银行的经营战略、客户结构、科技投入有密切的关系。例如，2022 年工商银行成本收入比为 25.01%，建设银行为 28.12%，农业银行为 31.63%，中国银行为 27.88%，交通银行为 28.14%，邮储银行为 61.41%。从中可知，工商银行的成本收入比在六大国有银行中最低。

3. 资产减值损失

资产减值损失包括贷款减值损失和其他资产减值损失，其中贷款减值损失占比最大。从 2022 年工商银行年报中可知，资产减值损失为 1 824.19 亿元，其中贷款减值损失为 1 431.73 亿元，占比为 78.48%。资产减值损失科目实际是一个非现金形式的账户，设立它的目的是从税前利润中提取一部分资金用于补偿可能潜在的贷款和其他资产风险带来的账面损失。

这里值得一提的是，《商业银行贷款损失准备管理办法》中提到了计提商业银行贷款损失准备的两个指标：拨备覆盖率（贷款减值准备/不良贷款）≥150%，贷款拨备率（贷款减值准备/贷款余额）≥2.5%。2018 年，原中国银监会发布了《关于调整商业银行贷款损失准备监管要求的通知》，把拨备覆盖率从 150% 调整到 120% 至 150%，把贷款拨备率从 2.5% 调整到 1.5% 至 2.5%。拨备的计提是对未来可能发生的贷款损失的提取确认。

上述拨备覆盖率和贷款拨备率公式中分子的贷款减值准备如何计提呢？根据 2002 年中国人民银行发布的《贷款损失准备计提指引》，银行应计提一般准备、专项准备和特种准备三项贷款减值准备。一般准备计提的年末余额应不低于年末贷款余额的 1%。专项准备计提中，针对关注类贷款，计提比例为 2%；针对次级类贷款，计提比例为 25%；针对可疑类贷款，计提比例为 50%；针对损失类贷款，计提比例为 100%。有关特种准备，银行可根据不同国别、行业等贷款的特殊风险情况、风险损失概率和历史经验，按季度自行确认计提比例。按照《商业银行资本管理办法》，银行超额贷款损失准备计入银行二级资本。

4. 其他业务成本

其他业务成本主要包括保险业务支出。从表 2.11 中可知，2022 年工商银行这个科目支出费用为 754.77 亿元。

（三）净利润

当营业收入（9 179.89 亿元）减去营业支出（4 976.11 亿元）后，就得到营业利润（4 203.78 亿元）。营业利润（4 203.78 亿元）加上营业外收入（33.56 亿元），再减去营业外支出（11.69 亿元），就得到税前利润（4 225.65 亿元）。税前利润（4 225.65 亿元）减去所得税费用（615.27 亿元），就得到净利润（3 610.38 亿元）。净利润中一部分通过现金分红的形式分配给股东，剩下的部分作为留存收益（未分配利润）来增加银行的资本金，作为银行未来发展的支持资金。工商银行在境内外都有银行业务，境内利润按 25% 的国内法定税率交税，而境外利润按当地相应税率交税。

第四节　其他主要非银行金融机构的财务报表：与银行报表的比较

虽然银行的资产负债表、利润表和其他财务报表都具有其特殊性，但是近年来，非银行金融机构，特别是非银行的储蓄机构——包括信用社和储蓄协会的报表越来越接近于我们通常所看到的银行财务报表。储蓄机构的资产负债表与银行的一样，主要包括贷款（特别是住房按揭贷款和分期付款的消费者贷款）、客户的存款及货币市场的借款。同时，储蓄机构的利润表也与银行的一样，贷款的收入是其主要的收入来源（通常占到总收入的 2/3 或更多），而为存款和货币市场借款所支付的利息是储蓄机构的主要利息支出。

其他的非银行金融机构，如财务公司、财产和人寿保险公司、投资公司、共同基金、证券经纪和经销公司，由于金融服务的功能不同，其财务报表也不同。例如，财务公司的资产负债表，虽然其资产中也包含了一部分的贷款性质的资产，但是这些信贷资产通常都被冠以"应收账款"的名字，包含了企业应收账款、消费者应收账款、房地产应收账款，它们都反映了不同的信贷投向。在财务公司的负债方面，财务公司筹资的主要途径并不是存款，而是货币市场的借款（商业票据）和银行的借款。如果财务公司是由大型企业控股的话，它还可以从母公司获得借款。

财产和人寿保险公司经常也会为客户特别是为企业客户提供贷款业务，但是这些贷款都是以持有股票、债券、抵押契约和其他债券的形式反映在保险公司的资产负债表中的，而这些证券大多数可以从公开市场上购得。保险公司的主要资金来源是被保险人购买保险的保费、投资收益及保险公司从货币市场和资本市场取得的借款。但是绝大部分保险公司的收入来源于投资的收益，而非被保险人的保费。需要注意的是，中国保险公司的主要收入来源是保费收入。

共同基金是最近几年银行最有力的竞争对手之一，它主要通过向公众发行基金股份和常规的借款渠道进行融资，继而投资于企业股票、债券、资产支持的证券和货币市场金融工具。证券经纪和经销公司也是银行的一个有力的竞争对手。它们的资金主要来源于公司股东的自有资本，以及资本市场、货币市场的融资，同时它们将资金投资于各种股票和债券。另外，证券经销商还可以通过各种方式获得大量收入，包括为自己的客户买入和卖出证券，为客户提供咨询服务，为企业客户发行新股提供必要的帮助（承销证券收入）。但是需要指出的是，越来越多的银行也开始为自己的客户提供与上述非银行金融机构相同的服务，因此合并的银行财务报表也开始与这些竞争对手的报表趋于一致。

复习思考题及参考答案

1. 银行资产负债表中有哪些主要科目？
2. 银行利润表中有哪些主要科目？
3. 请简要回答资产负债表和利润表的概念，以及两者之间的关系。
4. 中国银行业的表外业务主要有哪几类？
5. 什么是净利润？银行有哪些选择和方法来提高净利润？
6. 以中国工商银行为例，简述客户贷款及垫款的结构和分类。
7. 以中国工商银行为例，简述客户存款的结构和分类。
8. 简述中央银行向商业银行贷款的两类货币政策工具。

扫一扫，即可获得参考答案

参考文献

［1］马婷婷，蒋江松媛. 银行研究框架及 2022A+2023Q1 业绩综述：哪些银行业绩有望率先改善？［R/OL］.（2023-06-14）［2024-01-15］. https://www.163.com/dy/article/I77AGF65051982TB.html.

［2］唐朝. 手把手教你读财报——18 节课看银行业［M］. 北京：中国经济出版社，2018.

［3］张晓艳. 商业银行管理［M］. 北京：中国金融出版社，2013.

［4］李慧，袁天鸿，汪路龙.我国商业银行表外业务风险管控探析［J］.西南金融，2018（1）：29-35.

［5］李锋，民生证券.读懂银行系列之七：银行资产负债表 ABC（中）［R/OL］.（2017-11-10）［2024-01-15］.http://vip.stock.finance.sina.com.cn/q/go.php/vReport_Show/kind/industry/rptid/3979097/index.phtml.

［6］岳安时，国开证券.商业银行专题报告之一：商业银行资产负债表之资产端解读［R/OL］.（2019-12-23）［2024-01-15］.https://www.fxbaogao.com/detail/1868720.

［7］ROSE P S, HUDGINS S C. Bank Management and Financial Services［M］. New York：McGraw-Hill/Irwin, 2013.

第三章
金融机构的业绩评价

一般来讲，对金融机构的评价有两种方法：一种是运用股权收益率模型来评价其经营业绩，另一种是运用骆驼（CAMEL）评级体系对金融机构进行评级。在这一章，我们先介绍股权收益率模型的构建，并通过一个综合案例来说明如何利用该模型评估银行的经营业绩。接着，我们将介绍 CAMEL 评级体系，并运用该体系对新加坡华侨银行和中国招商银行进行分析和比较。

第一节　盈利比率

在所有关于盈利的重要指标中，下面的几个指标是我们经常在财务分析报告中看到的：

$$股权收益率（ROE）=\frac{税后净利润}{总权益资本①} \tag{3.1}$$

$$资产收益率（ROA）=\frac{税后净利润}{总资产} \tag{3.2}$$

$$每股收益率（EPS）=\frac{税后净利润}{流通中的普通股股数} \tag{3.3}$$

$$资产净利息收益率=\frac{贷款和证券投资的利息收入-存款和其他负债的利息支出}{总资产} \tag{3.4}$$

$$资产净非利息收益率=\frac{非利息收入-非利息支出}{总资产} \tag{3.5}$$

$$资产净营业利润率=\frac{总营业收入-总营业费用}{总资产} \tag{3.6}$$

上述指标从不同的角度反映了金融机构的盈利能力。ROE 是测度流入金融机构股东的收益的比率指标，它等于银行单位账面股权的会计利润。ROA 反映了金融机构的管理层有多大的能力将其资产转换为净收入，它是衡量金融机构管理效率的一

① 总权益资本等于资产负债表的股东权益的金额，只是股东权益是资产负债表中会计科目的称谓，而股权资本是相对于银行借入资金而提出的股东投入的自有资本的概念。

个重要指标。EPS 则表示在缴纳税费和支付优先股股利后，普通股股东的每股盈利。

资产净利息收益率、资产净非利息收益率和资产净营业利润率是评价金融机构业绩的盈利指标和效率指标。它们反映了金融机构在增长的成本面前保持其收入增加的能力。资产净利息收益率测度了金融机构在追求资产收益最大化和融资成本最小化的过程中实现的利差收入。相对于资产净利息收益率，资产净非利息收益率测度了金融机构来源于存款手续费及其针对其他各种服务收费的非利息收入与员工工资、福利、设备维修费、坏账损失等非利息支出之间的差异。虽然近年来手续费占金融机构收入的比例在迅速增加，但对绝大多数的银行来说，非利息收入总是低于非利息支出的，即非利息净收入为负。资产净营业利润率反映了金融机构的综合盈利能力，它大致等于上述两个指标的和。

息差收益是另一种更为传统的测量金融机构盈利效率的指标，其计算公式如下：

$$息差收益 = \frac{总利息收入}{总盈利性资产} - \frac{总利息支出}{有息的总负债} \qquad (3.7)$$

它衡量了金融机构吸收存款和发放贷款的中介功能的效率及金融机构的竞争力。具有竞争力的金融机构会用各种方法扩大资产的平均收益率与负债平均成本率之间的差距。在其他情况不变的条件下，竞争的存在会使金融机构的息差收益普遍下降，从而促使金融机构的管理层寻求更多的收入来源（例如，开展新业务收取新的手续费）以恢复逐渐萎缩的息差收入。

第二节 股权收益率模型

一、分解股权收益率

通常我们可以通过对上述指标进行分解来分析金融机构的业绩，其中最常用的是对 ROE 进行分解。从式（3.1）和式（3.2）中可以看到，ROE 和 ROA 含有一个同样的因子——税后净利润。因此，这两个盈利指标可以直接联系在一起。

$$\frac{税后净利润}{总权益资本} = \frac{税后净利润}{总资产} \times \frac{总资产}{总权益资本} \qquad (3.8)$$

即

$$ROE = ROA \times \frac{总资产}{总权益资本} \qquad (3.9)$$

通过更进一步的简单代数变化，我们可以得到最常用的盈利指标公式：

$$ROE = \frac{税后净利润}{总营业收入} \times \frac{总营业收入}{总资产} \times \frac{总资产}{总权益资本} \qquad (3.10)$$

我们通过以上分解，可以得到三个新的指标：净利润率（NPM）、资产利用率（AU）、股权乘数（EM）。它们分别反映了金融机构成本控制和服务定价政策的效率、组合资产管理政策的效率以及财务杠杆政策。这样我们可以将式（3.10）简化为以下形式：

ROE ＝净利润率×资产利用率×股权乘数

$\qquad$ ＝NPM×AU×EM $\hfill$ (3.11)

其中，NPM（或者净利润与总收入的比率）在一定程度上反映了金融机构的成本控制和服务定价政策的效率。它告诉我们金融机构可以通过控制成本和增加收入来提高利润及股东的收益率。同样，在避免额外风险的同时，通过慎重的管理将资源配置在收益率高的贷款和投资中，金融机构还可以提高其资产的平均收益率（资产利用率 AU）。至于股权乘数 EM，它是金融机构财务杠杆的直接度量指标，表明了单位股权资本支撑的资产及金融机构有多少资源是依靠举债而得到的。

从式(3.11)可以知道，如果金融机构要取得较高的 ROE，在给定净利润率和资产利用率的条件下，金融机构需要使用大量的外来资金，以充分利用财务杠杆。通常情况下，金融机构的平均股权乘数可达到 15 倍，商业银行会更高，对更大型的银行来说，股权乘数甚至会高于 20 倍。由于股权资本可以用来抵销资产的损失，抵御金融机构可能面临的清偿力不足的风险，因此乘数越大，就意味着金融机构将面临的破产风险越大。同时，较大的乘数能够使股东享有更高的潜在收入。因此 EM 也反映出金融机构是如何在高风险和高收益间进行权衡的。

注意：这三个指标都是非常重要的指示器，它们分别反映了金融机构不同方面的经营状况。因此如果其中任意一个指标下降，管理层都要关注和分析引起指标变化的原因。为了使读者更清楚地理解 ROE 的分解和决定 ROE 的因素，我们通过图3.1 向读者说明。

65

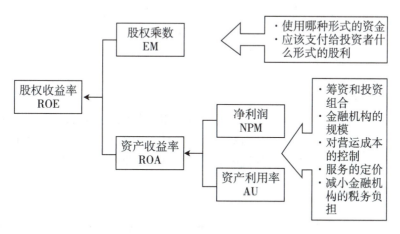

图 3.1 股权收益率的决定因素

表 3.1 是美国联邦存款保险公司提供的 1991—2002 年美国上市银行平均的 ROE 的构成。通过对表中数据的观察我们知道，1991 年美国所有上市银行的股权收益率处于美国历史上一个较低的水平，主要源于极低的净利润率。这一时期，银行的成本增加，尤其是大量的收入被用于核销贷款损失，而且此时美国经济也正处于收入、贷款需求下降的衰退时期。这两方面的原因导致美国银行的利润严重缩水，股权收益率跌至 10% 以下。然而，20 世纪 90 年代中期美国经济开始复苏，并进入了美国

历史上最长的一次经济持续增长的时期，以 ROE 指标表示的银行业收入开始增加，并在 2000 年美国经济开始衰退前达到 15.31% 的新高点。那么，为什么美国银行业的利润增长会如此迅速呢？表 3.1 清楚地给出了答案——NPM 的上升。NPM 因为美国长期强劲的经济增长及银行业采取的成本削减措施而迅速上升。在这一时期，银行营业收入（特别是非利息收入或称为手续费收入）的增长速度远远超过了营业费用的增长速度。此外，净利润率的上升还远远高于银行业资产利用率和股权乘数的下降，抵消了后两者下降给银行 ROE 带来的负面影响。

表 3.1　美国上市银行平均的 ROE 的构成

年份	ROE	NPM	AU	EM
①	②=③×④×⑤	③	④	⑤
2002	14.51	17.03	7.48	11.40
2000	14.48	12.20	9.32	12.74
1999	15.31	14.01	8.91	11.95
1997	11.94	13.32	8.86	11.94
1995	14.19	12.68	8.93	12.53
1993	15.13	13.47	8.87	12.66
1991	8.00	5.32	10.17	14.77

注：因标准不同，本章部分表格的数据计算结果与实际数据有出入。

资料来源：美国联邦存款保险公司。

注意：资产利用率和股权乘数的下降并不一定意味着银行本身管理和经营业绩的恶化，所谓负面影响只是指在数字上抵消了 ROE 的增长。那么，为什么 AU 和 EM 会下降呢？1991—2002 年，美国市场利率持续下跌，并维持在一个较低的水平，这样以利息收入为主要来源的银行业的资产收益率必然很低，反映出来的就是资产利用率（AU）的数值下降。而股权乘数下降则受到两个因素的影响：一方面，美国监管当局为了保护存款者及政府存款保险基金的安全，要求银行在为新增资产融资时更多地使用权益资本，减少使用负债；另一方面银行业也通过扩大表外业务的交易及拓展新的金融服务来增加收入，从而减缓资产负债表中资产的增长。因此股权乘数的下降反而说明了美国银行业更高的抗风险能力和更分散化的收入来源。

二、效率指标体系的建立

我们通过对 ROE 进行简单的代数变换，可以将其中的净利润率（NPM）进一步分解为两个部分：①税收管理效率比率。它反映了金融机构利用证券的收益或损失以及其他税收管理工具，尽量减少应税的收入，从而最大限度地减少税款的支出。②税前净利润/营业收入比率。它作为一个指示器，计算了在减去营业成本后剩下的营业收入占总收入的比率，是衡量金融机构经营效率和成本管理效率的指标。于是式（3.11）可以变形为

$$ROE = \frac{税后净利润}{不包括证券收益（或损失）的税前净利润}$$

$$\times \frac{\text{不包括证券收益（或损失）的税前净利润}}{\text{总营业收入}}$$

$$\times \frac{\text{总营业收入}}{\text{总资产}} \times \frac{\text{总资产}}{\text{总权益成本}} \qquad (3.12)$$

这样就分解为一组能够评价金融机构管理水平的效率指标，即

$$\text{ROE} = \frac{\text{税收}}{\text{管理效率}} \times \frac{\text{成本}}{\text{控制效率}} \times \frac{\text{资产}}{\text{管理效率}} \times \frac{\text{资金}}{\text{管理效率}} \qquad (3.13)$$

假设一个银行的资产负债表和利润表提供了这些数据：税后净利润 100 万美元、不包括证券收益（或损失）的税前净利润 130 万美元、总营业收入 3 930 万美元、总资产 12 200 万美元、总权益资本 730 万美元。那么根据式（3.12），可进行如下计算：

$$\text{ROE} = \frac{100}{130} \times \frac{130}{3\ 930} \times \frac{3\ 930}{12\ 200} \times \frac{12\ 200}{730}$$

$$\approx 0.769 \times 0.033 \times 0.322 \times 16.71 \approx 0.137\ （或 13.7\%）[①]$$

显然，其中任意一个比率开始下滑，金融机构的管理层都要重新评估该比率所反映的管理效率。在上述例子中，如果税收管理效率指标由上一年的 0.769 下滑到下一年的 0.610，管理层就会关注银行是如何监控和管理税收支出的。如果成本管理效率指标由 0.033 下滑到 0.025，金融机构成本控制的管理效率就需要重新评估。而如果资产管理效率指标由 0.322 跌落至 0.270，就有必要对资产组合政策重新进行检查，以判断该指标的下降是否是由管理控制方面的原因造成的。

三、分解资产收益率

与上述分解股权收益率一样，我们也可以对资产收益率（ROA）进行分解，其计算如下：

利息收入/总资产

－利息支出/总资产

＝净利息收入/总资产

＋非利息收入/总资产

－非利息支出/总资产

－贷款损失备用金/总资产

＝税前利润/总资产

－所得税/总资产

＝除去特殊交易[②]的利润/总资产

＋证券收入或损失以及其他特殊交易/总资产

＝税后净利润/总资产（ROA）

我们通过对上述公式的分析可以知道，事实上 ROA 是由资产净利息收益率、资

---

① 因标准不同，本章部分公式计算结果与实际数据有出入。
② 特殊交易包括贷款损失备用金、税款、证券投资收益（或损失）及非常项目。

67

产净非利息收益率、资产净特殊交易收益率这三个简单的比率构成的，即

$$ROA = \frac{利息收入-利息支出}{总资产} + \frac{非利息收入-非利息支出}{总资产}$$

$$+ \frac{特殊收入-特殊支出}{总资产} \qquad (3.14)$$

对 ROA 进行分解能够解释银行财务百分比变化的原因，如表 3.2 所示。

表 3.2　美国上市银行 ROA 的成分

单位:%

损益表科目	2002年	2001年	2000年	1999年	1997年	1995年	1993年	1991年
利息收入/总资产	5.06	6.13	6.86	6.41	6.77	7.02	6.62	8.59
-利息支出/总资产	-1.71	-2.86	-3.59	-3.05	-3.29	-3.44	-2.85	-4.98
=净利息收入/总资产	3.35	3.27	3.27	3.35	3.48	3.58	3.77	3.61
+非利息收入/总资产	2.42	2.39	2.46	2.52	2.08	1.91	2.02	1.81
-非利息支出/总资产	-3.29	-3.38	-3.46	-3.56	-3.39	-3.47	-3.77	-3.74
=非利息净收入/总资产	-0.87	-0.99	-1.00	-1.04	-1.31	-1.56	-1.75	-1.93
-贷款损失准备/总资产	-0.68	-0.66	-0.48	-0.38	-0.40	-0.29	-0.45	-1.02
=税前营业利润/总资产	1.81	1.62	1.79	1.25	1.78	1.73	1.57	0.66
-应纳税收入的所得税支出/总资产	-0.62	-0.56	-0.61	-0.69	-0.64	-0.62	-0.54	-0.25
+证券收入或损失/总资产	+0.09	+0.07	-0.04	0.00	+0.04	+0.01	+0.14	+0.11
=税后净利润/总资产	1.27	1.13	1.14	1.25	1.18	1.13	1.17	0.52

资料来源：美国联邦存款保险公司。

从表 3.2 中可以看到，1991—2002 年美国所有上市银行的平均 ROA 由 1991 年的 0.52% 逐渐上升到了 2002 年的 1.27%。如前所述，这一时期美国银行业遭受了重大的贷款损失，大大提高了从收入中提取的贷款损失备用金的比率。面对严峻的形势，美国银行业致力于提高自身的管理水平和经营水平，广泛地进行了业内的重组和合并，并且加快了银行各种设备自动化升级的步伐，成功地减少了银行庞大的各种营业费用。同时，伴随着 20 世纪 90 年代中期以来美国经济的强劲增长，社会公众对贷款和金融服务的需求大大增加，银行获取了大量的贷款收入和手续费收入。虽然该时期市场利率普遍偏低，银行的利息收入有所下降，但是手续费的迅速增长及贷款质量的提高抵消了低利率对银行经营业绩的负面影响，由 ROA 所描述的银行利润水平逐年上升。到 1999 年，美国银行业的 ROA 达到 1.25%，这是 1934 年美国联邦存款保险公司成立以来银行业平均 ROA 所达到的最高水平。然而，2000—2001 年，美国银行业的利润缓慢回落，反映了进入 21 世纪以来经济的衰退，企业大量裁员，许多企业也不再投资于新的厂房和设备。经济的衰退导致人们对金融服务的需

求下降，从而导致了银行和其他金融机构的收入逐渐下降或者增长缓慢，只有在2002年的时候银行业 ROA 又达到了新的高点——1.27%。同时，很多商业贷款和消费贷款的质量下降，迫使银行提高了贷款损失准备，这又较大地影响了金融机构的利润。

四、股权收益率模型的意义

将盈利指标分解为相关的组成部分告诉了我们许多金融机构盈利困难的原因，并且可以进一步指出管理层应该从哪里着手深入研究并解决盈利困难的问题。从上述分析中我们知道，金融机构要取得丰厚的利润必须依赖于一些关键因素：

（1）谨慎地运用财务杠杆（由债务资本所支持的资产比例）。

（2）谨慎地使用固定资产营运杠杆（当产出增加时，用于提高营业利润的固定成本投入的比例）。

（3）控制营业成本，使更多的收入成为利润。

（4）在寻找资产高收益率的同时，谨慎地管理资产组合以确保资产的流动性。

（5）控制风险暴露，使损失不至于完全抵销收入和股权资本。

五、2019 年中国 A 股上市银行的股权收益率（ROE）

这里，给出了国盛研究所研究报告中的两张表（见表 3.3 和表 3.4）和一张图（见图 3.2），来说明 2019 年中国 A 股上市银行的股权收益率（ROE）及其影响因素。在表 3.3 中，我们把上市银行分为：国有大型银行、股份制商业银行和城市商业银行三类来考察。在国有大型银行中，相比 2018 年，2019 年工商银行、农业银行、中国银行和建设银行四大行的 ROE 有所下滑，但都保持在 11% 以上。在股份制商业银行中，各银行之间 ROE 的分化较大；在 2018 年和 2019 年，招商银行的 ROE 都大幅领先，说明其盈利能力强。在城市商业银行中，贵阳银行和宁波银行的 ROE 最高。图 3.2 是 ROE 的影响因素分解图，主要用于说明表 3.4 的情况。

表 3.3　2019 年部分 A 股上市银行的 ROE、ROA 和股权乘数

上市银行	ROE（加权）/%			ROA/%			股权乘数		
	2019 年	2018 年	变动	2019 年	2018 年	变动	2019 年	2018 年	变动
工商银行	13.05	13.79	-0.74	1.08	1.11	-0.03	11.55	12.16	-0.61
建设银行	13.18	14.04	-0.86	1.11	1.13	-0.02	11.61	11.81	-0.2
农业银行	12.43	13.66	-1.23	0.90	0.93	-0.03	13.12	13.69	-0.57
中国银行	11.45	12.06	-0.61	0.92	0.94	-0.03	12.71	12.79	-0.08
交通银行	11.20	11.17	0.03	0.80	0.80	0.00	13.03	13.72	-0.69
邮储银行	13.10	12.31	0.79	0.62	0.57	0.05	19.38	20.24	-0.86
招商银行	16.84	16.57	0.27	1.32	1.24	0.08	12.3	12.58	-0.28
中信银行	11.07	11.39	-0.32	0.76	0.77	-0.01	13.44	13.95	-0.51

上市银行	ROE（加权）/%			ROA/%			股权乘数		
	2019 年	2018 年	变动	2019 年	2018 年	变动	2019 年	2018 年	变动
浦发银行	12.29	13.14	-0.85	0.90	0.91	-0.01	12.97	13.43	-0.46
民生银行	12.40	12.94	-0.54	0.87	0.85	0.02	13.5	13.75	-0.24
兴业银行	14.02	14.27	-0.25	0.96	0.93	0.03	13.76	14.04	-0.28
光大银行	11.77	11.55	0.22	0.82	0.80	0.03	12.87	13.76	-0.89
华夏银行	10.61	12.67	-2.06	0.78	0.81	-0.03	11.76	12.04	-0.28
平安银行	11.30	11.49	-0.19	0.77	0.74	0.02	13.3	14.11	-0.81
北京银行	11.45	11.65	-0.20	0.81	0.82	-0.01	13.29	13.44	-0.15
南京银行	16.53	16.96	-0.43	0.97	0.94	0.03	15.71	16.25	-0.54
宁波银行	17.10	18.72	-1.62	1.13	1.04	0.09	13.43	13.47	-0.03
上海银行	12.94	12.67	0.27	0.95	0.94	0.01	12.62	12.76	-0.14
贵阳银行	17.41	18.88	-1.47	1.13	1.08	0.05	14.4	14.83	-0.43
杭州银行	12.15	11.01	1.14	0.68	0.62	0.06	16.25	15.98	0.27
江苏银行	12.65	12.43	0.22	0.75	0.72	0.03	15.63	15.93	-0.31
成都银行	16.63	16.04	0.59	1.06	1.00	0.05	15.74	16.13	-0.39
郑州银行	9.30	10.03	-0.73	0.70	0.69	0.01	12.85	12.63	0.22
长沙银行	15.61	16.91	-1.30	0.93	0.92	0.01	15.76	17.49	-1.73
青岛银行	8.27	8.36	-0.09	0.68	0.66	0.02	12.15	11.74	0.4
西安银行	11.94	12.61	-0.67	1.03	0.99	0.04	11.98	11.77	0.21
无锡银行	11.22	10.68	0.54	0.79	0.74	0.05	14.06	14.45	-0.39
常熟银行	11.52	12.62	-1.10	1.08	1.01	0.07	11.81	12.02	-0.2
江阴银行	9.10	8.92	0.18	0.84	0.70	0.14	10.83	11.12	-0.29
苏州农村商业银行	8.44	9.08	-0.64	0.75	0.76	-0.01	11.6	11.64	-0.04
张家港银行	9.22	9.39	-0.17	0.79	0.76	0.04	11.49	11.79	-0.3
紫金银行	10.80	11.93	-1.13	0.72	0.69	0.03	15.15	15.75	-0.6
青岛农商银行	12.38	12.86	-0.48	0.90	0.90	-0.00	14.15	14.14	0.01

资料来源：Wind 资讯、上市银行年报、国盛证券研究所。

表 3.4　2019 年部分 A 股上市银行的 ROE 因子分解

单位:%

上市银行	加权平均 ROE		平均净资产收益率同比变动	净利润同比变动	净利润变动因子分解									
	2019	2018			净利息收入	平均生息资产	净息差	非利息净收入	手续费净收入	其他非利息净收入	管理费用	资产减值损失	所得税	其他
工商银行	13.05	13.79	-0.74	4.89	11.60	16.90	-5.30	15.80	3.50	12.30	-4.70	-5.80	-1.60	-10.30
建设银行	13.18	14.04	-0.36	4.74	9.60	13.80	-4.20	8.80	5.60	3.20	-4.80	-4.90	-1.90	-1.90
农业银行	12.43	13.66	-1.23	4.59	4.50	22.00	-17.50	9.70	4.30	5.30	-2.00	-0.90	-2.30	-4.40
中国银行	11.45	12.06	-0.61	4.06	8.10	15.20	-7.20	17.00	1.30	15.60	-6.80	-1.60	-6.40	-6.20
交通银行	11.20	11.17	0.03	4.96	17.90	8.30	9.60	9.00	3.20	5.80	-3.40	-11.80	2.40	-9.10
邮储银行	13.10	12.31	0.79	16.48	11.70	42.30	-30.60	18.60	5.10	13.50	-17.90	0.10	-3.10	7.20
招商银行	16.84	16.57	0.27	15.28	15.80	14.20	1.60	10.50	6.20	4.30	-11.70	-0.40	2.40	-1.30
中信银行	11.07	11.39	-0.32	7.87	32.30	28.30	3.90	18.80	21.10	-2.30	-3.50	-42.70	3.10	-0.10
浦发银行	12.29	13.14	-0.85	5.36	30.40	14.50	16.00	5.00	2.60	2.50	-0.90	-25.60	-2.80	-0.90
民生银行	12.40	12.94	-0.54	6.94	42.20	4.60	37.60	4.80	8.30	-3.50	-2.20	-33.10	-2.70	-2.10
兴业银行	14.02	14.27	-0.25	8.66	12.10	3.20	8.90	25.90	11.10	14.80	-7.40	-19.30	-1.60	-1.00
光大银行	11.77	11.55	0.22	10.98	70.60	26.80	43.80	-3.50	10.10	-13.60	-13.30	-40.20	-1.80	-0.80
华夏银行	10.61	12.67	-2.06	5.04	62.40	23.00	39.40	-2.50	1.20	-3.70	-11.40	-44.50	1.70	-0.60
平安银行	11.30	11.49	-0.19	13.61	61.30	23.40	37.90	24.30	21.90	2.30	-22.00	-47.00	-2.50	-0.50
北京银行	11.45	11.65	-0.20	7.19	20.10	10.70	9.50	18.10	-7.50	25.50	-3.40	-25.90	-0.90	-0.90

上市银行	加权平均 ROE 2019	加权平均 ROE 2018	平均净资产收益率同比变动	净利润同比变动	净利息收入	平均生息资产	净息差	非利息净收入	手续费净收入	其他非利息净收入	管理费用	资产减值损失	所得税	其他
					净利润变动因子分解									
南京银行	16.53	16.96	-0.43	12.47	-1.70	2.60	-4.30	47.20	4.10	43.10	-9.40	-14.90	-7.60	-1.10
宁波银行	17.10	18.72	-1.62	22.60	4.00	2.00	1.90	51.00	17.80	33.20	-18.50	-2.30	-10.30	-1.30
上海银行	12.94	12.67	0.27	12.55	2.10	6.40	-4.30	30.70	3.30	27.40	-5.20	-10.10	-4.80	-0.20
贵阳银行	17.41	18.88	-1.47	12.91	19.90	13.10	6.80	19.50	-4.90	24.40	-9.30	-13.60	-0.80	-2.70
杭州银行	12.15	11.01	1.14	21.99	29.90	11.50	18.40	50.50	8.90	41.60	-19.30	-32.40	-6.20	-0.60
江苏银行	12.65	12.43	0.22	11.89	0.70	-4.00	4.70	73.90	6.10	67.80	-10.90	-53.20	2.70	-1.20
成都银行	16.63	16.04	0.59	19.40	13.90	18.90	-5.00	10.50	2.60	7.90	-8.40	9.00	-5.20	-0.40
郑州银行	9.30	10.03	-0.73	7.40	76.50	14.60	62.00	-0.40	-8.70	8.30	-14.70	-53.50	2.50	-3.00
长沙银行	15.61	16.91	-1.30	13.43	16.20	19.50	-3.20	52.40	4.30	48.10	-10.50	-39.40	-3.70	-1.70
青岛银行	8.27	8.36	-0.09	12.92	117.70	37.30	80.40	-6.80	17.40	-24.20	-31.40	-61.50	-3.00	-2.20
西安银行	11.94	12.61	-0.67	13.27	21.90	19.60	2.30	14.90	-8.50	23.40	-3.60	-20.50	1.10	-0.70

资料来源：Wind 资讯、国盛证券研究所。

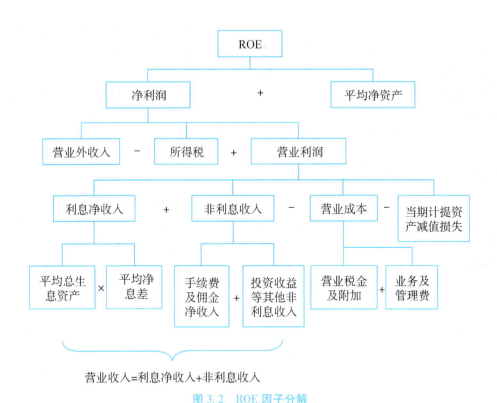

营业收入=利息净收入+非利息收入

图 3.2 ROE 因子分解

第三节 金融机构业绩的比较

上一节介绍了我们纵向①分析单个金融机构或整个银行业经营业绩时所采用的比率分析方法，同时它也适用于不同金融机构间的横向②比较分析。在这一节，我们只简单说明在对金融机构业绩进行横向比较时需要考虑的一些因素。在下一节，我们将使用案例为读者介绍一家银行纵向和横向的综合比较情况。

一、规模对金融机构业绩的影响

当对不同金融机构进行比较的时候，我们常会引入一个术语——规模。一般来说，规模都是以总资产来衡量的，而在专门针对银行和储蓄机构进行分析时，又可以将总存款来作为衡量的标准。在对金融机构业绩进行比较时，规模是十分重要的因素之一。因此，在这一节，我们所提到的比率指标都与金融机构的规模高度相关。国际银行业按照银行总资产的规模将银行分成三类：小型银行（总资产低于1亿美元）、中型银行（总资产为1亿美元到10亿美元）及大型银行（总资产超过10亿美元）。伴随着20世纪90年代以来银行业的兼并浪潮，一些银行的资产规模迅速扩

---

① 纵向比较指同一家机构不同时期的比较。

② 横向比较指不同机构同一时期的比较。

大，国际银行业又进一步地将大型银行划分为资产为 10 亿美元和 100 亿美元的大型银行及总资产超过 100 亿美元的超大型银行[①]。通过盈利比率的分析，分析人士发现以 ROA 衡量的盈利性最强的银行一般都是资产超过 10 亿美元的大型银行，并且这些银行的 ROE 通常也是最高的。同时，中等规模的银行与大型银行也有最丰厚的营业利润和最高的营业效率（营运费用/收入比率最低）。大型银行的非利息收入最高，因为它们可以对大量的服务收取手续费。相反，较小的银行经常有很高的净利息收入（利差收入），这是因为一方面它们的客户存款的平均利息率都较低，另一方面它们更倾向于发放高利率的消费贷款。

许多根据资产负债表计算出来的比率都反映了银行所面临的不同的风险暴露，小型银行通常都有较高的权益资本/总资产比率，而大型银行的股权乘数却很高。一些银行分析人士认为大型银行由于可以在多个市场上进行分散化的经营而且拥有更多的避险工具，因此可以承担较低的权益资本/总资产比率，但这会使大型银行具有较高的贷款损失比率（净贷款损失/总贷款和租赁比率），从而使其面临更高的信用风险和破产风险。而相对于大型银行，中小银行却更具有流动性，即它们的贷款/总存款比率较低。

二、市场定位、地域、监管对金融机构业绩的影响

在比较同等规模的金融机构时，首先要考虑的是它们的市场定位。一般来讲，一个专注于某项或者某几项业务的金融机构，其资产的收益率通常比同等规模的其他银行高。这主要是因为专业化的经营能够有效地控制成本，从而减少非利息支出。但是事实上，这种金融机构的收入（或者利润）来源过于单一，贷款组合缺乏多元性，其面临的风险也就相对较大。

同时，为了更有效地比较金融机构的业绩，我们还需要考虑金融机构是否是在同一个或者类似的市场环境中进行经营。金融机构的业绩通常会与它的地理位置相关，在进行比较的时候，我们必须考虑到金融机构是在金融中心、中小城市还是在农村提供服务。最有效的比较是规模相同且在同一地域经营的银行之间的比较。然而，在一些较小的社区中，寻找两家同等规模的金融机构是十分困难的。因此，金融分析人士通常会选择另一个社区中同等规模的银行与之进行比较，但这两个社区必须具备相似的商业环境和居住环境，因为金融企业服务对象的特征会对其经营业绩产生重大的影响。

另外，如果可能的话，还应该在法律和监管环境一致的情况下，对金融机构进行比较。比如，监管机构对不同的金融机构制定了不同的法律法规。由于金融机构必须遵从法律法规，因此法律法规和监管环境的不同会对金融机构的经营产生深远的影响。这使得不同国家的金融机构的经营业绩比较变得非常困难。如果必须进行比较的话，也需要谨慎从事。在美国，由于存在许多不同的监管机构，金融分析人士都会强调联邦储备系统成员银行之间的比较和非联邦储备系统成员银行之间的比

① 通常所说的大型银行也包括了超大型银行，本章后面部分所提及的大型银行就包括了超大型银行。

较。同样，全国性银行应该与其他全国性银行比较，只被允许在一个州内经营的银行也要和其他只能在一个州内经营的银行相比较。如果一个银行是一个金融控股公司的子公司，它也只能与其他金融控股公司下属的银行进行比较而不能与其他独立的银行机构相比较。当然，没有任何两家银行会在规模、地域、服务项目、客户上完全一致，因此分析人士都要尽量选取最具可比性的金融机构进行比较或者使用行业的平均水平作为比较的标准。

第四节 综合案例的分析——利用银行业经营业绩统一报表分析银行经营业绩

一、银行经营业绩统一报表制度

相对于其他金融机构，监管机构要求银行披露更为详细的财务信息。1980 年，在美国联邦储备委员会、联邦存款保险公司、储蓄监管署和货币审计署的共同努力下，监管机构开始向所有处于联邦监管体系下的银行公开发布季度性的银行经营业绩统一报告（UBPR）。UBPR 披露了每一家受到美国联邦政府监管的银行的资产、负债、资本、收入和支出的详细情况。而且报告的附属项目还提供了银行贷款的分类情况、对问题贷款和贷款损失的分析、银行资产组合的风险暴露情况以及筹资来源。同时，银行家和分析人员还能够获得：①同组银行报表——它使银行能够与规模相同或相近的机构进行比较；②银行平均指标报表——它按照规模对银行进行分组，提供了每组银行的各项比率指标的平均值；③银行行业综合指标报表——它让一个独立的银行在给定的条件下能够与所有银行联合对财务报表进行分析。UBPR 制度的另一个特点是让银行家能够获取任何一家在联邦系统监管下的银行的 UBPR，这样他们就能对在同一经营环境下面临着同样市场条件的不同银行的经营业绩进行横向比较。

UBPR 的格式比银行年报中的财务报表格式更为详细，也更为复杂，但总体上是与我们在第二章中所介绍的内容是一致的。为了更清楚地理解 UBPR 所提供的财务信息并弄清如何使用 UBPR 来分析银行的经营业绩，下面我们将采用 2001 年和 2002 年 UBPR 中的美国国民城市银行[①]（NCB）的数据和同组银行[②]报表的数据来进行说明。

二、资产负债表的分析

（一）纵向分析

NCB 是一家美国大型的全国性银行，总行设在俄亥俄州的克利夫兰市。2002 年年底，其总资产规模达到 430 亿美元。表 3.5 和表 3.6 说明了 NCB 拥有的资产、负

---

① 美国国民城市银行是第二章我们所讨论的案例中美国国民城市公司下的一家银行。
② NCB 的同组银行是美国所有资产在 100 亿美元以上的银行。

债和资本及其组成部分以及它们与上一年同期相比所发生的变化。从增长的角度看，NCB 的总资产（见表3.5中的科目26）的年增长率接近 11.5%，其中净资产和租赁（科目10）增加了约22.1亿美元（年增长率为7.10%）；总投资（科目18）增加了近 11.4 亿美元（年增长率为 31.06%）；其他资产（科目25）增加了约12亿美元（年增长率为53.48%）。而支持资产增长的资金来源（见表3.6）包含了约23.1亿美元（10.77%）的总存款增加（科目9），7.3 亿美元（10.24%）的其他期限低于一年的借款（科目11）的增加及近13.6亿美元（105.75%）的承兑汇票和其他负债（科目14）的增加。

表 3.5　NCB 资产负债表中的资产部分

金额单位：千美元

会计科目	2002 年 12 月 31 日	2001 年 12 月 31 日	金额变化	年增长率/%
1. 房地产贷款	16 511 167	12 986 420	3 524 747	27.14
2. 商业贷款	10 216 130	10 717 916	−501 786	−4.68
3. 个人贷款	6 755 747	6 983 811	−208 064	−2.99
4. 农业贷款	12 692	18 873	−6 181	−32.75
5. 国内分支机构的其他贷款和租赁	305 808	789 505	−483 697	−61.27
6. 国外分支机构的贷款和租赁	156 674	154 174	2 500	1.62
7. 总贷款和租赁	33 958 218	31 630 699	2 327 519	7.36
8. 减:不应得的收入	31 956	30 278	1 678	5.54
9. 减:贷款和租赁损失准备	537 134	424 464	112 670	26.54
10. 净贷款和租赁	33 389 128	31 175 957	2 213 171	7.10
11. 美国财政部和政府机构证券	1 772 928	2 229 887	−456 959	−20.49
12. 地方市政证券	22 840	25 703	−2 863	−11.14
13. 外债证券	66	68	−2	−2.94
14. 所有其他证券	1 997 875	367 862	1 630 013	443.10
15. 有息的银行账户余额	850	7 249	−6 399	−88.27
16. 出售的联邦资金和逆回购协议	697 385	810 251	−112 866	−13.93
17. 交易性账户资产	299 702	215 028	−84 674	39.38
18. 总投资	4 791 646	3 656 048	1 135 598	31.06
19. 总盈利性资产	38 180 774	34 832 005	3 348 769	9.61
20. 现金及同业存放	1 642 543	1 707 449	−64 906	−3.80
21. 承兑汇票	19 802	18 753	1 049	5.59
22. 建筑、固定资产、资本租赁	416 516	400 784	15 732	3.93
23. 其他自有房地产	7 757	4 632	3 125	67.47

表3.5（续）

会计科目	2002 年 12 月 31 日	2001 年 12 月 31 日	金额变化	年增长率/%
24. 对未合并报表的子公司的投资	0	0	0	0.00
25. 其他资产	3 454 119	2 250 545	1 203 574	53.48
26. 总资产	43 721 511	39 214 168	4 507 343	11.49
27. 非投资性的自有房地产	7 757	4 632	3 125	67.47
28. 待出售的贷款	371 401	1 559 961	−1 188 560	−76.19
29. 持有至到期日的证券	0	0	0	0
30. 可出售的证券	3 793 709	2 623 520	1 170 189	44.60

表 3.5 还显示，NCB 主要致力于发展传统的贷款和租赁业务，2002 年年底净贷款和租赁（科目 10）的余额达到近 334 亿美元；2002 年里 NCB 增加了 35 亿美元（年增长率为 27.14%）的房地产贷款（科目 1），而缩减了其他贷款（科目 2 至科目 5）的余额。当产权投资市场价格偏低以及证券（债券和国债）只提供较低收益率的时候，NCB 满足了客户的需求——提供了大量的房产融资。但房地产贷款在贷款组合中的比率的提高增加了贷款组合平均的到期日，这样使银行暴露在更大的利率风险中。这一点我们会在本书的第四章和第五章进行详细说明。

表 3.6　NCB 资产负债表的负债和资本部分

金额单位：千美元

会计科目	2002 年 12 月 31 日	2001 年 12 月 31 日	金额变化	年增长率/%
1. 活期存款	4 526 479	4 263 798	262 681	6.16
2. 所有 NOW 和 ATS① 账户	205 964	295 736	−89 772	−30.36
3. 货币市场存款账户	7 777 538	6 001 881	1 775 657	29.59
4. 其他储蓄存款	4 272 506	3 048 548	1 223 958	40.15
5. 10 万美元以下的定期存款	3 237 386	3 149 081	88 305	2.80
6. 核心存款	20 019 873	16 759 044	3 260 829	19.46
7. 10 万美元或以上的定期存款	2 261 245	3 704 844	−1 443 590	−38.96
8. 国外分支机构的存款	1 502 078	1 007 072	495 006	49.15
9. 总存款	23 783 205	21 470 960	2 312 245	10.77
10. 购买的联邦资金和回购协议	2 022 784	2 053 431	−30 647	−1.49
11. 其他期限低于一年的借款	7 826 898	7 099 982	726 916	10.24

① ATS 即自动转账服务账户，是指客户在银行开立两个账户：无息的活期账户和有息的储蓄存款账户。当客户需要开支票提现或付款时，银行自动从储蓄账户上把支票金额转到活期账户上。

会计科目	2002 年 12 月 31 日	2001 年 12 月 31 日	金额变化	年增长率/%
12. 备忘:短期非核心融资	11 690 414	11 832 195	−141 781	−1.20
13. 其他期限高于一年的借款	3 188 052	3 438 694	−250 642	−7.29
14. 承兑汇票和其他负债	2 642 942	1 284 532	1 358 410	105.75
15. 总负债(包含抵押品)	39 463 881	35 347 599	4 116 282	11.65
16. 次级票据和债券	1 366 829	1 251 887	114 942	9.18
17. 所有普通股和优先股	2 890 801	2 614 682	276 119	10.56
18. 总负债和资本	43 721 511	39 214 168	4 507 343	11.49

注意：表 3.5 和表 3.6 反映了 NCB 存款的增长高于用于轧平贷款头寸所需存款的增长。在表 3.6 中，我们看到核心存款（科目 6）增加了近 33 亿美元（年增长率为 19.46%），即表 3.6 中科目 1 至科目 5 的加总。它是难以从银行流出的稳定的资金来源，同时它又是成本最低的资金来源之一。然而，虽然核心存款是总存款的组成部分，但总存款只增加了约 23 亿美元（年增长率为 10.77%）。总存款的增长不及核心存款主要是因为大量定期存款（主要指 CD，科目 7）减少了约 14 亿美元，这样以核心存款取代利率敏感的 CD 的变化对银行是有利的。因为一方面核心存款的成本更低，而且它也是更可靠的资金来源，另一方面它还潜在地抵消了随房地产贷款增加而增加的利率风险暴露。

再回到表 3.5，我们发现除了贷款的增长外，总投资（科目 18）也增加了约 11.4 亿美元（年增长率为 31.06%）。其中，美国财政部和政府机构证券（科目 11）及出售的联邦资金和逆回购协议（科目 16）大量减少，而所有其他证券（科目 14）大幅增加了 443.1%。所有其他证券包括资产支持的证券（以信用卡应收账款和住房贷款信贷额度作为抵押的证券）和国内的债务证券。在给定其他证券变现成本和时间的情况下，用其他证券替代财政部和政府机构证券，可以视为是银行流动性的降低。

我们还可以看到约 13.6 亿美元的承兑汇票和其他负债（表 3.6 中的科目 14）的增长也高于用于轧平约 12 亿美元的其他资产（表 3.5 中的科目 25）头寸所需的其他负债的增长。

（二）横向分析

表 3.7 使用了一年四个季度里的平均数据，提供了 NCB 资产各科目占资产的比率和负债各科目相当于资产的百分比及同组银行的相关数据。NCB 的同组银行是全美所有资产在 100 亿美元以上的银行[1]。需要指出的是，我们在表 3.5 和表 3.6 中所讨论的资产和负债的变化是基于每年年末的数据，而表 3.7 使用的是四个季度的平均数据，这样就消除了季节因素及银行年底调整利润对报表的影响。注意，从这里开始，我们所讨论的数据都是四个季度的平均数据。

---

[1] 美国资产在 100 亿美元以上的银行，2001 年有 61 家，2002 年上升到 71 家。

表 3.7 NCB 资产和负债的百分比构成以及同组银行数据

单位:%

会计科目	NCB 2002 年 12 月 31 日	同组银行 2002 年 12 月 31 日	NCB 2001 年 12 月 31 日	同组银行 2001 年 12 月 31 日
资产:占平均总资产*的百分比				
1. 总贷款	79.60	59.10	80.86	61.27
2. 应收融资租赁款	0.08	2.42	0.08	2.61
3. 减:贷款和租赁损失准备	1.15	0.93	1.05	0.99
4. 净贷款和租赁	78.53	61.32	79.89	63.60
5. 有息的银行账户余额	0.01	0.95	0.00	0.81
6. 出售的联邦资金和逆回购协议	0.97	3.75	0.75	3.29
7. 交易性账户资产	0.59	1.34	0.45	1.14
8. 持有至到期日的证券	0.00	0.55	0.00	0.75
9. 可出售的证券	7.84	17.34	8.17	15.42
10. 总盈利性资产	87.94	88.91	89.26	88.19
11. 现金及同业存放	4.13	3.60	4.30	4.14
12. 建筑、固定资产、资本租赁	0.99	1.04	0.98	1.02
13. 其他自有房地产	0.02	0.05	0.02	0.04
14. 承兑汇票和其他资产	6.91	6.21	5.44	6.25
15. 小计	12.05	11.09	10.73	11.81
16. 总资产	99.99	100	99.99	100
负债和资本:相当于平均总资产的百分比				
17. 活期存款	9.62	7.51	8.64	8.24
18. 所有 NOW 和 ATS 账户	0.43	1.33	0.85	1.35
19. 货币市场存款账户	16.39	22.05	14.28	19.64
20. 其他储蓄存款	8.75	8.73	8.25	7.26
21. 10 万美元以下的定期存款	8.39	9.70	8.71	10.78
22. 核心存款	43.58	53.42	40.73	51.27
23. 10 万美元或以上的定期存款	6.02	6.70	9.47	7.58
24. 外国分支机构的存款	3.44	4.25	3.68	5.02
25. 总存款	53.04	66.65	53.87	66.43
26. 购买的联邦资金和回购协议	6.39	8.62	7.85	8.80
27. 其他期限低于一年的借款	17.09	4.13	12.95	4.69
28. 备忘:短期非核心融资	28.03	23.52	27.69	27.03
29. 其他期限高于一年的借款	8.67	5.63	12.38	4.99
30. 承兑汇票和其他负债	4.75	3.18	3.20	3.00
31. 总负债(包含抵押品)	89.94	90.11	90.25	89.86
32. 次级票据和债券	3.22	1.33	2.11	1.41
33. 所有普通股和优先股	6.84	8.40	7.47	8.54
34. 总负债和资本	100	100	100	100

注: * NCB 平均总资产 2002 年为 39 014 282 000 美元, 2001 年为 37 249 495 000 美元。

79

在表 3.7 中，我们看到 NCB 的资产、负债、资本及它们的组成部分都只发生了微小的变化。净贷款和租赁/平均总资产的百分比率（科目 4）仅从 2001 年年底的 79.89% 下降到 2002 年年底的 78.53%。但是，相对于同组银行的净贷款和租赁/平均总资产的百分比率——63.6%（2001 年）和 61.32%（2002 年），NCB 的贷款在其资产中的比重高于同组银行的平均水平。由于贷款通常是银行持有的盈利性最高的资产，因此较高的贷款/资产比率能使 NCB 获得比同组银行平均水平更高的收益。

此外，NCB 还持有一定量的流动性资产（短期证券和现金资产）。如果将表 3.7 中的科目 5、6、7、9、11 各项的百分比加总，我们就可以分别得到 2001 年和 2002 年有息的流动性资产和现金资产分别占 2001 年和 2002 年平均总资产的百分比——13.67% 和 13.54%。而相比之下，同组银行 2001 年和 2002 年的流动性资产分别占平均总资产的 24.80% 和 26.98%，大约是 NCB 的 2 倍。

从资金来源看，NCB 持有的核心存款（表 3.7 中的科目 22）远远低于同组银行的平均水平。UBPR 中的核心存款包括活期存款、可转让提款指令（NOW）账户、储蓄存款、货币市场存款和 10 万美元以下的定期存款。从表 3.7 中我们可以看出，NCB 的核心存款与同组银行的差距主要出自货币市场存款账户（MMDA）（科目 19）。由于 MMDA 账户的成本和其他非存款资金来源的成本差别不大，因此当我们忽略 NCB 和同组银行在可开支票账户（科目 17 和科目 18）上的微小差别时，较低的核心存款/平均总资产比率并不一定意味着需要增加额外的融资成本，甚至它可能并不是一个重要的观测值。接着，对非存款性负债进行分析，我们发现 NCB 的其他期限低于一年的短期借款（科目 27）比同组银行要高得多。因此，与同组银行相比，NCB 用更多的非存款形式的借贷代替了货币市场存款。

三、损益表的分析

（一）纵向和横向的综合分析以及盈利指标的应用

在对 NCB 损益表进行分析之前，我们首先必须认识 2001—2002 年利率环境的变化。表 3.8 是 NCB 2001 年度和 2002 年度的损益表，其中很多指标的年增长率为负数，如果忽略了利率环境的变化，我们就可能会误认为 NCB 的盈利发生了严重的下滑。但事实上，美国的利率从 2000 年就开始大幅度下滑，联邦资金利率从 2000 年年底的 6.4% 下滑到 2002 年年底的 1.26%，同一时期 30 年按揭贷款的利率从 7.38% 下降到 5.84%。从表 3.8 中我们可以看出，在利率普遍下降的情况下，总利息支出（科目 24）下降了 41.89%，其中，所有的利息支出（科目 17 至科目 23）都随着市场利率的下降而减少了，同时除了所有其他证券收入（科目 9）以及其他利息收入（科目 15）外，绝大多数利息收入科目也随着市场利率的下降而减少了。这样，总利息收入（科目 16）下降了 16.37%。但是由于所有其他证券收入（科目 9）以及其他利息收入（科目 15）增长十分迅速，所以，即使在市场利率下降的情况下，人们仍可以从这两个科目中获得一定的收益。

表 3.8　NCB 2001 年度和 2002 年度损益表

单位：千美元

科目	2002 年 12 月 31 日	2001 年 12 月 31 日	年增长率/%
1. 贷款的利息收入和手续费收入	1 975 545	2 408 124	−17.96
2. 融资租赁收入	134	217	−38.25
3. 免税收入	2 277	2 654	−14.20
4. 估计的税收利益①	900	614	46.58
5. 贷款和租赁的收入（纳税基础）	1 976 579	2 408 955	−17.95
6. 美国财政部和政府证券的收入（不包含 MBS）	9 288	23 935	−61.19
7. 抵押支持的证券（MBS）收入	105 791	130 311	−18.82
8. 估计的税收利益	14	13	7.69
9. 所有其他证券收入	69 801	23 461	197.52
10. 免税证券收入	35	55	−36.36
11. 投资收入（纳税基础）	184 894	177 720	4.04
12. 其他银行应付的利息	109	19	473.68
13. 出售联邦资金和转售的利息	10 405	14 871	−30.03
14. 交易性账户收入	2 031	3 456	−41.23
15. 其他利息收入	5 289	839	530.39
16. 总利息收入（纳税基础）	2 179 307	2 605 859	−16.37
17. 国外分支机构存款的利息	44 860	61 051	−26.52
18. 10 万美元以上定期存款的利息	63 323	161 059	−60.68
19. 所有其他存款的利息	243 399	357 513	−31.92
20. 购买联邦资金和回购协议的利息	63 927	132 348	−51.70
21. 交易性负债和其他借款的利息	240 991	435 770	−44.70
22. 房产和设备的按揭和租赁利息	0		
23. 次级票据和债券的利息	30 626	34 732	−11.82
24. 总利息支出	687 126	1 182 473	−41.89
25. 净利息收入（纳税基础）	1 492 181	1 423 386	4.83
26. 非利息收入（纳税基础）	866 025	912 648	−5.11
27. 调整的营业利润（纳税基础）	2 358 206	2 336 034	0.95
28. 非利息支出	1 114 101	1 161 795	−4.11
29. 备用金：贷款和租赁损失	422 440	343 895	22.84
30. 税前营业收入（纳税基础）	821 665	830 344	−1.05
31. 已实现的持有至到期日证券的收益/损失	0	0	0
32. 已实现的可出售证券的收益/损失	2 330	3 053	−23.68
33. 税前净营业利润（纳税基础）	823 995	833 397	−1.13

---

　　① 美国税法中详细规定了可以用于抵扣税款的各种费用，因此一些在利润表中计算税前净利润时所扣除的支出科目不允许用于抵扣税款，相反一些没有扣除的支出科目又可以用于抵扣税款，后者就形成了税收利益。

表3.8(续)

科目	2002 年 12 月 31 日	2001 年 12 月 31 日	年增长率/%
34. 应纳税收的所得税支出	283 144	286 806	−1.28
35. 当期的纳税基础调整	914	626	46.01
36. 其他纳税基础调整	0	0	0
37. 应纳税收的所得税支出(纳税基础)	284 058	287 432	−1.17
38. 净营业利润	539 937	545 965	−1.10
39. 净非常项目	0	−1 059	−100.00
40. 净利润	539 937	544 906	−0.91
41. 公布的现金分红	445 000	250 000	78.00
42. 留存收益	94 937	294 906	−67.81

表 3.8 显示了从 2001 年到 2002 年 NCB 的净利息收入（科目 25）上升了 4.83%，而根据净利息收入/平均总资产计算出来的资产净利息收益率[①]（NIM）并没有发生变化。其计算过程如下：

$$\frac{\text{贷款和证券投资的利息收入}-\text{借贷资金的利息支出}}{\text{平均总资产}}=\text{资产净利息收益率}$$

2002 年 NCB 的资产净利息收益率：

$$\frac{1\ 492\ 181}{39\ 014\ 282}\approx 3.82\%$$

2001 年 NCB 的资产净利息收益率：

$$\frac{1\ 423\ 386}{37\ 249\ 495}\approx 3.82\%$$

表 3.9 也反映了 NCB 两年的资产净利息收益率均为 3.82%，高于同组银行报告的平均水平——3.45%（2002 年）和 3.39%（2001 年）。但是 NCB 的领先优势几乎是微不足道的。管理层需要注意，从 2001 年到 2002 年，NCB 资产净利息收益率的增长率为 0，而同组银行平均增长率为 1.77%，说明行业利差管理的平均水平提高了，而 NCB 却停滞不前。

表 3.9　NCB 和同组银行的相关损益表和利润分析表

单位:%

科目 （相当于平均总资产*的百分比）	NCB 2002 年 12 月 31 日	同组银行 2002 年 12 月 31 日	NCB 2001 年 12 月 31 日	同组银行 2001 年 12 月 31 日
1. 总利息收入(纳税基础)	5.59	5.18	7.00	6.36
2. 减:利息支出	1.76	1.70	3.17	2.93
3. 等于:净利息收入(纳税基础)	3.82	3.45	3.82	3.39
4. 加:非利息收入	2.22	1.96	2.45	2.00
5. 减:非利息支出	2.86	3.05	3.12	3.23
6. 减:贷款和租赁损失备用金	1.08	0.43	0.92	0.51

① 分子数据来源于表 3.8 中的科目 16 和科目 24，分母数据来源于表 3.7 中的注释。

表3.9(续)

科目 (相当于平均总资产*的百分比)	NCB 2002 年 12 月 31 日	同组银行 2002 年 12 月 31 日	NCB 2001 年 12 月 31 日	同组银行 2001 年 12 月 31 日
7. 等于:税前营业利润(纳税基础)	2.11	1.99	2.23	1.69
8. 加:已实现的证券投资收益/损失	0.01	0.08	0.01	0.06
9. 等于:税前净营业利润(纳税基础)	2.11	2.09	2.24	1.77
10. 净营业利润	1.38	1.37	1.47	1.15
11. 调整的净营业利润	1.67	1.41	1.61	1.24
12. 调整的净利润		1.37		1.15
13. 净利润	1.38	1.37	1.46	1.15

* 注:NCB 平均总资产 2002 年为 39 014 282 000 美元,2001 年为 37 249 495 000 美元。

下面的公式给出了 2001 年和 2002 年两个会计年度中 NCB 的资产净营业利润率[①](表 3.9 中的科目 10)——营业收入和营业支出之间的差额。

$$\frac{净营业利润}{平均总资产} = 资产净营业利润率$$

2002 年 NCB 的资产净营业利润率:

$$\frac{539\ 937}{39\ 014\ 282} \approx 1.38\%$$

2001 年 NCB 的资产净营业利润率:

$$\frac{545\ 965}{37\ 249\ 495} \approx 1.47\%$$

2002 年 NCB 的资产净营业利润率高出同组银行平均水平 0.01 个百分点。虽然 NCB 和同组银行的净营业利润的绝对数大致相同,但是从 2001 年到 2002 年,NCB 的资产净营业利润率却下跌了 6.12%[(1.38%−1.47%)/ 1.47%],而同组银行却提高了 19.13%[(1.37%−1.15%)/ 1.15%],因此,从增长率的角度看,NCB 的经营业绩下滑了。

每股收益率(EPS)是 NCB 股东最关心的另一个盈利指标。NCC(银行控股公司)2001 年流通中的普通股共有 607 354 727 股,2002 年有 611 491 359 股。因此,结合净利润的数据可以得出 2001 年和 2002 年的 EPS:

$$每股收益率(EPS) = \frac{税后净利润}{流通中的普通股股数}$$

2002 年 NCB 的每股收益率:

$$\frac{539\ 937\ 000}{611\ 491\ 359} \approx 0.88\ 美元/股$$

2001 年 NCB 的每股收益率:

$$\frac{545\ 965\ 000}{607\ 354\ 727} \approx 0.90\ 美元/股$$

83

---

① 分子数据来源于表 3.8 的科目 38,分母数据来源于表 3.7 中的注释。

NCC 股东每股收益下降了 2 美分。注意，上述的 EPS 是用 NCB 的净利润除以银行控股公司 NCC 流通中的普通股股数得到的，因此，该 EPS 只反映了 NCC 股东从 NCB 获得的每股收益。管理层为了逆转每股收益下降的不利形势，会通过增加资产的收益率、提高服务的手续费收入或者寻找成本更低的存款和其他非存款形式的借款的组合来筹集资金。

对表 3.8 进行更仔细的分析，我们会发现虽然 2002 年 NCB 的净利息收入增加了，但是净利润（科目 40）下降了 0.91%。这主要是由非利息收入科目（科目 26）和已实现的可出售证券科目（科目 32）的损失以及贷款和租赁损失备用金账户（科目 29）的增加共同引起的。作为一个以贷款为主营业务的银行，NCB 损益表中贷款和租赁损失备用金账户（科目 29）及资产负债表中相对应的贷款和租赁损失准备账户（表 3.5 中的科目 9）的变化，使我们更清楚地了解到银行贷款组合的质量。损益表中贷款和租赁损失备用金账户（表 3.8 中的科目 29）增加了 22.84%，2002 年年底达到了 422 440 000 美元，资产负债表中相对应的贷款和租赁损失准备账户（表 3.5 中的科目 9）增加了 26.54%，2002 年年底达到了 112 670 000 美元。这些数字告诉我们，年贷款损失准备计提金额已经超过了净贷款损失。根据表 3.7，贷款和租赁损失准备占总资产的百分比（科目 3）从 2001 年的 1.05% 上升到 2002 年的 1.15%。此时管理层就应该开始考虑如何应对未来的贷款损失或可能增加的信用风险问题了。

那么与同组银行相比，NCB 的经营业绩是否优秀呢？在表 3.9 中，我们可以看到，除了贷款和租赁损失备用金（科目 6）和已实现的证券收益或损失（科目 8），NCB 在其他方面的业绩都优于同组银行，即收入高于平均水平而支出低于平均水平。NCB 的非利息收入/平均总资产的比率在 2001 年和 2002 年均高于同组银行的水平，同时其非利息支出也相对较低。较低的非利息支出说明管理层成功地控制了管理费用。因此，NCB 最后取得了一个比同组银行平均水平更高的净营业利润/总资产比率（科目 10）和净利润/总资产比率（科目 13）。

（二）股权收益率模型的应用

与同组银行相比，NCB 的经营业绩还是不错的，但是它在 2002 年出现了业绩的下滑，净利润下跌了 0.91%。下面我们将使用本章第二节所介绍的股权收益率模型来对 NCB 的盈利情况进行分析。首先，根据式（3.9），我们可以计算出股权收益率，但是由于我们使用的是四个季度的平均数据，因此需要对该公式稍做修改，如下所示：

$$NCB\ 2002\ 年的\ ROE = ROA \times \frac{平均总资产}{平均总权益成本}$$

$$\approx 0.013\ 8 \times 14.62$$

$$\approx 0.202\ 3（或 20.23\%）$$

$$NCB\ 2001\ 年的\ ROE = ROA \times \frac{平均总资产}{平均总权益成本}$$

$$\approx 0.014\ 6 \times 13.39$$

$$\approx 0.196\ 2（或 19.62\%）$$

很明显，NCB 2002 年 ROA 的提高主要是因为其财务杠杆比率（由债务资本所支持的资产比例）的提高抵消了 ROA 的下降。因此如果在借款成本不发生显著提高的前提下，银行就能够使用较少的权益资本提高资产/权益资本比率，从而提高 ROE。同时在表 3.8 中，我们可以看出 NCB 股权乘数的提高使股东获得的现金分红（表 3.8 中的科目 41）增加了 78%。

现在，我们运用式（3.10）对上述的分析做进一步的扩展：

$$\text{NCB 2002 年的 ROE} = \frac{\text{税后净利润}}{\text{总营业收入}} \times \frac{\text{总营业收入}}{\text{平均总资产}} \times \frac{\text{平均总资产}}{\text{平均总权益成本}}$$

$$= \frac{539\ 937}{3\ 045\ 332} \times \frac{3\ 045\ 332}{39\ 014\ 282} \times \frac{39\ 014\ 282}{2\ 668\ 577}$$

$$\approx 0.177\ 3 \times 0.078\ 1 \times 14.62$$

$$\approx 0.201\ 7\ （或 20.17\%）$$

$$\text{NCB 2001 年的 ROE} = \frac{\text{税后净利润}}{\text{总营业收入}} \times \frac{\text{总营业收入}}{\text{平均总资产}} \times \frac{\text{平均总资产}}{\text{平均总权益成本}}$$

$$= \frac{544\ 906}{3\ 518\ 507} \times \frac{3\ 518\ 507}{37\ 249\ 495} \times \frac{37\ 249\ 495}{2\ 782\ 537}$$

$$\approx 0.154\ 9 \times 0.094\ 5 \times 13.39$$

$$\approx 0.195\ 5\ （或 19.55\%）$$

其中"总营业收入"为表 3.8 中的科目 16 与科目 26 之和。

那么在上述的这些盈利指标中是什么因素使 NCB 的股权收益率上升呢？主要因素有两个：①净利润率提高了 14.46%；②股权乘数从 13.39 倍提高到了 14.62 倍。而另一个指标资产利用率却下降了，它抵消了一部分对 ROE 的正面效应。但是资产利用率所反映出来的资产平均收益率的下降主要是由市场利率的下降引起的，而不是银行管理上的失误造成的。

当我们利用式（3.12）所提供的效率指标体系对 NCB 进行分析时，上述净利润率的提高所反映出来的银行资金管理效率和成本控制效率的提高又再一次得到了证实：

$$\text{NCB 2002 年的 ROE} = \frac{\text{税后净利润}}{\text{不包括证券收益（或损失）的税前净利润}}$$

$$\times \frac{\text{不包括证券收益（或损失）的税前净利润}}{\text{总营业收入}}$$

$$\times \frac{\text{总营业收入}}{\text{平均总资产}} \times \frac{\text{平均总资产}}{\text{平均总权益资本}}$$

$$= \frac{539\ 937}{821\ 665} \times \frac{821\ 665}{3\ 045\ 332} \times \frac{3\ 045\ 332}{39\ 014\ 282} \times \frac{39\ 014\ 282}{2\ 890\ 801}$$

$$\approx 0.657\ 1 \times 0.269\ 8 \times 0.078\ 1 \times 14.62$$

$$\approx 0.202\ 3\ （或 20.23\%）$$

$$NCB\ 2001\ 年的\ ROE = \frac{税后净利润}{不包括证券收益（或损失）的税前净利润}$$

$$\times \frac{不包括证券收益（或损失）的税前净利润}{总营业收入}$$

$$\times \frac{总营业收入}{平均总资产} \times \frac{平均总资产}{平均总权益资本}$$

$$= \frac{545\ 965}{830\ 344} \times \frac{830\ 344}{3\ 518\ 507} \times \frac{3\ 518\ 507}{37\ 249\ 495} \times \frac{37\ 249\ 495}{2\ 782\ 537}$$

$$\approx 0.657\ 5 \times 0.236\ 0 \times 0.094\ 5 \times 13.39$$

$$\approx 0.208\ 4\ （或\ 20.84\%）$$

其中"不包括证券收益（或损失）的税前净利润"为表 3.8 中的科目 30。

第一个指标税后净利润/不包括证券收益（或损失）的税前净利润比率显示了 NCB 税收管理效率并没有变化，而显示成本控制效率的指标［不包括证券收益（或损失）的税前净利润/总营业收入］增加了 14%，说明该银行的成本控制明显改善了。

总之，我们运用本章阐述的工具和 NCB 的 UBPR 更清楚地分析了该银行的经营和管理状况。NCB 是一个专注于传统贷款业务的银行，它的收入比同组银行要高而成本更低，但是其优势也不是十分明显。因此，我们可以认为这是激励竞争的结果，或者也可以认为 NCB 在 2002 年有更大的发展潜力。

第五节　金融机构的综合评价——CAMEL 评级体系

在本节，我们将介绍一种在对金融机构进行综合评价时广泛使用的方法——"骆驼评级体系"（CAMEL rating system）。它由 C——资本充足性、A——资产质量、M——管理水平、E——盈利能力、L——资产流动性五个要素组成。这五个要素的首字母恰好构成了英文单词 camel（骆驼），因而俗称为骆驼评级体系。

在运用 CAMEL 评级体系时，我们需要先对各要素进行评级，即为每一个要素确定一个从 1 到 5 级的等级。其中，等级 1 为最好，等级 5 为最差，然后，对所有要素进行综合评级，并得出一个综合等级，它代表了最终的评级结果。这个最终结果也分为 1 到 5 级的等级。同样，等级 1 为最好，等级 5 为最差。

一、资本充足性

资本充足性衡量的是资本相对于金融机构的稳健经营和持续发展，以及吸收非预期损失、减轻其振荡的要求来说是否是充足的。具体来说，它主要衡量的是资本对资产的保障程度。

（一）CAMEL 体系中的资本充足性衡量标准

在 CAMEL 体系中，有两个资本的概念：一个是基础资本（primary capital），它包括权益资本、盈余、留存收益和贷款损失准备；另一个是总资本，它等于基础资本加上长期次级债务。资本充足性的基本指标是基础资本与资产的比率。其中，资产是指资产负债表上列出的资产，没有考虑表外业务。用公式表示如下：

$$\frac{资本}{充足率} = \frac{基础资本}{资产} = \frac{权益资本+盈余+留存收益+贷款损失准备}{资产} \tag{3.15}$$

如美国监管当局关于该比率的衡量标准是这样的：

若某金融机构的基础资本与资产的比率在7%以上，则认为该金融机构的资本是充足的；若该比率为6%~7%，同时有问题的贷款很少，管理水平较好，可认为其资本水平为充足或接近充足的，但如果存在大量问题贷款，管理水平不高或该金融机构在近期准备扩大业务，就不能认为它的资本是充足的；若该比率在6%附近波动，同时没有问题贷款，管理水平高，盈利水平也高，可认为该金融机构的资本基本充足；若该比率低于6%，一般认为资本是不够充足的。

从上可以看出，在评价某金融机构的资本充足性时，除了考察基础资本与资产的比率外，还要考虑问题贷款比重、盈利和管理水平以及业务发展情况等因素。

在综合考察以上因素后，监管当局就可以为金融机构的资本状况确定一个等级。

若确定为1级，则表明该金融机构的资本十分充足，远远高于平均水平，同时管理水平十分令人满意，资产质量很高，盈利水平很好，业务发展风险得到了很好的控制；若确定为2级，则表明该金融机构的资本充足率令人满意，高出平均水平，资产质量较好，管理水平不错，目前的盈利水平可以继续保持，业务发展稳健；若确定为3级，则表明其资本充足率不够高，低于平均水平，或即使基础资本与资产的比率并不太低，但问题贷款太多或该金融机构在近期内准备大幅度扩展业务；若确定为4级，则说明该金融机构的资本明显不足，或有大量的问题贷款，盈利和管理水平不够好，业务发展过快；若确定为5级，则表明该金融机构的资本十分不足，这种不足或是由于资本总量不足，或是由于资本与资产的比率过低，或是由于风险资产的比率过大。

（二）巴塞尔委员会的资本充足性衡量标准

我们可以看出，虽然在CAMEL体系中，考虑到了资产的风险性（体现在对问题贷款的分析上），但在资本充足率的构成中并没有体现出这一点，而是笼统地将资产作为分母。这种做法的缺陷是：没有为具有不同风险特征的资产准备不同的资本。为了在资本与资产比率中体现资产的风险性，巴塞尔委员会在《巴塞尔协议Ⅰ》（1988）中确定了以风险加权为基础的资本充足率。

1.《巴塞尔协议Ⅰ》中规定的资本构成

《巴塞尔协议Ⅰ》中规定资本由以下部分组成：

（1）核心资本（一级资本）。

核心资本包括实收资本和公开储备。实收资本又包括普通股股本和非累积永久性优先股。普通股股本等于普通股股票价格与发行的股票数的乘积。公开储备则包括股票发行溢价以及留存收益等。

（2）附属资本（二级资本）。

附属资本包括未公开储备、资产重估准备、贷款损失准备、长期次级债务等。

87

核心资本和附属资本共同构成总资本。《巴塞尔协议 I》规定核心资本应占整个资本的 50%以上，附属资本不应超过核心资本。

2. 风险加权资产

《巴塞尔协议 I》赋予了不同风险特征的资产以不同的风险权数，包括 0、20%、50%、100%四个权数等级（《巴塞尔协议 II》增加了 150%的权数等级）。我们将金融机构的资产按风险大小分别赋予上述权数中的一种，可以计算出风险加权资产。同时，《巴塞尔协议 I》还规定了表外业务是如何通过转换赋予一定的权数的。关于风险加权资产的计算详见本书第十章。

3. 以风险为基础的资本充足率

资本与风险加权资产的比率就是以风险为基础的资本充足率。《巴塞尔协议 I》规定，总资本与风险加权资产的比率不得低于 8%，核心资本与风险加权资产的比率不得低于 4%。用公式表示如下：

$$总资本充足率=总资本/风险加权资产 \geq 8\% \tag{3.16}$$

$$核心资本充足率=核心资本/风险加权资产 \geq 4\% \tag{3.17}$$

一般认为，资本充足率低于上述标准的金融机构，其资本是不充足的。

从上述分析中我们可以看出，CAMEL 体系没有将具有不同风险特征的资产区别对待，而且没有考虑表外业务的影响；而巴塞尔委员会的资本充足率却弥补了这些缺陷。所以，现在，CAMEL 体系也参照巴塞尔委员会的做法，将资产的风险特征纳入资本充足率的构建中。

二、资产质量

资产质量是评价金融机构总体状况的一个重要方面。较低的资产质量会影响金融机构的经营活动、盈利能力和投资者与社会公众的信心。对金融机构资产质量的分析可以分为两个部分。第一部分是对金融机构信贷政策的定性评价，主要考察金融机构是否具有充足而到位的信贷控制和风险管理政策，以避免或减少贷款违约风险、内部人交易及贷款过度集中等现象的发生。之所以要分析金融机构的信贷政策，是因为它在很大程度上决定了资产的质量。第二部分则是对资产质量的定量分析。这里，我们将重点讨论资产质量的定量分析。由于贷款是金融机构，特别是银行的最主要的资产，我们将从分析贷款质量的角度来分析金融机构的资产质量。

在 CAMEL 体系中，我们将金融机构的贷款按风险程度分为四类——正常、次级、可疑和损失，后三类被称为问题贷款。首先，将问题贷款按权重加总，其中，次级类贷款的权数为 20%，可疑类贷款的权数为 50%，损失类贷款的权数为 100%。其次，用加权的问题贷款除以基础资本，从而得到加权问题贷款与基础资本之比：

$$
\begin{aligned}
加权问题贷款与基础资本之比 &= \frac{加权问题贷款}{基础资本} \\
&= \frac{次级贷款\times20\%+可疑贷款\times50\%+损失贷款\times100\%}{权益资本+盈余+留存收益+贷款损失准备}
\end{aligned}
\tag{3.18}
$$

最后，根据该比率对金融机构进行评级。若该比率小于或等于 5%，则将金融机构的资产质量评为 1 级，表明其资产质量很高，风险很小；若该比率在 5% ~ 15%，则评为 2 级，表明资产质量令人满意，管理水平较高，其他方面无明显问题；若该比率在 15% ~ 30%，则评为 3 级，表明资产质量不太令人满意，存在相当程度的问题；若该比率在 30% ~ 50%，则评为 4 级，表明贷款存在严重问题，管理水平较低，贷款过于集中；若该比率高于 50%，则评为 5 级，表明资产质量极差，很可能在近期倒闭。

另外，在评价金融机构资产的质量时，我们还应该考虑以下指标：贷款增长率、不履行贷款（NPL）比率及其增长率等。贷款增长率的迅猛增加可能预示着资产质量的恶化。不履行贷款一般是指逾期 90 天以上的贷款，NPL 比率是不履行贷款占总贷款的比重。通过对 NPL 比率及其增长率的分析，我们可以看出不履行贷款的相对比例和变化。

三、盈利能力

除非在特殊情况下，金融机构和其他公司一样，必须通过取得足够的盈利来生存和发展。利润使金融机构可以通过留存收益来构筑内部资本，吸引外部资金，克服经济危机和金融危机。

在本章的前两节，我们已经介绍过两个可以用来衡量金融机构盈利能力的基本指标：资产收益率（ROA）和股权收益率（ROE）。资产收益率衡量的是净利润占总资产的比重。它表明了利用总资产产生利润的有效程度。股权收益率衡量的是权益资本产生的利润率。它对股票投资者有着特殊的意义，因为对于他们来说，这就意味着投资的回报率。

由于人们很容易控制股权收益率，因而在对金融机构进行分析时，我们更侧重于采用资产收益率。而在 CAMEL 模型中，通常使用的是一个类似于 ROA 的比率——平均资产收益率（ROAA）。它的计算公式为

$$ROAA=净利润/[（当期资产+上一期资产）/2]　\qquad (3.19)$$

除了分母为去年和今年的平均值以外，它与 ROA 完全相同。之所以运用平均资产，是为了降低资产在过去一年发生的较大变化所造成的扭曲。这样，资产收益率的长期趋势就更加明显。注意，在计算 ROAA 时，平均资产可以按月或者任意一个时期计算。不过金融机构一般不会公布资产的月度数据，因此，按年度计算的 ROAA 是最可行的。此外，由于在 CAMEL 模型中我们考虑的是金融机构经常性的盈利能力，所以在计算中一般将非常项目取得的利润排除在外，例如出售固定资产的收益。

在 CAMEL 评级体系中，一般情况下，盈利能力被评为 1 级或 2 级的金融机构的 ROAA 都在 1% 以上；盈利能力被评为 3 级或 4 级的金融机构的 ROAA 为 0 ~ 1%；盈利能力被评为 5 级的金融机构的 ROAA 基本上为负数。

当然，在评定盈利状况时，还要考虑其他因素，如过去几年的 ROAA 的走势和预期的变化趋势等。

四、流动性

很多关于金融机构分析的案例都表明，缺乏流动性是大多数金融机构倒闭的直接原因。事实上，对"流动性"一词进行准确定义并不容易。流动性风险包括融资成本上升的风险、不能兑付储户取款要求的风险、不能在到期日对其他债务进行偿付和不能以合理的成本及时清算头寸的风险。金融机构的流动性管理政策旨在保证金融机构有足够的可用资金来满足其经营需要，并使金融机构符合监管当局的要求。

以下比率是衡量金融机构流动性的常用指标：

（一）净贷款与总存款之比

$$净贷款与总存款之比 = \frac{净贷款}{总客户存款 + 同业存款} \times 100\% \qquad (3.20)$$

该比例是对整体流动性的基本衡量。它表明储户的资金在多大程度上被放贷（与流动资产相反）机构冻结。其中，净贷款等于贷款减去贷款损失准备。

（二）净贷款与客户存款之比

$$净贷款与客户存款之比 = \frac{净贷款}{总客户存款} \times 100\% \qquad (3.21)$$

这是对流动性的一个更精确的衡量，因为该比例考虑的是净贷款与核心存款——客户存款的比例，而不像上个比例那样考虑的是金融机构存款。客户贷款指的是非同业拆借的贷款。

（三）贷款与稳定资金之比

$$贷款与稳定资金之比 = \frac{净贷款}{稳定资金} \times 100\% \qquad (3.22)$$

这一比率更好地衡量了金融机构的流动性。它考察的是金融机构的稳定资金在多大程度上被用于放贷。稳定资金指的是客户存款、官方存款、中长期负债和自有资本资金的总和。

除了上述比率，我们在分析金融机构的流动性时，还可以考虑客户存款占总存款的比重、流动性资产占总资产的比重、准流动性资产占总资产的比重等指标。另外，我们还要对金融机构的规模、市场环境、管理风格等因素进行考察。因为只考虑流动性指标，容易被经过粉饰的财务比率欺骗。

若金融机构的流动性评级为1级，说明它有充足的流动性，可以较低的成本随时筹资；若被评为2级，说明流动性比较充足；若被评为3级，说明流动性不足；若被评为4级，说明流动性方面有相当大的问题；若被评为5级，则说明完全没有流动性，随时都有可能倒闭。

五、管理水平

管理水平是非常重要但又难以量化和预测的因素。尽管一些定量指标可以用来评估管理质量，但是分析管理的工作是定性和主观的活动。评估管理水平的方法通常有间接和直接两种。

（一）评估管理水平的间接方法

我们可以通过了解被评估的金融机构的起源、历史、公司文化、目前的业务范围以及未来的目标和计划来间接地评价其管理水平。比如，我们可以从以下几个方面了解被评估金融机构的整体情况：

①该金融机构的历史如何？它的主要业务是什么？

②它是全球性的金融机构还是主要在国内开展业务的金融机构？它在行业中的地位如何？

③管理层认为该金融机构的核心竞争力是什么？

④它的战略规划是什么？它是怎样形成自己的战略的？

⑤它的所有权结构是什么样的？是由单一股东控股还是大部分股票掌握在公众手中？

通过这些问题，我们可以了解该金融机构在行业内的地位和其管理层的能力及管理哲学。我们还可以从年报、董事长和总裁的声明和其他渠道了解一些相关的信息。

（二）评估管理水平的直接方法

尽管某些定量指标不容易确定，但是它们是评估管理人员能力的有益指标，因而不容忽视。这些指标包括管理人员的受教育程度、工作年限、薪金等。

另外，我们还可以考察以下因素：该金融机构的公司章程、员工招聘计划、对管理人员的激励计划、公司政策的宣传与执行等。

总之，管理的评估更多是一门艺术而不是科学。这不仅需要对金融机构进行考察，更重要的是如何运用自己的经验使得分析结果能最贴近金融机构的实际管理水平和状况。

同样，我们可以将金融机构的管理水平分为5个等级。1级的管理水平最高，说明管理者有充分的能力解决可能出现的问题；若该机构被评为2级，说明管理方面只存在一些小的问题，并不妨碍管理者对金融机构的有效管理；若该机构被评为3级，表明现在虽不存在大的问题，但潜伏着相当大的危机；若该机构被评为4级，则说明该机构的管理水平相当差，管理人员没有正确决策的能力；若该机构被评为5级，则表明管理者素质极差，完全没有决策能力，只有更换管理人员，才能改变目前的局面。

在对各要素进行分析和评级后，我们还要综合所有的要素，并结合其他可利用的信息，对金融机构进行综合评级。在进行综合评级时，我们可以按各要素的重要程度，赋予每一要素不同的权重，得到一个加权的综合评级结果。同样，综合评级也分为5级：1级表明该金融机构经营状况非常好，远远高出平均水平；2级表明该金融机构经营状况令人满意，略高于平均水平；3级表明该金融机构经营状况处于中等或略低于平均水平，同时其存在着某些方面的缺陷，若不及时纠正，可能会导致较为严重的后果；4级表明该金融机构的经营状况较差，明显低于平均水平，存在着某些严重的问题，若不立即解决，会威胁该金融机构的生存；5级表明该金融机构经营状况很差，存在相当严重的问题，若不立即采取挽救措施，其很有可能在近期倒闭。

第六节 CAMEL 评级体系的应用

在本节，我们将运用 CAMEL 评级体系对 A 银行和 B 银行进行比较分析。

一、资本充足性

表 3.10 列出了 A 银行 2003 年的资本和风险加权资产数据。我们可以通过这些数据计算该银行的资本充足率。

表 3.10　A 银行 2003 年资本和风险加权资产数据

单位：万新加坡元

项目		金额
核心资本	普通股和非累积永久性优先股	128 400
	公开储备	868 100
	减：商誉	207 200
附属资本	资产重估价值	130 200
	普通准备金	60 700
	次级债务工具	385 700
	减：扣除私人资本股权和风险资本	200
	总资本	1 365 700
	风险加权资产总额	6 272 300

按照巴塞尔协议的要求，我们可以计算总资本充足率和核心资本充足率：

$$总资本充足率 = \frac{总资本}{风险加权资产}$$

$$= \frac{1\ 365\ 700}{6\ 272\ 300} \times 100\% \approx 21.8\% \geqslant 8\%$$

$$核心资本充足率 = \frac{核心资本}{风险加权资产}$$

$$= \frac{789\ 300}{6\ 272\ 300} \times 100\% \approx 12.58\% \geqslant 4\%$$

表 3.11 列出了 B 银行 2003 年的资本和风险加权资产数据。其中没有对资本详细分类，但是也分别对其资本净额和核心资本进行了列举。

表 3.11　B 银行 2003 年资本和风险加权资产数据

单位：万元人民币

项目	金额
资本净额	2 774 100
核心资本净额	1 802 600
风险加权资产净额	29 222 200

$$总资本充足率 = \frac{总资本}{风险加权资产}$$

$$= \frac{2\ 774\ 100}{29\ 222\ 200} \times 100\% \approx 9.5\% \geq 8\%$$

$$核心资本充足率 = \frac{核心资本}{风险加权资产}$$

$$= \frac{1\ 802\ 600}{29\ 222\ 200} \times 100\% \approx 6.17\% \geq 4\%$$

无论是从总资本充足率还是从核心资本充足率来看，两家银行都满足资本充足率的要求。但是，A银行比B银行有明显的优势。从美国标准普尔公司对这两家银行的评级来看，A银行的评级为A，而B银行的评级是BB+。

二、资产质量

CAMEL体系中衡量资产质量的主要指标是加权的问题贷款与基础资本之比。由于资料有限，这里我们用加权的问题贷款占贷款总额的比重来替代。

在表3.12中，A银行将其贷款分为正常、次级、可疑和损失四大类。在计算中，我们对问题贷款采用加权计算法，即次级类贷款占20%，可疑类贷款占50%，损失类贷款占100%。

加权的问题贷款 = 259 600×20%+80 500×50%+43 300×100%

$$= 135\ 470（万新加坡元）$$

$$问题贷款 / 贷款总额 = \frac{135\ 470}{5\ 258\ 900} \approx 2.58\%$$

表 3.12　A 银行 2003 年贷款分类

单位：万新加坡元

项目	金额
贷款总额	5 258 900
正常贷款	4 875 500
次级类贷款	259 600
可疑类贷款	80 500
损失类贷款	43 300
减去：累计专项准备金	135 200
有问题贷款总额	248 200

在表3.13中，关注类的贷款应该归入次级类贷款：

加权的问题贷款 = (573 700+268 000) ×20%+453 000×50%+246 800×100%

$$= 641\ 640（万元人民币）$$

$$加权的问题贷款占总贷款的比重 = \frac{641\ 640}{30\ 748\ 000} \approx 2.09\%$$

表 3.13　B 银行 2003 年贷款分类

单位：万元人民币

项目	金额
贷款总额	30 748 000
正常类贷款	29 206 500
关注类贷款	573 700
次级类贷款	268 000
可疑类贷款	453 000
损失类贷款	246 800

从上面可以得出，B 银行的资产质量比 A 银行的资产质量好。但是在实际中，我们还应当考虑贷款损失准备。

三、盈利能力

下面我们从以 A 银行 2003 年利润状况（见表 3.14）和 B 银行 2003 年利润状况（见表 3.15）说明盈利能力。

表 3.14　A 银行 2003 年利润状况

单位：万新加坡元

项目	金额
净利润	95 400
总资产	8 431 700

$$资产收益率 = \frac{95\ 400}{8\ 431\ 700} \approx 1.13\%$$

表 3.15　B 银行 2003 年利润状况

单位：万元人民币

项目	金额
净利润	222 990
总资产	53 089 280

$$资产收益率 = \frac{222\ 990}{53\ 089\ 280} \times 100\% \approx 0.42\%$$

相比而言，A 银行的盈利能力比 B 银行强。但是，如我们前面所述，收益状况的评估并没有这么简单，除计算相对资产的比率以外，我们还要考虑资产收益的有效性，因为有的时候，金融机构的盈利并非来自正当的营业收入，而是由于如近期出售了一部分金融机构的固定资产等突发性因素。如果一家金融机构的盈利大幅度增加是突发因素造成的，那么在对其盈利状况进行评估时就要有所考虑。最后还要考虑一点，那就是该金融机构的盈利中有多少作为留存收益归入资本，又有多少作为股息发放给银行股东。

四、流动性

以 A 银行 2003 年非金融机构类存贷款比较（见表 3.16）和 B 银行 2003 年存贷款比较（见表 3.17）来说明流动性。

表 3.16　A 银行 2003 年非金融机构类存贷款比较

单位：万新加坡元

项目	金额
非金融机构贷款总额	5 015 500
非金融机构存款总额	5 346 000

$$贷款/存款 = \frac{5\ 015\ 500}{5\ 346\ 000} \times 100\% \approx 93.8\%$$

表 3.17　B 银行 2003 年存贷款比较

单位：万元人民币

项目	金额
贷款总额	30 748 000
存款总额	40 688 600

$$贷款/存款 = \frac{30\ 748\ 000}{40\ 688\ 600} \times 100\% \approx 75.6\%$$

在这里，我们最好用非金融机构存贷款比较，因为一般来说贷款与存款的比率比较高，该金融机构可能有很大的贷款组合，或者使用了大量非存款或购入资产来进行融资。但 B 银行并未对存、贷额和非金融机构存、贷总额进行区分，所以只有选取存、贷总额。

以上分别计算出的两个数据表明，B 银行的贷款组合比 A 银行小，在这个指标上，B 银行的流动性较强。

五、管理水半

正如我们前面所分析的，对于管理水平而言，只能根据自己的经验进行定性评估，在这里我们只能从两家金融机构的年报中提取一点有用的信息来做比较。

从表 3.18 的资料中我们可以得出这样一个结论：在管理方面和国际化进程上 B 银行和 A 银行相比还有很大差距，而 B 银行作为我国的商业金融机构，管理的国际化已经成为其改革的目标。

表 3.18　A 银行与 B 银行的管理水平信息表

项目	A 银行	B 银行
从业年限	成立于 1932 年	成立于 1987 年
分支机构	13 个国家 110 个分支机构	中国内地 28 家,中国香港 1 家;纽约有 1 家代表处
员工人数	7 424 人	15 965 人
教育程度	不详	大专学历占 75.8%
员工培训费用	每年应发工资的 2%用于培训员工	不详
标准普尔 2003 年评级	A	BB+

六、结论

我国商业金融机构起步比较晚,在经营和管理上与巴塞尔协议的要求存在一定的距离。在经济金融全球化的大背景下,我国商业金融机构必须在遵守游戏规则的前提下参与全球竞争,这就要求我国商业金融机构首先对自己的资产进行准确的分类,按照巴塞尔协议的要求提高自己的资本充足率,并且尽快建立准确的内部评级体系,让自己的资产负债组合达到国际标准,使自己的经营管理实现质的飞跃。

第七节　中国商业银行的监管评级

2021 年 10 月,原中国银保监会发布了《商业银行监管评级办法》,以下简称《办法》。这一《办法》有如下几个要点:

1. 进一步完善了"CAMEL"模型和方法

在传统"CAMEL"模型中,银行评级体系包含了 5 个要素指标,分别为资本充足率(C)、资产质量(A)、管理水平(M)、盈利能力(E)和资产流动性(L)。《办法》中的评级指标和指标权重,参见表 3.19。

表 3.19　《商业银行监管评级办法》中的评级指标和指标权重

评级指标	指标权重/%
资本充足	15
资产质量	15
公司治理与管理质量	20
盈利状况	5
流动性风险	15
市场风险	10

表3.19（续）

评级指标	指标权重/%
数据治理	5
信息科技风险	10
机构差异化要素	5

2. 指标评级得分和分级

根据《办法》，评级综合得分由各评级要素得分按照要素权重加权汇总后获得，然后以评级综合得分确定监管评级初步级别和档次。在此基础上，结合监管评级调整因素形成监管评级结果，如表3.20所示。监管评级结果分为1~6级和S级。其中，1级进一步细分为A、B两个档次，2~4级进一步细分为A、B、C三个档次。评级结果的数值越大，反映出该机构所面临的风险越大，需要较高程度的监管关注。而正处于重组、被接管、实施市场退出等情况的商业银行，经监管机构认定后直接列为S级，不参加当年监管评级。

表 3.20　指标评级得分和分级

监管评级综合得分		监管评级
90 分（含）至 100 分	95 分（含）以上	1A
	90 分（含）至 95 分	1B
75 分（含）至 90 分	85 分（含）至 90 分	2A
	80 分（含）至 85 分	2B
	75 分（含）至 80 分	2C
60 分（含）至 75 分	70 分（含）至 75 分	3A
	65 分（含）至 70 分	3B
	60 分（含）至 65 分	3C
45 分（含）至 60 分	55 分（含）至 60 分	4A
	50 分（含）至 55 分	4B
	45 分（含）至 50 分	4C
30 分（含）至 45 分	30 分（含）至 45 分	5
30 分以下	30 分以下	6

资料来源：《商业银行监管评级办法》。

3. 监管评级标准和处理方案

监管评级结果是衡量银行经营状况、风险等级和管理能力的一个综合评分。监管机构可根据综合评级得分，对不同得分等级的银行，实行有差别的分类监管，并提出监管处理意见。其评级标准和处理意见参见表3.21。

表 3.21　监管评级标准和处理意见

监管评级	评级标准	处理意见
1 级	银行在各方面都是健全的，发现问题较轻且能够在日常运营中解决，具有较强的风险抵御能力	无
2 级	银行基本是健全的，风险抵御能力良好，但存在一些可以在正常运行中得以纠正的弱点，若存在的弱点继续发展可能产生较大问题	按照监管投入逐步加大的原则，适当提高非现场监管分析与现场检查的频率和深度，并可依法采取下列措施和行动：监管谈话，督促控制风险较高、管理薄弱领域业务增长和风险敞口，在市场准入上采取一定的监管措施等
3 级	银行存在一些明显的弱点，风险抵御能力一般，勉强能够抵御业务经营环境的大幅变化，但存在的弱点若不及时纠正很容易导致经营状况恶化，应当给予监管关注。	
4 级	银行存在的问题较多或较为严重，并且未得到有效处理或解决，需要立即采取纠正措施，否则可能损害银行的生存能力，存在引发倒闭的可能性	除可采取上述监管措施和行动外，还应区别情形依法采取下列措施和行动：控制资产增长，要求补充资本，要求补充流动性，责令限期整改，责令暂停部分业务、停止批准开办新业务，限制分配红利，限制资产转让，责令控股股东转让股权或限制有关股东的权利，责令调整董事、高级管理人员或限制其权利，停止批准增设分支机构等
5 级	银行业绩表现极差，存在非常严重的问题，需要采取措施进行风险处置或救助，以避免产生倒闭的风险	在采取上述监管措施和行动基础上，应制订实施风险处置方案
6 级	银行存在的问题极度严峻，可能或已经发生信用危机，严重影响银行消费者和其他客户合法权益，或者可能严重危害金融秩序、损害公众利益	监管机构还可视情况依法安排重组、实行接管或实施市场退出

资料来源：《商业银行监管评级办法》。

复习思考题及参考答案

1. ROE 和 ROA 各自的计算公式是什么，它们的作用是什么？

2. 假设一个银行的税后净利润为 2 000 万元，总营业收入为 6 000 万元，总资产为 4 亿元，总权益资本为 1.5 亿元，ROE 是多少，ROA 是多少？

3. 表 3.22 是 A 银行两个会计年度的效率指标，请根据该表首先回答各个指标所代表的内容，并评价该银行管理效率的变化。

表 3.22　A 银行的效率指标

年份	税后净利润/不包括证券收益的税前净利润	不包括证券收益的税前利润/总营业收入	总营业收入/总资产	总资产/总权益资本
2022 年	0.745	0.034	0.346	17.81
2023 年	0.766	0.021	0.366	16.76

4. 请说明对 ROA 进行分解，有什么样的作用。

5. 请简要说明股权收益率模型的意义。

6. 什么是银行经营业绩统一报表制度？

7. 请说明在对财务报告进行分析时，使用四个季度的平均数据的优势是什么。

8. 请简要回答什么是 CAMEL 评级体系。

扫一扫，即可获得参考答案

参考文献

［1］马婷婷，蒋江松媛. 银行研究框架及 2022A+2023Q1 业绩综述：哪些银行业绩有望率先改善？［R/OL］.（2023-06-14）［2024-01-15］. https://www.163.com/dy/article/I77AGF65051982TB.html.

［2］ROSE P S, HUDGINS S C. Bank Management and Financial Services［M］. New York：McGraw-Hill/Irwin，2005.

［3］GOLIN J L. The Bank Credit Analysis Handbook［M］. New York：Wiley & Sons，2001.

第四章
利率风险和管理（上）

利率风险是金融机构所面临的主要风险之一。20 世纪 70 年代以前，由于大多数西方国家对利率实行严格管制，长时期利率相对稳定，因此，利率风险并没有受到监管当局和金融机构的重视。然而，随着 20 世纪 70 年代世界宏观经济形势的巨大变化，西方各国相继放松或取消了对利率的管制，这样利率便逐渐成为影响金融机构经营与利润的一个核心因素。如何识别、测定和管理利率风险也成为金融机构日常管理的一个重要内容。随着中国利率市场化改革的深入，利率风险必将引起我国金融机构的重视。本章将要介绍两种测度利率风险的方法：重定价模型与到期日模型。重定价模型主要是指通过计算金融机构利率敏感性资产与利率敏感性负债的差额来测量金融机构的利率风险的方法，而到期日模型是指计算金融机构中资产与负债平均到期期限的差额的方法。

第一节　利率风险概述

利率风险是指市场利率变动的不确定性给金融机构带来的风险，具体说就是指市场利率波动造成金融机构净利息收入（利息收入-利息支出）损失或资本损失的金融风险。按照巴塞尔银行监管委员会颁布的《有效银行监管的核心原则》，利率风险是指银行的财务状况在利率出现不利的变动时所面临的风险。利率风险的产生取决于两个条件：①市场利率发生波动；②银行的资产和负债期限不匹配。一旦同时具备了这两个条件，银行就将面临利率风险。利率风险的大小取决于市场利率波幅的大小及银行资产和负债不匹配的程度的高低。在市场经济条件下，由于资金供给和需求的相互作用，市场利率总是在不断地变化，利率风险使银行暴露在不利的利率变化中，过高的利率风险对银行的利润和资本造成很大的威胁，因此有效地控制、管理利率风险对银行至关重要。利率风险的表现形式多种多样，根据巴塞尔银行监管委员会所颁布的《有效银行监管的核心原则》，利率风险主要有重定价风险、基准风险、收益率曲线风险、期权风险四种表现形式。

一、重定价风险

重定价风险就是指由于银行资产与负债到期日的不同（对固定利率而言）或是

重定价的时间不同（对浮动利率而言）而产生的风险，它是利率风险最基本和最常见的表现形式。例如，银行吸收了一笔 10 万元的定期存款，期限为 2 年，利率为 10%；同时，还发放了一笔 10 万元的浮动利率贷款，期限也为 2 年，利率为 12%。在第一年内，银行能够赚取稳定的 2% 的利差收入。而假设一年后市场利率下降了 1 个百分点，贷款将重新定价，在存款利率维持 10% 不变的条件下，贷款利率的下降使银行的利息收入下降，银行因此遭受了利率下降所带来的损失。

二、基准风险

基准风险的产生是由于在计算资产收益和负债成本时，采用了不同类别的基准利率。在期限相同的条件下，当二者采用的不同类别的基准利率发生了幅度不同的变动时，就产生了基准风险。例如，银行在吸收一笔一年期的浮动利率存款的同时，发放了同等期限的浮动利率贷款。存款利率根据伦敦同业市场拆借利率（LIBOR）按月浮动，贷款利率根据美国联邦债券利率按月浮动，当这两个基准利率的波动幅度不一致时，就产生了基准风险。

三、收益率曲线风险

收益率曲线是将各种期限债券的收益率连接起来而得到的一条曲线。随着经济周期的变化，收益率曲线会呈现出不同的形状，并由此产生了收益率曲线风险（yield curve risk）。

101

收益率曲线有三种可能的形状：第一种为平坦型，表明长短期利率相等；第二种是上升型，表明期限越长，利率就越高，短期利率低于长期利率；第三种是下降型，表明期限越长，利率就越低，短期利率高于长期利率。在正常情况下，收益率曲线应为上升型，但在短期内，收益率曲线也可能表现为另外两种形态，这时银行就将面临收益率曲线风险。例如，银行发放了一笔 3 年期的浮动利率贷款，每年年初以高于同期国库券利率 1 个百分点的水平来设置贷款利率；同时吸收了一笔 2 年期的定期存款，每年年初以高于同期国库券利率 0.5 个百分点的水平来设置存款利率。第一年年初，3 年期的国库券利率为 6%，2 年期的国库券利率为 5%。国库券收益率曲线为上升型曲线。此时，贷款利率应按高于 3 年期的国库券利率 1 个百分点的水平来设置，那么，贷款利率应为 7%。存款利率应按高于 2 年期的国库券利率 0.5 个百分点的水平来设置，那么，存款利率应为 5.5%。银行的利差为 1.5%；第二年年初，上升型的收益率曲线变为下降型。3 年期国库券利率为 7%，2 年期国库券利率为 8%，1 年期国库券利率为 9%。此时，贷款利率应按高于 2 年期的国库券利率 1 个百分点的水平来设置，那么，贷款利率应为 8.5%。银行的利差为 -0.5%。银行遭受了损失。

四、期权风险

在银行与客户签订合同时，银行往往都允许客户提前偿还贷款或提取存款，这事实上是银行赋予客户的一种期权，以便客户在市场发生剧烈变化时能够行使该期权来避免损失，或增加盈利。但是由于利率变化，客户提前偿还贷款或提取存款，会导致银行净利息收入发生变化，此时的利率风险就表现为期权风险。例如，客户存款金额 2 000 万元，期限为 1 年。如果客户提前取款，当市场利率上升时，银行将面临再筹资的风险。这种由客户提前取款给银行带来损失的可能性，就是期权风险的一种。

第二节　利率风险的识别与测定

识别和测定利率风险的方法主要有三种，它们分别是：重定价模型、到期日模型和久期模型。重定价模型以银行资产、负债的账面价值为基础，讨论了利率变动对净利息收入的影响。到期日模型以银行资产、负债的市场价值为基础，分析了利率变动对资产和负债市场价值的冲击和对净值的影响。在本节中我们将首先介绍重定价和到期日这两种较简单的模型。在下一章中，我们将介绍更为精确的久期模型。

一、重定价模型

重定价模型（又称资金缺口模型）是对某一特定期间内金融机构账面利息收入与利息成本之间的重定价缺口的现金流分析。它是金融机构广泛采用的一种利率风险测定和管理的模型。比如在美国，联邦储备委员会要求银行在每个季度按照以下的期限类别报送它们的资产和负债的重定价缺口：1 天、1 天到 3 个月、3 个月到 6 个月、6 个月到 1 年、1 年到 5 年、5 年以上[①]。

在重定价缺口方法中，重定价缺口是通过计算每一种期限类别中利率敏感性资产（rate-sensitive assets，RSA）和利率敏感性负债（rate-sensitive liabilities，RSL）之差得到的。

（一）利率敏感性资产与利率敏感性负债

金融机构管理者要问：一种资产或负债的利率在下一年可能发生变化吗？如果回答是肯定的，它就是 1 年期类别利率敏感的；如果回答是否定的，它是利率不敏感的。注意，判断某一资产或负债是否是利率敏感，是以各资产和负债的剩余的到期期限而非资产或负债票面的或合同上注明的最初期限为基准的。按照利率敏感性的定义，我们可以知道利率敏感性资产和利率敏感性负债，就是指那些在一定期限内（考察期内，可以是 1 年、2 年……n 年，也可以精确到 1 天）即将到期的或需要重新确定利率的资产和负债。浮动利率的贷款、债券和存款等都是典型的利率敏感性的资产或负债，它们的头寸是利率风险管理的主要对象。

下面我们将通过【例 4.1】来具体说明什么是利率敏感性资产和利率敏感性负债。

【例 4.1】假设某金融机构资产负债表如表 4.1 所示，其中各项资产与负债的期

---

① 此处的期限类别是指重定价的期限。例如，列入 1 天的期限类别的资产意指它将在下一个交易日中被重新定价。

限均以剩余期限标出。

表 4.1　某金融机构资产负债表

资产	金额/万元	负债	金额/万元
短期消费贷款（1 年期）	7 000	股本（固定）	2 000
长期消费贷款（2 年期）	1 500	活期存款	3 500
3 个月期短期国库券	2 000	储蓄存款	2 500
6 个月期中期国库券	6 000	3 个月期 CD 存单	3 000
10 年期固定利率抵押贷款	2 000	3 个月期银行承兑汇票	1 500
30 年期浮动利率抵押贷款		6 个月期商业票据	5 000
（每 9 个月调整一次利息）	3 000	1 年期定期存款	1 000
		2 年期定期存款	3 000
合计	21 500	合计	21 500

1. 利率敏感性资产

在此我们以 1 年期利率敏感性资产来说明：

（1）短期消费贷款、3 个月短期国库券以及 6 个月中期国库券的到期日均小于或等于 1 年，因而毫无疑问它们在 1 年内一定会重新确定利率，因此应归于 1 年期利率敏感性资产。

（2）30 年期浮动利率抵押贷款。虽然该项贷款为 30 年期，远远大于 1 年，但是由于该项贷款每 9 个月重新定价（重新确定抵押贷款利率），因此仍然属于 1 年期利率敏感性资产。

（3）长期消费贷款（2 年期）与 10 年期固定利率抵押贷款，其到期日均大于 1 年，由于不能在此时预计出其能否在 1 年内重新定价，因此不包括在 1 年期的利率敏感性资产中。

2. 利率敏感性负债

与划分 1 年期敏感性资产的方法相类似，1 年期利率敏感性负债有：

（1）3 个月期 CD 存单：每 3 个月重新确定利率，属于 1 年期利率敏感性负债。

（2）3 个月期银行承兑汇票：与 CD 存单相似。

（3）6 个月期商业票据每 6 个月到期并重新确定利率。

（4）1 年期定期存款刚好在 1 年内到期，并重新定价。

值得说明的是，关于活期存款（或一般的交易性账户）是否应包括在利率敏感性负债里面，有两种不同的观点。一种观点认为，金融机构一般不对活期存款支付利息，或支付很低的利息，且这种利息不易变化。同时，活期存款通常还构成了银行的核心存款，这意味着它们是一种长期资金来源，因而不应该被归入利率敏感性负债。而另一种观点认为，即使银行对活期存款不支付利息，但对活期存款服务只收取较少的费用，这相当于对活期存款客户支付了一种隐含的利息。而且，如果市场利率上升，存款者会减少其活期存款，从而迫使银行转而寻求其他付息的利率敏感性资金。因此，即使对活期存款不支付利息，市场利率变动仍然会影响活期存款的重定价，因此应归于利率敏感性负债。

鉴于以上两种观点各有其合理性，我们暂不把活期存款归入利率敏感性负债之列。

（二）重定价缺口（资金缺口）

利率敏感性资产和利率敏感性负债之差被定义为重定价缺口（又称资金缺口），用 GAP 表示：

重定价缺口（GAP）＝利率敏感性资产（RSA）－利率敏感性负债（RSL）

$$(4.1)$$

重定价缺口用于衡量金融机构净利息收入对市场利率的敏感程度。资金缺口有正缺口、零缺口和负缺口三种状态。当利率敏感性资产大于利率敏感性负债时，资金缺口为正，金融机构在利率上升时会获利，利率下降时会受损；当利率敏感性资产小于利率敏感性负债时，资金缺口为负，金融机构在利率上升时会受损，利率下降时会获利；当重定价缺口为零时，金融机构的净利息收入不会受市场利率变动的影响。表 4.2 总结了当利率发生变化时，不同重定价缺口的利息收入、利息支出以及净利息收入的变化。

表 4.2　重定价缺口分析

类别	GAP	利率的变化	利息收入的变化	符号	利息支出的变化	净利息收入的变化
正缺口	>0	↑	↑	>	↑	↑
	>0	↓	↓	>	↓	↓
负缺口	<0	↑	↑	<	↑	↓
	<0	↓	↓	<	↓	↑

除了计算每一个期限类别的重定价缺口，金融机构还可以计算多个期限类别的累计缺口，如【例 4.2】所示。

【例 4.2】假设某金融机构资产和负债按期限类别划分的重定价缺口如表 4.3 所示。

表 4.3　重定价缺口

单位：万元

期限类别	资产	负债	缺口	累计缺口
1 天	1 000	1 500	−500	−500
1 天~3 个月（含）	3 000	4 000	−1 000	−1 500
3 个月~6 个月（含）	6 000	8 500	−2 500	−4 000
6 个月~1 年（含）	8 000	6 000	2 000	−2 000
1 年~5 年（含）	5 000	3 000	2 000	0
5 年以上	1 500	1 500	0	0

该金融机构各期限类别的缺口如表 4.3 所示。例如，期限为 1 天的重定价缺口为−500 万元：

GAP = RSA - RSL

  = 1 000 - 1 500

  = -500（万元）

而 1 年期的重定价累计缺口为

CGAP =（-500）+（-1 000）+（-2 500）+2 000

  = -2 000（万元）

同样可以得到所有期限类别重定价累计缺口为

CGAP =（-500）+（-1 000）+（-2 500）+2 000+2 000+0 = 0

（三）重定价模型的应用

在介绍了利率敏感性资产与利率敏感性负债后，我们将通过【例 4.1】的资产负债表来为读者展示利用重定价模型测定金融机构每种期限类别利率风险的过程。我们以 1 年期的期限类别为例。

从【例 4.1】的资产负债表中，我们通过计算可以得出

1 年期利率敏感性资产 = 70 000 000+20 000 000+60 000 000+30 000 000

        = 180 000 000（元）

1 年期利率敏感性负债 = 30 000 000+15 000 000+50 000 000+10 000 000

        = 105 000 000（元）

1 年期累计缺口（CGAP）为

CGAP = RSA-RSL

   = 180 000 000-105 000 000

   = 75 000 000（元）

该缺口表明，在银行 1 年期期限类别中，利率敏感性资产大于利率敏感性负债，利率上升将增加银行净利息收入。相反，如果当银行利率敏感性资产小于利率敏感性负债时，累计缺口将为负，此时利率上升将减少银行净利息收入，给银行带来损失。金融机构管理者就需要通过调整资产负债表中的利率敏感性资产与负债来减小利率风险。

重定价模型的优点在于能够直接而简单地指出金融机构每一期限类别的净利息收入（NII）的暴露情况。我们已经计算出 1 年期累计缺口为 75 000 000 元，下面，我们将分析利率变动和累计缺口是如何对金融机构的净利息收入产生影响的。

1. 当资产与负债利率变动相同时

假设某金融机构的资产与负债的利率均上升 1 个百分点，1 年期累计缺口为 75 000 000 元，则净利息收入的变化为

$$\Delta \text{NII} = \text{RSA} \times \Delta R - \text{RSL} \times \Delta R \qquad\qquad (4.2)$$

   = （RSA-RSL）$\times \Delta R$

   = CGAP$\times \Delta R$

   = 75 000 000×1%

   = 750 000（元）

如果累计缺口为负的 75 000 000 元，那么，利率上升 1 个百分点，对净利息收

入的影响是

$$\Delta NII = CGAP \times \Delta R$$
$$= -75\ 000\ 000 \times 1\%$$
$$= -750\ 000\ （元）$$

由上面的计算可知：当累计缺口为正时，净利息收入的变化随着利率的变化而呈正向变化；相反，当累计缺口为负时，净利息收益的变化随着利率的变化而呈反向变化。因此，当预期利率上升时，应该使累计缺口为正，从而从利率变化中获取收益；相反，当预期利率下降时，则应使累计缺口为负，增加净利息收入。

2. 当资产与负债利率变动不同时

实际上，虽然金融机构资产与负债的利率变动方向通常是一致的，但二者的变动幅度经常是不同的。

假设某金融机构的累计缺口如前所述（其中 RSA = 180 000 000 元，RSL = 105 000 000 元），但利率敏感性资产的利率上升幅度为 2 个百分点，利率敏感性负债的利率上升幅度为 1 个百分点，则该金融机构的净利息收入变化为

$$\Delta NII = RSA \times \Delta R_1 - RSL \times \Delta R_2$$
$$= 180\ 000\ 000 \times 2\% - 105\ 000\ 000 \times 1\%$$
$$= 3\ 600\ 000 - 1\ 050\ 000$$
$$= 2\ 550\ 000\ （元）$$

（四）中国上市银行的利率敏感性缺口管理案例

2017—2018 年，存贷款利率处于上行周期，依据利率缺口管理理论，利率敏感性缺口应该为正，即充分获得利率向上带来的资产端的优势。从上市银行的数据来看，短期缺口为负，中长期缺口为正，总量缺口为正，较好地管控了利率风险，参见表 4.4。但是宁波银行是个例外，其总的缺口为负，在利率上行周期中，其面对的利率风险相对较高。

表 4.4　2017—2018 年中国上市银行利率敏感型缺口

名称	时间	期限		
		短期（一年及以内）缺口/万元	中长期（一年以上）缺口/万元	总量缺口/万元
工商银行	2018.12.31	−52 585 000	274 310 700	221 725 700
	2017.12.31	−20 661 400	204 109 600	183 448 200
农业银行	2018.12.31	−159 746 800	304 559 000	144 812 200
	2017.12.31	−186 018 300	318 201 600	132 183 300
中国银行	2018.12.31	−43 573 700	152 670 400	109 096 700
	2017.12.31	−46 868 000	150 261 200	103 393 200
建设银行	2018.12.31	28 839 900	165 044 900	193 884 800
	2017.12.31	−83 143 800	247 306 800	164 163 000
中信银行	2018.12.31	−117 547 000	136 804 500	19 257 500
	2017.12.31	−103 660 500	126 548 400	22 887 900

表4.4(续)

名称	时间	期限		
		短期（一年及以内）缺口/万元	中长期（一年以上）缺口/万元	总量缺口/万元
招商银行	2018.12.31	−17 307 500	66 456 800	49 149 300
	2017.12.31	−21 431 300	67 660 200	46 228 900
民生银行	2018.12.31	−66 210 000	98 559 700	32 349 700
	2017.12.31	−67 883 200	98 347 400	30 464 200
北京银行	2018.12.31	−38 605 300	48 502 400	9 897 100
	2017.12.31	−34 208 300	45 317 600	11 109 300
南京银行	2018.12.31	−20 999 800	22 152 400	1 152 600
	2017.12.31	−18 853 800	21 185 800	2 332 000
宁波银行	2018.12.31	−31 367 600	22 154 400	−9 213 200
	2017.12.31	−29 938 200	18 917 900	−11 020 300

资料来源：笔者根据2017—2018年中国10家上市银行的年度报告整理计算而得。

2019—2020年，存贷款利率处于下行周期，依据利率缺口管理理论，利率敏感性缺口应该为负，即充分获得利率下行带来的负债端的优势。

（五）重定价模型的缺陷

重定价模型作为衡量金融机构利率风险的一个模型，在现实生活中有着广泛的应用。它的显著优点是计算方便、清晰易懂。通过对累计缺口的分析，金融机构管理人员可以很快地确定利率风险的头寸，并采取措施来化解相应的利率风险。但是，从前面的描述我们也可以知道，重定价模型有其自身的不足，主要表现在以下几点：

1. 忽视了市场价值效应

从前面的分析可知，重定价模型是以账面价值为基础的。但是，利率变动除了会影响以账面价值计价的净利息收入外，还会影响资产和负债的市场价值。显然，重定价模型忽视了利率变动对市场价值的影响，因此它只是一种片面的衡量金融机构实际利率风险敞口的方法。

2. 过于笼统

在运用重定价模型时，对资产负债重定价期限的选择往往取决于管理者的主观判断。若我们采用同一资产负债表的数据，分别计算3月期、1年期的重定价缺口（CGAP），可能得到两个完全相反的结论，如正的1年期缺口和负的3月期缺口。这样不同的结论会让风险管理者难以做出决策或者做出完全相反的管理决策。

另外，重定价模型将资产和负债的到期期限划分为几个较宽的时间段（如表4.3所示），这样的时间段划分过于笼统，它忽视了在各个时间段内资产和负债的具体分布信息。以"3个月到6个月"这一时间段的划分为例，假设这一时间段内3~4月的重定价缺口（GAP）为−50万元（敏感性负债比敏感性资产多出50万元，并需要在3~4月内重新定价），5~6月的重定价缺口为50万元（敏感性资产比敏感性负债多出50万元，并需要在5~6月内重新定价）。货币具有时间价值，在3~4月50万元的负缺口重新定价后的绝对值必然大于5~6月50万元的正缺口重新定价后

107

的绝对值，也就是说 3~6 月内的资产和负债实际上是不匹配的，在此期间发生的利率变动都会影响到资产和负债的市场价值，从而影响银行的利率风险暴露。然而，笼统地将考察期划分为 3~6 月，没有考虑到该期间内资产和负债分布的货币时间价值，这样粗略的划分使得整个考察期的重定价缺口为零（−50+50＝0）。在这样的期限划分中，重定价缺口对利率风险的测量是不精确的。

显然，不同的期限类别中，资金缺口的期限时间越短，出现以上这一问题的概率就越低。如果金融机构的经营者掌握了未来每一天的资金缺口，就可以很清楚地了解到利率变动引起的净利息收入敞口。事实上，世界上许多大银行和金融机构构建了内控系统以测定其未来任意一天的资金缺口（如第 125 天的资金缺口、第 265 天的资金缺口等）。这表明，尽管监管当局只要求报告相对宽泛的期限分组的资金缺口，但金融机构的管理者可以主动设置适当的内部信息系统，用来报告未来某日的资金缺口。

3. 资金回流问题

在重定价模型中，我们假定所有非利率敏感性资产或负债在规定的期限时间内均未到期。现实中，银行一方面不断吸收与支付存款，另一方面不断发放和收回消费与抵押贷款。如【例4.2】中银行某些 30 年期抵押贷款可能距离到期只有 1 年，也就是说，这些贷款现在处在第 29 年。此外，实际上所有长期贷款每个月至少向银行偿还一定的本金。因此，银行能够将这笔从传统抵押贷款中收到的回流资金以市场利率进行再投资，也就是说，这种回流资金是利率敏感性的。银行经营者通过运用到期日模型判定每一项资产和负债中在下一年度将回流、重新定价或到期的资金比例，就能够解决重定价模型中的这一问题。

4. 忽视了表外业务所产生的现金流

重定价模型中所包括的利率敏感性资产与负债，都仅仅指资产负债表上所包含的资产与负债。然而，利率的变动不仅对这些项目有影响，也会影响到很多表外业务现金流。金融机构很可能运用利率期权合同来规避其利率风险，而随着利率的变动，这些期权合同也随之产生一系列现金流。然而，这些本应纳入模型的随期权合同而产生的现金流在重定价模型中被忽略了。例如，在资产负债表的资金缺口为正（RSA>RSL）的情况下，利率上涨将带来收益。然而，这种净收益可能被期货、互换、利率上限等衍生交易中较低的预期收益抵销。

二、到期日模型

如前所述，重定价模型的一个重要缺陷是忽略了资产与负债的市场价值。虽然在第二章中，我们曾提到，交易性的资产是按其市场价值来计价的，但是绝大部分的资产与负债是按其账面价值来计价的。在衡量金融机构的风险的时候，我们应当以资产与负债的市场价值为准，一味采用账面价值，显然会产生误差。以市场价值为基础的金融机构的利率风险测度方法有到期日模型和久期模型。我们先介绍到期日模型，久期模型将在下章进行介绍。在考察到期日模型前，我们先介绍关于市场利率与债券价格之间关系的三大规则。

（一）三大规则

对于持有单一资产或负债的金融机构，其资产与负债必然遵循三个规则：

（1）利率上升（下降）通常导致资产或负债的市值下降（上升）。

假定一家金融机构所持有的债券还剩 1 年到期，到期一次付清 10% 的年息（C）和面值 100 元（F），现行到期收益率（R）（反映当前的市场利率）为 10%，则 1 年期债券的价格 P_1 为

$$P_1 = \frac{F+C}{(1+R)} = \frac{100+10}{1.1} = 100 \text{（元）}$$

现假定中央银行实行宽松的货币政策，使市场利率降至 8%。此时，债券的价格为

$$P_1 = \frac{F+C}{(1+R)} \approx \frac{100+10}{1.08} \approx 101.85 \text{（元）}$$

利率的下降使债券市场价值上升至 101.85 元，从而为债券投资者带来 1.85 元的资本收益，即

$$\Delta P_1 = 101.85 - 100 = 1.85 \text{（元）}$$

显然，市场利率的降低，提高了金融机构资产负债组合中固定收益证券的价格。注意，如果该证券是金融机构的负债（如定期存款等），结果也是一样的——其市值会上升。但其经济意义是不同的。尽管利率下降导致金融资产价值的上升对金融机构而言是好事，但其导致负债市值上升对金融机构而言是坏事。因此，在衡量金融机构风险时，可以通过权衡利率变化对金融机构净值的影响来判断金融机构所承担的利率风险。

假定银行发行 1 年期存单，约定利率为 10%，此时的市场价值为 100 元。假定随后发行的 1 年期存单利率下降到 8%，但银行必须按约定向存款人支付 10% 的利息，此时，银行由于利率固定而遭受了损失。

因此，在市场价值记账法下，利率下降通常会增加金融机构资产负债表中资产和负债双方的市值。显然，利率上升将产生相反的结果——减少资产和负债的市值。

（2）固定收益的资产或负债的期限越长，对于任意给定的利率上涨（下降），其市值下降（上升）的幅度越大。

续前例，假定债券和存单的期限变为 2 年，票面利率不变，则市场利率为 10% 时，其债券和存单的市场价值 P_2 为

$$P_2 = \frac{10}{1.1} + \frac{10+100}{1.1^2} \approx 100 \text{（元）}$$

当市场利率下降为 8% 时，其市场价值变为

$$P_2 = \frac{10}{1.08} + \frac{10+100}{1.08^2} \approx 103.57 \text{（元）}$$

且有

$$\Delta P_2 = 103.57 - 100 = 3.57 \text{（元）}$$

109

显然，当市场利率变动相同，即降低 2 个百分点时，2 年期固定收入资产与负债的市值上升幅度比 1 年期的资产与负债的市值上升幅度更大。

（3）对于任意给定的利率增减幅度，随着证券期限的延长，其市值下降或上升的幅度以递减的趋势变化。

当市场利率下降时，1 年期债券价格上升为 101.85 元，2 年期债券价格上升为 103.57 元，3 年期债券价格上升为 105.15 元。随着期限的延长，债券价格上升的幅度以递减的趋势变化。

（二）关于资产与负债组合的到期日模型

假定 M_A 为金融机构资产的加权平均期限，M_L 为金融机构负债的加权平均期限，则

$$M_i = W_{i1}M_{i1} + W_{i2}M_{i2} + \cdots + W_{in}M_{in} \tag{4.3}$$

这里，

M_i = 金融机构资产（负债）的加权平均期限；

$i = A$（或 L）；

W_{ij} = 以第 j 项资产（负债）的市值与全部资产（负债）的市值之比所表示的该项资产（负债）在资产（负债）组合中的权重；

M_{ij} = 第 j 种资产（负债）的期限，$j = 1, \cdots, n$。

该等式表明资产或负债组合的期限为组合中所有资产或负债期限的加权平均数。在资产与负债组合中，关于单一证券的上述三条基本原则对资产与负债组合同样适用。对金融机构的利率风险，则应考虑利率的变化与金融机构资产与负债期限缺口共同对其净值（所有者权益）的影响。利率上升或下降对金融机构资产负债表的最终影响，取决于金融机构资产组合与负债组合期限不对称的程度和方向。也就是说，看其到期期限缺口 $M_A - M_L$ 是大于、等于还是小于零。

1. 考虑 $M_A - M_L > 0$ 的情况

这是在大多数金融机构中普遍存在的情况，即金融机构资产的期限比负债的期限长。这些金融机构倾向于持有大量期限相对长的资产，如传统抵押贷款、消费贷款等，同时发行期限较短的负债，如向存款人约定支付定额利息的短期定期存款。

假设某银行的资产负债组合如表 4.5 所示。

表 4.5　以市场价值报告的银行资产负债表

资产	负债
长期资产（A）	短期负债（L）
	净值（E）

注意，在该资产负债表中，所有的资产与负债都是采用市场价值计价的。

在表 4.5 中，净值 E 即银行所有者在该金融机构所拥有的权益的经济价值（所有者权益）。换句话说，如果银行的所有者在金融市场上以现行价格出售贷款和债券，并以最有利的价格回购存单来变现其所拥有的银行资产和负债，该差额就是所有者将得到的货币量。

现在，先假定该银行资产与负债的初始值如表 4.6 所示。

表 4.6　资产与负债的初始价值表

单位：万元

资产	负债
长期资产 A = 10 000	短期负债 L = 9 000
	净值　　　E = 1 000
	10 000

在此例中，由于长期资产大于负债，因此资产组合市值 A 下降的幅度比负债组合市值 L 下降的幅度要大。银行净值的变化幅度为其资产和负债变化幅度的差额：

$$\Delta E = \Delta A - \Delta L$$

又假设银行将此 100 万元资产投资于票面利率为 10% 的 3 年期债券，并同时筹集了 90 万元的约定利率为 10% 的 1 年期存款。那么，当利率下降到 8% 时，按照前面的计算，3 年期债券的市场价值变为 105.15 万元，1 年期负债市值则变为 91.67 万元，则此时的净值为 13.48 万元（105.15−91.67），增加了 3.48 万元（见表 4.7）。

表 4.7　利率下降 2 个百分点后拥有较长期资产的
银行以市场价值报告的资产负债表

单位：万元

资产	负债
A = 105.15	L = 91.67
或 $\Delta E = \Delta A - \Delta L$	E = 13.48
= 5.15 − 1.67 = 3.48	

由于银行资产的期限为 3 年，而负债的期限为 1 年，故利率下降时，资产价值上升的幅度将大于负债上升的幅度，从而使得银行净值从 10 万元增加到 13.48 万元。显然，该银行存在着一个 2 年期的正的到期期限缺口，即

$$M_A - M_L = 2 \text{（年）}$$

因此，利率下降 2 个百分点，使得银行所有者或股票持有者的权益增加；相反，如果利率上升，则银行所有者或股票持有者的权益将遭受重大损失。

2. 考虑 $M_A - M_L < 0$ 的情况

这一情况在现代金融机构中很少见，此时利率的变动对资产的影响小于对负债的影响。也就是说，当利率上升相同的百分点时，资产市场价值的减少小于负债市场价值的减少。由于

$$\Delta E = \Delta A - \Delta L$$

此时的 ΔE 大于零，该银行所有者或股票持有者不会遭受损失。

通过以上的分析似乎可以推断出，金融机构免遭利率风险的最佳办法是管理者使其资产和负债的期限相互对称。也就是说，编制资产负债表使到期期限缺口，即资产和负债的加权平均期限之差为零：

$$M_A - M_L = 0$$

111

然而，事实上并非如此。我们下面将讨论，资产和负债的期限对称并不是总能保护金融机构免遭利率风险的。

（三）到期日匹配与利率风险暴露

虽然通过管理资产负债使其期限对称可以帮助金融机构管理者规避利率风险，但是这一方法并非万能，它并非总能帮助金融机构规避所有的利率风险。事实上，在下一章我们将会说明，金融机构要免疫于金融风险需要考虑以下两个方面的问题：

1. 金融机构的财务杠杆程度，即该机构中资产由负债支持的比例

首先，我们来看财务杠杆效应在免疫金融机构利率风险方面的作用。假设某银行的资产负债表如前所述，其中资产为 100 万元，投资于 1 年期的，票面利率为10% 的债券；负债 90 万元，为 1 年期、利率为 10% 的定期存款；所有者权益 10 万元。在该银行中，其资产与负债的期限缺口为

$$M_A - M_L = 1 - 1 = 0$$

此时该银行的资产与负债的到期期限对称。按照前述观点，该金融机构应该规避了利率风险。但事实是否如此呢？

现在，我们假设由于我国经济发展过快，国家为了抑制经济过热而采取紧缩的货币政策，从而调高利率 2 个百分点。利率的上升使得该金融机构的资产负债表发生变化，其结果如表 4.8 所示。

表 4.8　利率上升 2 个百分点后拥有较长期资产的
银行以市场价值报告的资产负债表

单位：万元

资产	负债
$A = 98.21$	$L = 88.39$
或 $\Delta E = \Delta A - \Delta L$	$E = 9.82$
$= -1.79 - (-1.61) = -0.18$	

虽然该银行的到期期限缺口为 0，但是利率的上升仍然使其遭受了 0.18 万元的所有者权益损失。这是为什么呢？因为财务杠杆在里面起了作用。在该银行所有的100 万元资产中，只有 90 万元来源于负债。因此，当利率变动时，所有的 100 万元资产的市场价值都将受到影响，而仅仅只有 90 万元的负债将受到影响。显然，杠杆效应将导致银行因利率的上升而遭受损失。

从以上的分析可以看到，金融机构选择直接使资产与负债的到期期限对称的策略也不是万能的，其权益所有者不能完全规避利率风险。在下一章的久期模型中，我们将会把杠杆比率纳入模型中进行分析，从而解决这个问题。

2. 金融机构资产或负债持有期内现金流的影响

现在我们假设该银行向存款人发行 1 年期定期存款，面值为 100 万元，该银行的资产负债率为 1，所有者权益为 0。另假设该定期存款约定利率为 10%，因此在年末时，银行必须向存款人支付 100 万元的本金，并支付 10 万元的利息，合计 110 万元（见图 4.1）。

银行借入 100 万元   向存款人支付本息 110 万元

图 4.1　1 年期定期存款的现金流

现假设银行以 10% 的利率向某企业贷款 100 万元，并要求该企业于 6 个月后偿还一半贷款（50 万元），剩余一半于年底偿还。此时，该贷款的到期期限为 1 年，其现金流见图 4.2。

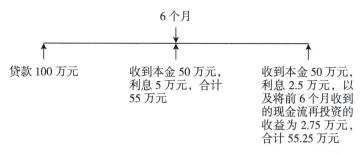

6 个月

贷款 100 万元   收到本金 50 万元，利息 5 万元，合计 55 万元   收到本金 50 万元，利息 2.5 万元，以及将前 6 个月收到的现金流再投资的收益为 2.75 万元，合计 55.25 万元

图 4.2　1 年期贷款的现金流

银行将其上半年收到的本息于下半年以 10% 的利率贷出，使得银行从贷款中收到的现金流超过了其对存款支付的现金量 0.25 万元。由于利率的变化对约定利率为 10% 的存款和贷款均无影响，因为存贷款利率是在其发生时约定的，全年都不允许改变。因此受到利率变动影响的只有银行上半年从贷款中收到的 55 万元现金流进行再投资时获得的收益。现我们假设国家紧缩货币政策导致利率上升至 12%，则此时该银行贷款的现金流如图 4.3 所示。

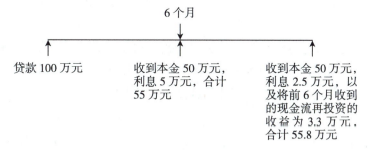

6 个月

贷款 100 万元   收到本金 50 万元，利息 5 万元，合计 55 万元   收到本金 50 万元，利息 2.5 万元，以及将前 6 个月收到的现金流再投资的收益为 3.3 万元，合计 55.8 万元

图 4.3　利率由 10% 上调至 12% 后的银行 1 年期贷款现金流图

与利率全年保持在 10% 不变的情况下再投资收益 2.75 万元相比，利率的上升使银行的再投资收益增至 3.3 万元，银行从中获得了 0.55 万元的盈利；反之，当利率下降时，银行从该项服务中将不是获得收益，而是遭受损失。显然，这种损失是由利率变动引起的。所以，即使金融机构将其资产的到期期限与负债的到期期限对称，并使资产与负债数量在持有期内保持一致时，利率变动也会导致损失。尽管到期期限对称，但由于持有期内存、贷款产生现金流的时间不完全一致，金融机构仍要承

受利率风险。事实上，要使资产完全由负债支持是不可行的，因此即使 $M_A - M_L = 0$，金融机构仍然不能规避利率风险。

事实上，在贷款和存款到期期限相同的假定下，贷款现金流的发生可能分布于整个贷款期间，而银行支付给存款者的存款及利息的现金流往往发生在期末。到期日模型只考虑到期期限匹配，而没有考虑现金流在期限内发生的准确时间。因此，资产和负债的平均期限即使匹配，也不能使金融机构完全免疫于利率风险。在下一章，我们将运用更为精确的久期模型来说明利率风险对金融机构资产负债市场价值的影响。

第三节 中国银行业的利率风险管理

一、我国利率市场化进程

从中国人民银行成立到 1995 年，中国人民银行对利率实行集中统一管理，金融部门不得自定利率，中国人民银行是国家管理利率的唯一机关，其他单位不得制定与国家利率政策和有关规定相抵触的利率政策或具体办法。

利率影响经济金融的各个层面，而直接和利率相关的金融市场有三个：货币市场、债券市场和本外币存贷款市场。1996 年，中国银行间拆借市场成立，并放开银行间拆借利率，这标志着中国人民银行启动利率市场化改革。中国利率市场化推进的整体思路是：先货币市场和债券市场利率市场化，后存贷款利率市场化。目前已完成了货币市场和债券市场的利率市场化。2003 年 2 月，中国人民银行在《2002 年中国货币政策执行报告》中公布了中国存贷款利率市场化改革的总体思路：先外币、后本币；先贷款、后存款；先长期、大额，后短期、小额。中国利率市场化改革的目标确定为逐步建立由市场供求决定金融机构存、贷款利率水平的利率形成机制，中央银行通过运用货币政策工具调控和引导市场利率，使市场机制在金融资源配置中发挥主导作用。我国利率市场化进程参见表 4.9。

表 4.9 我国利率市场化进程

货币市场		债券市场		存贷款利率	
利率产品	开放状态	利率产品	开放状态	利率产品	开放状态
同业拆借	1996 年放开	金融债	1998 年放开	外币贷款	2000 年放开
回购	1997 年放开	国债	1999 年招标发行	外币存款	2004 年放开
贴现	2005 年，与再贴现利率脱钩，实现市场化	企业债	2007 年参照 SHIBOR 利率报价	人民币存款利率	2004 年放开下限，2012 年上浮上限 10%，2015 年放开上限

表4.9（续）

货币市场	债券市场	存贷款利率	
—	—	人民币贷款利率	2004年放开上限，2013年放开下限
		同业存款	市场化定价
		委托存款	市场化定价
		委托贷款	市场化定价
		信托贷款	市场化定价
		理财产品	市场化定价

资料来源：作者根据中国人民银行报告、莫尼塔公司报告整理。

基准利率是金融市场上具有普遍参照作用的利率，其他利率水平或金融资产价格均可根据这一基准利率水平来确定。在已经实现利率市场化的经济体，存贷款市场上的多数贷款利率是根据货币市场的基准利率来制定的。比如美国货币市场上的联邦资金利率，美国的最优贷款利率是在这一基准利率上上浮300到400个基点而形成的。还有，传统的货币政策传导路径是中央银行直接通过影响货币市场利率（银行间市场短期利率），从而达到影响银行存贷款利率及金融市场其他期限和品种的利率。在2008年9月国际金融危机中，美联储就是通过在货币市场上买入三个月期限的短期国债来降低短期利率（联邦资金利率）。伴随着短期利率的下降，银行会调整它们的贷款和投资方向，以及下调长期利率，如长期债券和贷款利率，从而减少企业的借贷成本。由于种种原因，中国人民银行（中国央行）想通过影响中国货币市场（银行间市场）短期利率，从而达到影响银行存贷款利率这一货币政策传导路径有些不畅。

在2013年10月25日以前，我国中央银行定期发布存贷款基准利率，对商业银行制定存贷款利率起到了一定的参考指导作用。不过，随着中国利率市场进程的不断推进，这一带有计划经济色彩的基准利率逐渐失去了它的参照物价值。因此，在考虑到中国货币市场与存贷款市场之间联系不畅的情况下，为了进一步推进贷款市场利率市场化，2013年10月25日我国中央银行推出了贷款基础利率（LPR）。所谓贷款基础利率，是10家大中银行对其最优客户1年期贷款利率，并且通过去掉一家最高利率和一家最低利率，而加权的平均利率。与此同时，还保留了带有计划经济色彩的贷款基准利率。这时，银行贷款利率的参照物就存在两个：贷款基础利率和贷款基准利率。随后几年，LPR和贷款基准利率走势趋同，并未完全实现贷款利率市场化的初衷。

2019年8月16日，中国人民银行发布了《改革完善贷款市场报价利率（LPR）形成机制的公告》，再次启动对贷款基础利率的改革。根据中国人民银行的公告，LPR现在称为"贷款市场报价利率"。贷款市场报价利率形成机制有以下几点核心内容。①LPR与中期借贷便利利率（MLF，即央行的公开市场操作利率）挂钩。在此之前，1年期LPR报价＝资金成本＋风险成本＋资本成本＋营运（或操作）成本；现在，1年期LPR报价＝资金成本（包含MLF成本）＋风险成本＋资本成本＋营运

（或操作）成本。这次对 LPR 的改革的目的是建立政策性利率（MLF）与贷款市场利率的联系，就可以形成政策性利率（MLF）→LPR→贷款实际利率的货币政策传导机制。这样，中央银行就可以通过调整 MLF，达到改变 LPR 和贷款利率的目的。②增加 LPR 的期限品种。除以前已有的"1 年期"期限品种外，现在增加了"5 年期以上"这一新的期限品种。可以这样理解，5 年期以上 LPR 报价实际上等于 1 年期 LPR 报价加上期限溢价。增加 5 年期 LPR，目的是为居民住房按揭贷款、对公中长期贷款等中长期贷款利率提供一个市场化的定价基准。③LPR 的报价银行从原来的 10 家银行增加到现在的 18 家银行。其中包括国有大型商业银行、股份制银行、城市商业银行、农村商业银行、外资银行和民营银行，这样 LPR 更具有代表性。

从实施新的 LPR 期限来看，要求新增贷款利率定价基准在 2020 年 1 月 1 日前必须锚定 LPR；存量贷款利率定价从 2020 年 3 月 1 日开始转换为锚定 LPR，原则上 2020 年 8 月 31 日完成这一定价基准转换。

上面谈了贷款利率市场化的进程，现在谈谈存款利率市场化进程。存款利率市场化进程可以分为如下四个时期：

1. 20 世纪 90 年代到 2004 年 9 月

这一时期，中国经济的市场化改革正在进行，但银行存款利率市场化还未开始。中国人民银行发布存款的基准利率，商业银行执行这一存款基准利率，利率不能上浮或下调。

2. 2004 年 10 月到 2015 年 5 月

2004 年 10 月，中国人民银行放开了除城乡信用社以外的商业银行存款利率的下限，下浮幅度可为基准利率的 0.9 倍。2012 年 6 月，中国人民银行对金融机构的基准利率上限浮动区间调整为基准利率的 1.1 倍。随后几年，又进行几次调高存款基准利率上浮空间。到 2015 年 5 月，存款基准利率的上浮空间上调到存款基准利率的 1.5 倍。

3. 2015 年 6 月到 2022 年 3 月

2015 年 6 月，中国人民银行发布《大额存单管理暂行办法》，规定大额存单发行利率以市场化方式确定。2015 年 10 月，中国人民银行放开了对存款利率的行政管制，市场利率定价自律机制成员在存款利率自律上限内自主确定存款利率水平。2021 年 6 月，中国人民银行指导利率自律机制优化存款利率自律上限形成方式，由存款基准利率乘以一定倍数形成，改为加上一定基点确定。

4. 2022 年 4 月到现在

由于存款市场竞争激烈，在实际执行中，很多银行的定期存款利率和大额存单利率接近自律上限。2022 年 4 月，中国人民银行指导利率自律机制建立了存款利率市场化调整机制，自律机制成员银行参考以 10 年期国债收益率为代表的债券市场利率和以 1 年期贷款市场报价利率（LPR），合理调整存款利率水平。选择 10 年期国债收益率的理由是，当前 10 年期国债收益率是衡量债券市场利率变动的重要指标之一，也是各项金融资产定价的重要参考指标。选择 LPR 的理由是，LPR 受政策利率中期借贷便利的影响。这种影响是，形成政策性利率→贷款市场报价利率→存款和贷款利率这一货币政策传导机制。存款利率市场化调整机制建立还有一个目的是，鼓励银行，尤其是中小银行，下调它们的存款利率上浮上限，以便在宏观审慎评估（MPA）评级考核中获得好的评级。但现实是，面对存款利率市场的竞争压力，对于中小银行来讲，存款的增长仍然依靠存款利率定价贴近存款利率上限的价格竞争，这样市场利率的变化并未充分反映在存款定价行为上。因此，2023 年 4 月，利率自律机制发布《合格审慎评估实施办法（2023 修订版）》，对定价行为引入了扣分项。在这一办法中，对商业银行，尤其是针对中小银行，对其 MPA 考核中的存款定价行为这一项目引入了扣分这一惩罚措施，尤其是对中小银行的存款利率的约束变得更加严格。这一扣分项将影响商业银行能否被选为利率自律机制的成员，进而影响到银行能否发行和交易同业存单等金融产品。

二、中国银行业的利率风险管理

2007 年，巴塞尔银行监管委员会（简称"巴塞尔委员会"）公布了《利率风险的管理原则》，对利率风险的四种类型，即重定价风险、基准风险、收益率曲线风险和期权风险进行了定义，并对商业银行的利率风险计量、管理提出了原则性指导意见。2004 年，巴塞尔委员会更新了先前的文件，发布了《利率风险的管理和监督原则》，增加一个计量利率风险的标准化框架。为此，原中国银监会根据巴塞尔委员会的这一文件，于 2009 年 8 月发布了《商业银行银行账户利率风险管理指引》，用以管理国内银行业银行账户的利率风险。2008 年 9 月国际金融危机爆发，各国央行采取了低利率的政策。后来，随着经济的复苏，利率也开始上升并恢复到正常水平。这时，利率风险开始上升，并出现了银行账户和交易账户之间的监管套利等问题。为此，巴塞尔委员会于 2016 年 4 月发布了《银行账簿风险监管标准》。根据巴塞尔委员会这一对银行账簿利率风险监管的新标准，原中国银保监会修订了 2009 年 8 月发布的《商业银行账户利率风险管理指引》，于 2019 年 1 月发布了《商业银行银行账簿利率风险管理指引》。这一文件有如下几个特点：

①为了区别银行为客户开设的账户，把原来的银行账户和交易账户改为银行账簿和交易账簿。

②重新对银行账簿利率风险进行分类，把原先的重定价风险和收益率曲线风险合并为缺口风险。这样，银行账簿利率风险就只有三类：缺口风险、基准风险和期权风险。期权风险又进一步细分为自动利率期权风险和客户行为性期权风险，并对这两类期权风险测算方法做了具体说明。

③交易账簿和银行账簿的定义和分类。交易账簿是指银行为交易目的或对冲交易账簿其他项目风险而持有的可自由交易的头寸。银行账簿是指除交易账簿以外的所有表内外头寸。在巴塞尔协议中有关市场风险计量中，包括了交易账簿中的债券、股票、衍生金融产品等的利率风险和价格风险，以及所有账簿（交易账簿和银行账簿）的汇率和商品价格风险，在本书第十一章我们要介绍这些市场风险的测定和管理。

复习思考题及参考答案

1. 什么是利率风险？根据巴塞尔银行监管委员会的原则，利率风险的表现形式主要有哪些？

2. 什么是利率敏感性资产？什么是利率敏感性负债？什么是重定价缺口？在用重定价模型测度利率风险时，主要考虑金融机构的什么变量？重定价模型的主要缺陷有哪些？为什么？

3. 在下列资产负债中，哪些是1年期利率敏感性资产或负债？

(1) 91天的短期国库券。

(2) 1年期中期国库券。

(3) 20年期长期国库券。

(4) 20年期浮动利率公司债券，每一年重定价一次。

(5) 20年期浮动利率抵押贷款，每两年重定价一次。

(6) 30年期浮动利率抵押贷款，每六个月重定价一次。

(7) 隔夜联邦资金。

(8) 9个月固定利率定期存款。

(9) 1年期固定利率定期存款。

(10) 5年期浮动利率定期存款，每一年重定价一次。

4. 什么是到期期限缺口？金融机构应该如何运用到期模型来免疫其资产负债组合？到期模型的主要缺陷是什么？

5. 计算下列各种情况下的重定价缺口，并计算利率上升1个百分点对净利息收入的影响。

(1) 利率敏感性资产为200万元，利率敏感性负债为100万元。

(2) 利率敏感性资产为100万元，利率敏感性负债为150万元。

(3) 利率敏感性资产为150万元，利率敏感性负债为140万元。

6. 假设某金融机构的资产负债表如表4.10所示。

表4.10　资产负债表

单位：百万元

资产		负债与所有者权益	
浮动利率抵押贷款		活期存款	
（当前年利率为10%）	50	（当前年利率为6%）	70
30年期固定利率贷款	50	定期存款	
（固定利率为7%）		（当前年利率为6%）	20
		所有者权益	10
总资产	100	负债与所有者权益合计	100

（1）试计算：该银行预期年末的净利息收入。

（2）假设利率增加了 2 个百分点，该金融机构年末的净利息收入是多少？

（3）运用重定价模型计算该金融机构利率增加 2 个百分点后的净利息收入变化。

7. 假设某银行的资产负债表如表 4.11 所示。

表 4.11 资产负债表

单位：百万元

资产		负债与所有者权益	
现金	20	隔夜存款(6.25%)	70
1 个月期短期国库券(7.05%)	55	6 个月固定利率存款(7.2%)	50
3 个月期短期国库券(7.25%)	75	7 年期固定利率存款(8.55%)	150
2 年期长期国库券(7.5%)	50	2 年期浮动利率存款	
8 年期长期国库券(8.96%)	120	(7.35%,每 6 个月重定价一次)	45
5 年期浮动利率贷款			
(8.2%,每 6 个月重定价一次)	25	所有者权益	30
总资产	345	负债与所有者权益合计	345

试计算：

（1）该银行的 1 个月资金缺口（重定价缺口）、3 个月资金缺口（重定价缺口）、6 个月资金缺口（重定价缺口）、1 年期资金缺口（重定价缺口）、2 年期资金缺口（重定价缺口）（假设现金为非利率敏感性资产）。

（2）若利率上升 0.5 个百分点，试计算其对该银行接下来 30 天的净利息收入的影响。如果利率下降 0.75 个百分点呢？

（3）假设接下来一年内的资金回流预期如下：①2 年期长期国库券将回收 1 000 万元；②8 年期长期国库券将回收 2 000 万元。试计算该银行的 1 年期资金缺口。

（4）假设考虑资金回流的问题，试计算年末利率增加 0.5 个百分点对该银行净利息收入的影响。如果利息下降 0.75 个百分点呢？

8. 假设某银行的资产负债表如表 4.12 所示。

表 4.12 资产负债表

单位：百万元

资产		负债	
现金	60	活期存款	140
5 年期长期国库券	60	1 年期定期存款	160
30 年期抵押贷款	200	所有者权益	20
总资产	320	负债与所有者权益合计	320

试计算该银行的到期期限缺口，并判断该银行更多地暴露于利率上升还是利率下降的风险之中，并解释原因。

119

9. 假定某金融机构持有两种资产：①A 公司的 7 年期债券，到期收益率为 12%，简称 A 债券；②B 公司的 2 年期债券，到期收益率为 14%，简称 B 债券。试计算：

（1）如果该金融机构持有的资产中，50% 为 A 债券，50% 为 B 债券，则该金融机构的加权平均到期日是多少？

（2）假设该机构仅持有这两种资产，试计算它应如何分配才能使其加权平均到期收益率为 13.5%。

（3）如果该金融机构②中的收益率得以实现时，其加权平均到期日为多少？

10. 假设某银行的资产负债表如表 4.13 所示（注意：该资产负债表是以市场价值报告，所有利率为年利率）。

表 4.13 资产负债表

单位：百万元

资产		负债	
现金	20	活期存款	100
15 年期商业贷款 （10%，"气球膨胀式"付款）	160	5 年期定期存款 （6%，balloon payment）	210
30 年期抵押贷款 （8%，按月分期偿还）	300	20 年期债券（7%） 所有者权益	120 50
总资产	480	负债与所有者权益合计	480

试计算：

（1）该银行的到期期限缺口是多少？

（2）如果所有资产与负债的利率均上升 1 个百分点，计算该银行的到期期限缺口。

（3）计算在（2）条件下，对该银行所有者权益的市场价值的影响。

（4）如果市场利率上升 2 个百分点，判断该银行是否仍具有偿付能力。

11. 简述人民币贷款利率市场化的进程。

12. 简述人民币存款利率市场化的进程。

扫一扫，即可获得参考答案

参考文献

［1］桑得斯. 现代金融机构管理［M］. 李秉祥，译. 大连：东北财经大学出版社，2002.

［2］刘金章. 金融风险管理综论［M］. 北京：中国金融出版社，1998.

［3］王芳，张宗梁. 银行业金融风险与防范［M］. 北京：经济科学出版社，1998.

［4］倪锦忠，张建友. 现代商业银行风险管理［M］. 北京：中国金融出版社，2004.

［5］杨荣，陈翔，中信建设证券. 银行业"利率风险"系列深度之一：利率风险，衍生品对冲［R/OL］. （2020--01-09）［2024-01-25］. https://wk.askci.com/details/f02bc0922aa54f459956daddd95ea64a/.

［6］徐高，中银国际证券. 利率市场化改革兵出子午谷：对LPR改革的深度理解［R/OL］. (2019--08-19)［2024-01-25］. https://opinion.caixin.com/2019-08-19/101452369.html.

［7］ANTHONY S, CORNETT M M. Financial Institutions Management［M］. New York：McGraw-Hill, 2003.

［8］ANTHONY S, CORNETT M M. Fundamentals of Financial Institutions Management［M］. New York：McGraw-Hill, 1999.

［9］ROSE P S, HUDGINS S C. Bank Management and Financial Services［M］. New York：McGraw-Hill/Irwin, 2005.

［10］KOCH T W, MACDONALD S. Bank Management［M］. ［S.l.］South-Western College Publishing, 2003.

第五章
利率风险和管理（下）

在本章，我们将讨论第二种以市场价格为基础的利率风险管理模型——久期模型。相对于上一章的到期日模型，久期模型是一种更科学的测定金融机构利率风险暴露的模型。国际清算银行在 2001 年发布了征求意见稿，试图建立一个以久期模型为基础的方法，使监管机构能够评估银行的利率风险暴露。因此，久期模型将是未来利率风险管理研究中的一个重点。

第一节　久期概述

一、久期的概念

久期（duration）也称为持续期，是美国经济学家弗雷得里·麦克莱（Frederick Macaulay）于 1936 年首先提出的。与到期期限相比，久期是一种更准确地测定资产和负债利率敏感度的方法。因为它不仅考虑了资产（或负债）的到期期限问题，还考虑到了每笔现金流的情况。我们以银行发放一笔金额为 1 000 元的 1 年期贷款为例来进行说明。假设贷款的利率[①]为 12%，年初发放贷款，要求在 6 月底时偿还一半本金，另外一半在年底时付清。利息每 6 个月支付一次。这样在 6 月底和年底银行从贷款中收到的现金流（CF）如图 5.1 所示。

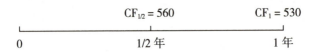

$$CF_{1/2} = 560 \qquad\qquad CF_1 = 530$$

| 0 | 1/2 年 | 1 年 |

图 5.1　1 年期贷款应收到的现金流图

$CF_{1/2}$ 等于 6 个月以后银行收到的一半本金 500 元加上利息 60 元（1 000×1/2×12%），CF_1 等于 1 年后银行收到的另外一半本金 500 元加上利息 30 元（500×1/2×12%）。为了比较这两笔现金流的大小，我们应该把它们按照统一标准转换后再进行衡量。因为对金融机构来说，货币具有时间价值，在年底收到的 1 元本金或利息的价值小于在半年底收到的 1 元本金或利息。假设当前市场利率为 $R = 12\%$，我们可以计算出这两笔现金流的现值为

---

① 在本章中所考察的利率都是以复利方式进行计算的。

$CF_{1/2} = 560$ $\qquad$ $PV_{1/2} = 560/（1+0.06）\approx 528.30$（元）

$CF_1 = 530$ $\qquad$ $PV_1 = 530/（1+0.06）^2 \approx 471.70$（元）

$CF_{1/2} + CF_1 = 1\,090$ $\quad$ $PV_{1/2} + PV_1 = 1\,000$（元）

需要注意的是，6月底应收到的 $CF_{1/2}$ 是先于 CF_1 半年的时间收到的，所以以 $（1+R/2）$ 的贴现率进行贴现，该值小于年底收到的现金流的贴现率 $（1+R/2）^2$。图 5.2 概括了上述1年期贷款产生的现金流的现值（即表示为年初的价值）。

$$PV_{1/2} = 528.30 \qquad PV_1 = 471.70$$

0	1/2 年	1 年

$$PV_{1/2} = 528.30 \qquad CF_{1/2} = 560$$
$$PV_1 = 471.70 \qquad CF_1 = 530$$

图 5.2　1 期贷款现金流的现值图

从技术上说，久期是利用现金流的相对现值作为权数的贷款的加权平均到期期限。在货币时间价值的基础上，久期测定了金融机构要收回贷款初始投资所需要的时间。因此在久期内所收到的现金流反映了对初始贷款投资的收回，而从久期末到到期日之间所收到的现金流才是金融机构赚取的利润。如图 5.2 所示，金融机构分别在半年末和一年末的时候收到了两笔现金流。久期分析是根据每一个时点上现金流现值的相对重要性来确定每笔现金流的权重。这样，从现值的角度看，$t = 1/2$ 年和 $t = 1$ 年的现金流的相对重要性如表 5.1 所示。

表 5.1　$t = 1/2$ 年和 $t = 1$ 的现金流的相对重要性表

时间（t）	权重（w）
$t = 1/2$ 年	$W_{1/2} = \dfrac{PV_{1/2}}{PV_{1/2}+PV_1} = \dfrac{528.30}{1\,000} = 0.528\,3 = 52.83\%$
$t = 1$ 年	$W_1 = \dfrac{PV_1}{PV_{1/2}+PV_1} = \dfrac{471.70}{1\,000} = 0.471\,7 = 47.17\%$
	$\overline{\qquad 1.0 \qquad 100\%}$

从表 5.1 中可以看出，金融机构在 6 月底第一次获得返还的贷款现金流的 52.83%，在年底第二次支付中获得了 47.17%。根据定义，现金流权重的总和一定等于1，即

$W_{1/2} + W_1 = 1$

$0.528\,3 + 0.471\,7 = 1$

现在我们就可以以 $W_{1/2}$ 和 W_1 作为权数，来计算久期，或者说是计算贷款的加权平均到期期限：

$D_L = W_{1/2} \times 1/2 + W_1 \times 1$

$\quad = 0.528\,3 \times 1/2 + 0.471\,7 \times 1 = 0.735\,9$（年）

所以，尽管贷款的期限是一年，但是它的久期仅为 0.735 9 年，这是因为有 52.83% 的现金流是在半年末的时候就收到了，久期也就小于到期期限。在货币时间

价值的基础上，贷款的初始投资在 0.735 9 年就能收回，之后，金融机构赚得的是该贷款的利润或者回报。

为了说明为什么在到期日模型中即使到期期限匹配了，金融机构仍然暴露在利率风险之中，我们以计算一笔利率为 12% 的 1 000 元 1 年期定期存款的久期为例。假设金融机构应在年底向存款人一次性支付本金 1 000 元和利息 120 元，即 $CF_1 =$ 1 120 元，因为权重是以现值计算而来的，所以计算出 $PV_1 = 1\ 120/1.12 = 1\ 000$（元），如图 5.3 所示。

$$PV_1 = 1\ 000 \qquad\qquad\qquad\qquad\qquad\qquad CF_1 = 1\ 120$$

图 5.3　存款现金流的现值图

因为所有的现金流在年底一次性付清，这时 $W_1 = PV_1/PV_1 = 1$，所以存款的久期为

$$D_D = W_1 \times 1$$
$$= 1 \times 1 = 1\ （年）$$

从上述例子中可知，只有当所有现金流全部只发生在期末，而在此期间没有发生任何现金流，这时久期才会等于到期期限。这个例子同时也说明了虽然贷款和存款的到期期限缺口等于零，即到期期限匹配，但是久期缺口仍然可能存在：

$$M_L - M_D = 1 - 1 = 0$$
$$D_L - D_D = 0.735\ 9 - 1 = -0.264\ 1$$

由上例可知，要测定和避免利率风险，金融机构需要管理的是久期缺口而不是到期期限缺口。

二、久期的一般公式

我们可以使用下面久期的一般公式来计算任何一种每年支付一次利息的固定收益证券的久期：

$$D = \frac{\sum_{t=1}^{N} CF_t \times DF_t \times t}{\sum_{t=1}^{N} CF_t \times DF_t} = \frac{\sum_{t=1}^{N} PV_t \times t}{\sum_{t=1}^{N} PV_t} \qquad (5.1)$$

式中：

D 为久期（以年为单位）；

CF_t 为证券在 t 期期末收到的现金流；

N 为证券的年限；

DF_t 为贴现因子，等于 $1/(1+R)^t$，其中 R 为债券的年到期收益率或者说是当前市场利率的水平；

$\sum_{t=1}^{N}$ 为从时期 $t=1$ 到 $t=N$ 的求和符号；

PV_t 是在 t 时期期末的现金流的现值，等于 $CF_t \times DF_t$。

对每半年支付一次利息的债券来说，久期公式变为

$$D = \frac{\sum\limits_{t=1/2}^{N} \dfrac{\mathrm{CF}_t \times t}{(1+R/2)^{2t}}}{\sum\limits_{t=1/2}^{N} \dfrac{\mathrm{CF}_t}{(1+R/2)^{2t}}} \quad\quad\quad\quad (5.2)$$

式中，$t = 1/2$，1，$3/2$，$\cdots$，N。

需要注意的是，久期公式的分母是在该证券持有期内所有现金流现值的和，而分子是每笔现金流的现值与收到该笔现金流所需时间的乘积的和。为了使读者能够更清楚地理解久期的计算公式，下面我们将通过几个例子来进行说明。

（一）息票债券（coupon bond）的久期

【例 5.1】假设投资者持有面值为 100 元、票面利率为 10%、期限为 3 年、每年付息一次的息票债券。该债券的到期收益率或者说目前的市场利率为 8%，通过公式（5.1）可以计算出该债券的久期（如表 5.2 所示）。

表 5.2　票面利率为 10% 的 3 年期息票债券的久期表

t	CF_t	DF_t	$\mathrm{CF}_t \times \mathrm{DF}_t$	$\mathrm{CF}_t \times \mathrm{DF}_t \times t$
1	10	0.925 9	9.26	9.26
2	10	0.857 3	8.57	17.14
3	110	0.793 8	87.32	261.96
合计			105.15	288.36

$$D = \frac{288.36}{105.15} \approx 2.742 \text{（年）}$$

通过计算可知，该债券的久期为 2.742 年。这说明在货币时间价值的基础上，初始投资的 100 元在 2.742 年的时候就可以全部收回。在剩余的 0.258 年内，债券为投资者带来了收益。

【例 5.2】假设投资者持有面值为 100 元、票面利率为 10%、期限为 2 年、每半年付一次息的息票债券。如果当前市场利率为 12%，我们可以通过式（5.2）计算出该债券的久期（如表 5.3 所示）。

表 5.3　票面利率为 10%、到期收益率为 12% 的 2 年期息票债券的久期表

t	CF_t	DF_t	$\mathrm{CF}_t \times \mathrm{DF}_t$	$\mathrm{CF}_t \times \mathrm{DF}_t \times t$
1/2	5	0.943 4	4.72	2.36
1	5	0.890 0	4.45	4.45
3/2	5	0.839 6	4.20	6.30
2	105	0.792 1	83.17	166.34
合计			96.54	179.45

$$D = \frac{179.45}{96.54} \approx 1.859 \text{（年）}$$

（二）零息债券（zero coupon bond）的久期

零息债券是指以低于面值的价格发行的，在到期时按照面值支付的债券。这些债券在发行日和到期日之间不会产生现金流，即不会产生利息支付。假设每年利率

为复利，投资者愿意购买该债券的当前价格将会等于该债券的现值。

$$P = \frac{F}{(1+R)^N} \tag{5.3}$$

式中，R 为要求的复利利率，N 为期限年数，P 为价格，F 为票面面值。

由于证券的所有现金流只发生在到期日，所以以下结论一定成立：

$$D_B = M_B$$

也就是说，零息债券的久期一定等于到期期限。事实上，任何只要在到期日之前支付了现金流的债券，其久期都会小于到期期限。因此只有这种零息债券（D_B）的久期和到期期限（M_B）才会相等。

【例 5.3】假设投资者持有面值为 100 元的零息债券，期限为 5 年，市场利率为 10%。由于该债券不付息，在整个债券期限中，只会在第 5 年年底产生现金流（如表 5.4 所示）。

表 5.4　期限为 5 年的零息债券的久期表

t	CF_t	DF_t	$CF_t \times DF_t$	$CF_t \times DF_t \times t$
5	100	0.620 9	62.09	310.45

$$D = \frac{310.45}{62.09} = 5 \text{（年）}$$

（三）永久性公债（consol bond）的久期

永久性公债是指每年支付固定利息而永远不会到期的债券。其到期期限（M_C）为无穷大，即

$$M_C = \infty$$

虽然永久性公债是没有到期日的，但永久性公债的久期是有期限的，其久期（D_C）的计算公式如下：

$$D_C = 1 + \frac{1}{R} \tag{5.4}$$

式中，R 为投资者所要求的必要到期收益率（通常等于市场利率）。假设 $R = 10\%$，永久性公债的久期为

$$D_C = 1 + \frac{1}{0.1} = 11 \text{（年）}$$

虽然该永久性公债没有到期日，但是其久期为 11 年。这样，在货币时间价值的基础上，投资于该债券的投资者在第 11 年年末的时候就可以收回初始投资。11 年以后，永久性公债将为债券持有人创造收益。另外，随着利率的增加，永久性公债的久期也会减少。例如，当利率增加到 25% 的时候，该永久性公债的久期缩短为

$$D_C = 1 + \frac{1}{0.25} = 5 \text{（年）}$$

三、债券票面利率、到期收益率、到期期限的变化对久期的影响

以【例 5.2】中面值为 100 元、票面利率为 10%、期限为 2 年、每半年付一次

息的息票债券作为比较的基础，在市场利率（债券的到期收益率）为12%的情况下计算出该债券的久期为1.859年。

（一）久期与票面利率

在其他情况不变的条件下，如果票面利率减少到8%，债券的久期的计算如表5.5所示。

表5.5 票面利率为8%、到期收益率为12%的2年期息票债券的久期表

t	CF_t	DF_t	$CF_t \times DF_t$	$CF_t \times DF_t \times t$
1/2	4	0.943 4	3.77	1.89
1	4	0.890 0	3.56	3.56
3/2	4	0.839 6	3.36	5.04
2	104	0.792 1	82.38	164.76
合计			93.07	175.25

$$D = \frac{175.25}{93.07} \approx 1.883 \text{（年）}$$

对比表5.5和表5.3，可以得出这样的结论：在其他条件不变时，证券的票面利率或承诺的利率越高，久期越小。用数学的方式表达如下：

$$\frac{\partial D}{\partial C} < 0$$

其中，D 表示久期；

C 表示票面利率；

∂ 是求导符号。

如果票面利率从表5.5的8%提高到表5.3的10%，债券的久期从1.883减少到1.859。这是因为在久期计算中利息支付越多，投资者收回初始投资的速度越快，同时每一笔现金流的现值权重也越高。

（二）久期与到期收益率

在其他情况不变的条件下，如果债券的到期收益率增加到16%，债券久期的计算如表5.6所示。

表5.6 票面利率为10%、到期收益率为16%的2年期息票债券的久期表

t	CF_t	DF_t	$CF_t \times DF_t$	$CF_t \times DF_t \times t$
1/2	5	0.925 9	4.63	2.32
1	5	0.857 3	4.29	4.29
3/2	5	0.793 8	3.97	5.96
2	105	0.735 0	77.18	154.35
合计			90.07	166.92

$$D = \frac{166.92}{90.07} \approx 1.853 \text{（年）}$$

对比表5.3和表5.6，可以得出这样的结论：在其他条件不变时，债券到期收益率增加，则久期减小，即

$$\frac{\partial D}{\partial R}<0$$

式中，D 表示久期，R 表示债券的到期收益率或市场利率。

当债券的到期收益率从12%增加到16%的时候（表5.3和表5.6），债券的久期由1.859年减少到1.853年。直观地看，这是因为表5.6中使用了更高的贴现因子进行贴现，这样现金流的现值权数小于表5.3中的现值权数，久期也会缩短。在其他情况不变的条件下，投资者就会更快地收回初始投资。

（三）久期与到期期限

在其他情况不变的条件下，我们分别计算债券到期期限在两年的基础上缩短一年和增加一年时债券的久期（如表5.7和表5.8所示）。

表 5.7　票面利率为 10%、到期收益率为 12% 的 1 年期息票债券的久期表

t	CF_t	DF_t	$CF_t \times DF_t$	$CF_t \times DF_t \times t$
1/2	5	0.943 4	4.72	2.36
1	105	0.890 0	93.45	93.45
合计			98.17	95.81

$$D=\frac{95.81}{98.17}\approx0.976（年）$$

表 5.8　票面利率为 10%、到期收益率为 12% 的 3 年期息票债券的久期表

t	CF_t	DF_t	$CF_t \times DF_t$	$CF_t \times DF_t \times t$
1/2	5	0.943 4	4.72	2.36
1	5	0.890 0	4.45	4.45
3/2	5	0.839 6	4.20	6.30
2	5	0.792 1	3.96	7.92
5/2	5	0.747 3	3.74	9.34
3	105	0.705 0	74.03	222.09
合计			95.10	252.46

$$D=\frac{252.45}{95.10}\approx2.655（年）$$

我们通过对比表5.7、表5.3、表5.8可以知道，当固定收益的证券或资产的到期期限增加时，久期则以一个递减的速度增加：

$$\frac{\partial D}{\partial M}>0 \qquad \frac{\partial D^2}{\partial^2 M}<0$$

式中，D 表示久期，M 表示债券的到期期限。

为了更清楚地加以说明，我们画出了久期针对不同债券到期期限的变化图（见图5.4）。此时，假定票面利率为10%，债券的到期收益率为12%。当债券到期期限由1年增加到2年（见表5.3和表5.7）时，久期增加了0.883年，从0.976年增加到1.859年。而当债券到期期限由2年增加到3年（见表5.3和表5.8）时，久期

由 1.859 年增加到 2.655 年，增加了 0.796 年。

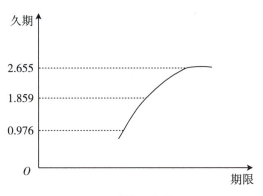

图 5.4　久期与到期期限图

在上面的例子中，我们已经解释了久期与证券的票面利率、到期收益率以及到期期限之间的关系，它实际上也可以归纳为久期的几个重要特征：

（1）证券的票面利率越高，它的久期越短；

（2）证券的到期收益率越高，它的久期越短；

（3）随着固定收益资产或负债到期期限的增加，久期会以一个递减的速度增加。

四、久期的经济含义

到目前为止，我们已经计算了很多种不同类型固定收益的资产和负债的久期。下面我们将讨论久期与资产和负债的利率敏感性之间的直接联系。

久期模型除了是衡量资产和负债平均期限的方法之外，还是一种直接测定资产和负债利率敏感度或弹性的方法。换句话说，D 的值越大，资产或负债价格对利率变化的敏感度越高。

考虑下面的公式，它表示债券的当前价格等于所有利息和债券本金的现值的和：

$$P = \frac{C}{(1+R)} + \frac{C}{(1+R)^2} + \cdots + \frac{C+F}{(1+R)^N} \tag{5.5}$$

式中，P 为债券的价格；

　　　C 为每年的利息；

　　　R 为市场利率（到期收益率）；

　　　N 为年限；

　　　F 为债券面值。

通过式（5.5）我们可以知道，当市场利率 R 上升的时候，债券的价格 P 下跌。虽然知道了债券价格要下跌，但是我们仍然需要推导出一种直接衡量下跌程度的方法。

在公式中 P 对 R 求导，可得

$$\frac{\mathrm{d}P}{\mathrm{d}R} = \frac{-C}{(1+R)^2} + \frac{-2C}{(1+R)^3} + \cdots + \frac{-N(C+F)}{(1+R)^{N+1}} \tag{5.6}$$

整理得

$$\frac{\mathrm{d}P}{\mathrm{d}R} = -\frac{1}{1+R}\left[\frac{C}{(1+R)} + \frac{2C}{(1+R)^2} + \cdots + \frac{N(C+F)}{(1+R)^N}\right] \qquad (5.7)$$

根据久期的定义:

$$D = \frac{1 \times \dfrac{C}{(1+R)} + 2 \times \dfrac{C}{(1+R)^2} + \cdots + N \times \dfrac{(C+F)}{(1+R)^N}}{\dfrac{C}{(1+R)} + \dfrac{C}{(1+R)^2} + \cdots + \dfrac{(C+F)}{(1+R)^N}} \qquad (5.8)$$

由于久期公式的分母等于债券 P 的价格,因此把式(5.5)代入到式(5.8),可得:

$$D = \frac{1 \times \dfrac{C}{(1+R)} + 2 \times \dfrac{C}{(1+R)^2} + \cdots + N \times \dfrac{(C+F)}{(1+R)^N}}{P} \qquad (5.9)$$

等式两边同时乘以 P,可得

$$P \times D = 1 \times \frac{C}{(1+R)} + 2 \times \frac{C}{(1+R)^2} + \cdots + N \times \frac{(C+F)}{(1+R)^N} \qquad (5.10)$$

注意到式(5.10)右边的项等于式(5.7)中方括号里的项,因此把式(5.10)代入式(5.7)中,得到

$$\frac{\mathrm{d}P}{\mathrm{d}R} = -\frac{1}{1+R}(P \times D) \qquad (5.11)$$

移项整理得

$$\frac{\mathrm{d}P}{\mathrm{d}R} \times \frac{1+R}{P} = -D \qquad (5.12)$$

或者为

$$\frac{\dfrac{\mathrm{d}P}{P}}{\dfrac{\mathrm{d}R}{(1+R)}} = -D \qquad (5.13)$$

式(5.12)和式(5.13)的经济解释为:数值 D 是证券价格对微小的利率 R 变动的利率弹性,或者叫敏感度。也就是说,D 描绘了在给定到期收益率增加 1%[$\mathrm{d}R/(1+R)$] 的情况下,债券价格下降的百分比($\mathrm{d}P/P$)。

要用久期来衡量利率敏感度,就需要将式(5.13)整理成另外一种更有用的表达式:

$$\frac{\mathrm{d}P}{P} = -D \times \left(\frac{\mathrm{d}R}{1+R}\right) \qquad (5.14)$$

式(5.14)表示利率微小的变化会引起债券价格以一定比例向相反方向变化,变化程度取决于 D 值的大小。这样,对于任何一个给定的利率变化,久期长的证券所遭受的资本损失(或者为资本盈利)比久期短的证券更大。我们还可以将 D 和 $(1+R)$ 合并成一个单独的变量 [$D/(1+R)$],该变量被称为修正的久期(MD)。

这样式（5.14）可以进一步变形为

$$\frac{\mathrm{d}P}{P} = -\mathrm{MD} \times \mathrm{d}R \qquad\qquad (5.15)$$

式中，$\mathrm{MD} = \dfrac{D}{1+R}$。

在式（5.15）中，我们以利率的变化 $\mathrm{d}R$ 与 MD 相乘，直接反映了金融机构资产或负债价格对利率变化的敏感程度。

【例5.4】现有一票面利率为10%的永久性债券，到期收益率为10%，可计算得到久期为11年 $[D_C = 1 + 1/0.1 = 11（年）]$。假设市场利率上升到10.05%：

$$\frac{\mathrm{d}P}{P} = -D\left(\frac{\mathrm{d}R}{1+R}\right)$$
$$= -11 \times 0.000\,5 \div 1.1$$
$$= -0.005$$
$$= -0.5\%$$

若该债券的面值为1 000元，则当到期收益率上升0.5个百分点时，债券价格会下跌到995元。

对一些固定收益的资产或负债来说，其利息支付是每半年一次或者更为频繁，因此在计算这种资产或负债对利率变化的敏感度时，需要对式（5.14）稍做修改。每半年支付一次利息的情况是

$$\frac{\mathrm{d}P}{P} = -D\left(\frac{\mathrm{d}R}{1+R/2}\right) \qquad\qquad (5.16)$$

式（5.14）和式（5.16）之间唯一的不同就是式（5.16）考虑到了半年付息一次的情况，因此将1/2引入了贴现项中。

第二节 运用久期模型进行免疫

到目前为止，我们已经介绍了久期的计算以及久期的经济意义。对金融机构来说，久期的主要作用是识别、计算金融机构的利率风险暴露。此外，金融机构还可以利用久期模型来对某一特定的业务或整个资产负债表的利率风险暴露进行免疫处理。在这一节，我们将用两个例子来分别说明金融机构如何使用久期模型来实现单个项目和整个资产负债表的免疫。

一、久期和远期支付的免疫

养老基金和人寿保险公司管理者面临如何进行多种资产的组合投资，以使它们在将来某个时期能够获得足够的投资收益来向受益人或投保人支付退休金或保险金的问题。其中一个典型的例子就是当投保人退休时，养老基金和人寿保险公司能否一次性返还投保人款项的问题。人寿保险公司管理者在运用由投保人的保费构成的基金进行投资时会面临利率风险。如果未来市场的利率发生变动，就可能会导致基

金收益的减少，使所获得的收益不能足额支付原合同中协议返还给投保人的款项。这样的话，保险公司就不得不动用公司的准备金和净资产来履行支付合同。

假设有一份 5 年期的保单，保险公司向客户承诺 5 年后一次性支付一笔款项。为了简化，我们假设保险公司应在 5 年期满后支付 1 469 元作为退休保险的一次性返还，它恰好等于用 1 000 元投资于票面利率 8% 的按复利计算的 5 年期债券。当然，保险公司实际支付的金额可能会更大，但在这个例子中我们假设支付的总额不会发生变化。

为了使自身免于遭受利率风险，保险公司需要确定无论将来利率发生什么变化都能够在 5 年以后产生 1 469 元现金流的资产。它要么投资一个期限和久期都为 5 年的零息债券，要么投资一个久期为 5 年的息票债券，这样就能保证无论将来利率发生什么样的变化都能够在 5 年时间内产生 1 469 元的现金流。下面我们来考虑上述的两个策略：购买期限为 5 年的零息债券和购买久期为 5 年的息票债券。

(一) 购买期限为 5 年的零息债券

假设面值为 1 000 元、到期收益率为 8% 的 5 年期贴现债券的当前价格为 680.58 元：

$$P = 680.58（元）$$

如果保险公司以 1 000 元的总成本购买了这样的债券，那么该项投资在 5 年后将刚好产生 1 469 元（$1\,000 \times 1.08^5 \approx 1\,469$）的现金流。原因是债券组合的久期与保险公司保费的返还期相匹配。更直接地说，由于持有零息贴现债券的保险公司在 5 年之内没有收到任何现金流或者说是利息，因此未来市场利率的变化不会产生再投资收入效应。所以，保险公司从该项投资中所获得的收入不会受到利率变化的影响。

假设不存在这种 5 年期的贴现债券，那么投资组合管理者可能会试图寻找具有适当久期的息票债券来规避利率风险。在这个例子中，合适的投资对象就是久期为 5 年的息票债券。

(二) 购买久期为 5 年的息票债券

通过计算，我们可以知道面值为 1 000 元、期限为 6 年、票面利率为 8%、到期收益率为 8% 的债券的久期为 4.993 年，四舍五入后约为 5 年。如果保险公司购买了该债券，无论市场利率如何变化，在 5 年后保险公司都能获得 1 469 元的现金流。这是因为利率变动带来的再投资收入的增加或减少都恰好被出售债券的收入的减少或增加抵消。所以，保险公司只要购买了久期与保费返还的期限（由于保费在 5 年合同期满后一次性返还，因此保险合同的期限就等于其久期）相匹配的证券，就能免于遭受利率风险。

【例 5.5】承上例，保险公司将 1 000 元投资于期限为 6 年且票面利率为 8% 的息票债券，购买时候的市场利率为 8%。我们假设 5 年中市场利率会出现以下三种可能性：①一直保持在 8%；②下降到 7%；③上升到 9%。表 5.9 总结了三个不同市场利率水平下债券的利息收入、再投资收入以及出售债券收入的变化情况。

表 5.9　久期为 5 年的债券的现金流

单位：元

类别	市场利率		
	8%	7%	9%
利息收入	400	400	400
再投资收入	69	60	78
出售债券的收入	1 000	1 009	991
合计	1 469	1 469	1 469

1. 5 年中市场利率保持在 8%

（1）利息收入。每年的利息为 80 元，共 5 年，所以利息等于 400（5×80）元。

（2）再投资收入。每年的利息为 80 元，这 80 元可以按照 8% 的收入进行再投资①，得到额外的现金流 69 元。

（3）出售债券的收入。当 6 年期的债券距到期日只有 1 年时，保险公司在第 5 年年底卖出债券所获得的收入如图 5.5 所示。

图 5.5　久期与到期期限

这样，在第 5 年年底买方愿意支付的价格应该是最后一期（第 6 年）的利息加本金共 1 080 元在第 5 年年底的现值。这也是保险公司所希望取得的合理价格：

$$P_5 = \frac{1\ 080}{1.08} = 1\ 000\ （元）$$

2. 市场利率下降到 7%

我们可以看到，即使市场利率下降了，债券的总现金流并没有变化。具体说明如下：

（1）利息收入。因为债券的利率是固定的，所以每年的利息收入仍是 80 元，400（5×80）元。

（2）再投资收入。由于市场利率下降到 7%，所以利息的再投资收入是在 7% 的水平下进行再投资，运用注释①中的年金终值系数计算公式，计算出再投资收入减少至 60 元。

（3）出售债券的收入。债券在到期时（第 6 年年末）的现金流为 1 080 元，包括 1 000 元的本金和 80 元的利息。由于当前的市场利率已经下降，为了取得债券在

———————————

① 再投资收益可以通过年金终值系数表来计算。公式为 $(F/A, R, n) = \left[\frac{(1+R)^n - 1}{R}\right]$。在我们的例子中，$(F/A, 8\%, 5) = \left[\frac{(1+0.08)^5 - 1}{0.08}\right] \approx 5.867$，每年利息为 80 元的再投资收益为：再投资收益 =（80×5.867）−400 = 469−400 = 69（元）。需要注意的是我们必须减掉 400 元，因为我们在（1）中计算利息收入的时候已经计算过了。

第 6 年中 8% 的利息收入，投资者在第 5 年年末愿意支付的价格是

$$P_5 = \frac{1\ 080}{1.07} \approx 1\ 009 \text{（元）}$$

即债券能够比在市场利率为 8% 的时候多卖 9 元。原因是投资者只能从新发行的债券获得 7% 的利率，而原来的债券票面利率为 8%。

再投资收入和出售债券的收入的比较结果，证明了市场利率下降使得出售债券的收入增加了 9 元，弥补了在较低利率水平下再投资收入损失的 9 元。因此，总现金流没有变化，仍然为 1 469 元。

3. 市场利率上升到 9%

当市场利率从 8% 上升到 9% 时，对最终的总现金流仍没有影响。运用上面的计算方法可知，市场利率上升使得再投资收入增加了 9 元，但是出售债券的收入从 1 000 元下降到了 991 元。所以，再投资收入的增加弥补了出售债券收入的损失。

因此，我们看到，期期为 5 年的债券与保险公司的保费返还期限相匹配时，即使在此期间利率下降到 7% 或者上升到 9%，在第 5 年年末的时候从债券获得的预期现金流仍然会等于 1 469 元。这样，利息收入+再投资收入+出售债券的收入得到免疫。换句话说，债券的现金流没有受到利率变化的影响。这样，只要息票债券或者任何一种固定利率工具（比如贷款或抵押贷款）的久期与金融机构的投资目标的期限相匹配，金融机构就能免于遭受利率波动所带来的冲击。其根本原因就在于利率波动所带来的再投资收入的增加（减少）完全被出售债券的收入的减少（增加）所冲销。

二、金融机构整个资产负债表的免疫

久期模型还能评估金融机构的总体利率风险暴露，即测量其资产负债表的久期缺口。

为了估计金融机构的久期缺口，我们首先得分别计算金融机构资产组合的久期和负债组合的久期。我们可以通过以下公式进行计算：

$$D_A = W_{1A}D_1^A + W_{2A}D_2^A + \cdots + W_{nA}D_n^A \tag{5.17}$$

$$D_L = W_{1L}D_1^L + W_{2L}D_2^L + \cdots + W_{nL}D_n^L \tag{5.18}$$

式中，$W_{1j} + W_{2j} + \cdots + W_{nj} = 1$，$j = A$（或 L）；

D_A 为资产组合的久期，其中 D_i^A 表示第 i 种资产的久期；

D_L 为负债组合的久期，其中 D_i^L 表示第 i 种负债的久期；

A 为资产；

L 为负债；

W_{ij} 为各自的资产组合（或负债组合）中的每一项资产（或负债）的市场价格的比例；

E 为净值（所有者权益）。

简单来说，资产组合或负债组合的久期就是特定金融机构的每一项资产或每一项负债的久期的加权平均，其权数为资产负债表上每一项资产或负债市场价格占总资产或总负债市场价格的比值。

从第二章所学到的知识中我们可以知道，资产（A）＝负债（L）＋净值（所有者权益 E），即

$$A = L + E$$
$$\Delta A = \Delta L + \Delta E$$

或者

$$\Delta E = \Delta A - \Delta L$$

一旦市场利率发生变化，就会影响到资产负债表两边以市场价格计价的资产和负债，从而进一步影响到金融机构的净值（资产减去负债）。这与我们第四章讨论的到期日模型相类似。而这里与净值（ΔE）的利率敏感性相联系的是久期的不匹配而不是到期期限的不匹配。正如我们前面介绍的，与到期期限相比较，久期是一个更准确地测定利率风险敏感度的方法。

由于 $\Delta E = \Delta A - \Delta L$，我们需要确定资产负债表中资产和负债市场价格的变化（ΔA 和 ΔL）是如何与久期联系在一起的。

从上一节久期的经济意义可知，$\dfrac{\Delta P}{P} = -D\left(\dfrac{\Delta R}{1+R}\right)$。如果将任意给定债券价格百分比变化 $\Delta P / P$ 替换为整个资产和负债的百分比变化 $\Delta A/A$ 和 $\Delta L/L$，同时以金融机构资产和负债组合的久期 D_A、D_L 替代任意给定债券的久期，就可以得到式（5.19）和式（5.20）：

$$\frac{\Delta A}{A} = -D_A \frac{\Delta R}{(1+R)} \tag{5.19}$$

$$\frac{\Delta L}{L} = -D_L \frac{\Delta R}{(1+R)} \tag{5.20}$$

为了说明资产和负债价值的变化，上述两式变换为

$$\Delta A = -D_A \times A \times \frac{\Delta R}{(1+R)} \tag{5.21}$$

$$\Delta L = -D_L \times L \times \frac{\Delta R}{(1+R)} \tag{5.22}$$

由于 $\Delta E = \Delta A - \Delta L$，我们可以将上述两个表达式（5.21）、（5.22）代入到等式 $\Delta E = \Delta A - \Delta L$ 中去，得到

$$\Delta E = \left[-D_A \times A \times \frac{\Delta R}{(1+R)} \right] - \left[-D_L \times L \times \frac{\Delta R}{(1+R)} \right] \tag{5.23}$$

假设利率水平和利率预期的变化对资产和负债都是一样的，得到

$$\Delta E = (-D_A \times A + D_L \times L) \frac{\Delta R}{(1+R)} \tag{5.24}$$

或是

$$\Delta E = -(D_A \times A - D_L \times L) \frac{\Delta R}{(1+R)} \tag{5.25}$$

为了使上式更易被理解，我们可以对 $D_A \times A$ 和 $D_L \times L$ 同时乘以和除以 A（资产）得到

$$\Delta E = -\left(D_A \times \frac{A}{A} - D_L \times \frac{L}{A}\right) \times A \times \frac{\Delta R}{(1+R)} \tag{5.26}$$

$$\Delta E = -(D_A - D_L \times k) \times A \times \frac{\Delta R}{(1+R)} \tag{5.27}$$

式中，$k = L/A$ 是对金融机构财务杠杆的测定，即金融机构用于支持资产的负债（或借款，但不是自有资本）与资产的比率。利率变化对金融机构净值的影响可以分为以下三个部分：

（1）杠杆修正的久期缺口 $= D_A - D_L \times k$。该缺口以年为单位，反映金融机构资产和负债之间久期的不匹配程度。缺口的绝对值越大，金融机构就越多地暴露在利率风险下。

（2）金融机构的规模。A 是以市场价格来表示的金融机构的资产价值，它反映了金融机构的规模。金融机构的规模越大，可能暴露在利率风险下的净值的规模就越大。

（3）利率的变化程度为 $\Delta R/(1+R)$，利率的变动越大，金融机构的风险暴露越大。

这样，我们可以把金融机构的净值暴露表示为

$\Delta E = -$（杠杆修正的久期缺口）$\times$资产规模$\times$利率变动

利率的变动是金融机构无法控制的，它主要取决于中央银行的货币政策。但是，杠杆修正的久期缺口和金融机构的规模是可以控制的。下面我们用一个例子来介绍金融机构管理者如何利用金融机构久期缺口的信息来重建资产负债表，从而使金融机构的净值免于遭受利率风险。

【例 5.6】假设金融机构管理者计算出：

$D_A = 6$ 年

$D_L = 4$ 年

此外，管理者还从经济预测机构那里得知利率预期会从 8% 上升到 10%，即

$\Delta R = 2\%$

$1 + R = 1.08$

假设表 5.10 是某金融机构以市场价格表示的简化的资产负债表。

表 5.10 资产负债表

资产/亿元	负债/亿元
$A = 1\,000$	$L = 800$
	$E = 200$
1 000	1 000

如果未来利率真的上升了，金融机构管理者会计算出股东的潜在损失，其具体计算如下：

$$\Delta E = -(D_A - D_L \times k) \times A \times \frac{\Delta R}{(1+R)}$$

$$= -(6 - 4 \times 0.8) \times 1\,000 \times \left(\frac{0.02}{1.08}\right) \approx -51.85 \text{（亿元）}$$

从上面的计算中可知，利率上升2%，金融机构的净值就会减少51.85亿元。金融机构的净值（所有者权益）最初为200亿元，现在由于利率上升，净值减少到148.15亿元，损失金额几乎占原来净值（所有者权益）的25.93%。表5.11是利率上升2个百分点之后以市场价格计价的资产负债表[①]。

表 5.11 资产负债表

资产/亿元	负债/亿元
$A = 888.89$	$L = 740.74$
	$E = 148.15$
————	————
888.89	888.89

虽然利率上升不会导致金融机构陷入经济意义上的破产，但是它降低了净值与资产的比例，从20%（200/1 000）降到了16.67%（148.15/888.89）。管理者可能通过减少金融机构杠杆修正的久期缺口来避免这一不利影响。在极端的情况，缺口可以减少到零：

$$\Delta E = -(0) \times A \times \frac{\Delta R}{(1+R)} = 0$$

为了达到$\Delta E = 0$的目标，金融机构不会直接使$D_A = D_L$，这是因为资产总额通常超过负债总额（除非该金融机构无清偿能力），即k不会等于1。为了理解杠杆因子的重要性，假设管理者把金融机构负债的久期增加到6年，与资产的久期相等，那么

$$\Delta E = -(6 - 0.8 \times 6) \times 1\,000 \times \frac{0.02}{1.08} \approx -22.22 \text{（亿元）}$$

由上式可知，当利率上升时，金融机构还是会损失22.22亿元。一个适当的策略就是要一直改变负债的久期直到$D_A = kD_L = 6$年。

例如，

$$\Delta E = -(6 - 0.8 \times 7.5) \times 1\,000 \times \frac{0.02}{1.08} \approx 0$$

在这个例子当中，由于80%的资产是由负债来支持的，而另外20%的资产是由权益资本来支持的，因此要使$\Delta E = 0$，金融机构管理者就需要使$D_L = 7.5$。需要注意的是，金融机构管理者至少可运用以下三种方法来使修正的久期缺口为零：

（1）减少D_A。将D_A从6年减少到3.2年。

$$D_A - kD_L = 3.2 - 0.8 \times 4 = 0$$

（2）减少D_A和增加D_L。在缩短资产的久期的同时增加负债的久期。一种可能的情况是将D_A减少到4年，同时D_L增加到5年，如：

$$D_A - kD_L = 4 - 0.8 \times 5 = 0$$

[①]
$$\Delta A/A = -\frac{0.02 \times 6}{1.08} \approx -11.111\%, 1\,000 + (-11.111\%) \times 1\,000 \approx 888.89 \text{（亿元）}$$

$$\Delta L/L = -\frac{0.02 \times 4}{1.08} \approx -7.407\%, 800 + (-7.407\%) \times 800 \approx 740.74 \text{（亿元）}$$

137

（3）同时改变 k 和 D_L。把 k 从 0.8 增加到 0.9，并同时把 D_L 从 4 年增加到 6.67 年，如：

$$D_A - kD_L = 6 - 0.9 \times 6.67 \approx 0$$

三、久期缺口管理的缺陷

久期模型虽然较重定价模型和到期日模型对利率风险的测量和管理更为科学和精确，但是它依然存在以下几个缺陷：

第一，找到具有相同久期的资产和负债并引入金融机构的资产负债组合中是件很费时费力的事情。如果某种贷款或者证券的到期期限等于久期，那就会容易得多。但是，对于任何一个在到期日前存在现金流的金融工具来说，久期一定小于到期期限。只有在证券是零息债券或者是到期日一次性支付本息的贷款的情况下，金融工具的久期才会等于到期期限。金融工具支付利息的频率越高，久期越短。从上面的讨论中，我们可以得到这样一个结论，即金融工具的到期期限越短，到期期限与久期匹配的可能性就越大。

第二，银行和储蓄机构拥有的一些账户，如支票存款和储蓄存款，这些账户现金流发生的时间不确定，致使久期的计算出现困难。而且，对于贷款而言，客户的提前支付或违约会影响到贷款的预期现金流，这样也会给久期的计算带来困难。

第三，久期模型假设资产（负债）的市场价格和利率之间为线性关系，即假定利率上升或下降相同的幅度所引起的资产（负债）价格下降或上升的幅度相同。而在实际中，它们之间的关系往往是非线性的。通常情况下，同等幅度的利率上升引起的资产价值的下降幅度要小于同等幅度的利率下降引起的资产价值的上升幅度。

如果收益的变动是由较小的利率波动引起的，并且短期和长期利率变动保持相同的比例，久期缺口分析在处理利率风险问题上就是相当有效的。但是，如果利率的变动很大而且不同的利率变动比例不同，久期缺口管理的精确性和有效性就会有所降低。而且，在现实世界中收益曲线不会平行变动，因为短期利率的变动要比长期利率变动更剧烈些。

所幸的是，最近的研究表明久期缺口管理仍然是有效的，久期缺口分析有助于金融机构管理者更好地管理公司的净资产。久期缺口尽管有其自身的缺陷，但仍然不失为一种重要和有用的利率风险管理工具。

复习思考题及参考答案

1. 久期的概念是什么？久期的经济意义是什么？久期与期限有何不同？

2. 假设持有一种面值为 1 000 元的债券：

（1）期限为 2 年、年利率为 10%、收益率为 12% 的久期为多少？

（2）期限为 2 年、收益率为 11.5% 的零息债券的久期为多少？

3. 思考以下问题：

（1）面值为 100 元、期限为 5 年、利率为 10%、每半年付息国库券的久期为多少？

（2）如果该国库券的收益率上升到 14%，久期为多少？上升到 16% 呢？

（3）通过上面计算可以归纳出久期与收益率之间的关系吗？

4. 思考下列问题：

（1）期限为 4 年、利率为 10%、半年付息的国库券久期为多少？

（2）期限为 3 年、利率为 10%、半年付息的国库券久期为多少？

（3）期限为 2 年、利率为 10%、半年付息的国库券久期为多少？

（4）从上述计算中你可以得出久期和到期期限之间的什么结论？

5. 以面值出售的每半年支付一次利息且利率为 10% 的 11 年期国库券的久期为多少？（假设面值为 1 000 元）

6. 计算下面金融机构的杠杆修正久期缺口。其拥有 1 000 000 元资产，投资于 30 年、利率为 10%、每半年付息一次且以面值出售的国库券，久期为 9.94 年。其还拥有 900 000 元的负债（通过 2 年期、利率为 7.25%、每半年付息一次且以面值出售的债券筹集的资金）。如果 $\dfrac{\Delta R}{(1+R/2)} = -0.002$，对净值有何影响？

7. 如果你打算运用久期模型来对你的资产组合进行免疫，那么当利率变化时，哪三个因素会影响你所拥有的净值？

8. 用 GBI 银行提供的资料（见表 5.12）回答以下问题：

表 5.12　GBI 银行表

单位：百万元

资产		负债	
现金	30	核心存款	20
联邦资金	20	联邦资金	50
贷款（浮动利率）	105	大额存单	130
贷款（固定利率）	65	所有者权益	20
总资产	220	总负债	220

附：目前联邦资金的利率为 8.5%。浮动利率贷款定价为在伦敦同业拆借利率（目前为 11%）的基础上加上 4%，固定利率贷款的期限为 5 年，年利率为 12%。核心存款都是采用固定利率，期限为 2 年，年利率为 8%。大额存单目前的收益为 9%。

（1）GBI 银行固定利率贷款的久期是多少？

（2）如果浮动利率贷款（包括联邦资金）的久期为 0.36 年，那么银行资产的久期是多少？（现金的久期为 0）

（3）银行核心存款的久期是多少？

（4）如果大额存单和联邦资金负债的久期为 0.401 年，那么银行负债的久期是多少？

（5）GBI 银行的久期缺口是多少？利率风险暴露是多少？如果 $\dfrac{\Delta R}{(1+R/2)} = 0.01$，对银行所有者权益的市场价格有什么影响？

扫一扫，即可获得参考答案

参考文献

［1］赵晓菊. 银行风险管理：理论与实践［M］. 上海：上海财经大学出版社，1999.

［2］ANTHONY S, CORNETT M M. Financial Institutions Management［M］. New York：McGraw-Hill，2003.

［3］ROSE P S, HUDGINS S C. Bank Management and Financial Services［M］. New York：McGraw-Hill，2005.

［4］KOCH T W, MACDONALD S. Bank Management［M］.［S. l.］South-Western College Publishing，2003.

第六章
信用风险和管理（上）

信用风险是指交易对手未按合同承诺履行合同义务或信用评级下降给金融机构带来损失的可能性。对信用风险的研究包括风险的衡量与管理。其中，风险的衡量是问题的核心和管理的前提，也是研究的重点。至于信用风险的管理，则包括信贷额度限制、信贷集中度限制、担保抵押、资产证券化、资产组合分散风险、衍生金融工具等手段。对信用风险的衡量和管理可分为单项资产信用风险的衡量和管理以及资产组合信用风险的衡量和管理。本章讨论的单项资产信用风险，集中于贷款信用风险的衡量，主要用信用分析方法来衡量、评估信用风险。其他资产的信用风险的衡量和管理与此类似，不再赘述。下章集中讨论资产组合的信用风险和管理。

第一节　信用风险概述

信用风险是指交易对手未按合同承诺履行合同义务或信用评级下降给金融机构带来损失的可能性。它既存在于传统的贷款、债券投资等表内业务中，也存在于信用担保、贷款承诺等表外业务中，还存在于信用衍生工具交易（主要指场外衍生工具）中，是历史最为悠久、最为复杂的风险种类。重大的信用风险事件，如主要交易对手的违约，可能导致金融机构的破产和整个金融体系的瘫痪甚至崩溃，严重时还会给整个经济体带来严重的影响。研究信用风险不仅在微观层面上是金融机构防范风险、增强竞争力的重要任务，在宏观上也具有重要的意义。

对以贷款为主要业务的银行来说，信用风险是指借款者在贷款到期时，无力或不愿偿还贷款本息，或借款者信用评级下降给银行带来损失的可能性。它可以分为道德风险和企业风险。

道德风险是指借款者蓄意骗取银行资金给银行带来损失的可能性。它产生的原因是信息不对称，即银行很难真正了解借款者的借款目的和用途。有的借款者信用品德不良，故意隐瞒真实情况，甚至制造虚假信息，向银行申请贷款，将借得的款项挥霍掉，或从事高风险活动甚至是违法活动；在贷款到期时，以种种理由不还本付息，使银行蒙受损失。

企业风险是指由于借款企业的经营状况不佳而不能按期还本付息的风险。企业在经营过程中可能面临以下风险：

（1）财产风险。财产风险是指企业的财产由于社会的、自然的或政治经济的风险而发生损失，从而影响其还本付息能力的风险。

（2）个人风险。个人风险是指企业的主要负责人的离开、死亡或主管人员经营不善使企业遭受损失的可能性。

（3）责任风险。责任风险是指企业在发生侵权行为时或在其他情况下，对他人造成的损害需负的赔偿责任。若赔偿金额很大，则会影响到企业的偿债能力。

第二节　贷款种类及特点

对银行贷款种类的划分，不仅有利于熟悉银行贷款的业务种类，更是银行信贷员在接到客户贷款申请时，对其进行信用分析的前提。

在我国银行财务报表中，按业务性质，贷款分为公司类贷款、票据贴现和个人贷款三大类（参见表 6.1）。

公司贷款是指以各行业企事业法人或其他经济组织为贷款对象所发放的贷款，以满足客户在生产经营中对流动资金或生产投资等的需求。

个人贷款是指向个人或其家庭发放的贷款，包括购置自住房的个人住房贷款，购置汽车或家用电器、支付医疗教育费用等的个人消费贷款，进行个体小额经营的个人经营性贷款，以及信用卡透支。

票据贴现是一种个人特别的贷款方式，是指收款人或持票人在资金不足时，将未到期的承兑汇票向银行申请贴现，银行按票面金额扣除贴现利息后，将余额付给收款人的一项授信业务。票据一经贴现便归贴现银行所有，贴现银行可以在票据到期时凭票直接向承兑银行收取票款，也可将未到期的贴现票据转让给其他金融机构。票据业务本质上也是一种公司类贷款。

从表 6.1 中可知，在 2022 年年底，公司类贷款业务占中国工商银行全部贷款的59.6%，个人贷款占 35.5%，票据贴现占 4.9%。从表 6.1 中还可知，相对于 2021年，2022 年中国工商银行公司类贷款增长速度快于个人贷款增长速度，个人贷款增速为 3.7%，而公司类贷款增长速度为 13.4%。

表 6.1　中国工商银行按业务类型划分的贷款结构

类别	2022 年 12 月 31 日				2021 年 12 月 31 日			
	贷款/百万元	占比/%	不良贷款/百万元	不良贷款率/%	贷款/百万元	占比/%	不良贷款/百万元	不良贷款率/%
公司类贷款	13 826 966	59.6	271 615	1.96	12 194 706	59.0	254 887	2.09
票据贴现	1 148 785	4.9	—	—	527 758	2.6	—	—
个人贷款	8 236 561	35.5	49 555	0.60	7 944 781	38.4	38 542	0.49
合计	23 212 312	100.0	321 170	1.38	20 667 245	100.0	293 429	1.42

资料来源：2022 年工商银行年报。

一、公司类贷款

公司类贷款是商业银行贷款的主要形式和重要利润来源。如表 6.1 中的工商银行，2022 年公司类贷款占总贷款的 59.6%，高于个人贷款和票据贴现。

对于公司类贷款，我们按期限还可将其分为短期贷款和中长期贷款。短期贷款一般用于满足公司类流动资金需求和其他短期资金需求，中长期贷款一般用于满足固定资产投资、开办新的工厂等需求。表 6.2 列示了 2022 年 12 月 31 日中国四大国有商业银行按期限划分的公司类贷款构成。

表 6.2　2022 年 12 月 31 日中国四大国有商业银行公司类贷款构成（按期限划分）

单位：百万元

银行名称	贷款余额	短期贷款	中长期贷款
中国工商银行	13 826 966	3 150 517	10 676 449
中国农业银行	10 137 788	3 007 512	7 130 276
中国建设银行	10 436 109	2 994 263	7 441 846
交通银行	4 412 329	1 390 254	3 022 075

注：一般期限在一年或一年以下的贷款为短期贷款，期限在一年以上的为中长期贷款。

资料来源：根据各银行 2022 年财务报表整理。

公司类贷款中，大笔金额的贷款通常是辛迪加贷款，即由几家银行组成贷款团，向借款者发放贷款的一种贷款形式。辛迪加贷款通常由一家牵头银行与借款者达成贷款协议，再由牵头银行向其他辛迪加成员出售贷款。这种贷款形式可解决借款者的大笔资金需求问题，同时有利于银行之间分担风险。

还有，公司和个人贷款还可以按照有无担保物划分为：抵押贷款、质押贷款、保证贷款和信用贷款四种类型。抵押贷款是指贷款客户用自己的财产，如土地、房产、设备等作为还款担保来向银行贷款。一般情况下为不动产，不需要向银行移交抵押物，只需要合同约定或者实施权力抵押登记即可。质押贷款是指将动产或者权力凭证作为还款担保向银行贷款。在获得贷款的时候，借款人需要把用于担保的动产或权力凭证移交给银行保管或冻结，待归还贷款以后，再收回质押物，如车辆、仓单、提货单、专利权、商标权、公司股份等。保证贷款是指借款人借款时，由银行认可的第三方提供连带担保责任。信用贷款是指贷款人无须抵押物，仅凭企业或个人信誉在银行获得贷款。从表 6.3 中可知，2022 年中国工商银行的 64.6% 的贷款为担保类贷款，信用贷款只占 35.4%。

表 6.3　中国工商银行按担保类型划分的贷款结构

类别	2022 年 12 月 31 日		2021 年 12 月 31 日	
	金额/百万元	占比/%	金额/百万元	占比/%
抵押贷款	9 977 153	43.0	9 497 898	43.0
质押贷款	2 469 508	10.6	1 720 583	10.6
保证贷款	2 544 651	11.0	2 459 887	11.0

表6.3(续)

类别	2022 年 12 月 31 日		2021 年 12 月 31 日	
	金额/百万元	占比/%	金额/百万元	占比/%
信用贷款	8 221 000	35.4	6 988 877	35.4
合计	23 212 312	100.0	20 667 245	100.0

资料来源：2022 年工商银行年报。

除此之外，我国银行业公司类贷款按行业可分为：①交通运输、仓储和邮政业；②制造业（包括化工，机械，金属加工，纺织及服装，计算机、通信和其他电子设备，钢铁，交通运输设备，非金属矿物，石油加工、炼焦及核燃料，其他）；③租赁和商务服务业；④水利、环境和公共设施管理业；⑤电力、热力、燃气及水生产和供应业；⑥房地产业；⑦批发和零售业；⑧建筑业；⑨科教文卫；⑩采矿业；⑪住宿和餐饮业；⑫其他贷款；等等。房地产贷款由房地产开发贷款和个人住房贷款构成，而此处房地产业贷款主要由房地产开发贷款构成，不包括个人住房贷款。房地产开发贷款在发达国家又叫作商业房地产贷款，主要是针对企业因投资房地产业而产生资金需求的贷款。从表 6.4 可知，2022 年，交通运输、仓储和邮政业，制造业，租赁和商务服务业 3 个行业的贷款就占了中国工商银行公司类贷款的 55.7%。

表 6.4　中国工商银行按行业划分的境内分行公司类贷款

行业	2022 年 12 月 31 日				2021 年 12 月 31 日			
	贷款/百万元	占比/%	不良贷款/百万元	不良贷款率/%	贷款/百万元	占比/%	不良贷款/百万元	不良贷款率/%
交通运输、仓储和邮政业	3 149 183	25.1	19 324	0.61	2 816 789	25.8	24 762	0.88
制造业	1 949 461	15.5	58 944	3.02	1 654 610	15.1	61 602	3.72
租赁和商务服务业	1 892 850	15.1	38 188	2.02	1 667 376	15.2	33 824	2.03
水利、环境和公共设施管理业	1 511 785	12.0	23 864	1.58	1 370 252	12.5	11 379	0.83
电力、热力、燃气及水生产和供应业	1 211 580	9.6	8 406	0.69	1 065 459	9.7	8 653	0.81
房地产业	724 802	5.8	44 531	6.14	705 714	6.5	33 820	4.79
批发和零售业	531 845	4.2	31 696	5.96	464 169	4.2	38 558	8.31
建筑业	359 345	2.9	7 513	2.09	312 849	2.9	5 538	1.77
科教文卫	340 146	2.7	8 337	2.45	287 601	2.6	6 947	2.42
采矿业	226 500	1.8	2 706	1.19	203 130	1.9	3 470	1.71
其他	657 994	5.3	17 422	2.65	390 704	3.6	13 827	3.54
合计	12 555 491	100.0	260 931	2.08	10 938 653	100.0	242 380	2.22

资料来源：2022 年工商银行年报。

在这里讨论银行贷款问题时，不得不提一下银行贷款风险和银行贷款五类分类制度。在 2001 年 12 月，中国人民银行发布了《贷款风险分类指导原则》，正式确定了贷款风险的五级分类法，并明确了影响这一分类法的因素，以及如何进行监督和管理。这一分类法适用于各类商业银行，政策性银行和经营信贷业务的其他金融机构也参照执行。2007 年，原中国银监会发布了《贷款风险分类指引》，这一指引被认为是对 2001 年 12 月中国人民银行发布的《贷款风险分类指引原则》的细化和补充。同时，这也标志中国银行业贷款风险分类方法与国际接轨。

按照这一方法，根据银行贷款质量，2004 年起我国把贷款划分为正常、关注、次级、可疑、损失五类贷款。其中，次级、可疑和损失这三类贷款被称为不良贷款，这三类贷款与总贷款之比称之为不良贷款率。从表 6.6 中可知，相比较于 2021 年，2022 年中国工商银行贷款质量得到一定提高，不良贷款率从 2021 年年末的 1.42%下降到 2022 年年末的 1.38%。

表 6.5　中国工商银行贷款五级分类分布情况

类别	2022 年 12 月 31 日		2021 年 12 月 31 日	
	金额/百万元	占比/%	金额/百万元	占比/%
正常	22 439 514	96.67	19 961 778	96.59
关注	451 628	1.95	412 038	1.99
不良贷款	321 170	1.38	293 429	1.42
次级	158 372	0.68	134 895	0.66
可疑	118 574	0.51	128 983	0.62
损失	44 224	0.19	29 551	0.14
合计	23 212 312	100.00	20 667 245	100.00

资料来源：2022 年工商银行年报。

2017 年，巴塞尔委员会发布了《审慎处理资产指引》这一文件。为了与国际接轨，2023 年 2 月 11 日，原中国银保监会和中国人民银行发布了《商业银行金融资产风险分类办法》，对金融资产风险分类做了大的修正，并要求商业银行在 2025 年 12 月 31 日前完成存量金融资产的重新分类（参见表6.6）。这一办法的主要特点有：

①金融资产风险分类范围扩大。五级分类从贷款扩大到包括债券、其他投资、同业资产、应收账款，以及表外承担信用风险在内的项目，但是不包括交易账簿下的金融资产，以及衍生品交易形成的相关金融资产。

②以债务人为中心的风险资产分类。非零售债务人在本商业银行债权超过 10%分类为不良的，该债务人在本行的所有债权均分类为不良金融资产。同一非零售债务人在所有银行的债务中，逾期 90 天的债务已经超过 20%，其余债务均应纳入不良金融资产。

③逾期分类规定更加严格。本金、利息或收益逾期至少被纳入关注类，逾期超过 90 天至少被归为次级类，超过 270 天至少被归为可疑类，超过 360 天被归入损失类。

④重组资产划分规则。不再统一要求重组资产必须纳入不良资产，但应至少纳

入关注类。还有，应对重组资产设置重组观察期。

表 6.6　金融资产风险五级分类

类别		定义	逾期标准	拨备计提比例/%
正常		债务人能够履行合同，没有客观证据表明本金、利息或收益不能按时足额偿付	金融资产未逾期	1
关注		虽然存在一些可能对履行合同产生不利影响的因素，但债务人目前有能力偿付本金、利息或收益	金融资产逾期不超过 90 天	2
不良	次级	债务人无法足额偿付本金、利息或收益，或金融资产已经发生信用减值	金融资产逾期 90 天以上	25
	可疑	债务人已经无法足额偿付本金、利息或收益，金融资产已发生显著信用减值	金融资产逾期 270 天以上	50
	损失	在采取所有可能的措施后，只能收回极少部分金融资产，或损失全部金融资产	金融资产逾期 360 天以上	100

资料来源：《商业银行金融资产风险分类办法》《银行贷款损失准备计提指引》。

现在谈一下拨备覆盖率及其计算。2018 年，原中国银保监会发布了《关于调整商业银行损失准备监管要求的通知》，把拨备覆盖率从 150% 调整到 120% 至 150%。拨备覆盖率又称拨备充足率，是指商业银行在开展贷款和金融资产业务的过程中，为可能出现的坏账或呆账所准备资金的使用比例，是衡量商业银行抵御金融风险能力的指标。银行应计提金融资产三项资产减值准备，这包括一般准备、专项准备和特种准备。关于提取资产减值准备比例，参见第二章。拨备覆盖率的计算公式如下：

拨备覆盖率＝（一般准备+专项准备+特种准备）/（次级类资产+可疑类资产+损失类资产）×100%

二、个人贷款

从表 6.7 中可知，2022 年中国工商银行个人贷款主要由个人住房贷款、个人消费贷款、个人经营性贷款，以及信用卡透支四项组成。其中，个人住房贷款占比最大，占个人贷款总额的 78.1%；其次是个人经营性贷款，占个人贷款总额的 11.3%。

表 6.7　中国工商银行个人贷款结构

类别	2022 年 12 月 31 日		2021 年 12 月 31 日	
	金额/百万元	占比/%	金额/百万元	占比/%
个人住房贷款	6 431 991	78.1	6 362 685	80.1
个人消费贷款	234 378	2.8	187 316	2.4
个人经营性贷款	930 040	11.3	702 441	8.8
信用卡透支	640 152	7.8	692 339	8.7
合计	8 236 561	100	7 944 781	100

资料来源：2022 年工商银行年报。

在我国，个人住房贷款在个人贷款中占了很大的比重。该类贷款主要是指居民用于购置住房的贷款，往往以住房作为抵押，其贷款金额一般为住房价值的75%左右。当借款者违约时，银行可将该不动产拍卖以弥补可能发生的损失。个人住房贷款期限通常更长，一般在10年至30年，并且在很大程度上受到政策的影响。

从表6.7中还可知，信用卡透支是个人贷款的第三大来源。截至2019年年末，我国银行业累计发卡7.46亿张。从图6.1中可知，截至2019年年末，我国共有包括五大国有银行在内的六家银行，其信用卡的累计发行量都分别超过了1亿张。利息收入、分期手续费和商户回佣成为银行信用卡业务的主要收入来源。根据银联数据统计，在2018年，分期手续费收入占比最高，达36.7%；利息收入占比次之，达30.2%；商户佣金收入占比15.6%；这三项收入合计达到82.5%。除此之外，剩下的收入包括违约金收入（占比13%）和信用卡年费收入（占比3.7%）。

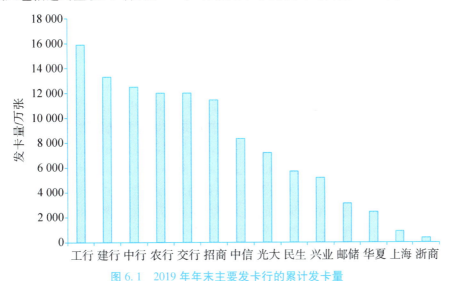

图 6.1　2019 年年末主要发卡行的累计发卡量

（资料来源：笔者对各银行年报数据整理而得。）

第三节　贷款收益率的计算

贷款收益率的计算是贷款定价的基础，是贷款决策的重要环节。下面我们将首先运用资产收益率的方法来计算贷款收益率，并在此基础上进一步考察一种在国际大型银行中广泛使用的、针对大客户的贷款收益率计算模型——RAROC 模型。

一、用资产收益率法计算的贷款收益率

贷款是银行的主要资产。计算资产收益率的一般公式是用资产的收益除以获得资产的成本：

$$r_t = \frac{p_t - p_{t-1}}{p_{t-1}} \tag{6.1}$$

式中，r_t 是指 $t-1$ 时刻到 t 时刻这段时间内资产的收益率，p_t 是指 t 时刻资产的价格，p_{t-1} 是指 $t-1$ 时刻资产的价格，p_t-p_{t-1} 是 $t-1$ 时刻到 t 时刻这段时间内资产的收益。用 p_t-p_{t-1} 除以 p_{t-1}（获得资产的成本）即得资产收益率。

一般情况下，贷款没有交易价格，不能直接使用上述公式。但将资产收益率计算的思想用于贷款收益率的计算是可行的。按照这种思路，应该用贷款的收益除以贷出的金额。下面将具体讨论构成贷款收益的因素。为了简便，假设贷出的本金为 1 元。

（一）合同承诺的贷款收益率的计算

合同承诺的贷款收益率是指按照合同承诺，银行可获得的贷款收益率。影响贷款收益率的主要因素有：

(1) 贷款基础利率；

(2) 贷款信用风险补偿；

(3) 贷款相关费用；

(4) 其他非价格条款（如补偿性存款余额、准备金要求）。

贷款基础利率反映了银行放出一笔贷款时的加权资本成本或边际筹资成本。它可以是某一基准利率，如伦敦同业市场拆借利率（LIBOR），或某一优惠利率。这里，用 BR 来表示贷款基础利率。信用风险补偿是指银行根据借款者的信用风险状况收取的风险补偿。借款者的信用评级越低，信用风险就越高，要求的风险补偿就越大。信用评级越高，信用风险越低，要求的风险补偿就越小。每贷出 1 元所要求的信用风险补偿用 m 表示。贷款基础利率和信用风险补偿加在一起，就构成了贷款时银行向借款者收取的利率；贷款的相关费用主要指贷款申请费用，用 f 表示每贷出 1 元所要求的申请费用；补偿性余额是贷款中实际上不能供借款者使用，而必须保留在银行账户中的那部分资金，一般以活期存款的形式保留。用 b 表示每 1 元贷款中要求借款者在银行账户中保留的金额。由于准备金要求的限制，银行要将这部分资金按一定比例提为准备金。准备金率用 R 表示。所以，对于较高的信用风险，银行除了制定较高的贷款利率外，还可通过要求较高的风险补偿、收取较高的申请费用和提高补偿性余额来补偿所承担的信用风险。

设 k 为贷款承诺收益率，则

$$1+k=1+\frac{(BR+m)+f}{1-b(1-R)} \tag{6.2}$$

$$k=\frac{(BR+m)+f}{1-b(1-R)} \tag{6.3}$$

式 6.2 中，等式的左边表示每贷出 1 元，银行获得的收益。它等于等式右边的本金 1 元加上贷款基础利率、信用风险补偿和贷款申请费用。考虑到银行要求的补偿性余额和该补偿性余额的准备金要求，应除以调整项 $[1-b(1-R)]$。最后得到的 $\frac{(BR+m)+f}{1-b(1-R)}$ 就是银行从该贷款中获得的合同承诺的收益率。

【例 6.1】假定银行设定贷款利率为 10%，风险补偿率为 1%，贷款申请费率为

0.125%，补偿性余额为 5%，另外准备金率为 10%，则贷款收益率为

$$1+k = 1+\frac{(\text{BR}+m)\ +f}{1-b\ (1-R)}$$

$$= 1+\frac{(0.1+0.01)\ +0.001\ 25}{1-0.05\times\ (1-0.1)}$$

$$\approx 1.116\ 5$$

或：

$$k \approx 11.65\%$$

考虑了贷款申请费用、补偿性存款余额和准备金要求的贷款收益率（11.65%）要高于只考虑贷款利率和风险补偿的贷款收益率（11%）。

随着银行间的竞争加剧，以及来自非银行机构的激烈竞争，银行要求的贷款申请费用和补偿性存款余额在不断降低。有些银行会要求补偿性存款余额以定期存款的形式存入，以降低借款者这部分资金的机会成本。在国际性贷款中，几乎从不要求存入补偿性存款。如果贷款申请费用和补偿性存款余额均为零，那么贷款收益率为

$$1+k = 1+\ (\text{BR}+m) \tag{6.4}$$

$$k = \text{BR}+m \tag{6.5}$$

由此可见，当贷款基础利率确定时，影响贷款收益率的重要因素就是信用风险补偿 m。

（二）贷款预期收益

合同承诺的收益率不同于贷款预期收益率，与贷款决策相关的应是贷款的预期收益率。贷款的预期收益率是指考虑了借款者的违约概率时，预期的贷款能给银行带来的收益率。若设贷款预期收益为 $E\ (r)$，则

$$E\ (r) = p\ (1+k)\ +\ (1-p)\ \gamma\ (1+k) \tag{6.6}$$

式（6.6）中，p 表示贷款偿还概率，γ 指发生违约时的贷款实际回收率。式（6.6）十分直观，银行的预期收益由两部分组成：一部分是借款者以 p 的概率按合同还本付息时的银行收益 $p\ (1+k)$；另一部分是借款者违约时（违约概率为 $1-p$），银行以 γ 的回收率所得到的收益 $(1-p)\ \gamma\ (1+k)$。若贷款实际回收率 γ 为零，式（6.6）简化为

$$E\ (r) = p\ (1+k) \tag{6.7}$$

从式 6.7 中似乎可以得出这样的结论：只要制定较高的合同承诺收益率 k，就能提高贷款预期收益 $E\ (r)$。事实上，远远不是那么简单。在 k 较低的区域内，借款者可将借款用于风险相对较小的投资项目，还款概率相对较大。提高 k，不会明显地降低 p，从而可以提高 $E\ (r)$。当 k 处于相对较高的区域时，低风险的借款者不能通过风险较低的、较稳定的投资项目来偿还贷款，因此只能退出贷款计划，寻求其他融资方式，而剩下的都是高风险的借款者。这就是所谓的"逆向选择"。剩余的借款者将借款用于高风险投资项目甚至是投机项目，使还款概率 p 大大降低，这就是所谓的"道德风险"问题。因此，在合同承诺收益率 k 上升到某一水平之后，

149

整个借款群体的风险水平提高了，p 显著地下降。$E(r)$ 不但没有因为 k 的提高而增加，反而由于 p 的显著降低而下降（如图 6.2 所示）。

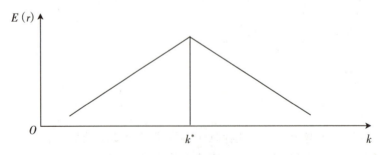

图 6.2 贷款预期收益 $E(r)$ 与合同承诺收益率 k 的关系

图 6.2 中，当 k 低于 k^* 时，可通过 k 的提高来提高 $E(r)$，因为 k 提高的正效应大于 p 下降的负效应；当 k 高于 k^* 时，"逆向选择"和"道德风险"问题使得 p 下降的负效应大于 k 提高的正效应，导致 $E(r)$ 随着 k 的提高而下降。因此，银行在制定合同承诺贷款收益率时，要充分考虑还款概率的影响。理论上，最佳的合同承诺贷款收益率应是使预期收益最大化的点，即图 6.2 中的 k^*。

实际贷款业务中，在利率制定和信用风险控制方面，零售性贷款和批发性贷款是有所不同的。零售性贷款一般针对单个消费者，贷款金额一般较小；批发性贷款一般针对工商企业，贷款金额一般较大。由于零售性贷款的金额较小，其风险控制多是通过信贷限额而不是有差别的利率来实现的。比如，两个信用风险不同的消费者在申请汽车消费贷款时，会面临相同的利率，银行只是在二者的贷款金额上予以区别对待。信用风险较大的客户得到的贷款金额较小，信用风险较小的客户得到的贷款金额较大。而批发性贷款则可根据客户的风险状况，同时采取差别利率和信贷限额的办法来控制信用风险，提高贷款预期收益。但如前所述，要充分考虑 k 与 p 的关系。

二、RAROC 模型

RAROC（risk-adjusted return on capital）即风险调整后的资本收益率。该模型首先由信孚银行在 20 世纪 70 年代提出，现在正得到越来越广泛的应用。

前面计算贷款收益率时，将贷款收益除以贷款额得到贷款收益率，使用的是简单的资产收益率。RAROC 是经风险调整后的资本收益率，其分子是一年内贷款收益，分母是贷款风险，如下式：

$$RAROC = \frac{\text{一年内的贷款收益}}{\text{贷款风险}} \times 100\% \tag{6.8}$$

用计算出的 RAROC 与某一标准对比，通常是银行股东要求的股权收益率（ROE）。只有当某项贷款的 RAROC 高于 ROE，即考虑风险调整因素后，该贷款能提高股东的股权收益率时，这项贷款才是值得的；否则，就不值得贷款，或只能通过调整贷款条件提高其盈利。

贷款收益是贷款利息与其他收费之和。估计贷款风险比较困难。大多数银行用

未预期到的违约率与违约时贷款损失比例的乘积来代表贷款风险，即

$$RAROC = \frac{一年内每贷出 1 元的贷款收益}{未预期到的违约率×贷款违约损失比例} ×100\% \tag{6.9}$$

【例6.2】假设某银行每贷出 1 元的贷款收益是 0.001 9 元，未预期到的违约率是 2.5%，发生违约时，有 75% 的贷款不能被收回，即贷款违约损失比例为 75%，则

$$RAROC = \frac{0.001\ 9}{0.025×0.75} ×100\% ≈ 10.13\%$$

若银行要求的股权收益率（ROE）为 12%，则拒绝该项贷款；或调整贷款合同，使贷款收益达到足够高的水平。

第四节　信用风险的衡量——信用分析法

本节从信用分析角度考察贷款机构在收到贷款申请时，如何评价、衡量信用风险，以做出贷款决策。信用分析就是信贷员通过自己的专业知识和经验，对借款者进行分析，做出关于信用风险的判断，进而做出信贷决策的方法。下面我们对不同特点的贷款，分别介绍其常用的信用分析方法。

一、房地产贷款信用分析

由于个人住房贷款在房地产贷款中占有较大比重，我们重点考虑个人住房贷款的信用分析。在进行房地产信用风险分析时，我们着重考察以下两方面的因素：申请人的还款意愿和还款能力、用作抵押的住房的价值及其抵押权登记。

（一）还款意愿和还款能力分析

还款意愿是指借款者按时偿还贷款本息的意愿，与借款者的道德素质、人品相关。它主要体现在借款者过去借款的偿还情况。所以，还款意愿分析主要是通过调查申请人的还款记录和信用档案来进行的。我们假定拥有良好信用记录的借款者在未来保持这种倾向的可能性较大。除此之外，还款意愿分析还包括了解申请人的人品、生活习惯与作风、婚姻家庭等情况。

还款能力是指借款者按时偿还贷款本息的能力。其影响因素包括借款者的收入和负债状况。在进行还款能力分析时，经常使用以下两个指标：住房债务收入比（GDS）和总债务收入比（TDS）。分别定义如下：

$$GDS = \frac{年住房抵押贷款偿还额+房产税}{年总收入} ×100\% \tag{6.10}$$

$$TDS = \frac{年总债务偿还额}{年总收入} ×100\% \tag{6.11}$$

贷款机构一般会对这两个指标设定一个上限，高于这个上限，则不能予以贷款。上限的设定要根据当地居民的收入状况并结合具体申请人的情况来考虑。一般来说，在美国，GDS 比率的上限为 25% 到 30%，TDS 比率的上限为 35% 到 40%。

【例 6.3】 GDS 和 TDS 比率的计算。

如有两个客户 A 和 B 向银行申请个人住房贷款。该银行 GDS 比率的上限是 30%，TDS 比率的上限是 35%。客户相关资料如表 6.8 所示。

表 6.8 客户相关资料

客户	总收入/年	住房按揭贷款偿还额/月	房产税/年	其他债务偿还额/月
A	100 000	2 500	2 000	1 000
B	50 000	1 000	1 200	300

那么，这两个客户的 GDS 和 TDS 如下：

客户 A：

$$GDS = \frac{2\ 500 \times 12 + 2\ 000}{100\ 000} \times 100\% = 32\%$$

$$TDS = \frac{2\ 500 \times 12 + 2\ 000 + 1\ 000 \times 12}{100\ 000} \times 100\% = 44\%$$

客户 B：

$$GDS = \frac{1\ 000 \times 12 + 1\ 200}{50\ 000} \times 100\% = 26.4\%$$

$$TDS = \frac{1\ 000 \times 12 + 1\ 200 + 300 \times 12}{50\ 000} \times 100\% = 33.6\%$$

可见，尽管客户 A 的年收入明显高于客户 B，但其已有的债务负担过重，而申请的个人住房贷款的月偿还额也较大，计算出来的 GDS 和 TDS 都已超过上限，不予贷款；客户 B 虽然年收入较少，但已有债务负担较轻，申请的个人住房贷款的月偿还额也较小，两个比率都没有超过上限，可以考虑发放贷款。

除了单独地考察上述两个比率外，银行通常还会使用一个评分系统，并赋予影响申请人还款意愿和还款能力的因素一定的分值，按申请人向银行提供的有关信息，为每一因素打分。设定某一临界范围，计算出的总分值若低于临界范围下限，就拒绝贷款；高于临界范围上限，则可考虑发放贷款；处于临界范围之间的，则由贷款委员会做出最终决定。纳入评分系统的因素包括 GDS、TDS、年总收入、年龄、目前的工作稳定性等。

【例 6.4】 住房贷款信用评分系统如图 6.3 所示。

年总收入/元	<10 000	10 001~30 000	30 001~50 000	50 001~100 000	>100 001
分值	0	15	35	50	75
TDS/%	≥51	36~50	16~35	5~15	<5
分值	0	10	20	35	50
与银行关系	无	有活期账户存款	有定期账户存款	两者都有	
分值	0	30	30	60	
主要的信用卡	无	1张或更多			
分值	0	20			
年龄/岁	≤25	26~60	>60		
分值	5	30	25		
住房情况	租住	按揭	产权		
分值	5	20	50		
居住时间/年	≤1	1~5	>5		
分值	0	20	45		
工作稳定性/年	≤1	1~5	>5		
分值	0	25	50		
信用记录	无	最近5年有不良记录	良好		
分值	0	−15	50		

图 6.3　住房贷款信用评分系统

若总分值低于120分，则自动拒绝贷款申请；高于190分，信贷员可直接发放贷款；若分值介于120分和190分之间的，则需要由贷款委员会做出最终决定。

假设某申请人的信息如表6.9所示。

表 6.9　某申请人的信息

评分因素	实际值	分值
年总收入	60 000 元	50
TDS	10%	35
与银行关系	活期账户、定期账户	60
主要的信用卡	1张	20
年龄	40 岁	30
住房情况	产权	50
居住时间	大于5年	45
工作稳定性	大于5年	50
信用记录	良好	50
总分		390

该申请人的得分高于190分，其贷款申请暂时通过。

由于所有的信息都是由申请人提供的，银行需要进一步证实信息的真实性。信

153

贷员会通过多种途径来验证，包括向其他金融机构或评级机构查询申请人的信用状况、向申请人的雇主核实申请人的收入状况等。如果证实信息属实，则向申请人发放贷款，否则拒绝贷款申请并将该申请人列入贷款黑名单，以后接到其贷款申请时，要特别小心。

（二）用作抵押的住房的价值及其抵押权登记

个人住房贷款周期长，通常用所购的住房作抵押，作为风险防范的重要手段。个人住房贷款用作抵押的住房的价值及其抵押权登记对银行来说至关重要。在通过了申请人的还款意愿和还款能力的分析和核实后，必须对房屋进行独立公正的资产评估，确保房屋购买价格与市场价格相符，同时应确保该住房未被用作其他抵押；在抵押合同签订后的一段时间内，必须向当地房产产权登记机关申请抵押登记并提交：抵押合同当事人的身份证明、抵押双方当事人共同提交的抵押登记申请书、经公证的借款合同、抵押合同和房屋所有权证等有关文件。

二、个人消费信贷和小企业贷款

个人消费信贷的信用分析基本类似于个人住房贷款。只是由于个人消费信贷一般无担保物，在进行信用分析时，信贷员更多地将重点放在了对"人"的分析，即申请人的还款意愿和还款能力分析上。银行多采用信用评分模型来决定是否向客户提供贷款。评分因素更多地集中于个人特征，如收入、GDS、TDS 等。

小企业的分析则稍微复杂一点，银行要考察企业本身的经营状况、现金流情况、贷款用途等因素。小企业的贷款金额通常很小，银行收益较少，不值得花很大成本去进行复杂的信用分析和监督。而且，小企业通常为个人业主制或合伙制，没有公开的财务数据，甚至其本身财务制度就不健全，财务信息不充分，因此也不能进行较为复杂的信用分析。对小企业的信用分析除了考察企业本身的因素外，主要集中于对企业业主的信用记录、个人资产方面的分析。通常针对小企业进行贷款时，银行会要求企业业主以个人资产作抵押。

三、中型工商企业信用分析

中型工商企业贷款是以贷款为主要资产业务的金融机构的最主要的利润来源。前面提到，小型企业贷款金额小，银行能获得的收益也很少。而大型企业往往有很多其他途径进行融资，比如内源融资、发行股票和债券。有的融资方式的成本比向银行借款要低很多，使银行直接面临"脱媒"的威胁。

不同于进行房地产贷款、个人消费信贷和小企业贷款信用分析时主要集中于申请人和抵押物的特征，中型工商企业的信用分析集中于企业本身。分析方法主要有 5C 分析法，即品德（character）、才能（capacity）、资本（capital）、担保（collateral）、经营环境（condition）等方面的分析，以及现金流分析和财务比率分析。

（一）5C 分析法

5C 分析法可以帮助信贷员了解企业的以下情况：

1. 生产（衡量产能和经营环境）

信贷员需要了解：企业的主要生产原材料是什么？与原料供应商的关系如何？原材料价格会怎样影响企业的生产？与主要竞争者比较，该企业生产成本是较高还是较低？与竞争者比较，其产品或服务质量如何？

2. 管理（衡量品德和经营环境）

管理团队是否值得信任？企业是否擅长生产、营销、融资和构建有效的组织体系？企业在多大程度上依赖一个或少数几个管理者？是否有成功的商业计划？是否有健全合理的内部控制制度？

3. 营销（衡量经营环境）

企业的营销策略是什么？主要竞争者的营销策略是什么？企业客户需求的改变会如何影响企业经营？企业将如何适应需求的变化？企业客户的信用如何？企业主要采用什么销售方式，是赊销还是现金销售？企业的产品或服务处于其生命周期的哪一阶段？

4. 资本（衡量资本和担保）

企业的资本有多少？企业股权融资在多大程度上支持了企业的资产？杠杆比率多大？企业会以企业资产作为贷款的抵押吗？其资产质量如何？

5C 分析法的前四项主要集中于分析借款者因素，后一项（经营环境）主要分析市场因素。该方法简单易行，构成了贷款决策的初步判断，在实践中得到了广泛应用。但它具有较强的主观色彩：哪些因素是对不同类型借款者进行信用分析时都必须考虑的，应赋予这些因素什么样的权重，这些问题都没有统一的标准。针对完全相同的潜在贷款对象，不同的信贷员很可能会做出完全相反的判断。有观点认为贷款委员会制度的实行可能会避免这种情况的发生，但在实践中并无明显的支持证据。

（二）现金流分析

现金流分析帮助信贷员了解企业的经营、投资和融资过程中产生的净现金流状况，以便预测企业的还款能力。现金流分析之所以特别重要，一方面是因为只有现金流，特别是经营活动产生的稳定的现金流才是企业还款的可靠的来源；另一方面是由于企业的会计信息都是基于权责发生制原则来记录的，账面上的盈利不等于实际收到的现金，需要在关注账面盈利的同时，分析现金流状况。有两种方法可得到企业的现金流量表。

（1）直接法，即直接列出企业在经营、投资和融资过程中产生的现金流入和现金流出的方法。其中，经营活动现金流量中的数据，可以从会计记录中获得，也可以在损益表中销售收入、销售成本等数据基础上，通过将权责发生制的收支数额转化为相应的现金收付制数额来确定。其转换方法是：

销售现金收入＝损益表中的销售收入-应收账款增加额（或+应收账款减少额）

购货现金支付＝损益表中的销售成本+存货增加额（或-存货减少额）-应付账款增加额（或+应付账款减少额）

费用现金支付＝营业费用+待摊费用、预付费用增加额（或-待摊费用、预付费用减少额）-应付费用、预提费用增加额（或+应付费用、预提费用减少额）

（2）间接法，即从本期净利润出发，加入非现金调整项目，如计提的资产减值准备、固定资产折旧、无形资产摊销、处置固定资产、无形资产和其他资产损益等，构建出现金流量表的方法。

采用直接法或间接法编制的经营活动净现金流量，最终计算结果是一致的。直接法简单明了，揭示了现金收支总额，起到了对资产负债表、利润表的补充作用。但编制起来比较烦琐，不能揭示现金流量表与利润表之间的关系。间接法工作量小，揭示了现金流量表与利润表之间的内在联系，很好地反映了获利能力和偿债能力的差异，但不易理解。所以，我国财政部规定，要求现金流量表采用直接法编制，同时要以间接法对净利润进行调整，以更好地发挥现金流量表的作用。下面用一个假设的简化例子来说明如何使用直接法来编制现金流量表。

【例 6.5】现金流量表编制的直接法如表 6.10 至表 6.12 所示。

表 6.10　A 公司资产负债表

单位：万元

项目	2018 年	2019 年	增减	项目	2018 年	2019 年	增减
资产				负债			
流动资产				流动负债			
现金	159	191	32	应付账款	60	52	（8）
应收账款	15	12	（3）	应付费用	20	15	（5）
存货	160	130	（30）	应交税费	0	12	12
预付费用	8	6	（2）	流动负债合计	80	79	（1）
流动资产合计	342	339	（3）	长期负债	0	90	90
固定资产				负债总计	80	169	89
土地	80	180	100				
设备	0	160	160				
折旧	0	（16）	（16）				
固定资产				所有者权益			
净值	80	324	244	普通股股本	300	400	100
				留存收益	42	94	52
				所有者权益	342	494	152
总资产	422	663	241	负债和所有者权益	422	663	241

表 6.11　A 公司利润表（2019 年）

单位：万元

项目	金额
销售收入	975
销货成本	（660）
销售毛利润	315
营运成本（不含折旧）	（176）
折旧	（18）
销售净利润	121
固定资产出售损失	（1）
息税前利润	120
利息支出	（10）
税收	（26）
息税后利润	84

表6.11（续）

项目	金额
现金股利	(32)
留存收益增加	52

注：①公司2019年宣布并支付现金股利32万元；②支付利息10万元；③发行面值为90万元的长期债券；④现金购入设备价值180万元；⑤原价20万元、净值18万元的设备，以17万元出售；⑥发行普通股100万元用于获得土地（非现金项目）。

表6.12　A公司现金流量表（2019年）

单位：万元

项目	经营活动中产生的现金流	对净现金流的影响
销售收入	975	↑
应收账款减少	3	↑
销售商品收到的现金	978	
销货成本	(660)	↓
存货减少	30	↑
应付账款减少	(8)	↓
现金毛利润	340	
营运成本（不含折旧）	(176)	↓
预付费用减少	2	↑
应付费用减少	(5)	↓
息税前现金净流入	161	
利息支出	(10)	↓
税收	(26)	↓
应交税费增加	12	↑
经营活动产生的现金流	137	
投资活动中产生的现金流		
固定资产增加	(180)	↓
出售设备	17	↑
投资活动中产生的现金流	(163)	
融资活动中产生的现金流		
长期负债增加	90	↑
现金股利支出	(32)	↓
融资活动中产生的现金流	58	
现金净增加额	137−163+58＝32	

　　从资产负债表和利润表中，可得到经营活动、投资活动和融资活动中产生的净现金流，加总得到企业的净现金流。这个数值与资产负债表中的现金的变化一致。在上例中，企业净现金流32万元，这与资产负债表中2018年到2019年的现金的变化相同。从上述三张报表可看出，2019年A公司实现利润52万元，但现金流净流入为32万元，现金流小于利润是现收现付制与应收应付制的区别造成的。经营活动产生的现金流为137万元，是积极的信号，代表了公司偿还债务的能力较强。当然，在实际分析中，我们应密切关注最近几年内的现金流状况，看是不是有稳定的现金

流，并基于市场销售情况、企业在经营中对客户的授信情况等做出下一年的现金流量预算。

我们可以用以下比率指标来对现金流量表进行分析，考察企业的偿债能力和现金流管理状况：

经营活动现金流/平均流动负债 = 137/[(80+79)/2] ≈ 1.72

经营活动现金流/平均总负债 = 137/[(80+169)/2] ≈ 1.10

经营活动现金流/销售收入 = 137/975 ≈ 0.14

经营活动现金流/平均流动负债比率，反映了经营活动现金流对流动负债的保证程度，它较准确地反映了企业的流动性状况；经营活动现金流/平均总负债比率反映了经营活动现金流对总负债的保证程度；经营活动现金流/销售收入比率表示每1元的销售收入中有多少可以现金的形式实现。

（三）财务比率分析

财务比率分析是信用分析的主要方法之一。它以同一时期会计报表上的若干不同项目之间的相关数据求出比率，分析评价企业的财务状况和经营成果。还可将企业不同时期的财务比率进行对比，得出变化的方向和趋势；或将该企业与行业平均水平进行对比，找出企业在行业中所处的地位。用比率分析法可分析企业以下几个方面的情况：偿债能力、资产运作效率、盈利能力。

1. 偿债能力

（1）短期偿债能力比率（流动性比率）。

流动比率、速动比率和现金比率是衡量企业短期偿债能力的指标，可以衡量企业的流动性状况。

流动比率 = 流动资产/流动负债

速动比率 = （流动资产-存货）/流动负债

现金比率 = （现金+现金等价物）/流动负债

流动比率表示了流动资产在多大程度上可支持流动负债的偿还。由于流动资产中存货的流动性相对较差，可用扣除了存货的速动资产除以流动负债，即速动比率（又称酸性测试比率）来有效地检验企业的流动性状况。现金比率则是更为谨慎的指标，反映了即刻可以动用的现金及其等价物对流动负债偿还能力的保证。流动性比率越高，一方面说明流动性越好，另一方面暗示企业的营利性可能较低。一般情况下，流动比率以2:1为宜，速动比率以1:1为宜。但具体什么比率才是恰当的，要根据企业所处行业的情况而定。有的行业要求的比率较高，有的行业要求的比率较低。

根据【例6.5】，可计算A公司的短期偿债能力比率如表6.13所示。

表6.13 A公司的短期偿债能力比率

比率	2018年	2019年
流动比率	342/80 ≈ 4.28	339/79 ≈ 4.29
速动比率	(342-160)/80 ≈ 2.28	(339-130)/79 ≈ 2.65
现金比率	159/80 ≈ 1.99	191/79 ≈ 2.42

若 A 公司所处行业的平均流动比率和速动比率分别是 2∶1 和 1∶1，则可以看出，A 公司的流动比率和速动比率偏高。三个比率在 2019 年都呈上升趋势，一方面反映了其具有较强的短期偿债能力，另一方面暗示了 A 公司的盈利潜力还未被充分发掘。

（2）长期偿债能力比率。

资产负债率、利息保障倍数和固定支出保障倍数是衡量企业长期偿债能力的主要指标。

① 资产负债率。

资产负债率＝负债总额/资产总额

资产负债率反映了企业的全部资产中有多大的部分是由长期负债来支持的，它最能反映资产对负债的保障作用。银行作为债权人，最关心的是借出资金的安全程度。若这一比率很高，说明企业借入的资金过多，而投资者以股权形式投入的资金过少，则大部分的风险由债权人来承担。因此，该比率很高，说明企业的长期偿债能力较差。当然，较低的资产负债比率可能说明企业未来预期不甚乐观，不敢借入较多的资金，或者显示了企业没有充分利用财务杠杆效应。一般来说，银行在考察企业长期偿债能力时，希望看到较低的资产负债率，这意味着借出的资金的安全性相对较高。正常的企业的资产负债率一般低于 75%，超过 100% 则说明企业已资不抵债。

【例 6.5】中 A 公司 2019 年的资产负债率的计算如下：

资产负债率＝169/663＝25.49%

A 公司的资产负债率很低。从企业的经营状况看，企业的财务杠杆政策过于保守，若银行向其贷款，资金的安全性较强。

②利息保障倍数。

利息保障倍数＝息税前利润/利息费用

利息保障倍数反映了企业用经营业务收益偿还借款利息的能力。该比率越大，企业支付利息的能力就越强。该比率一般为 3 到 6。由于中国现在的损益表不像国际上通行的那样，把利息支出单独列出，而是记在"财务费用"中，在无法获得企业利息支出费用时，可用财务费用近似替代。

【例 6.5】中 A 公司 2019 年的利息保障倍数的计算如下：

利息保障倍数＝120/10＝12

这说明了息税前利润是利息的 12 倍，A 公司支付利息的能力很强。

③固定支出保障倍数。

固定支出保障倍数＝息税前利润/固定支出

固定支出＝利息费用+租赁支出

固定支出保障倍数反映企业用经营业务收益对固定支出的保障。固定支出除了利息支出外，还包括租赁支出等其他固定支出。同样，该比率越高，说明企业偿还到期固定支出的能力就越强。【例 6.5】中暂无数据可计算该比率。

2. 资产运作效率

资产运作效率是指经营活动中产生的收益与使用的资产的比例关系，用于衡量企业管理层有效利用其资产的能力，对企业的偿债能力和盈利能力有重要影响。我们经常用应收账款周转天数或应收账款周转次数、存货周转天数或存货周转次数、销售营运资本比、销售固定资产比和销售总资产比来反映资产管理效率。

应收账款周转天数＝365×（应收账款平均余额/赊销收益净额）

（应收账款周转次数＝赊销收益净额/应收账款平均余额）

存货周转天数＝365×（平均存货/销货成本）

（存货周转次数＝销货成本/平均存货）

营运资本周转率＝销售收入/营运资本

（营运资本＝流动资产－流动负债）

固定资产周转率＝销售收入/固定资产

总资产周转率＝销售收入/总资产

上述比率帮助信贷员分析企业相对于本企业过去和同行的资产管理效率。如应收账款周转天数表示了应收账款周转一次所需的天数，应收账款周转次数表示了应收账款一年内周转的次数，它们都反映了应收账款回收的速度。应收账款回收快，不仅有利于减少企业坏账发生的可能性，而且有利于提高资产的流动性，是流动比率的补充。存货周转天数表示了存货周转一次所需的天数，存货周转次数表示了存货一年内周转的次数，它们都反映了企业存货的管理效率。存货周转越快，所需时间越短，资金运行能力越强，企业盈利就越多；反之，则说明企业存货不适销，影响企业的资金运行和盈利能力。营运资本周转率、固定资产周转率和总资产周转率反映了营运资本、固定资产和总资产的利用效率，这些比率越高说明利用效率越高。

要特别注意的是，对应收账款周转天数或周转次数的分析不能绝对化。低的周转天数或高的周转次数不一定反映了高的应收账款回收速度，有可能只是企业减少了赊销额度或比例的结果。

【例6.5】中，可计算出：

应收账款周转天数＝365×[（15+12)/2]/（975×0.45）≈11（天）

（假设销售收入中有45%是赊销收入，无退货和折让。）

存货周转天数＝365×[（160+130)/2]/660≈80（天）

营运资本周转率＝975/（339－79）＝3.75（次）

固定资产周转率＝975/340≈2.87（次）

总资产周转率＝975/663≈1.47（次）

结合行业特点和平均水平，信贷员发现A公司的应收账款周转天数较短，表明企业的应收账款管理比较有效率；存货周转天数基本处于平均水平。而且通过进一步调查，信贷员发现A公司产品市场占有率近年来呈小幅上升趋势。A公司的营运资本周转率、固定资产周转率和总资产周转率高于行业平均水平。A公司的资产运作效率较高。

3. 盈利能力

以下比率可反映企业的盈利能力：销售毛利率、销售净利率、总资产利润率、净资产利润率。

销售毛利率＝（销售收入－销售成本）/销售收入

销售净利率＝销售净利润/销售收入

总资产利润率＝息税前利润/资产平均总额

净资产利润率＝息税后利润/净资产平均总额

销售毛利率、销售净利率反映了企业销售毛利润或净利润占销售收入的比重，是主要的营利性指标；总资产利润率反映了企业总资产的盈利能力；净资产利润率反映了所有者权益的盈利能力。

【例6.5】中，可计算出：

销售毛利率＝（975－660）/975≈32.31%

销售净利率＝121/975≈12.41%

总资产利润率＝120/[（422+663）/2]≈22.12%

净资产利润率＝ 52/[（342+494）/2]≈12.44%

从行业整体水平看，信贷员得出A公司的盈利能力较强的结论。

通过上述分析，信贷员初步判断A公司的短期偿债能力很强，长期偿债能力令人满意，资金周转效率较高，盈利能力较强，而且有较大的盈利增长空间。结合前面的现金流分析，信贷员认为A公司有较稳定的经营活动产生的现金流入，可以考虑予以贷款。

当银行信贷人员对企业进行信贷分析时，计算出了企业的偿债能力、资产运作效率和盈利能力这三组指标后，还需要将这一企业与同一行业其他企业进行比较分析，从而才能知道这一企业在同一行业中处于什么水平，这也是决定是否对这一企业贷款的依据。怎样才能知道同一行业企业的这些指标体系呢？国务院国资委考核分配局，会根据各行业的变化，每年都出版一本关于"企业绩效评价标准值"的书。在这本评价书里，它把全国的企业分为10个大类、52个中类和110个小类。还有，它把每一行业企业又分为大型企业、中型企业和小型企业。在此基础上，它还给出了每一个企业的全行业、大型企业、中型企业和小型企业具体的绩效评价指标体系。每一个评价指标分为5个等级：优秀、良好、平均、较低、较差。

这一绩效评价体系包括下面5类指标：

（1）盈利能力状况。

净资产收益率、总资产报酬率、销售（营业）利润率、盈余现金保障倍数、成本费用利润率、资本收益率。

（2）资产质量状况。

总资产周转率、应收账款周转率、不良资产率、流动资产周转率、资产现金回收率。

（3）债务风险状况。

资产负债率、已获利息倍数、速动比率、现金流动负债比率、或有负债比率。

（4）经营增长状况。

销售（营业）增长率、资本保值增值率、销售（营业）利润增长率、总资产增长率、技术投入比率。

（5）补充资料。

存货周转率、两金占流动资产比重、成本费用占营业总收入比重、经济增加值率、EBITDA率、资本积累率。

四、大型工商企业的信用分析

前面提到，大型工商企业比起中小型企业来说，有其他可以选择的融资方式。比如自我积累的内源融资方式，发行股票和债券。因此，大型工商企业对银行贷款的依赖性明显较中小型企业小，银行面临"脱媒"现象。这种情况在发达国家比较突出。中国大型企业由于国内资本市场的不完善，融资方式和融资工具的有限，比起国外的大企业，会相对较多地依赖银行贷款。

银行除了向大型企业提供贷款支持，更多的是向其提供全方位的综合金融服务。比如，担当企业的投资经纪人、顾问、证券承销商，提供贷款承诺、信用担保等服务。这些企业一般会有较复杂的控股、持股关系，在向其贷款时，信贷员一定要弄清楚是向母公司还是向其子公司贷款。子公司的风险不一定比母公司的风险高，但一般来说，若向子公司提供贷款，银行通常会要求母公司予以担保。

大型工商企业的信用分析较中型公司而言要复杂得多。虽然中型企业信用分析方法理论上仍然适用于大型企业，但由于大型企业通常横跨数个产业部门，行业比较和分析非常困难。下面介绍在衡量大型工商企业的信用风险时常用的一种简便方法：阿特曼（E. I. Altman）的Z值信用评分模型。

该模型是一种线性判别模型，它是用主要的财务比率来建立模型，通过代入某公司的财务比率的实际值，得出该公司的信用得分值Z值并据此可将潜在的借款者分类，帮助做出贷款决策。阿特曼建立了美国制造业上市公司的线性判别模型：

$$Z = 1.2X_1 + 1.4X_2 + 3.3X_3 + 0.6X_4 + 1.0X_5 \tag{6.12}$$

式中：X_1 = 营运资本/总资产比率

X_2 = 留存收益/总资产比率

X_3 = 息税前利润/总资产比率

X_4 = 股权市场价值/长期债务账面价值比率

X_5 = 销售/总资产比率

Z值越高，违约风险就越小；Z值越低，违约风险就越大。根据Altman的Z值模型，Z值低于1.81的公司其破产风险很大，应被置于高违约风险类别中。

【例6.6】一家美国制造业上市公司的财务比率如下：

$X_1 = 0.15$

$X_2 = 0$

$X_3 = -0.3$

$X_4 = 0.15$

$X_5 = 2.5$

X_2（留存收益/总资产比率）为零，X_3（息税前利润/总资产比率）为负值，表明该公司存在亏损；X_4（股权市场价值/长期债务账面价值比率）表明公司存在很高的财务杠杆；X_1（营运资本/总资产比率）和 X_5（销售/总资产比率）表明公司的流动性和销售量尚可。将这些比率代入式（6.12），得

$Z = 1.2×0.15+1.4×0+3.3×(-0.3)+0.6×0.15+1.0×2.5 = 1.78$

计算出的 Z 值低于 1.81 的临界值，应将该公司归入高信用风险类别中，不予以贷款。除非其改善了盈利状况。即使贷款，也应收取足够的风险补偿。

阿特曼的 Z 值模型操作性强，具有一定说服力，但其局限性也是很明显的。①它假定违约概率和其解释变量之间是线性关系，但是它们的关系可能是高度非线性的。②它简单地把借款者行为划分为极端的两种：履约和违约。现实中的情况更为复杂，从利息拒付、迟付到本利的拒付、迟付，有多种情况，但这些情况没有在模型中得到体现。③就线性模型而言，其解释变量的选取和权重的确定也不是像模型中那样一成不变的。④它无法将有些重要的非量化指标纳入模型，如长期的客户关系。另外，数据的匮乏也限制了该模型的运用。而且，必须根据分析对象的行业、地域、国家特征来设定临界值和模拟回归参数，不能套用 1.81 的临界值和式（6.12）中的参数值。

第五节　我国银行个人住房贷款分析

在中国，银行业的风险管理水平近年来有了较大的提高。在进行个人信贷分析时，中资银行普遍使用了我们在第四节中介绍的信用评分系统进行管理。在这一节，我们将对我国银行个人住房贷款做一个简略的分析。

一、个人住房贷款

（一）近年来我国个人住房贷款的发展

1978 年以前，我国城镇住房处于完全福利性住房阶段，住房建设资金几乎来自国家，实行由政府统一建设、行政分配的低租金政策。从 1978 年中央开始探索住房制度改革到 20 世纪 80 年代三次住房改革试点，改革从萌芽到试点进而不断深化。1991 年我国首次明确房改目标为"从公房的实物福利分配逐步转变为货币工资分配"，1994 年进一步强调"实现住房商品化、社会化"。面对 1997 年亚洲金融风暴的冲击，基于扩大内需、刺激需求的考虑，1998 年 7 月，国务院发布《国务院关于进一步深化城镇住房制度改革加快住房建设的通知》，宣布从同年下半年开始全面停止住房实物分配，实行住房分配货币化，加快住房建设，促使住宅业成为新的经济增长点，这也标志着国内房地产正式进入商品化阶段。在 1978 年，我国城镇居民人均居住面积为 6.7 平方米。到了 2021 年年底，人均居住面积达到 37.8 平方米。

随着住房制度的改革，个人住房融资也随之产生和发展。1985 年，我国第一笔个人住房按揭贷款发放，个人住房融资业务正式产生。1987 年，中国人民银行批准烟台住房储蓄银行和蚌埠住房邮储银行成立，专营住房金融业务，同时开办商品房经营贷款和个人住房贷款业务。同年，《中国人民建设银行住宅储蓄存款和住宅借款试行办法》发布，并在全国范围内试行开办个人住房抵押贷款业务。1991 年，国务

院发布《国务院关于继续积极稳妥地进行城镇住房制度改革的通知》，提出分步提租、出售公有住房、集资合作建房、发展住房金融业务等措施，住房制度改革随后进入全面起步阶段。1992 年，上海、北京等地陆续开始试行住房公积金制度。1994 年，国务院颁布《国务院关于深化城镇住房制度改革的决定》，正式全面推行住房公积金制度。可以说，住房储蓄银行的设立、商业银行个人住房抵押贷款和住房公积金制度等的确立，极大地推动了 20 世纪八九十年代以住房贷款为主的我国个人广义消费融资规模的产生与快速发展。到了 2022 年，全国个人住房贷款余额达到了 38.8 万亿元。

(二) 个人住房贷款的种类

银行在对个人住房贷款时，按照贷款资金的来源划分，可以分为商业性个人住房贷款、住房公积金个人住房贷款以及个人住房组合贷款（商业性个人住房贷款与住房公积金个人住房贷款组合贷）。商业性个人住房贷款业务在我国最早开始于 20 世纪 80 年代末，中国建设银行利用承办房改金融业务的优势和经验，率先开办了商业性个人住房贷款业务。商业性个人住房贷款是指购房者在购买个人自有产权住房时，由于资金不足，由发展商或第三方机构提供阶段性保证，并以所购产权房做抵押，向银行申请的占所购房房价一定比例的贷款。贷款后，银行受借款人委托将贷款额作为购房款的一部分，直接划付给发展商或第三方机构。

住房公积金个人购房贷款是以住房公积金为资金来源，向缴存住房公积金的职工发放的定向用于购买自住房的住房消费贷款。正常缴存住房公积金的本市职工，在本市城镇购买具有所有权的自住住房时，可以其所购买的产权住房作抵押，向住房公积金个人购房贷款受托商业银行申请住房公积金个人购房贷款。住房公积金是职工及其所在单位按规定缴存的具有保障性、互助性、长期性的属职工个人所有的住房储金。我国住房公积金制度是 1991 年在上海市率先建立的。1994 年 11 月 23 日，财政部、国务院住房制度改革领导小组、中国人民银行联合下发了《建立住房公积金制度的暂行规定》，标志着我国住房公积金制度的建立。建立住房公积金制度，是我国住房制度改革的重要内容，对促进城镇住房建设，改善城镇居民居住条件，提高城镇居民的生活水平，保障住房制度改革的顺利进行，具有重要意义。

(三) 住房贷款还款金额的计算方法

银行客户申请了个人住房贷款得到银行批准后，一个重要的问题就是如何来计算贷款的每月偿还额。通常情况下，银行会提供两种方法供客户进行选择：第一种方法被称为等额还款法，第二种方法被称为等额本金还款法。

1. 等额还款法

等额还款法的计算方法来源于年金的计算。所谓等额就是每月归还相等的金额，其中包括贷款本金和利息。为了简化，我们假设一笔个人住房贷款金额为 10 000 元，期限为 1 年，年利率为 12%。图 6.4 是从银行角度考察的现金流的情况，箭头向下表示现金的流出，而箭头向上表示现金的流入。在图 6.3 中，银行在 0 时刻发放了 10 000 元的贷款，客户在未来的 1~12 个月中每月偿还银行一笔等额的款项。根据货币具有时间价值的基本理论，对于银行来说，未来 1 个月至 12 个月的所有现金流入在 0 时刻的贴现值就应当等于 0 时刻的现金流出。我们注意到，等额还款方式的现金流入流出方式正好与年金一致，因此可利用年金现值公式：

$$PV = C \cdot \left[\frac{1}{r} - \frac{1}{r\ (1+r)^t} \right] \tag{6.13}$$

式中，PV 为年金现值，C 为每期还款额，r 为每期利率，t 为还款期限。

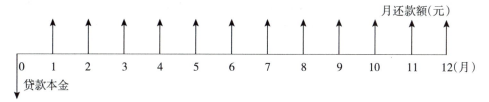

月还款额(元)

0　1　2　3　4　5　6　7　8　9　10　11　12(月)

贷款本金

图 6.4　个人住房贷款的现金流图

为了便于学习和理解，我们在此处先简单推导一下年金现值公式。

我们知道，一个从当期开始计算的共 t 期年金现值，等同于一个从当期开始计算的无限期年金现值与一个从第 $t+1$ 期开始计算的无限期年金现值之差。

设两者分别为 PV^1 和 PV^{t+1}，则

$$PV^1 = \frac{C}{(1+r)} + \frac{C}{(1+r)^2} + \frac{C}{(1+r)^3} + \cdots = \frac{C}{r}$$

同理，有

$$PV^{t+1} = \frac{C}{(1+r)^{t+1}} + \frac{C}{(1+r)^{t+2}} + \frac{C}{(1+r)^{t+3}} + \cdots = \frac{C}{r \cdot (1+r)^t}$$

所以，$PV = PV^1 - PV^{t+1} = \frac{C}{r} - \frac{C}{r \cdot (1+r)^t} = C \cdot \left[\frac{1}{r} - \frac{1}{r \cdot (1+r)^t} \right]$

这样就推出了式（6.13）的等额还款公式。接下来就是计算上例中的月等额还款额。

设 PV 表示年金的现值，r 表示年利率，t 表示期限（单位为年），转换为按月等额偿还公式为

$$PV = C \left[\frac{1}{r/12} - \frac{1}{r/12(1+r/12)^{t \cdot 12}} \right] \tag{6.14}$$

回到我们的例子中，贷款的本金 10 000 元实际上就是该笔年金的现值，客户每月的还款额为 C，即我们需要求解的内容。年利率 12% 即月利率为 12%/12 = 1%；期限为 1 年同样需要换算为月，就是 12 个月。设每月还款额为 X，根据式（6.14）就有

$$10\ 000 = X \cdot \left[\frac{1}{0.01} - \frac{1}{0.01 \times (1+0.01)^{12}} \right]$$

$X = 888.49$ （元）

即客户在未来的 12 个月中每月需要偿还银行 888.49 元。

当然这个例子在现实生活中是很少见的，因为如果是 1 年期的贷款，银行要求客户在期末一次性还本付息，而不是每月等额的还款方式。在这里，我们仅仅是因

为说明的方便才将贷款的期限假设为 1 年。表 6.14 和表 6.15 分别是我国当前商业性个人住房贷款和住房公积金个人住房贷款月偿还的计算简表，二者的区别就在于年利率的不同。住房公积金作为向缴存住房公积金的职工发放的定向用于购买自住房的住房消费贷款，自然利率要比商业性贷款低一些。这两个表为我们提供了在等额还款方式下计算个人住房贷款偿还额的简便方法。以表 6.14 为例，假设贷款的本金为 30 万元，期限为 15 年。我们只需要找到表 6.14 中第 16 行第 5 列的数据 81.75 元，再用它乘以乘数 30（30 万元/1 万元＝30），就可以得到该笔贷款的每月偿还额为 2 452.50 元。

表 6.14　商业性个人住房贷款月偿还额计算简表

（假设贷款本金为 10 000 元）

年数	月数	月利率/‰	年利率①/%	月还款额	本息总额/元	总利息/元
1	12	4.185	5.022	到期一次还本付息	10 502.20	502.20
2	24	4.320	5.184	439.54	10 548.92	548.92
3	36	4.320	5.184	300.54	10 819.29	819.29
4	48	4.387 5	5.265	231.50	11 111.77	1 111.77
5	60	4.387 5	5.265	189.93	11 395.73	1 395.73
6	72	4.590	5.508	163.42	11 765.97	1 765.97
7	84	4.590	5.508	143.74	12 047.03	2 047.03
8	96	4.590	5.508	129.03	12 387.05	2 387.05
9	108	4.590	5.508	117.64	12 705.02	2 705.02
10	120	4.590	5.508	108.57	13 027.91	3 027.91
11	132	4.590	5.508	101.18	13 355.70	3 355.70
12	144	4.590	5.508	95.06	13 688.35	3 688.35
13	156	4.590	5.508	89.91	14 025.83	4 025.83
14	168	4.590	5.508	85.52	14 368.11	4 368.11
15	180	4.590	5.508	81.75	14 715.14	4 715.14
16	192	4.590	5.508	78.47	15 066.89	5 066.89
17	204	4.590	5.508	75.60	15 423.31	5 423.31
18	216	4.590	5.508	73.08	15 784.36	5 784.36
19	228	4.590	5.508	70.83	16 149.99	6 149.99
20	240	4.590	5.508	68.83	16 520.14	6 520.14
21	252	4.590	5.508	67.04	16 894.77	6 894.77
22	264	4.590	5.508	65.43	17 273.83	7 273.83
23	276	4.590	5.508	63.98	17 657.25	7 657.25
24	288	4.590	5.508	62.66	18 044.98	8 044.98

① 此利率为住房贷款利率的下限，它是相同期限贷款基准利率的 0.9 倍。

表6.14（续）

年数	月数	月利率/‰	年利率/%	月还款额	本息总额/元	总利息/元
25	300	4.590	5.508	61.46	18 436.96	8 436.96
26	312	4.590	5.508	60.36	18 833.13	8 833.13
27	324	4.590	5.508	59.36	19 233.43	9 233.43
28	336	4.590	5.508	58.45	19 637.80	9 637.80
29	348	4.590	5.508	57.60	20 046.17	10 046.17
30	360	4.590	5.508	56.83	20 458.48	10 458.48

表6.15　住房公积金个人住房贷款月偿还额计算简表

（假设贷款本金为 10 000 元）

年数	月数	月利率/‰	年利率①/%	月还款额	本息总额/元	总利息/元
1	12	3.3	3.96	到期一次还本付息	10 396.00	396.00
2	24	3.3	3.96	434.07	10 417.71	417.71
3	36	3.3	3.96	295.06	10 622.23	622.23
4	48	3.3	3.96	225.61	10 829.36	829.36
5	60	3.3	3.96	183.98	11 039.09	1 039.09
6	72	3.675	4.41	158.33	11 399.53	1 399.53
7	84	3.675	4.41	138.58	11 641.01	1 641.01
8	96	3.675	4.41	123.81	11 885.68	1 885.68
9	108	3.675	4.41	112.35	12 133.56	2 133.56
10	120	3.675	4.41	103.21	12 384.61	2 384.61
11	132	3.675	4.41	95.75	12 638.85	2 638.85
12	144	3.675	4.41	89.56	12 896.24	2 896.24
13	156	3.675	4.41	84.34	13 156.78	3 156.78
14	168	3.675	4.41	79.88	13 420.44	3 420.44
15	180	3.675	4.41	76.04	13 687.23	3 687.23
16	192	3.675	4.41	72.69	13 957.11	3 957.11
17	204	3.675	4.41	69.76	14 230.07	4 230.07
18	216	3.52	4.41	67.16	14 506.10	4 506.10
19	228	3.675	4.41	64.85	14 785.16	4 785.16
20	240	3.675	4.41	62.78	15 067.24	5 067.24
21	252	3.675	4.41	60.92	15 352.31	5 352.31
22	264	3.675	4.41	59.24	15 640.36	5 640.36
23	276	3.675	4.41	57.72	15 931.36	5 931.36
24	288	3.675	4.41	56.34	16 225.28	6 225.28
25	300	3.675	4.41	55.07	16 522.09	6 522.09

① 此利率为住房公积金个人住房贷款利率的下限。

表6.15(续)

年数	月数	月利率/‰	年利率/%	月还款额	本息总额/元	总利息/元
26	312	3.675	4.41	53.92	16 821.78	6 821.78
27	324	3.675	4.41	52.85	17 124.31	7 124.31
28	336	3.675	4.41	51.87	17 429.65	7 429.65
29	348	3.675	4.41	50.97	17 737.78	7 737.78
30	360	3.675	4.41	50.14	18 048.66	8 048.66

2. 等额本金还款法

等额本金还款法相对于等额还款法而言，理论基础就显得更为简单。如前所示，等额本金就是指每一个还款期归还的本金数量一致，承前例，仍然假设一笔贷款的本金为 10 000 元，期限为 1 年，年利率为 12%。因此该笔贷款总共有 12 个还款期，这就意味着如果采取等额本金还款法，那么每月就要偿还固定的本金 833.3 元。现在的问题就在于如何计算贷款的利息。

我们看，当第 1 个月客户向银行偿还本金和利息时，银行贷给他的本金为 10 000 元，因此客户应该偿还银行 833.33 元的本金和针对 10 000 元的利息。第 2 个月客户再向银行偿还本金和利息时，由于上一个月客户已经偿还了 833.33 元的本金，那么这一个月银行贷给客户的实际资金应该就是 10 000−833.33＝9 166.67（元），因此客户除了需要偿还与上月一致的本金 833.33 元以外，还要针对 9 166.67 元的贷款额支付利息，以此类推。到第 12 个月，客户再向银行偿还本息时，客户将最后的 833.33 元的本金偿还给银行后，并支付了针对最后的 833.33 元本金的利息后，贷款结束。因此在计算贷款偿还时，我们要分两个部分来计算，即每月偿还的等额本金，以及针对当期实际本金的利率，表 6.16 描述了上述的计算过程。

表 6.16　等额本还款法的计算

月数	等额偿还本金/元	当前实际本金/元	月利率	当月利息/元	月偿还额/元
第 1 月	833.3	10 000	0.01	100	933.30
第 2 月	833.3	9 166.70	0.01	91.667	924.97
第 3 月	833.3	8 333.40	0.01	83.334	916.63
第 4 月	833.3	7 500.10	0.01	75.001	908.30
第 5 月	833.3	6 666.80	0.01	66.668	899.97
第 6 月	833.3	5 833.50	0.01	58.335	891.64
第 7 月	833.3	5 000.20	0.01	50.002	883.30
第 8 月	833.3	4 166.90	0.01	41.669	874.97
第 9 月	833.3	3 333.60	0.01	33.336	866.64
第 10 月	833.3	2 500.30	0.01	25.003	858.30
第 11 月	833.3	1 667.00	0.01	16.67	849.97
第 12 月	833.3	833.70	0.01	8.337	841.64

根据上述计算，我们可以看到，计算等额偿还本金的每月偿还额共分为两个部分：一个部分是每月应偿还的本金，它等于贷款总额除以贷款期数（以月计算）；另一个部分是应付的利息，它等于月利率乘以每月剩余的贷款本金。因此，我们用下面的公式来表示：

$$C = \frac{PV}{T} + \left[PV - \frac{PV}{T} \cdot (t-1) \right] \cdot r \tag{6.15}$$

式中，C 表示每月的还款额，PV 表示贷款的金额，T 表示贷款的期限（以月计算），t 表示第 t 月，r 表示月利率。

复习思考题及参考答案

1. 信用风险是指什么？它分为哪两类？为什么研究信用风险对金融机构来说很重要？

2. 贷款分为哪几类？分别有什么特点？

3. 区分固定利率贷款、浮动利率贷款，即期贷款、贷款承诺，有抵押贷款、无抵押贷款。

4. 假设银行贷款优惠利率为 10%，信用风险溢价为 2%，贷款申请费率为 1%，银行要求借款人以活期存款形式存入银行的比例为 10%，法定准备金率 7%。用资产收益率法计算该贷款的合同约定收益率。若该借款人的预期违约率为 3%，违约时能够收回贷款金额的 45%，求该贷款的预期收益率。并回答，合同约定收益率越高，贷款的预期收益率是否越高，为什么？

5. 假设某金融机构的某一笔贷款业务中，每贷出 1 元能够获得 0.012 元的收益，若未预料到的违约率为 8%，违约发生时的预期损失率为 85%。计算该贷款的 RAROC。若银行要求的股东回报率为 20%，银行会考虑该项贷款吗？

6. 某银行规定的 GDS 和 TDS 的上限分别是 35% 和 45%。某住房抵押贷款申请者的资料如下：收入 120 000 元/年，个人住房贷款偿还额 2 500 元/月，房产税 3 000 元/年，其他债务支出 3 500 元/年。从 GDS 和 TDS 看，该申请人是否具备获得贷款的资格？

7. 什么是 5C 分析法？它适用于什么样的贷款申请人？主要分析内容有哪些？其局限性是什么？

8. AA 公司 2019 年资产负债表和利润表如表 6.17 和表 6.18 所示。

表 6.17　资产负债表

单位：万元

项目	2019 年	2018 年	项目	2019 年	2018 年
资产			负债		
流动资产			流动负债		
现金	277.5	255.6		837.4	759.5
应收账款	497.8	471.7			
存货	513.2	440.6			
预提费用	166.1	143.2	长期负债	619	565
流动资产合计	1 454.6	1 311.1	负债总计	1 456.4	1 324.5
长期投资	27.2	25.9			
固定资产	516.9	365			
累计折旧	181.1	100			
净值	335.8	265			
无形资产及其他资产	695.2	271.1	所有者权益	1 056.4	548.6
总资产	2 512.8	1 873.1	负债和所有者权益	2 512.8	1 873.1

表 6.18　利润表

单位：万元

项目	金额
销售收入	3 618
销货成本	(819.5)
毛利润	2 798.5
营运成本	(2 357.6)
折旧	(18.1)
息税前利润	422.8
利息支出	(20)
税收	(166)
息税后利润	236.8

　　请计算该企业以下 2019 年的财务比率（假设销售收入中有 45% 来自赊销，无退货和折让）：

　　（1）短期偿债能力比率（流动比率、速动比率、现金比率）；

　　（2）长期偿债能力比率（资产负债率、利息保障倍数）；

　　（3）资产运作效率比率（应收账款周转天数、存货周转天数、营运资本周转率、固定资产周转率和总资产周转率）；

　　（4）盈利能力比率（销售毛利率、销售净利率、总资产利润率、净资产利润率）。

9. 某大型企业财务资料如下：

总资产为 350 000 元；

流动资产为 80 000 元；

流动负债为 75 000 元；

息税前利润为 30 000 元；

留存收益为 20 000 元；

股票总市值为 100 000 元；

长期负债为 200 000 元；

销售收入为 600 000 元。

计算该企业的阿特曼 Z 值。若临界值为 1.81，该企业应被归入哪一类？银行应对其采取什么信贷政策？

扫一扫，即可获得参考答案

参考文献

171

［1］张晓艳. 商业银行管理［M］. 北京：中国金融出版社，2013.

［2］唐朝. 手把手教你读财报 2：18 节课看透银行业［M］. 北京：中国经济出版社，2017.

［3］廖志明. 我国信用卡业务还有多大的发展空间？［R/OL］.（2020-07-20）［2023-08-30］. https：//pdf. dfcfw. com/pdf/H3_AP202007201392896673_1. pdf? 1595258227000.pdf.

［4］黄国平，胡志浩，李广子，等. 中国个人融资四十年发展与创新报告（1978—2018）［R/OL］.（2019-01-08）［2023-08-30］. https：//max.book118.com/html/2019/0304/5220222100002014.shtm.

［5］ANTHONY S, CORNETT M M. Financial Institutions Management［M］. New York：McGraw-Hill，2003.

［6］ANTHONY S, CORNETT M M. Fundamentals of Financial Institutions Management［M］. New York：McGraw-Hill，1999.

第七章
信用风险和管理（下）

上一章我们学习了如何对单项贷款进行信用分析，但在实际中，仅对单项贷款进行信用风险分析是不够的。金融机构的资产组合往往是多样化的，而资产中的贷款也是多样化的。对于大型金融机构，它们所面临的贷款组合不仅庞大而且难于管理。每一笔单项贷款金额巨大，并且具有不同的风险—收益特征。因而，金融机构的贷款管理者非常关注贷款组合中的各项贷款的比例安排。各单项贷款在贷款组合中的比例是一种贷款集中度，贷款集中度与整个贷款组合的信用风险程度紧密相关。

在本章，我们将介绍金融机构通过控制贷款集中度来控制贷款组合风险的简单模型，以及通过多样化的贷款组合分散风险的现代资产组合理论（modern portfolio theory，MPT）。最后，我们将学习 MPT 技术在贷款组合管理实务中的局部运用的方法并了解现代风险管理模型——信用度量方法（credit metrics）的基本思想和贷款组合的风险价值 VaR 的计算方法。

第一节　贷款集中风险的简单模型

一、信用等级转移分析

该方法运用的前提是由外部的评级机构（如标准普尔 S&P 和穆迪公司等大型评级机构）或者银行内部对各行业、各部门的企业进行信用评级。贷款组合的管理者跟踪分析这些贷款企业的信用质量变化情况，根据历史数据建立起该贷款组合中贷款企业的信用等级转移矩阵（见图 7.1）。如果一旦某部门的信用等级下降的速度超过了经验数据，则银行会减少对该部门的贷款。但是，这一方法最致命的缺点是，银行是在承受了违约或降级带来的损失以后才对后来的贷款决策做出反应的，因此，这是一种亡羊补牢的方法。图 7.1 用一个假设的简化矩阵来帮助我们理解转移矩阵的作用。

		年末的风险等级			违约
		A	B	C	
年初的风险等级	A	0.85	0.10	0.04	0.01
	B	0.12	0.83	0.03	0.02
	C	0.03	0.13	0.80	0.04

图 7.1　信用等级转移矩阵

假设某银行对房地产行业的贷款进行信用等级转移分析，图 7.1 把信用等级简单化分为 A、B、C 三类（实际上，国外金融机构一般分为 9~10 类），再加上发生违约的情况。图 7.1 中的数据表明其对应的横向的等级（年初）转移为对应的纵向的等级（年末）的概率。如果在年末，年初 B 类贷款降级为 C 类贷款的概率上升到 0.07，大于表中的 0.03，则说明该 B 类贷款的信用风险增大，银行就应该减少对房地产行业 B 类企业的贷款，同时银行还要对降级的贷款要求更高的风险回报。

2006 年 1 月，原中国银监会发布的《商业银行风险监管指标（试行）》的通知中的风险迁徙类指标，就是信用等级指标。风险迁徙类指标衡量商业银行风险变化的程度，表示为资产质量从前期到本期变化的比率，属于动态指标。风险迁徙类指标包括正常贷款迁徙率和不良贷款迁徙率。其中，正常贷款迁徙率包括正常类贷款迁徙率和关注类贷款迁徙率，不良贷款迁徙率包括次级贷款迁徙率和可疑贷款迁徙率。

1. 正常类贷款迁徙率

正常类贷款迁徙率的计算公式：

正常类贷款迁徙率 = 期初正常类贷款向下迁徙金额／（期初正常类贷款余额 - 期初正常类贷款期间减少金额）×100%

上式中，期初正常类贷款向下迁徙金额，是指期初正常类贷款中，在报告期末分类为关注类、次级类、可疑类和损失类的贷款余额之和。期初正常类贷款期间减少金额，是指期初正常类贷款中，在报告期内，由于贷款正常收回、不良贷款处置或贷款核销等而减少的贷款。

2. 关注类贷款迁徙率

关注类贷款迁徙率的计算公式：

关注类贷款迁徙率 = 期初关注类贷款向下迁徙金额／（期初关注类贷款余额 - 期初关注类贷款期间减少金额）×100%

上式中，期初关注类贷款向下迁徙金额，是指期初关注类贷款中，在报告期末分类为次级类、可疑类和损失类的贷款余额之和。期初关注类贷款期间减少金额，是指期初关注类贷款中，在报告期内，由于贷款正常收回、不良贷款处置或贷款核销等而减少的贷款。

3. 次级类贷款迁徙率

次级类贷款迁徙率的计算公式：

次级类贷款迁徙率 = 期初次级类贷款向下迁徙金额／（期初次级类贷款余额 - 期初次级类贷款期间减少金额）×100%

上式中，次级类贷款向下迁徙金额，是指期初次级类贷款中，在报告期末分类为可疑类和损失类的贷款余额之和。期初次级类贷款期间减少金额，是指期初次级类贷款中，在报告期内，由于贷款正常收回、不良贷款处置或贷款核销等而减少的贷款。

4. 可疑类贷款迁徙率

可疑类贷款迁徙率的计算公式：

可疑类贷款迁徙率 = 期初可疑类贷款向下迁徙金额/（期初可疑类贷款余额 - 期初可疑类贷款期间减少金额）× 100%

上式中，期初可疑类贷款向下迁徙金额，是指期初可疑类贷款中，在报告期末分类为损失类的贷款余额。期初可疑类期间减少金额，是指期初可疑类贷款中，在报告期内，由于贷款正常收回、不良贷款处置或贷款核销等而减少的贷款。

二、贷款集中限制

金融机构在管理一个贷款组合的时候，往往还需要对贷款组合中的单个借款人或部门设立最大贷款规模或者最大贷款比例限制，以控制其在贷款组合中的风险集中程度。这种外部限制的方法就是贷款集中限制。对一个企业设置贷款集中限制需要事先进行综合评估。比如，评估企业目前的资产组合的现值，考察企业的商业计划或者财务分析人员对企业未来经营状况的预测等都是最终限额决策的依据。

贷款集中限制常常用来控制对某一行业、某一部门的贷款集中风险。如果两个或几个行业的业绩相关程度较高，则可以把它们作为一个总体设置贷款集中限制。这时，总体限制比率小于其各自的限制比率之和。类似地，对于那些行业特点明显的地区，银行还可以实行区域性的贷款集中限制。现在我们来看一个简单的例子：

【例 7.1】计算贷款组合的信用限制比率。

如果某银行的贷款管理者要求其贷款组合总体损失率不超过 5%，假设目前贷款组合中各部门的历史违约率如下：汽车制造业为 8%，煤矿开采为 15%，房地产为 12%。因为

$$信用限制比率 = 贷款组合的最大损失比率 \times \frac{1}{违约率} \tag{7.1}$$

所以，由式（7.1）可计算得到对各部门的信用限制比率分别为：

汽车制造业：$5\% \times \dfrac{1}{8\%} = 62.5\%$

煤矿开采业：$5\% \times \dfrac{1}{15\%} \approx 33.3\%$

房地产业：$5\% \times \dfrac{1}{12\%} \approx 41.7\%$

从以上的计算结果中可以看出，煤矿开采行业的风险是相对较高的，因此其在贷款组合中的最大贷款集中度不能超过 33.3%。

在中国，银行监管当局对贷款风险集中度有如下规定：

1. 一般贷款风险集中度

一般贷款风险集中度指标主要包括四种：①单一客户贷款集中度，其监管要求

不高于10%；②最大十家客户贷款集中度，其监管要求不高于50%；③单一集团客户授信集中度，其监管要求不高于15%；④全部关联度，其监管要求不高于50%。下面给出具体的计算公式：

单一客户贷款集中度 = 最大一家客户贷款总额 / 资本净额 × 100%

最大十家客户贷款集中度 = 最大十家客户贷款总额 / 资本净额 × 100%

单一集团客户授信集中度 = 最大一家集团授信总额 / 资本净额 × 100%

全部关联度 = 全部关联方授信总额 / 资本净额 × 100%

上述公式中，客户指的是取得贷款的法人、其他经济组织、个体工商户和自然人；授信指的是商业银行向非金融机构客户直接提供资金，或者对客户在有关经济活动中可能产生的赔偿、支付责任做出保证；全部关联方授信总额指的是商业银行全部关联方的授信余额，扣除授信时关联方提供的保证金存款，以及质押的银行存单和国债金额。

2. 房地产贷款风险集中度

2020 年 12 月，中国人民银行、原中国银保监会发布了《关于建立银行业金融机构房地产贷款集中度管理制度的通知》，提出了房地产贷款集中度要求。该文件中，把全部银行分为五类，分别对房地产贷款和个人住房贷款提出了有差别的贷款集中度要求（见表7.1）。

表 7.1　房地产贷款集中度管理要求

银行业金融机构分档类型	房地产贷款占比上限/%	个人住房贷款占比上限/%
第一档：中资大型银行。 中国工商银行、中国建设银行、中国农业银行、中国银行、国家开发银行、交通银行、中国邮政储蓄银行	40	32.5
第二档：中资中型银行。 招商银行、农业发展银行、浦发银行、中信银行、兴业银行、中国民生银行、中国光大银行、华夏银行、进出口银行、广发银行、平安银行、北京银行、上海银行、江苏银行、恒丰银行、浙商银行、渤海银行	27.5	20
第三档：中资小型银行和非县域农合机构。 城市商业银行、民营银行、大中城市和城区农合机构	22.5	17.5
第四档：县域农合机构。 县域农合机构	17.5	12.5
第五档：村镇银行。 村镇银行	12.5	7.5

注：①农合机构包括：农村商业银行、农村合作银行、农村信用合作社。②不包括第二档中的城市商业银行。

175

第二节 现代资产组合理论与贷款组合多样化

一、现代资产组合理论概述

（一）MPT 的基本思想和假设条件

1952 年，马柯维茨发表了一篇名为《资产组合选择》的论文，该论文成为现代金融理论的基石。马柯维茨建立了一个单期的投资模型，即投资者在 $t=0$ 时刻购买一个资产组合，在 $t=1$ 时刻卖出，把收回的钱用于消费或者再投资。由于资产组合中具有一系列不同风险—收益特征的证券，不同的投资比例安排会影响整个资产组合的风险—收益状况。虽然投资者总是希望获得最大收益的同时承受最小的风险，但是这两个冲突的目标是不能同时实现的。人们能够通过购买多种证券，在风险与收益的权衡下找到一个属于自己的最优组合，实现在给定收益水平下的最小风险，或者给定风险水平下的最大收益。

MPT 的假设条件如下：

（1）模型只考虑一个单期的静态收益率。

$$R=\frac{P_1-P_0}{P_0} \tag{7.2}$$

式中：R——单期收益率；

P_0——$t=0$ 时刻某单一资产或者资产组合的市场价格；

P_1——在 $t=1$ 时刻该资产或资产组合的市场价格加上该期间的现金流入。

（2）资产市场是完善的，所有的资产都可以交易，交易费用为零。交易的历史数据是可得到的。所有的投资者都能获得完全充分的信息，对每种资产的预期收益和风险的度量都是一样的。

（3）投资者都是风险厌恶者，对于较高的风险必然要求较高的回报。

（4）资产的市场价格 P_t，收益率 R_t 是随机变量。

（5）投资者以预期收益率和标准差作为其投资组合决策的依据。也就是对于资产收益率 R_i 和 R_p，我们用其预期值 $\overline{R}_i$ 和 $\overline{R}_p$、标准差 σ_i 和 σ_p 来衡量。预期值 $\overline{R}_i$ 和 $\overline{R}_p$ 反映了对每一资产或者资产组合回报强度的测度，而标准差 σ_i 和 σ_p 反映了对每一资产或者资产组合的风险的测度。

（6）在不考虑股利收入的情况下，资产收益率服从正态分布。

（二）MPT 模型的数学表达

在 MPT 模型的假定条件下，一个投资组合的预期收益和方差可以表达为投资比例 X_i 的函数。所谓的资产组合选择问题，就是对 X_i 的选择。给定一个资产组合，要计算资产组合的预期收益率和方差，我们首先要取得单个资产的收益率（R_i）的历史时间序列数据，并以此计算该资产的预期收益率（$\overline{R}_i$）和标准差（σ_i）以及各种资产之间的相关系数 ρ_{ij}。这样，一个资产组合的预期收益率（$\overline{R}_p$）和方差（σ_p^2）

就可以被计算出来。我们考虑一个由两种证券构成的资产组合，如式（7.3）至式（7.6）。

$$\overline{R}_p = X_1 \overline{R}_1 + X_2 \overline{R}_2 \tag{7.3}$$

$$\sigma_p^2 = \sum_{i=1}^{2} X_i^2 \sigma_i^2 + \sum_{i=1}^{2} \sum_{\substack{j=1 \\ i \neq j}}^{2} X_i X_j \sigma_{ij}$$

$$= X_1^2 \sigma_1^2 + X_2^2 \sigma_2^2 + X_1 X_2 \sigma_{12} + X_2 X_1 \sigma_{12}$$

$$= X_1^2 \sigma_1^2 + X_2^2 \sigma_2^2 + 2 X_1 X_2 \sigma_{12} \tag{7.4}$$

式中：$\sigma_{12} = \rho_{12} \sigma_1 \sigma_2$　　　$[-1 \leqslant \rho_{12}（相关系数）\leqslant 1]$ （7.5）

所以有 $\sigma_p^2 = X_1^2 \sigma_1^2 + X_2^2 \sigma_2^2 + 2 X_1 X_2 \rho_{12} \sigma_1 \sigma_2$。 （7.6）

式中：$\overline{R}_p$——证券组合的平均收益率；

$\sum$——加总求和符号；

$\overline{R}_i$——证券组合中第 i 种证券的预期收益率，$i = 1$，2；

X_i——第 i 种证券在组合资产中所占的比例；

σ_i^2——第 i 种证券收益率的方差；

σ_{ij}——第 i 种证券和第 j 种证券的收益率的协方差。

从式（7.3）可知，证券组合的预期收益率是以单个证券在资产组合中的比例为权数，对单个证券的预期收益率加权求和得到。从式（7.4）可知，我们常常把组合资产的方差表示为两项之和：第一项，对各单个证券收益的方差加权求和；第二项，对各证券之间的协方差加权求和。式（7.6）体现了资产组合中证券收益率的相关性对资产组合风险的影响。显然，如果一个资产组合中的各单项资产的收益率相关系数越小，或者为负，则会降低整个资产组合的风险程度。对于一个资产组合的管理者来说，善于利用资产之间的相关性，就可以显著地降低风险。

二、将 MPT 模型运用于贷款组合

（一）最优贷款组合的选择

【例 7.2】若某银行的贷款管理者有一个两笔贷款的贷款组合，每笔贷款的相关数据如表 7.2 所示，计算贷款组合的收益率和风险。

表 7.2　贷款 I 和贷款 II 的收益—风险数据

贷款 i	X_i	$\overline{R}_i$	σ_i	σ_i^2
I	50%	10%	0.1	0.01
II	50%	12%	0.2	0.04

（1）当两笔贷款的相关系数 $\rho_{ij} = 0.2$ 时，按照式（7.3）和式（7.4）计算得到

贷款组合的预期收益率 $\overline{R}_p = 0.5 \times 0.10 + 0.5 \times 0.12 = 0.11 = 11\%$

贷款组合的标准差 $\sigma_p = [0.5^2 \times (0.10)^2 + 0.5^2 \times (0.20)^2 + 2 \times 0.5 \times 0.5 \times$

$$0.2 \times 0.1 \times 0.2]^{\frac{1}{2}}$$

$$\approx 0.124$$

（2）当两笔贷款的相关系数 $\rho_{ij} = -0.2$ 时，

贷款组合的预期收益 $\overline{R}_p = 0.5 \times 0.10 + 0.5 \times 0.12 = 0.11 = 11\%$

贷款组合的标准差 $\sigma_p = [0.5^2 \times (0.10)^2 + 0.5^2 \times (0.20)^2 + 2 \times 0.5 \times 0.5 \times (-0.2) \times 0.1 \times 0.2]^{\frac{1}{2}}$

$$\approx 0.1024$$

从这个例子我们可以看到：①当相关系数为正时，贷款组合的风险 0.120 4 小于单独持有贷款 II 的风险；②当相关系数为正时，贷款组合的收益 11% 大于单独持有贷款 I 的收益率；③如果两笔贷款的相关系数为负，则贷款组合的风险（0.102 4）小于贷款组合为正相关的风险（0.120 4）。

将贷款或债券视为符合 MPT 模型的资产，我们可以看到分散化投资带来的好处。如图 7.1 所示，图中曲线右边的区域代表了给定投资额下所有可能的风险—收益贷款组合。设图中的 A 点为贷款组合的最初比例安排情况，它没有达到同收益水平下的 B 点处贷款组合那么小的风险，也没有达到同风险水平下的 C 点贷款组合那么高的收益。因此，A 点的风险—收益情况是可以改善的，尤其是在贷款组合中各贷款的收益相关系数为负或者很小的情况下。贷款组合的管理者可以通过改变对某些贷款的持有比例，得到一系列有效的贷款组合，即有效边界（BC）。有效边界上的每一个点都满足两个条件：在对应的收益水平下有最小的风险，或者在对应的风险水平下有最大的收益。所以，贷款管理者只需要在有效边界上选择他自己的最佳贷款组合。在图 7.2 中我们看到，B 点是所有贷款组合中具有最小风险的贷款组合，而 B 点以下则是一条无效贷款组合边界。

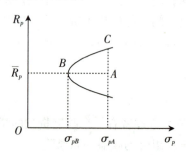

图 7.2　贷款组合的有效边界

贷款组合管理者将贷款组合安排在有效边界上的哪一点取决于它们所要求的回报率。对于那些极度厌恶风险的金融机构来说，它们可能选择较低风险—收益点处的贷款组合，其唯一目的就是降低贷款组合的风险。不同的金融机构或者贷款管理者有不同的风险—收益偏好，也就是它们具有不同的效用曲线。如果一个贷款管理者愿意为了获得较大的收益而承担较大的风险，则它的选择就会落在有效边界的较高点上。

（二）MPT 模型用于非交易性贷款的困难

MPT 为贷款组合管理者对风险—收益的权衡提供了一个极为有用的分析框架。一个贷款组合中贷款的相关系数越低，则越有可能通过贷款组合的多样化来分散风险。但不幸的是，将 MPT 理论运用于非交易性的贷款和一些债券时，存在许多操作上的困难。具体如下：

1. 收益的非正态分布

在 MPT 中，假设所有资产的收益都具有正态分布的特征，即固定的平均收益和对称的风险。而在实际情况中，贷款和债券的收益有相对固定的上端收益和长尾状的下端风险（见本章第三节）。这使得只使用均值和方差两个因素来衡量收益分布的 MPT 模型没有办法在实际中精确测量贷款集中风险。

2. 收益的不可观测性

在 MPT 中，假定所有的证券均是可交易的，而交易的时间序列数据也是可得到的。但是，由于大多数贷款与债券是非交易性的，就算存在交易，也不具有完整的连续时间序列数据，这使得计算 $\overline{R}_p$ 和 σ_p^2 变得较为困难。

3. 不可观测的相关系数

基于前述的困难，由于不能得到价格和收益的时间序列数据，则计算资产收益之间的协方差与相关系数也变得困难。但是，相关系数是分析贷款组合比例安排的一个关键因素。

三、MPT 模型的局部应用

尽管 MPT 模型用于精确计算贷款组合的收益和风险显得过于理想化，但是不可否认这一思想在实际的贷款组合管理中具有深刻的影响和广泛的应用。接下来我们介绍两类对 MPT 局部应用的模型。

（一）基于市场贷款数量分布的模型

在 MPT 中，我们将贷款的价格和收益率作为计算分析的基础。由于贷款的价格和收益率的数据不容易取得，因此可以将模型修正为以贷款数量分布为分析基础的模型。例如，在某一地区、某一时点上（如年末），该地区对各部门贷款的数量分布或者各部门贷款在市场总的贷款中所占的比例都是可以取得的数据，这个市场贷款的数量分布为金融机构的贷款组合比例安排提供了一个市场参照点（market benchmark）。通过将贷款组合中各类贷款的比例安排或者贷款集中度与全国的各类贷款比例安排比较，金融机构可以测量出其贷款组合的比例安排相对于市场贷款组合的偏离程度，我们把这种偏离程度视为相对于市场平均水平的风险程度。

如何取得市场贷款数量分布的数据呢？以美国为例，美联储将全国的贷款种类分为以下七类：不动产贷款、农业贷款、工商业贷款、储蓄机构贷款、消费贷款、国家贷款和国际性贷款。金融机构会定期向美联储提交按此标准分类的贷款数量分布报告，这些报告的汇总数据就是一个当期的全国贷款的市场参照点。另一个数据来源就是"全国信用分配"数据库，这一数据库将大量的工商业贷款按照标准工商业分类代码（SIC）进行分类。例如，49 号贷款就是指 SIC 中的公共部门贷款。下面我们举例来说明该模型的运用。

【例 7.3】计算 A、B 银行的贷款组合相对于市场平均水平的风险程度。表 7.3 是 A、B 银行贷款组合比例安排与"市场贷款组合"的比较。

179

表 7.3　贷款组合数量分布比较

单位:%

部门	贷款组合在不同部门的分配		
	(1)	(2)	(3)
	全国	A 银行	B 银行
工商业贷款	30	50	10
消费贷款	40	30	40
房地产贷款	30	20	50

　　表 7.3 中列出了全国的和 A、B 两家银行的贷款组合总额在不同部门或不同种类贷款中的分配比例情况。为简便起见，我们将全国的借款部门分为三个，将全国所有部门的贷款视为一个贷款组合。第（1）列的数据就是市场贷款组合的贷款集中度安排，第（2）列和第（3）列为 A、B 银行目前的贷款组合比例安排。银行是如何估计它的贷款组合相对于市场贷款组合的风险程度呢？我们用银行各部门贷款集中度相对于市场相应部门的贷款集中度的标准差来衡量，如下式：

$$\sigma_j = \left[\frac{\sum\limits_{i=1}^{N} (X_{ij} - X_i)^2}{N} \right]^{\frac{1}{2}} \tag{7.7}$$

式中：σ_j——j 银行的贷款比例安排相对于市场组合的比例安排的标准差，$j=A$、B；

　　　　X_{ij}——j 银行的第 i 部门贷款在其组合中的比例；

　　　　X_i——市场组合中第 i 部门的贷款比例；

　　　　N——贷款部门的数量。

　　根据表 7.3 的数据，计算出 A、B 银行贷款组合偏离市场贷款组合的程度（如表 7.4 所示）。

表 7.4　计算 A、B 银行贷款组合偏离市场贷款组合的程度

计算项	A 银行	B 银行
$(X_{1j} - X_1)^2$	$(0.5-0.3)^2 = 0.04$	$(0.1-0.3)^2 = 0.04$
$(X_{2j} - X_2)^2$	$(0.3-0.4)^2 = 0.01$	$(0.4-0.4)^2 = 0.00$
$(X_{3j} - X_3)^2$	$(0.2-0.3)^2 = 0.01$	$(0.5-0.3)^2 = 0.04$
$\sum\limits_{i=1}^{3} (X_{ij} - X_i)^2$	0.06	0.08
$\sigma = \sqrt{\dfrac{\sum\limits_{i=1}^{3} (X_{ij}-X_i)^2}{3}}$	$\sigma_A = 14.14\%$	$\sigma_B = 16.33\%$

　　从表 7.4 中的计算结果可以看到，B 银行比 A 银行偏离市场贷款组合的程度高，这是由于 B 银行的工商业贷款比率远小于市场平均比率水平，而房地产贷款比率远高于市场平均比率水平。但要注意的是，这并不一定说明 B 银行的贷款组合信用风险就非常大。由于不同银行在不同行业或区域有信息搜集等方面的比较优势，因此不同银行对某些行业或区域的贷款集中度会长期偏离市场平均水平。为了便于比较

分析，这时可以将某一地区的贷款数量分配情况作为一个市场基准。

全国性的（或地区性的）贷款组合比例安排为金融机构提供了一个类似于 MPT 中的最有效率贷款组合的市场组合，因而贷款管理者可以通过比较，将"相对集中程度"运用到贷款组合的风险管理中，并且贷款是否可交易并不影响分析本身。

（二）贷款损失率模型

MPT 的第二种局部运用是基于历史贷款损失率的模型。该模型是将金融机构中某一部门的贷款季度损失率对整个金融机构贷款组合总的季度损失率进行回归。回归估计得出该部门的系统性贷款损失风险度 β_i，β_i 反映了该部门贷款信用风险与市场风险的关系。其回归方程为

$$\frac{第\,i\,部门的贷款损失}{第\,i\,部门的贷款额}=\alpha+\beta_i\left(\frac{总贷款损失}{总贷款额}\right) \tag{7.8}$$

式中：α——第 i 部门不依赖于总的贷款组合损失率的贷款损失率；

β_i——第 i 部门贷款相对于整个贷款组合的系统性损失敏感度。

举例来说，如果工商业贷款的 β 为 0.3，而个人消费贷款的 β 为 1.3，则说明个人消费贷款部门对整个贷款组合的风险贡献度高于平均水平（$\beta=1$），在贷款决策上，就应该控制对个人消费贷款的贷款集中度，而放松对工商业贷款的贷款集中限制。

第三节　信用度量方法与贷款组合风险度量

信用度量方法（credit metrics）是 J. P. 摩根银行开发的用于计量贷款组合信用风险的新型内控模型。该模型的优点在于它考虑到了信用质量变动的相关性，使贷款组合的集中度和分散度定量化。这一模型的基本目标是对贷款的集中度风险——贷款组合中某项贷款的风险暴露上升给贷款组合增加的风险进行定量描述。

传统的信用计量方法只假设借款人违约或不违约对资产价值的影响，而在不违约的情况下，也是假设借款人有规律地还款的。信用度量法主要考虑在整个还款期间，资产和资产组合由于"信用事件"的发生后贷款信用等级发生变化，从而对资产价值的影响。由于不同信用等级的资产有不同的资产收益率，因此信用等级下降的贷款，其市场价格（现值）必然下降（要求更高的信用风险升水）。信用度量方法是以贷款的市场价值（现值）变化为基础计算的风险价值模型（Value at Risk，VaR）[1]。同时，信用度量法也是一种盯住市场模型（MTM），MTM 考虑信用等级的变化引起的资产价格变化，在计算贷款价值损失的同时考虑违约的情况。

一、贷款组合的风险价值模型 VaR

风险价值模型（VaR）是在一定的置信区间（比如 95%、99%）下衡量给定的资产或负债在一段给定的时间内可能发生的最大的价值损失。这一模型适用于如证

___

[1]　参考第十一章。

券这类可交易的资产，通常，它还假定其资产价格服从正态分布。对于一个风险管理者，风险价值使他能够预计在某一置信水平下，下一个交易日的价值损失规模。如果现在有一只股票均价为30元，每日价值波动的标准差为5元，股价围绕均值服从正态分布，那么，如果下一个交易日是个"坏日子"的概率为1%（置信度为99%，即每一百天中有一天是坏日子），则股票的风险价值就是2.33个标准差①。这就存在99%的可能性使得股票持有者的损失小于11.65元（2.33×5），1%的可能性损失将超过11.65元，即股价跌到18.35元以下。这同时也意味着，在可预期的100天里有1天，损失可能超过11.65美元。

如前所述，风险价值模型适用的对象是可交易资产，而大多数贷款是非交易性的，所以我们无法观察到贷款的市场价值以及在给定期间内贷款价值的波动性。然而，我们可以根据其他可得的数据计算非交易性贷款价值的均值和方差，从而计算出单项贷款或者整个贷款组合的风险价值。在计算风险价值时，我们需要下列数据资料：

（1）借款人信用评级的历史资料，以定量方式表示的违约的可能性。

（2）下一年借款人的信用等级变化的概率（信用等级转移矩阵）。

（3）违约贷款的回收率。

（4）不同期限不同信用等级贷款的利率和信用风险升水率。

从以上所需的数据资料来看，运用信用度量法其实是需要较强的财力支持的。暂且不考虑研究开发模型的实力，仅仅是对利率和价格的历史数据收集就需要相当强大的数据库支持。因此，这种模型目前只被少数大型银行使用。

二、计算单项贷款的风险价值

如前所述，多数贷款是非交易性的，那么金融机构是如何使用历史数据来量化贷款的信用风险的呢？为了便于理解，我们举一个例子来说明风险价值的计算过程。现在假设有一笔5年期的固定利率贷款，信用等级为BB级，账面价值为100万元，合同利率为7%。

基于历史数据，我们可以得到如表7.5所示的这样的一个信用等级转移（rating migration）的概率分布表。概率 P_i 表示该笔BB级贷款在下一年转化为其他信用级别 i 的概率（其中 i 包括AAA、AA、A、BBB、BB、B、CCC、违约）。从表7.5中我们可以得知，该笔BB级贷款在下一年仍然为BB级的概率为85.48%。同样，该笔贷款的信用级别有可能变得更高，也有可能变得更低甚至到借款者违约。

表7.5 BB级贷款一年内的信用等级转移的概率分布表

信用等级	概率（P_i）
AAA	0.000 1
AA	0.003 1
A	0.014 5

---

① 这里的计算与第十一章的不一样，因为第十一章所用的是资产损失的分布，而这里所使用的是资产价值的分布。

表7.5（续）

信用等级	概率（P_i）
BBB	0.060 5
BB	0.854 8
B	0.056 0
CCC	0.009 0
违约	0.002 0

1. 对信用等级发生变化后的贷款价值进行估计

信用等级变化可以影响到在贷款上所要求的信用风险升水，从而进一步影响到贷款的市场价值（或现值）。当贷款的信用等级提高时，其所要求的信用风险升水（credit risk spread）就下降，贷款的现值也就上升；反之，当贷款的信用等级下降时，其所要求的信用风险升水上升，贷款的现值也就下降。

现在假设发放我们例子中贷款的银行在第一年年初预期该笔贷款在一年后会从BB级上升到BBB级，同时银行还可以从债券市场上得到无风险利率 r_t（t 年期零息票国库券的利率，$t>2$ 时它们所表示的是远期利率）和 BBB 级贷款的信用风险升水率 s_t（即期限为 t 的 BBB 级贷款的信用风险升水，这一数据通过公司债与国债利率之差获得）。表 7.6 中给出了这些数据。

表 7.6　期限为 t 的 BBB 级贷款的利率和信用风险升水

t	r_t/%	s_t/%
1	3.00	0.72
2	3.40	0.96
3	3.75	1.16
4	4.00	1.30

我们所要估计的在第一年年末上述贷款的价值如下：

$$PV = 7 + \frac{7}{1+r_1+s_1} + \frac{7}{(1+r_2+s_2)^2} + \frac{7}{(1+r_3+s_3)^3} + \frac{107}{(1+r_4+s_4)^4}$$

代入表 7.6 中的数据，得到该笔贷款在第一年年末从 BB 级转变为 BBB 级后的现值如下：

$$PV = 7 + \frac{7}{1.037\ 2} + \frac{7}{(1.043\ 6)^2} + \frac{7}{(1.049\ 1)^3} + \frac{107}{(1.053\ 0)^4} \approx 113.27 \text{（万元）}$$

注意，这是我们在第一年年初所估计的贷款在第一年年末的价值。以此类推，如果知道不同信用等级不同期限贷款的利率和信用风险升水就可以估计出信用等级变化后贷款的所有可能的价值，假设计算出的结果如表 7.7 所示。由表 7.7 可知，在第一年年末，贷款有 0.01% 的概率上升为 AAA 级，此时贷款的市场价值最大，为 114.82 万元，相反，有 0.2% 的概率借款人在第一年年末违约，这时贷款的价值最低，为 51.13 万元。这一最低值由在借款人违约后贷款的回收率（recovery rate）决定。

表 7.7　BB 级贷款信用等级变化后价值的概率分布

信用等级	贷款新价值（V_i）/万元	概率（P_i）
AAA	114.82	0.000 1
AA	114.60	0.003 1
A	114.03	0.014 5
BBB	113.27	0.060 5
BB	108.55	0.854 8
B	98.43	0.056 0
CCC	86.82	0.009 0
违约	54.12	0.002 0

2. 计算贷款的风险价值

要计算出市场风险，首先要计算出该笔贷款在第一年年末价值的预期价值（expected value，即贷款价值概率分布的均值）和标准差，如表 7.8 所示。

表 7.8　计算贷款的预期价值和方差

信用等级	新贷款价值（V_i）/万元	概率（P_i）	概率加权值	新贷款价值——均值	价值偏离均值的平方	概率加权差异的平方
AAA	114.82	0.000 1	0.011 45	6.756 7	45.653 6	0.004 6
AA	114.60	0.003 1	0.355 3	6.536 7	42.729 1	0.132 5
A	114.03	0.014 5	1.653 4	5.966 7	35.602 1	0.516 2
BBB	113.27	0.060 5	6.852 8	5.206 7	27.110 2	1.640 2
BB	108.55	0.854 8	92.788 5	0.486 7	0.236 9	0.202 5
B	98.43	0.056 0	5.512 1	−9.633 3	92.799 5	5.196 8
CCC	86.82	0.009 0	0.781 4	−21.243 3	451.275 8	4.061 5
违约	54.12	0.002 0	0.108 2	−53.943 3	2 909.874 4	5.819 7
			$\overline{V} = \sum_{i=1}^{8} p_i V_i$ $= 108.06$			$\sigma^2 = \sum_{i=1}^{8} p_i (V_i - \overline{V})$ $= 17.574\ 0$ $\sigma = 4.19$

有了预期价值和标准差后，我们就可以计算该笔贷款的风险价值。具体来说，我们需要知道如果下一年是一个"倒霉年"的话，预期贷款将损失多少。我们可以定义"倒霉年"每 20 年发生一次，即置信度为 95%，所计算出的是 5% 的 VaR；我们也可以定义"倒霉年"每 100 年发生一次，即置信度为 99%，所计算出的是 1% 的 VaR。这与前面交易性资产 VaR 的置信度的定义是一致的，只不过交易性资产关注的是下一交易日，而贷款关注的是下一年。现在我们将用三种方法来进行计算。

第一种，假设贷款价值的变化服从正态分布，贷款价值偏离均值的标准差为 4.19 万元。如果预计下一年是一个"倒霉年"，贷款的 5% 的风险价值是 $1.65\sigma = 6.91$ 万元，1% 的风险价值为 $2.33\sigma = 9.76$ 万元。

第二种，如果我们画出该笔贷款组合价值的实际概率分布图（如图 7.3 所示），显然这并不是正态分布的。因此，为了准确，我们应当使用贷款价值波动的实际分布。从表 7.8 中第 2、3 列的数据可以看到，该笔贷款有 6.7%（5.60%+0.90%+0.20%）的可能性价值将低于 98.43 万元，这意味着，可能的损失为贷款的预期值 108.06 万元减去 98.43 万元等于 9.63 万元。换句话说，近似的 5% 的 VaR 为 9.63 万元。同样，我们可以得到该笔贷款有 1.1%（0.90%+0.20%）的可能性价值将低于 86.82 万元，这样近似 1% 的 VaR 为 108.06−86.82＝21.24（万元）。

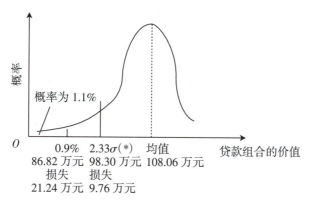

图 7.3　贷款组合价值的实际概率分布

［注：$2.33\sigma(*)$ 为正态分布假定下 99% 的置信水平的 VaR，在这里为了便于比较，将正态分布假定下 99% 的置信水平的贷款组合价值放在贷款组合价值的实际分布图中。］

如果将假设的正态分布与贷款价值的实际分布相比较，由于实际分布具有相对稳定的上端和长尾状的下端，因此正态假定下的风险价值往往低估了实际的风险价值（见图 7.3）。因而，正态分布下的分析只能为贷款管理者提供一个粗略的风险估计。金融机构为了避免极端情况下的信用事件导致清偿力不足的问题，最好用实际分布的 1% 的风险价值为依据来做相应的风险资本准备。如图 7.3，金融机构最好将信用风险的资本金准备定为 21.24 万元，而不是假定贷款价值服从正态分布时所计算出的 9.76 万元。

第三种方法是运用线性插值法（linear interpolation）所得出的最为准确的风险价值。首先，根据表 7.5 和表 7.7，可以得到贷款价值变化的累计分布表（如表 7.9 所示）。

表 7.9　贷款价值变化的累计分布表

信用等级	累计百分比/%	新贷款价值（V_i）/万元
在 AAA 以下	100	114.82
在 AA 以下	99.99	114.60
在 A 以下	99.68	114.03
在 BBB 以下	98.23	113.27
在 BB 以下	92.18	108.55
在 B 以下	6.7	98.43
在 CCC 以下	1.1	86.82
在违约以下	0.2	54.12

185

在表7.9中，1.1累计百分点（percentile）对应86.82万元，0.2累计百分比对应54.12万元，它们分别是线性插值法中的X_1、Y_1、X_2、Y_2，现在假设我们需要知道1%的VaR，首先就要找到1累计百分点所对应的预期的贷款价值。根据线性插值法，

$$Y_3 = Y_1 + [(Y_2 - Y_1)/(X_2 - X_1)] \cdot (X_3 - X_1)$$

得到1累计百分点所对应的贷款价值为83.19万元。这样，准确的1%的VaR为108.06−83.19＝24.87（万元）。采用同样的方法可以计算出5累计百分点所对应的预期的贷款价值为94.91万元，因此，准确的5%的VaR为108.06−94.91＝13.15（万元）。

需要说明的是，风险价值还可以作为银行资本充足率的计算依据。与BIS对所有资产要求8%的资本充足率的标准方法相比，信用度量法可以对单笔贷款和贷款组合计算出相应的风险价值，这一风险价值可能不同于8%的资本要求。在新的《巴塞尔协议Ⅱ》中，信用度量法成为国际清算银行同意使用的内控模型之一。对于那些大型的银行机构而言，它们完全有能力对其数额巨大的贷款组合运用信用度量法计算99%的可预期价值损失（VaR）来决定风险资本金，而不必拘泥于硬性规定的8%的资本要求。

三、计算贷款组合的风险价值

上述例子说明了对单笔贷款的风险价值计算，接下来我们考虑由不同信用等级的贷款组成的贷款组合。与单笔贷款不同的是，贷款组合的风险测度更复杂，而且需要对贷款组合中各贷款收益的相关性予以考虑。如何计算贷款组合在下一年的均值和风险价值呢？

我们首先来看信用度量法运用于贷款组合所需要的三个主要步骤：

（1）建立贷款组合中每一笔单项贷款的所需历史数据。信用度量法实际上也是对MPT技术的局部应用。其分析的基础是基于信用事件的历史数据。通过过去的等级变动情况，我们才能建立起贷款组合的信用事件发生概率的分布。

（2）计算贷款组合中每一单项资产在不同信用事件发生后的市场价值变化。各资产的信用等级转移概率由第一步的历史资料建立一个信用等级转移矩阵。这一转移矩阵反映了贷款组合中各资产个别的和联合的移动概率。由于信用等级的变化直接影响到资产的市场价值，因此转移矩阵中的每一个信用事件都对应一个新的贷款组合资产价值。

（3）由于贷款组合中的各单项贷款收益之间可能存在相关性，所以需要在模型中考虑资产收益的相关系数，由此得到一个贷款组合的总的资产价值变动情况。

下面我们以一个两笔贷款的贷款组合为例，介绍贷款组合风险价值的计算方法。

【例7.4】假设年初两位借款人的信用等级分别为A级和BBB级，对每一位借款人的贷款额度都是100万元。要得到这200万元的贷款组合的风险价值，就需要计算出每笔贷款的联合移动概率以及每种可能的1年期联合移动概率下的贷款价值，如表7.10所示。

表 7.10　贷款相关系数为 0.3 时的联合移动概率

单位:%

借款人 1（BBB）		借款人 2（A）							
		AAA	AA	A	BBB	BB	B	CCC	违约
		0.09	2.27	91.05	5.52	0.74	0.26	0.01	0.06
AAA	0.02	0.00	0.00	0.02	0.00	0.00	0.00	0.00	0.00
AA	0.33	0.00	0.04	0.29	0.00	0.00	0.00	0.00	0.00
A	5.95	0.02	0.39	5.44	0.08	0.01	0.00	0.00	0.00
BBB	86.93	0.07	1.81	79.69	4.55	0.57	0.19	0.01	0.04
BB	5.3	0.00	0.02	4.47	0.64	0.11	0.04	0.00	0.01
B	1.17	0.00	0.00	0.92	0.18	0.04	0.02	0.00	0.00
CCC	0.12	0.00	0.00	0.09	0.02	0.00	0.00	0.00	0.00
违约	0.18	0.00	0.00	0.13	0.04	0.01	0.00	0.00	0.00

注：数字下加横线表示为下面例子的计算结果。

由于借款人 1（BBB）和借款人 2（A）存在相关性，所以两笔贷款在下一年同时保持原信用等级的联合移动概率为 79.69%，高于二者在没有相关性下的联合移动概率 79.15%（86.93%×91.05%）。由于借款人的信用等级分为 8 种，所以，两笔贷款的贷款组合一共有 64 个联合移动概率，对应于 64 个不同的信用事件。相应地，就需要计算 64 个新的贷款组合价值。

按照【例 7.4】的方法，可以分别计算两笔贷款在不同信用等级下的新的贷款价值，进而得到在每种可能的信用事件下的贷款组合的联合贷款价值，如表 7.11 所示。

表 7.11　联合贷款价值

单位：万元

借款人 1（BBB）		借款人 2（A）							
		AAA	AA	A	BBB	BB	B	CCC	违约
		106.59	106.49	106.30	105.64	103.15	101.39	88.71	51.13
AAA	109.37	215.96	215.86	215.67	215.01	212.52	210.76	198.08	160.50
AA	109.19	215.78	215.68	215.49	214.83	212.34	210.58	197.90	160.32
A	108.66	215.25	215.15	214.96	214.30	211.81	210.05	197.37	159.79
BBB	107.55	214.14	214.04	213.85	213.19	210.70	208.94	196.26	158.68
BB	102.02	208.61	206.51	208.33	207.66	205.17	203.41	190.73	153.15
B	98.10	204.69	204.59	204.40	203.74	210.25	199.49	186.81	149.23
CCC	83.64	190.23	190.13	189.94	189.28	186.79	185.03	172.35	134.77
违约	51.13	157.72	157.62	157.43	156.77	154.28	152.52	139.84	102.26

注：数字下加横线表示为下面例子的计算结果。

同样，运用【例 7.4】的计算方法，可以计算得出贷款组合的均值为 213.85 万元，标准差为 3.35 万元，则在正态分布假定下，贷款组合的 99% 的置信水平的风险价值为 2.33，即 7.81 万元。

在正态分布假定下，N 笔贷款组合的风险价值的计算方法与两笔贷款的情况一样，只是计算更为复杂，在本章中不再详述。

复习思考题及参考答案

1. 什么是信用转移矩阵？
2. 如何设定贷款集中限制？
3. 简述现代投资组合理论的基本思想，其在信用风险管理中的局限性是什么？
4. 什么是风险价值 VaR？
5. 信用度量法如何量化贷款和贷款组合的信用风险，其运用的条件是什么？
6. 现有某银行的一个两笔贷款的贷款组合。贷款 A 的占比为 30%，预期收益率为 10%，贷款收益的标准差为 15%；贷款 B 的占比为 70%，预期收益率为 15%，贷款收益的标准差为 20%；两笔贷款的收益协方差为 0.02。
   （1）计算贷款组合的预期收益和标准差。
   （2）若相关系数为-0.02，计算组合的预期收益和标准差。
   （3）简述相关系数与协方差对贷款组合的风险有什么影响。
7. 现有如表 7.12 所示三笔具有不同收益和方差的贷款组合，请问如果你是贷款管理者，将如何比较它们的优劣，给出理由。

表 7.12　贷款组合的相关数据

组合	预期收益/%	标准差/%
A	9	7
B	10	10
C	12	8

8. 如果全国的贷款市场组合安排和 abc 银行的贷款组合安排如表 7.13 所示，计算该银行的贷款组合相对于全国平均水平的风险程度。

表 7.13　全国的贷款市场组合安排和 abc 银行的贷款组合安排

类别	市场组合/%	abc 银行贷款组合/%
工商业贷款	30	40
个人贷款	30	10
不动产贷款	30	20
国际贷款	10	30

9. 若某贷款管理者将其组合中的工商业贷款与个人贷款对整个组合的历史损失率进行回归分析的结果如下：

$$Y_1 = 0.003 + 0.6X_p$$
$$Y_2 = 0.001 + 1.2X_p$$

其中：Y_1 代表工商业贷款部门的损失率，Y_2 代表个人贷款部门的损失率，X_p 代表整个贷款组合的历史损失率。

（1）如果贷款组合的损失率上升为 8%，工商业贷款部门和个人贷款部门的损失率为多少？

（2）银行将会做出怎样的调整以减少组合的风险？

10. 如果某一个总金额为 300 万元、信用等级为 BBB 的贷款组合的信用等级概率分布和相应的概率下的贷款组合价值（加利息）如表 7.14 所示。

表 7.14　BBB 的贷款组合的相关信息

信用等级	转移概率/%	新贷款价值/万元
AAA	0.02	328.11
AA	0.34	327.51
A	5.94	325.98
BBB	86.95	322.65
BB	5.37	306.06
B	1.18	294.3
CCC	0.13	250.92
违约	0.17	153.39

（1）根据所给资料计算该贷款组合在年末的预期价值和风险。

（2）分别计算在正态分布和实际分布下的贷款组合下一年的 5% 和 1% 的风险价值，并进行比较。

189

扫一扫，即可获得参考答案

参考文献

［1］桑德斯. 信用风险度量［M］. 刘宇飞，译. 北京：机械工业出版社，2001.

［2］克拉法. 信用衍生产品和风险管理［M］. 綦相，译. 北京：机械工业出版社，2001.

［3］夏普. 投资学［M］. 赵锡军，等译. 北京：中国人民大学出版社，2003.

［4］ANTHONY S, CORNETT M M. Financial Institutions Management［M］. New York：McGraw-Hill, 2003.

［5］ANTHONY S, CORNETT M M. Fundamentals of Financial Institutions Management［M］. New York：McGraw-Hill, 1999.

第八章
表外业务风险和管理

在金融创新层出不穷的环境下，金融机构传统业务的市场份额正在不断受到侵蚀，传统业务的利差也在不断缩小。对此，金融机构除了改善传统业务外，还在不断扩大资产负债表外业务的经营种类。现在，表外业务已经成为现代金融机构收入的重要来源。但是，表外业务可能增加银行的整体风险，英国巴林投资银行的倒闭、信孚银行与宝洁公司和吉布森贺卡公司进行互换交易的合法性问题都与金融机构的表外业务衍生工具有关。然而，一些表外业务也可以规避或降低利率风险、信用风险以及外汇风险。也就是说，表外业务既可能增加风险，又可能降低风险。

第一节　表外业务与金融机构的清偿力

金融机构管理者面临的重要的问题之一是金融机构的表内业务和表外业务的相对规模。广义的表外业务是指所有不反映在资产负债表上的业务，包括狭义的表外业务和中间业务。狭义的表外业务是指不在资产负债表上反映的，能形成银行或有资产和或有负债的业务；中间业务是指不在资产负债表上反映的，仅为获取手续费的纯粹服务性业务。银行作为中介人开展中间业务时不需要占用自有资金，并且几乎没有风险。

根据中国人民银行发布的《中国金融稳定报告（2019）》可知，在 2018 年年末，银行业表外业务余额为 338.42 万亿元，而表内总资产余额为 268.24 万亿元，表外资产规模相当表内资产规模的 126.16%。根据原中国银监会于 2022 年 11 月发布的《商业银行表外业务风险管理办法》，我国的表外业务有以下四大类：

①担保承诺类：银行承兑汇票、保函、信用证、贷款承诺等。

②代理投融资服务类：委托贷款、委托投资、非保本理财、代客交易、代销债券等。

③中介服务类：代理收付、财务顾问、资产托管、各类保管业务等。

④其他类：金融衍生工具，如远期合约（远期、期货、期权）、互换合约等。

上述对我国银行表外业务的分类是对广义的表外业务分类，即包括了狭义的表外业务和中间业务。具体来讲，第一类担保承诺类和第四类其他类属于狭义的表外业务，而第二类代理投融资服务类和第三类中介服务类属于中间业务。

我们下面所讨论的表外业务均指狭义的表外业务。表内业务是指我们大多数人所熟悉的呈现在金融机构公布的资产负债表上的业务。与此相比，表外业务的透明度就较低，除了少数投资者和监管者，大多数人对表外业务的情况不太了解。从会计角度来看，表外项目通常以附注的形式出现在资产负债表的下面。从经济的角度来看，表外项目是或有资产和或有负债，它虽然不能影响金融机构现在的资产负债，却能影响其未来的资产负债结构。也就是说，表外业务能直接影响金融机构未来的盈利和清偿能力。因此，对表外业务的有效管理是现代金融机构控制整体风险的核心。从价值评估的角度来看，表外资产和表外负债可能产生正的或负的未来现金流。因此，金融机构的真实净值不仅仅是表内资产和负债的市场价值的差额，而且还应反映表外或有资产和或有负债的当前市场价值的差额。

如果一项原本不在资产负债表中的项目在某偶然事件发生后成为资产负债表资产方的一部分，那么它就是表外资产。同样地，如果一项原本不在资产负债表中的项目在某偶然事件发生后成为资产负债表负债方的一部分，那么它就是表外负债。例如，金融机构出售的各种担保，特别是关于客户不会对其债务违约的担保（包括商业信用证和备用信用证）。如果客户违约，银行的或有负债（银行担保）将变成现实负债，并出现在资产负债表的负债方。

表外业务的价值评估是非常复杂的，因为表外业务是或有资产和或有负债。也就是说，它们变为现实资产和负债并出现在资产负债表中的概率小于1。然而，以下的情况可使表外业务的评估变得简单些：①在实际中，表外业务通常是柜台交易或是在有组织的金融市场中进行的交易；②可以利用功能强大的数学模型和技术（如 J. P. 摩根的风险计量法）评估表外业务。

表 8.1 和表 8.2 分别是未考虑表外业务和考虑了表外业务的资产负债表。

表 8.1　传统的金融机构净值表（未考虑表外业务）

单位：万元

资产		负债	
资产的市价（A）	1 000	负债的市价（L）	900
		净值（E）	100
	1 000		1 000

表 8.2　金融机构净值表（考虑了表外业务）

单位：万元

资产		负债	
资产的市价（A）	1 000	负债的市价（L）	900
		净值（E）	50
或有资产的市价（CA）	500	或有负债的市价（CL）	550
	1 500		1 500

表 8.1 采用了传统的计算净值的方法，即不考虑表外业务。此时，金融机构的净值为资产负债表内的资产和负债的市场价值之差。

$$E = A-L$$
$$= 1\,000-900$$
$$= 100（万元）$$

由此计算出的该金融机构的净值（所有者权益）的市价为 100 万元，资本充足率为 10%（100/1 000）。

然而，对金融机构经济净值更精确的计算应该同时考虑表内业务和表外业务。如表 8.2 所示，该金融机构的或有资产的市价（CA）为 500 万元，或有负债的市价（CL）为 550 万元，即 CL 比 CA 多 50 万元，这是金融机构的额外负担。因此，股东的真实净值应为

$$E = （A-L）+（CA-CL）$$
$$= （1\,000-900）+（500-550）$$
$$= 50（万元）$$

这与未考虑表外业务时计算出的结果不同。因此，从经济的角度来看，或有资产和或有负债是一种契约追索权，它将直接影响金融机构经济净值（所有者权益）。而从股东和监管者的角度来看，表外负债的大量增加会导致金融机构经济清偿力的下降。

第二节　主要表外业务的收益与风险

20 世纪 80 年代，欠发达国家贷款损失的上升、利率波动的加剧以及非银行金融机构的竞争导致了部分国家的贷款利润减少，这使许多商业银行涉足利润丰厚的表外业务。银行将业务转到资产负债表外，一方面，它们可以用增加的手续费收入来弥补传统中介业务上利差的缩小；另一方面，它们还可以避免监管成本，因为在当时，准备金要求、存款保险和资本充足率要求对表外业务都不适用。因此，收入的增加和监管成本的规避促使银行将业务转向了表外。

金融机构主要的表外业务有贷款承诺、商业信用证、备用信用证、衍生合约（期货、远期、互换和期权）和贷款出售。正如我们前面所讨论的，由于或有资产和或有负债具有复杂的或有追索权及期权特性，精确计算其市价是非常困难的，但金融机构的管理者至少应该知道每种主要表外资产和表外负债的风险的一般特性，以及它们对金融机构的收益和盈利能力的影响。下面我们将详细讨论这些表外业务以及它们为金融机构带来的收益和风险。

一、贷款承诺

目前，越来越多的工商贷款使用事先确定好的贷款授信额度或贷款承诺，而不是即期贷款。贷款承诺是指银行或其他金融机构承诺客户在未来一定的时期内，按

照双方事先确定的条件，应客户的要求，随时提供不超过一定限额的贷款。银行做出贷款承诺要收取一定的预付费用（up-front fee）作为回报，但必须在承诺期内随时准备提供承诺的全额贷款，借款者则可以在承诺期内借入不超过承诺额度的任意金额。此外，银行还可以在承诺到期时对贷款承诺中未使用的金额收取后端费（back-end fee）。例如，银行承诺在一年内以 10% 的利率向甲公司提供限额为 100 万元的贷款，预付费率为 0.12%，后端费率为 0.25%，甲公司在这一年内使用了 90 万元的贷款承诺，则银行将收取 1 200 元（100 万元×0.12%）的预付费，并在这一年内随时准备提供 100 万元的贷款，承诺到期时收取 250 元（10 万元×0.25%）的后端费。

注意，只有当借款者确实支取了承诺的贷款，贷款承诺下的贷款才会出现在资产负债表上。如上例，在 $t=0$ 时，即签订 100 万元的贷款承诺协议时，这笔贷款不会反映在银行的资产负债表上，但银行在这一年的期限内必须随时准备提供 100 万元的贷款，即在 $t=0$ 时银行产生了一项新的或有追索权。如果甲公司在 $t=6$ 个月时支取了 90 万元的贷款，那么只有在 $t=6$ 个月时才会在银行的资产负债表上出现这笔新的 90 万元的贷款。在贷款承诺下，银行将面临以下四种主要的风险：利率风险、支取风险、信用风险以及总筹资风险。下面我们将详细讨论这四种风险。

（一）利率风险

利率风险是指由于银行预先承诺在一定时期内以固定利率或浮动利率为借款者提供贷款而产生的或有风险。

假定银行预先承诺在一年内以 10% 的固定利率提供最高限额为 100 万元的贷款，如果在之后的一年内利率上升，银行的资金成本将上升，银行承诺利率与银行资金成本之差将减小甚至为负。此外，利率的上升还使得 10% 的承诺利率远远低于客户以当前利率在即期贷款市场借款所支付的利率。这时，该承诺贷款就显得格外宝贵，借款者若支取贷款，银行将会因固定利率的贷款承诺而遭受损失。

银行为了控制这种风险通常使用随即期贷款利率变动的浮动承诺利率。例如，将贷款承诺利率与优惠利率挂钩。如果优惠利率在承诺期内上升，借款者使用贷款承诺借款的成本也随之上升，这样，借款者实际上是按市场利率支付利息的。但是，这种方法也不能完全消除贷款承诺的利率风险。例如，如果优惠利率上升 1%，但银行的资金成本上升了 1.25%，这种随优惠利率浮动的贷款承诺利率与银行资金成本的差额仍然会下降，这就是我们通常所说的基差风险。这里的基差风险是指存、贷款利率的变动方向或幅度不同所带来的风险。

（二）支取风险

金融机构做出贷款承诺后，必须在承诺期内随时准备提供其承诺的最高贷款金额，借款者可以在承诺期内的任意一天支取不超过限额的任意金额，这就使得金融机构面临一定的未来流动性风险和不确定性风险。因为金融机构不能确定借款者将在承诺期内的哪一天支取，也不能确定支取的具体金额。虽然金融机构可以通过对承诺额度中未使用部分收取后端费的方法来激励借款者支取全额贷款，但在现实中，许多借款者支取的贷款金额大多未达到承诺额度。

（三）信用风险

金融机构还面临一定的或有信用风险。金融机构在制定贷款承诺的利率时通常要加上基于借款者当前信用评估的信用风险溢价。例如，如果借款者的信用等级为AA级，其借款利率仅比优惠利率高1%。如果该公司在承诺期内陷入经营困境，收益大幅下降，这使得该借款者的信用等级由原来的AA级降至BBB级。但我们知道金融机构的承诺贷款利率是在公司信用等级为AA级时设定的，因此，公司信用等级的下降将导致金融机构面临较大的信用风险。为了避免承诺期内借款者信用等级的急剧下降，大多数金融机构在条件性条款中加入了重大逆转条款。这样，金融机构就可以在借款者状况变坏时取消或重新定价贷款承诺。但是，金融机构往往最后才会考虑使用这样的条款，因为这可能会使金融机构失去一部分客户，并且承诺贷款的取消可能会导致借款者倒闭，产生对客户违约的高成本诉讼费，甚至还可能使金融机构的声誉受损。

（四）总筹资风险

国内许多大公司通常都获得了多家银行的多种贷款承诺，以满足未来信贷紧缩时的资金需求。信贷紧缩限制了即期贷款的供应，这可能是中央银行紧缩的货币政策或者是金融机构自身惜贷所导致的结果。在信贷紧缩时，持有贷款承诺的公司就不会受到信贷制约。但是，这也意味着在金融机构筹资最困难且成本最高时，借款者支取贷款承诺的总需求可能最大。同时，在困难的信贷条件下，当众多的金融机构争夺资金以满足客户对贷款承诺的履行时，总承诺支取效应会使资金成本高于正常水平。

以上四种或有风险表明，贷款承诺增加了金融机构的清偿力风险。但也有人持相反的观点：与没有参与贷款承诺业务的金融机构相比，从事该业务的金融机构的风险更低。他们认为，为了收取手续费，在出售贷款承诺时，银行必须使借款者确信银行能提供未来所需的贷款，这就可能使银行管理者在当前不得不采用低风险的资产组合，以增加银行履行表内与表外义务的能力。有趣的是，最近的实证研究也证实了签订贷款承诺多的银行比贷款承诺少的银行的资产组合风险更低，即倾向于做出贷款承诺的银行，一般来说更安全的观点。

二、商业信用证和备用信用证

商业信用证和备用信用证属于金融机构的或有负债。因此，在出售商业信用证和备用信用证时，金融机构既增加了手续费收入，又增加了未来或有负债。商业信用证和备用信用证都是金融机构出售的一种保证书，保证其购买者能履行义务。从经济的角度来看，出售商业信用证和备用信用证的金融机构出售的是一种针对某些特定事件未来发生的频率或严重程度的保证。下面我们将讨论从事商业信用证和备用信用证的金融机构的风险。

（一）商业信用证（L/C）

商业信用证业务是金融机构担保业务的一种，主要发生在国际贸易结算中。在进出口业务中，最常使用的结算方式为商业跟单信用证。跟单信用证是一个有条件的银行付款承诺，就是银行根据买方（进口商）的要求和指示，向卖方（出口商）开立的在规定的期限内凭与信用证条款相符的单据支付一定金额的书面承诺。信用证结算业务实际是在进出口双方签订合同以后，进口商主动申请进口地银行为自己的付款责任做出保证，是银行信用对商业信用的担保。

商业信用证的产生主要是因为在国际贸易中进出口商之间可能缺乏了解而互不信任：进口商不愿意先将货款付给出口商，唯恐出口商不按时发货；出口商也不愿意先发货或将单据交给进口商，担心进口商不付款或少付款。在这种情况下，银行就可以在进出口商之间充当一个中间人和担保人的角色，商业信用证由此产生。

人们通常把商业信用证看成一种结算工具，但是从银行的角度看，商业信用证业务是一种重要的表外业务。在该业务中，银行以自己的信誉为进出口商之间的业务活动提供担保。银行在开立信用证时，往往要求开证申请人（进口商）交足一定比例的押金，这样银行就不会占用大量的自有资金，并且还可以收取一定的手续费。因此，商业信用证是银行获取收益的一条重要途径，同时，进口商所缴纳的押金在减小信用证风险的同时也为银行提供了一定的流动资金。

商业信用证因为其背后有商业行为，所以一般认为该项业务风险较小。但是，如果进口商违约，银行就必须支付货款，同时，银行作为进口商的债权人，有权将其资产用来抵补损失。因此，信用证手续费收入应该超过信用证的预期违约风险，它等于违约的概率乘以信用证的预期净支出，净支出是考虑了对违约进口商资产的追回和监督成本的净支出。

在信用证业务中，银行面临的主要风险如下：

1. 信用风险

如果市场因素或者其他原因引起开证申请人财务状况恶化，开证申请人无力支付货款或不愿意支付货款，此时，开证行就必须承担开证申请人的信用风险。此外，如果银行作为信用证的保兑行，根据《跟单信用证统一惯例》的规定，其付款责任等同于开证行，所以商业银行还可能面临开证行资信和资金实力等问题带来的信用风险。当信用风险发生后，商业银行还可能面临流动性风险。

2. 操作风险

操作风险是指银行在开立、议付信用证及审单过程中业务人员违规操作或疏忽给银行带来的风险。例如，银行进行议付时，常遇到出口商提交的单据与信用证条款不符，所以必须注意审核。

3. 国家风险

国际贸易的参与双方来自不同的国家或地区，这样自然会使银行面临国家风险。进出口商所在国家的政治、经济的稳定，法律、法规制度的健全，以及对贸易、外汇管制的情况等都会影响银行信用证业务的开展。

（二）备用信用证（SLC）

备用信用证是指金融机构根据开证申请人的请求，对申请人开立的承诺承担某种义务的凭证。开证行在开证申请人未能履行其应履行的义务时，受益人只要凭备用信用证向开证行提交开证申请人未履行义务的声明或证明文件，即可获得开证行

195

的偿付，开证行一旦付款，开证申请人必须补偿开证行的损失，即银行对开证申请人有追索权。与商业信用证一样，银行开立备用信用证时也要收取手续费。

备用信用证的重要特征是它们并不在开证机构的资产负债表上列示。这是因为备用信用证只是一种或有负债，在一般情况下，备用信用证直至期满都不会被真正执行。只有当申请人发生意外的时候（如破产或技术上不能履行），开证机构才会发生资金的交付，而且只有当受益人提供的证明符合备用信用证上列示的全部条件时，才能向开证机构要求付款。如果其中一个条件不满足，开证机构就可以拒绝付款。

备用信用证既可用于一般的非融资性担保，也可用于融资性担保。它通常可以用来替代银行保函，如用于贷款担保。甚至在发行债券、商业票据和销售资产时，备用信用证也是一种重要的保证形式。许多研究表明，备用信用证比贷款本身的风险低得多，而且资产负债表外的备用信用证也可提高金融机构资产整体的多元化程度。因此，一般来说，备用信用证如果应用得当，可以降低金融机构的风险。但是，这并不说明备用信用证毫无风险。事实上，开展备用信用证业务的金融机构至少面临着信用风险、利率风险和流动性风险。首先，开证机构可能因为其申请人的信用问题而承担向受益人支付的风险，而接受备用信用证的金融机构也可能面临开证机构违约的风险；其次，如果开证机构在没有预先得到通知的情况下被迫偿还信用证规定的款项，它还将面临流动性风险，而不得不以不利的利率筹资。

三、金融衍生工具：远期、期货、互换和期权

远期（forward）合约是指由交易双方订立的，约定在未来某日按签订合约时所约定的价格交割一定数量的特定标的物的非标准化合约，是一种没有外部保证的柜台或场外协议。

期货（future）合约是指由交易双方订立的，约定在未来某日按签订合约时所约定的价格交割一定数量的特定标的物的标准化合约，是一种由有组织的交易所保证的场内交易。其中，金融期货交易是指以各种金融工具或金融商品作为标的物的期货交易方式。金融期货主要可以分为货币期货、利率期货和股票指数期货三类。

期权（option）合约实际上是一种选择权。在此合约中，其持有人有权利在未来一段时间内（或未来某一特定日期），以一定的价格向对方购买（或出售给对方）一定数量的特定标的物。其中，金融期权是以金融商品或金融期货合约为标的物的期权交易方式。期权的购买方为了取得这项权利，须向卖方支付一定的期权费（option premium）。期权合约中约定的商品买卖价格称为执行价格（strike price），一旦这个价格被敲定，在合约期限内，无论市场价格如何变化，期权合约的购买者都可以按这一价格买入或卖出相关的商品。期权的买方既可以行使这一权利，也可以放弃这一权利，甚至还可以将这一权利转让给第三者。但对期权的卖方而言，合约赋予他们的只有义务而没有权利，只要期权的买方履行期权合约所赋予的权利，期权的卖方就必须无条件地按执行价格卖出或买入相应数量的商品。期权可以是场内交易，也可以是场外交易。

互换（swap）是两个或两个以上的交易对手为达到转移、分散和降低风险及多方互利的目的，根据预先制定的规则，在一定时期内交换一系列款项的支付活动。这些款项可以是本金、利息、收益等，它可以是其中一项，也可以是多项。互换主要有两种类型，即货币互换和利率互换。互换一般是柜台交易。

金融衍生工具的主要风险有：

（一）市场风险

基础资产的价格变动所导致的衍生产品价格或价值的变动而引起的风险称为金融衍生产品的市场风险。这种风险可能由经济（如相关金融资产价格变动、社会经济周期等）、政治、社会等因素引起。并且，不同的衍生产品所涉及的市场风险也不尽相同。

（二）信用风险

信用风险是衍生工具多种交易性风险中的一大类别。由于衍生工具具有契约性，当合约的一方损失惨重时就极可能出现信用风险。例如，1994 年，大通银行和信孚银行在其衍生头寸上遭受了严重的信用损失。但在交易所内（如期货），基本上不会出现信用风险。这是因为如果合约的一方违约，交易所要替违约方履行支付义务，以保证合约的另一方不受信用损失。例如，1995 年，当巴林银行不能支付其日经指数期货交易的追加保证金时，其所在的新加坡期货交易所就承担了巴林银行的期货合约。因此，除非交易所本身面临系统性的金融市场崩溃，否则场内合约实质上是无信用风险的。另外，场内合约的逐日核对保证金制度也减少了违约风险，避免了合约损失和收益的积累。对于场外交易（如远期、互换），由于既没有交易所的保证，也没有保证金和交易对手资格等方面的限制，通常只能以信用为保证，合约的履行存在很大的风险。一般来说，场外合约的违约风险随合约到期日的临近而增加，基础证券价格、利率、汇率的波动也能增加合约的违约风险。

（三）流动性风险

流动性风险可以分为资金风险和流通量风险。资金风险主要是指交易方在结算日或在被要求增加保证金时不能履行支付责任的风险。而流通量风险则指由于市场深度不够或市场混乱，金融机构在市场上不能以接近原价格的水平结束或对冲某一交易头寸的风险。场内衍生产品的流通量可以用衍生工具的每日成交量和市场上未平仓合约数来衡量。市场上未平仓合约越多，相应的流通量风险越低。相对而言，场外衍生产品市场的流动性风险更大，因为市场上大部分的流通量都是由少数几个主要的做市者提供的。

（四）操作风险

操作风险是指计算机系统或金融机构内部控制系统不完善而导致的风险，它与人为失误、系统错误、程序不严谨和控制不充分有关。尤其是某些衍生产品的结算方式和价值计算比较复杂，因而会加剧这种风险。在衍生工具的交易中，操作风险可能造成比其他风险更为严重的损失，如巴林银行因内部控制不严，使尼克·里森得以越权操作，最终使银行陷入倒闭的境地。

（五）基差风险

这里的基差是指在现货市场上和在期货市场上的利率差或价格差，而基差风险就是指在交易中基差变化而产生损失的可能性。金融机构从事表外业务所面临的基差风险主要是由期货交易引起的。在运用金融期货进行套期保值时，主要目的是规避市场风险。套期保值的作用主要取决于期货价与现货价变动的方向与幅度。只有现货价和期货价的变动一致、幅度相同时，套期保值才会有效，但事实上并非如此。当基差变动时，用期货规避风险的能力可能会减弱。

（六）法律风险

众所周知，许多衍生工具在近十年才出现，因此相关的法律显得很不健全，有些衍生合约可能不具有法律效力，交易双方的权利得不到法律保护，其义务也可能不受法律的约束。相对而言，场外衍生产品的交易中法律风险体现得更为明显。法律风险会使金融机构的整个投资策略无法实施，或者导致该金融机构损失增加、收益减少，这将对金融机构本身的实力产生一定的影响。

尽管金融衍生工具具有上述风险，但金融机构仍使用它们来规避和管理利率风险、外汇风险、信用风险等。当使用这些工具对利率、外汇、信用风险进行套期保值时，它们确实能起到减少金融机构整体清偿力风险的作用。例如，尽管远期汇率合约中存在对方可能违约的风险，但这种风险可能大大低于金融机构未使用远期合约对外汇资产进行套期保值时面临的清偿力风险。随着套期保值的监管成本的上升，如限制这些工具的使用或实施特殊的资本充足率要求，金融机构可能将趋向于不进行套期保值，这样可能会增加金融机构的清偿力风险。

四、票据发行便利

票据发行便利是一种中期的（一般期限为5~7年）具有法律约束力的循环融资承诺。根据这种承诺，客户（借款者）可以在协议期限内用自己的名义以不高于预定利率的水平发行短期票据筹集资金，金融机构承诺购买客户在市场上未能出售的票据或向客户提供等额贷款。

金融机构提供票据发行便利，实际上是运用自己发达的票据发行网络及丰富的客户资源，帮助特定的客户出售短期票据并通过循环融资实现筹集中长期资金的目的。这项业务不仅满足了客户对资金的需求，也节约了金融机构自己的宝贵资源。票据发行便利可避免由一家金融机构单独向客户提供资金，其功能类似于辛迪加贷款，可以分散信贷集中造成的风险，规避金融当局对同一客户大额贷款不超过金融机构资本金一定比例的规定。此外，提供票据发行便利的成本大大低于组织辛迪加贷款的成本，极具灵活性，可以使金融机构获得更多的手续费收入。同时，由于它属于表外业务，银行无须将这种承诺反映在资产负债表上，因此避免了资产负债表上资产及相应的资本金要求的增加。

票据发行便利业务的主要风险包括以下几种：

（一）信用风险

在票据发行便利业务中，金融机构所面临的信用风险主要是在承诺期内客户财务状况恶化和信用等级降低的可能性。在一般情况下，票据发行便利使金融机构面临的信用风险远远低于直接贷款的信用风险，但如果发行人的资信下降，必然会导致票据发行状况的恶化，这样的结果可能会使金融机构需要承购的金额增大，从而增加了金融机构的负担。

（二）流动性风险

在票据发行便利业务中，若票据未能如期出售，则金融机构就必须承担用其自有资金购入未出售票据的义务。在金融机构自身可用头寸不足的情况下，就会产生严重的流动性问题。在利用票据发行便利为客户融通资金时，金融机构一般无法控制需要融资的金额和时间。当客户通知金融机构需要短期融资时，如果金融机构不能及时筹足需要承购的金额，这就可能损害金融机构的声誉。

五、贷款销售

贷款销售是指银行或其他金融机构通过直接出售或以证券化的方式，把贷款转让给第三方。第三方包括其他银行、保险公司、互助基金，甚至还包括一般的公司。作为贷款的发放者和出售者，金融机构的运作方式更像一个贷款经纪人而非传统的资产转换者。在贷款销售之后，金融机构还可为购买者提供相关的服务，如代其收取本息、监督借款者的财务状况等，但是要收取一定的手续费。

当出售没有追索权的贷款时，如果借款者不能如期偿还贷款，贷款的购买者将独自承担全部的损失，不能把不良贷款返还给出售贷款的金融机构，即出售贷款的金融机构无连带责任，因此，出售没有追索权的贷款不会形成金融机构的表外或有负债。但如果出售的贷款是有追索权的，那么贷款出售对出售贷款的金融机构意味着长期或有信用风险，贷款的购买者将长期拥有把贷款返还给出售方的权利，即如果贷款的信用质量下降，购买者就可执行该权利。一般来说，金融机构往往愿意出售有追索权的贷款，这是因为有追索权贷款的价格一般高于无追索权贷款的价格，并且这种贷款出售形成的资产不会出现在资产负债表中，而是以表外或有资产的形式存在，因而可以避免资本金要求。当借款者的信用等级较高时，金融机构往往更倾向于出售有追索权的贷款。

出售贷款的金融机构面临的风险主要有信用风险和利率风险。对于有追索权的贷款出售，如果借款者违约，金融机构将承担向贷款购买方付款的责任。当利率上升时，借款者违约的风险更大，金融机构被迫买回贷款的可能性更大。对于无追索权的贷款出售，银行往往出于信誉的考虑，在借款者违约时也会买回贷款。

复习思考题及参考答案

1. 某银行的资产负债表如表 8.3 所示。

表 8.3 某银行的资产负债表

单位：万元

资产		负债	
现金	3 000	存款	30 000
贷款	34 000	所有者权益	7 000
	37 000		37 000

如果该银行还有市场价值为 10 000 万元的或有资产和市场价值为 8 000 万元的或有负债，该银行的真实净值为多少？

2. 某银行做出 300 万元的贷款承诺，承诺期为 1 年，预付费用所占比例为 0.5%，未使用部分贷款的后端费用所占比例为 0.25%，贷款的支取为 60%，该银行总共收取的费用是多少？若资金成本占比 7%，该银行第一年年末的费用总收入为多少？

3. 银行签订贷款承诺后，为什么会暴露在利率风险和信用风险之下？

4. 一家美国银行为一个美国客户开立了一张为期 4 个月的信用证。该客户计划从中国进口价值 20 万元的货物，银行收取 1% 的手续费。

（1）以人民币表示的银行手续费是多少？

（2）如果中国出口商在收到美国银行的信用证后将信用证贴现，出口商会得到多少贴现收入？假设当时的利率为 5%，信用证还有 90 天到期。

（3）发行这张信用证的美国银行将会面临什么样的风险？

5. 什么是票据发行便利？该业务的主要风险有哪些？

6. 区别有追索权和无追索权的贷款出售。为什么银行愿意出售有追索权的贷款？

扫一扫，即可获得参考答案

参考文献

［1］李志辉. 商业银行业务经营与管理［M］. 北京：中国金融出版社，2004.

［2］刘园. 商业银行表外业务及风险管理［M］. 北京：对外经济贸易大学出版社，2000.

［3］殷孟波. 商业银行经营管理［M］. 北京：中国人民大学出版社，2003.

［4］戴国强. 商业银行经营学［M］. 北京：高等教育出版社，2004.

［5］BASEL COMMITTEE ON BANKING SUPERVISION. International convergence of capital measurement and capital standards：a revised framework［J］. New York：BCBS Publications，2004：107.

［6］ANTHONY S, CORNETT M M. Financial Institutions Management［M］. New York：McGraw-Hill，2003.

［7］ANTHONY S, CORNETT M M. Fundamentals of Financial Institutions Management［M］. New York：McGraw-Hill，1999.

第九章
外汇风险和管理

　　随着全球经济一体化进程的加快，金融机构的业务日趋国际化，国际业务风险也日益增大。由于几乎所有的国际业务是以外汇为载体进行的，外汇风险成为金融机构国际业务中最主要的风险。本章将介绍外汇市场和汇率、国际金融市场上的平价条件，并讨论金融机构如何通过净外汇风险敞口来分析外汇风险暴露，以及如何通过外汇资产负债匹配和远期外汇合约进行套期保值来防范外汇风险。最后，本章简要介绍了外汇风险管理技术。

第一节　外汇市场和汇率

一、外汇市场

　　外汇市场是指个人、公司、银行买卖外币或外汇的市场。任何一种外汇（如美元）的市场包括所有以其他货币买卖这种货币的地方（如伦敦、巴黎、苏黎世、法兰克福、新加坡市、香港、东京、纽约）。这些不同的货币中心以电子方式连接起来，实时联系，构成一个单一的国际外汇市场。

（一）什么是外汇

　　并不是所有的外国货币都能成为外汇。一种外币要成为外汇必须满足三个前提条件：一是自由兑换性，即可以自由地兑换为外币；二是普遍接受性，即在各国和地区经济往来中被普遍接受和使用；三是可偿性，即可以保证得到偿付。

　　根据以上三个标准，《中华人民共和国外汇管理条例》规定，外汇是指下列以外币表示的可以用作国际清偿的支付手段和资产：①外币现钞，包括纸币、铸币；②外币支付凭证或者支付工具，包括票据、银行存款凭证、银行卡等；③外币有价证券，包括债券、股票等；④特别提款权；⑤其他外汇资产。

（二）外汇市场的功能

　　外汇市场的基本功能是把资金和购买力从一个国家和一种货币转移到另一个国家和另一种货币。它通常通过电汇来实现，如今则越来越多地通过互联网来实现。这种购买力的转移通过如下四个层次的交易者来实现。

　　1. 直接需求和供给外汇的交易者

　　当旅游者出国旅游时，需要把本国货币兑换成所在国的货币；当国内的公司需要从外国进口原材料和商品时，当国内公司想得到国外投资时，等等，就产生了对外汇的需求。而一国的外汇供给来源于外国游客在该国的消费、本国商品和服务出口的收益、接受外国公司的投资等。

2. 商业银行

上述这些出国旅游的本国人，以及从国外进口原材料和对外投资的公司，他们是直接从商业银行购买外汇的；本国公司出口商品而获得外汇，会直接卖给商业银行。商业银行以较高的价格把外汇卖给直接需要外汇的个人和公司，以较低的价格从个人和公司中买入外汇，形成了买卖外汇的价差，而这个外汇价差就形成了商业银行的收益。

3. 外汇经纪人

一些商业银行可能出现外汇短缺，另一些商业银行可能会出现外汇盈余。这个时候，这些商业银行会通过货币中心的外汇经纪人进行外汇买卖，来平衡它们的外汇头寸。在中国，这种商业银行之间交换外汇头寸的货币中心是中国外汇交易中心。

4. 中央银行

当一个国家在对外贸易、服务和投资的过程中，出现外汇需求大于外汇供给时，汇率会发生变动。如果中央银行不允许这种汇率变动，中央银行会在货币中心充当外汇供给者的角色，卖出外汇，以达到外汇需求和外汇供给的平衡，保持汇率水平不变。这时，国家的外汇储备会减少；反之，国家的外汇储备会增加。

(三) 外汇市场主要交易品种和货币

上面提到，外汇市场（foreign exchange market）是指个人、公司和银行买卖外汇的场所。经济学家认为，与其他金融市场相比较，外汇市场是更具竞争性和有效的市场。其根据如下：

（1）外汇市场是世界上最大的金融市场，交易遍布全世界。根据国际清算银行（BIS）对外汇交易每三年一次的统计，2022 年平均每天全世界外汇交易量高达 7.5 万亿美元。

（2）除周末外，每天 24 小时都在进行交易。外汇市场遍布全球各地。依照格林尼治时间标准，世界主要的外汇交易于清晨从悉尼和东京开始，并随时间逐渐西移，经香港、新加坡市、巴林，交替转移到法兰克福、苏黎世和伦敦等欧洲外汇市场，再跨越大西洋继续向西转移到纽约、芝加哥，最后在旧金山和洛杉矶结束一天的交易（见图 9.1）。

（3）外汇交易的方式也发生了革命性的变化。在 20 世纪 70 年代初，所有外汇交易都是通过电话形式进行的。在 20 世纪 80 年代后期，计算机交易系统取代了电话交易。最近，算法交易（algorithmic trading）和高频交易（high frequency trading）在外汇交易中取得重大进展。据经济学家统计，一半以上的外汇交易是算法交易和高频交易。外汇市场这些变化大大提高了市场的效率和透明度，并减少了交易成本。

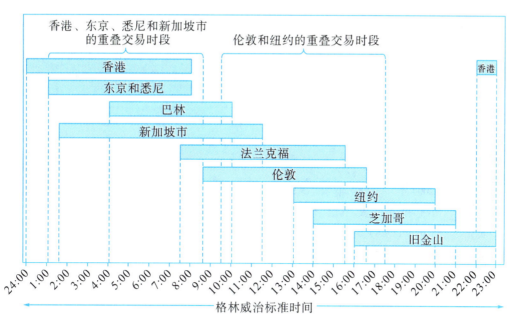

图 9.1　全球外汇交易时间分布图

外汇交易的总量是多少呢？外汇交易的主要品种有哪些？在外汇市场上有哪些主要货币在进行交易呢？国际清算银行（BIS）每三年对外汇交易进行一次统计，表9.1和表9.2给出了其统计结果。

从表9.1可知，外汇交易产品主要有四种，其定义如下：

① 外汇即期交易（spot exchange transaction）指交易双方以约定的外汇币种、金额、汇率，在成交日后两个营业日以内交割的外汇交易。这时的汇率称为即期汇率（spot exchange rate）。

② 外汇远期交易（forward exchange transaction）指交易双方以约定的外汇币种、金额、汇率，在约定的未来某一日期（成交日后两个营业日以上）交割的外汇交易，期限一般为7天、1个月、3个月、6个月、1年。这时的汇率称为远期汇率（forward exchange rate）。

③ 外汇掉期交易（foreign exchange swap transaction）是指在买进（或卖出）某种货币的同时，卖出（或买进）同等数量但交割期不同的同一种货币的外汇交易。

④ 外汇期权交易（foreign exchange option transaction）是指在未来某一交易日以约定汇率买卖一定数量外汇资产的交易。

表 9.1　全球外汇日平均交易量

单位：10 亿美元

外汇产品	2001 年	2004 年	2007 年	2010 年	2013 年	2016 年	2019 年	2022 年
外汇产品总量	1 239	1 934	3 324	3 973	5 357	5 066	6 581	7 508
即期外汇交易	386	631	1 005	1 489	2 047	1 652	1 979	2 107
远期外汇交易	130	209	362	475	679	700	998	1 163

外汇产品	2001 年	2004 年	2007 年	2010 年	2013 年	2016 年	2019 年	2022 年
外汇掉期	656	954	1 714	1 759	2 240	2 378	3 198	3 810
货币掉期	7	21	31	43	54	82	108	124
外汇期权	60	119	212	207	337	254	298	304

资料来源：国际清算银行（BIS）。

表 9.2　全球外汇市场主要货币交易份额和排名

单位：200%

货币	2004 年		2007 年		2010 年		2013 年		2016 年		2019 年		2022 年	
	份额	排名	份额	排名	份额	排名	份额	排名	份额	排名	份额	排名	份额	排名
美元	88.0	1	85.6	1	84.9	1	87.0	1	87.6	1	88.3	1	88.5	1
欧元	37.4	2	37.0	2	39.1	2	33.4	2	31.3	2	32.3	2	30.5	2
日元	20.8	3	17.2	3	19.0	3	23.1	3	21.6	3	16.8	3	16.7	3
英镑	16.5	4	14.9	4	12.9	4	11.8	4	12.8	4	12.8	4	12.9	4
人民币	0.1	29	0.5	20	0.9	17	2.2	9	4.0	8	4.3	8	7.0	5
澳元	6.0	6	6.6	6	7.6	5	8.6	5	6.9	5	6.8	5	6.4	6
加元	4.2	7	4.3	7	5.3	7	4.6	7	5.1	6	5.0	6	6.2	7
瑞士法郎	6.0	5	6.8	5	6.3	6	5.2	6	4.8	7	5.0	7	5.2	8
…	…	…	…	…	…	…	…	…	…	…	…	…	…	…
总计	200.0	—	200.0	—	200.0	—	200.0	—	200.0	—	200.0	—	200.0	—

资料来源：国际清算银行（BIS）。

从表 9.1 和表 9.2 中可知：

① 与 2001 年平均每天外汇交易约 1.24 万亿美元相比较，2022 年平均每天外汇交易上升到 7.51 万亿美元。

② 在外汇交易产品中，与 2001 年平均每天即期外汇交易约 0.39 万亿美元相比，2022 年平均每天即期外汇交易上升到约 2.11 万亿美元，而掉期外汇交易从 2001 年约 0.66 万亿美元上升到 2022 年约 3.81 万亿美元。外汇掉期成为最大交易量的外汇产品。

③ 2022 年美元仍然保持其首要交易地位，其交易份额为 88.5%。许多新兴经济体货币交易份额也在增加，如人民币交易份额迅速增加至 7.0%，成为第五大交易货币。

接下来，我们谈一谈中国的外汇市场。从表 9.3 可知，中国有两个外汇市场：银行对客户的外汇市场和银行间的外汇市场。银行对客户的外汇市场是指银行与客户（个人、企业等）的外汇交易场所。比如，某学生要出国留学到银行购买外汇；某出口商出口商品收到外汇，再把外汇卖给银行等。当银行与客户进行外汇交易时，有的银行出现多余外汇，有的银行缺少外汇，因此银行之间就需要外汇头寸调剂，这就出现了银行间的外汇市场。中国外汇交易中心就是中国银行间的外汇市场。

表 9.3　2022 年中国外汇市场交易概况

单位：亿美元

交易品种	金额
一、即期	125 924
银行对客户市场	42 490
银行间外汇市场	83 434
二、远期	10 574
银行对客户市场	9 275
银行间外汇市场	1 299
其中：3 个月（含）以下	892
3 个月至 1 年（含）	302
1 年以上	105
三、外汇和货币掉期	195 086
银行对客户市场	1 719
银行间外汇市场	193 367
其中：3 个月（含）以下	178 810
3 个月至 1 年（含）	14 153
1 年以上	404
四、期权	13 417
银行对客户市场	4 153
银行间外汇市场	9 264
五、合计	345 001

资料来源：中国外汇交易中心。

二、外汇汇率

（一）外汇汇率的定义

外汇汇率（foreign exchange rate）是两种货币的交换比率。外汇汇率有直接标价法和间接标价法两种标价方式。

在直接标价法（direct quotations）下，汇率是指用本国货币单位来表示一个单位外国货币的价格。大多数国家采用直接标价法，如在中国外汇市场上，1 美元＝7 人民币。

在间接标价法（indirect quotations）下，汇率是指用外国货币单位来表示的一个单位本国货币的价格。如 1 人民币＝0.14 美元。

（二）升值率和贬值率的计算

人民币对美元汇率从 2005 年 7 月 21 日的 1 美元＝8.28 人民币演变为 2014 年 8 月的 1 美元＝6.10 人民币。我们可知这个时期人民币对美元在升值，而美元对人民币在贬值，但美元贬值率和人民币升值率是有区别的。

美元贬值率＝[（期末值−期初值）/期初值]×100%

　　　　　＝[（6.10−8.28）/8.28]×100%≈−26.3%

人民币升值率＝[（期末值−期初值）/期初值]×100%

　　　　　　　＝[（1/6.10−1/8.28)/（1/8.28)]×100%≈35.7%

（三）中国外汇市场行情

在上面，我们已经介绍了中国有两个外汇市场：一个是各家银行对客户买卖的外汇市场，一个是银行间的外汇市场（名称为中国外汇交易中心）。我们还介绍了银行通过较高价格卖出外汇，以较低价格买入外汇，从而获得外汇价差的收益。在表9.4中，我们给出了银行间外汇市场的外汇报价，在表9.5中，我们给出了中国银行对客户的报价。在表9.5中，中国银行对客户有四个报价：现汇买入价、现钞买入价、现汇卖出价和现钞卖出价。为什么会出现这样的差异呢？我们以现汇买入价和现钞买入价为例，一是现汇买入价是指银行从客户手中用外汇的价格买入外汇代表票据；而现钞买入价是指银行从客户手中直接买入外币现钞，现钞是可以个人提现的。二是产生的费用不同。现汇可以直接将客户在国外的外汇存款转给银行，因此不需要承担多余的费用。而现钞就需要承担一定的成本费和保管费，可能还需要海外运费。

表9.4　2023年9月29日13:00银行间外汇市场的外汇报价

货币对	买入报价	卖出报价
美元/人民币（USD/CNY）	7.295 3	7.302 0
欧元/人民币（EUR/CNY）	7.702 2	7.710 2
100日元/人民币（100JPY/CNY）	4.894 7	4.899 5
港元/人民币（HKD/CNY）	0.931 82	0.932 98
英镑/人民币（GBP/CNY）	8.896 6	8.906 7
澳元/人民币（AUD/CNY）	4.687 0	4.691 4
新西兰元/人民币（NZD/CNY）	4.351 5	4.356 0

资料来源：中国外汇交易中心。

表9.5　2023年8月31日中国银行对客户的外汇牌价表
（100外币兑人民币）

货币名称	现汇买入价	现钞买入价	现汇卖出价	现钞卖出价
欧元	794.30	769.62	799.86	799.86
英镑	924.52	895.79	930.71	930.71
港币	92.70	91.96	93.07	93.07
日元	4.975 4	4.821 8	5.009 8	5.009 8
韩国元	0.549 3	0.530 0	0.553 7	0.553 7
美元	727.33	721.41	730.22	730.22

资料来源：新浪财经新闻。

三、影响汇率变动的因素

从总体上说，一国的宏观经济状况和实力是影响该国货币汇率变动的最基本因素。如一国的生产发展速度快、财政收支状况良好、物价稳定、出口贸易增加，则该国货币会升值，即以直接法表示的汇率会下降；反之，若一国生产停滞、财政收支赤字扩大、通货膨胀不断发生、出口贸易减少，则该国货币将贬值，即直接法表示的汇率将上升。具体来说，宏观经济中的许多变量都对汇率产生影响，下面介绍几个主要的因素：

（一）国际收支

国际收支状况也是影响汇率变动的主要直接因素，因为一国外汇供求状况主要是由一国国际收支状况决定的。如果一国的国际收支是顺差，则不仅外汇的流入增多，流出减少，而且别国对顺差国的货币需求增大，顺差国对别国货币的需求减少，从而顺差国货币的供不应求引起顺差国的货币汇率升值。如果一国国际收支顺差现象长时间持续，这个国家的货币在国际外汇市场上将成为强势货币或硬货币，其汇率将不断走高。

（二）通货膨胀

通货膨胀意味着国家发行的货币量超过了流通中正常需要的货币量，使其货币所代表的实际价值减少，从而引起货币的购买力下降，物价上涨，相应的，货币的对外价值也下降。所以当一国发生通货膨胀之后，会出现物价上涨，本国货币对外贬值。

（三）利率

通常情况下，短时期来讲，一国利率提高、银根紧缩，会吸引大量外国短期资金流入，使该国货币升值；反之，一国利率降低、银根放松，会使短期资金外流，该国对外币的需求增加，最终导致该国货币的汇率贬值。所以，各国利率的变化，尤其是各国利率水平之间的差异，是当今影响汇率变动的十分重要的因素。特别在金融全球化趋势日益加剧的今天，国际市场上大量的游资使得利率状况对汇率变动的影响更加巨大。值得注意的是，经济学家认为，如果一国长期实行高利率，该国货币往往处于贬值状态，原因是长期高利率国家往往是高通货膨胀国家。

（四）各国的宏观经济政策

各国的宏观经济政策将会影响其自身的经济增长、国际收支、就业率、物价水平和利率等经济变量，最终会影响到汇率的变动。其中，特别是货币政策对汇率的影响更为直接和明显。例如，在一般情况下，当一国实施紧缩的货币政策时，将促使该国货币汇率的升值；反之，将促使该国货币汇率的贬值。

（五）市场预期

预期对汇率的影响主要是通过人们对货币未来价值的评价来影响外汇的供求的。预期对汇率的影响很大，某些情况下其程度有时远远超过其他因素对汇率的影响。当人们预期未来汇率会下降时，就会不断地抛出该种货币，使得该货币供大于求，该货币对外贬值；反之，当人们预期未来汇率水平会上升时，则不断买入该货币，使得该货币供不应求，该货币对外升值。

（六）其他因素

除上述所讲的因素之外，还有其他一些因素影响汇率水平的变动，如股票、债券和外汇期货期权价格的变动、国际政治局势、自然灾害等。

上面谈到的是在其他因素不变的情况下，其中某一种因素发生变化对该货币的影响。在现实情况下，会出现多种因素变化同时影响到一种货币汇率的情况。例如，从 2005 年 7 月至 2015 年 7 月，人民币对美元升值 35% 左右。在此期间，中国物价水平高于美国，根据通货膨胀因素，人民币对美元汇率应该贬值，但现实是人民币对美元汇率升值了。其原因是还有一个因素也影响到汇率，这就是这一时期中美经济相对增长率。人民币之所以在这一时期对美元升值，是中国经济增长率高于美国经济增长率这一因素的影响大于中美相对通货膨胀因素的影响。

四、中国的外汇市场

1979 年，为促进对外开放，扩大对外贸易，鼓励出口，我国实行外汇留成与上缴制，产生了对企业留成外汇的外汇调剂市场。

1980 年 10 月，中国银行开始办理外汇调剂业务，在企业间调剂留成外汇。当时，外汇调剂业务由中国银行办理，并采取行政手段限制外汇调剂价格。

1985 年 11 月，深圳经济特区率先设立外汇调剂中心。

1987 年，为配合外贸体制改革，国务院扩大外贸企业的外汇留成比例。

从 1988 年 3 月起，各地相继成立外汇调剂中心，在北京成立了全国外汇调剂中心。

1988 年 9 月，在上海成立了我国第一家公开化的外汇调剂中心，实行会员制与竞价交易方式；同时，开放了外汇调节市场汇率，按市场供求状况浮动。

1994 年，我国实行外汇体制改革，建立了全国统一的银行间外汇市场（即中国外汇交易中心），实行银行对客户的结售汇制度。人民币汇率基本上由市场供求决定。中国人民银行只是根据银行间外汇市场交易情况公布汇率，规定银行间市场的汇率浮动幅度及银行挂牌汇率的浮动幅度，并通过央行外汇公开市场操作，适时入市买卖外汇，平抑市场供求。

1997 年 4 月，中国人民银行和国家外汇管理局批准中国银行试点开展远期结售汇业务，正式开始了国内人民币对外币的衍生品交易。

2005 年 7 月 21 日，人民币汇率形成机制改革启动。2005 年 8 月 15 日，银行间人民币外汇远期交易正式上线。

2006 年 4 月 24 日，中国外汇交易中心正式向市场推出人民币外汇掉期业务。

2011 年 4 月 1 日起，中国外汇交易中心在银行间外汇市场推出人民币对外汇的普通欧式期权交易。

五、外汇风险

企业和金融机构在从事国际贸易和投资的时候，由于涉及外汇兑换，所以就可能面临外汇或汇率风险。什么是外汇风险呢？产生外汇风险要具备两个条件：一是汇率会发生变化，通常称之为升值或贬值；二是企业和金融机构有净的外汇债权或债务。下面我们将分别介绍企业和金融机构面临的外汇风险种类，以及人民币汇率贬值或升值对行业、公司和国内宏观经济的影响。

（一）企业和金融机构面临的外汇风险种类

1. 外汇交易风险

外汇交易风险是指在运用外币计价和收付的交易中，经济主体因外汇汇率变动而蒙受损失的可能性，它是一种流量风险。例如，如果金融机构对进口商进行信用支持，那么当支付外汇货款时外汇汇率较合同订立时上涨，进口商在购买一定数量外汇时就必须付出更多的本国货币，从而首先遭受外汇风险损失。如果外币升值造成进口商的亏损，使其不能按期足额偿付对金融机构的欠款，这又会进一步导致金融机构的外汇风险暴露增大，并遭受信用风险。

2. 外汇折算风险

外汇折算风险又称为外汇会计风险，是指经济主体（包括金融机构）对资产负债表进行会计处理中，在将功能货币转换成其他记账货币时，因汇率变动而呈现出账面损失的可能性。在这里，功能货币就是指经济主体在经营活动中流转使用的各种货币；记账货币则是指经济主体在编制综合财务报表时使用的报告货币，通常也就是母国货币。一旦功能货币与记账货币不一致，在会计上就要做相应的折算，也就不可避免地出现折算风险。折算风险是一种存量风险。一般来讲，按照相关法规的规定和要求，金融机构应使用母国货币为单位编制汇总的财务报表，而不能在财务报表中使用几种不同的货币单位。但在其国际业务中，一般是以外币入账进行反映和核算的。所以，拥有以外币入账的会计科目的金融机构在编制正式财务报表时，都要将外币科目的余额折算成本币表示的余额。但在客观上，入账时使用的汇率与合并折算时的汇率可能会不一致，并最终对金融机构的财务状况造成影响。折算风险就是因为在折算时所使用的汇率与当初入账时使用的汇率不同而产生账面损益的可能性。入账时的汇率与折算时的汇率不同，改变了金融机构的资产和负债价值以及净资产、净收益与现金流量，使金融机构产生了外汇风险暴露。

3. 外汇经济风险

外汇经济风险又称外汇营运风险，是指由于未预料到的汇率变动而引起的企业和金融机构未来一定期间的收益或现金流量发生变化的潜在风险。收益的变化，既可能是增加，也可能是减少，这主要取决于汇率变动对商品数量、商品价格和成本的影响程度。对企业和金融机构而言，经济风险比由交易风险和折算风险引起的变化更为重要。原因在于，外汇经济风险将会直接影响企业和金融机构在国际业务中的经营成果，并且这种风险的受险部分是未来的长期收益和长期现金流量。由于经济风险所经历的时间比较长，因而防范和控制的难度也比较大，对企业和金融机构的影响比前两种风险的影响要大得多。

（二）人民币汇率贬值的行业和公司影响

由于贬值和升值对行业和公司影响相反，这里我们只介绍贬值对行业和公司的影响。

（1）人民币汇率变动从两个方面影响到行业和公司业绩。

对于出口企业而言，当人民币汇率贬值时，由于出口产品主要以美元计价，产

209

品竞争力提高，有利于产品出口增加。对于有大量外债的公司和行业而言，人民币贬值会加大还债负担。

（2）人民币汇率贬值，电子、家用电器、汽车、医疗器械等技术密集型出口行业的受益程度高于纺织服装等劳动密集型出口行业。这是因为东南亚国家也对西方出口纺织服装，存在较大的竞争性。

（3）人民币汇率贬值对石油、钢铁、化工等较大程度依赖进口原材料的行业不利，也包括粮食、天然气和木材加工业等进口行业。

（4）人民币汇率贬值，对房地产开发和建设、电子、交通运输、采掘、化工、有色金属等有大量美元借款的行业不利。

（三）人民币汇率贬值对国内宏观经济的影响

由于贬值和升值对国内宏观经济的影响相反，这里我们只介绍贬值对国内宏观经济的影响。人民币汇率贬值对国内宏观经济主要有如下三个方面的影响：

（1）人民币汇率贬值影响到国内的产出和就业。一般来讲，人民币汇率贬值，意味着一个外币可以兑换更多的本币。在国内物价水平保持稳定的条件下，从外国人角度来看，中国商品由于人民币汇率贬值变得更加便宜，会增加中国商品的出口，从而增加国内产出和就业。

（2）人民币汇率贬值会传递到进口的商品价格，从而可能产生国内物价上涨。人民币汇率贬值，意味着需要更多的本币兑换一个外币，从而引起用本币表示的进口商品价格上涨，这样可能会带来国内商品的价格上涨。

（3）人民币汇率贬值可能会改变不同币种资产的相对收益和风险的变化，从而影响到资本的流动。比如，当个人和公司预计人民币汇率可能贬值时，可能会调整他们的资产组合，增加外币资产，减少人民币资产，从而引起资本的流动。

第二节　国际金融市场上的平价条件

金融市场之间，以及金融市场和商品市场之间，存在必然的联系和平衡关系，经济学家把这些平衡关系称为平价条件。比如，商品市场的商品价格与外汇市场的汇率之间的关系，称为购买力平价；外汇市场的汇率与货币市场的利率之间的关系，称为利率平价；而货币市场的利率与商品市场的价格之间的关系，称为费雪平价或费雪效应。下面我们将简要介绍这三种平价条件。

一、购买力平价

购买力平价理论是关于汇率决定的理论，它指出两种货币之间的汇率的变动与两个国家之间相对价格水平的变化的关系。

购买力平价理论认为，在信息充分、不存在关税和交易成本的开放经济条件下，汇率取决于两国的物价水平或相对物价水平之比。也就是说，一国通胀率高于（低于）另一国的幅度与其汇率的贬值（升值）幅度是一样的。若购买力平价成立，则一国的对内购买力等于对外购买力。由于成立的条件苛刻，购买力平价汇率与短期均衡汇率可能存在很大的偏差。实际中，购买力平价理论常被用来分析和测算长期均衡汇率。

购买力平价有绝对购买力平价和相对购买力平价两种形式，但是在大多数情况下，我们更关注的是相对购买力平价，而相对购买力平价可表述为下列形式：

$$\frac{S_{t+1}}{S_t} = \frac{\dfrac{P_{t+1}}{P_t}}{\dfrac{P_{t+1}}{P_t^*}} \tag{9.1}$$

或者

$$S_{t+1} = S_t \cdot \frac{P_{t+1}/P_t}{P_{t+1}^*/P_t^*} \tag{9.2}$$

式中，S_{t+1} 和 S_t 分别表示在 $t+1$ 时期和 t 时期的汇率，P_{t+1} 和 P_t 分别表示 $t+1$ 时期和 t 时期的国内物价水平，而 P_{t+1}^* 和 P_t^* 分别表示外国在 $t+1$ 时期和 t 时期的物价水平。

从式（9.2）中可知，按照相对购买力平价理论，$t+1$ 时期的汇率 S_{t+1} 应该等于 t 时期的汇率 S_t 乘上两国这段时期物价水平相对变化之比。

现在举一简单例子来说明，假设 2023 年 1 月 1 日，人民币对美元的汇率为 1 美元 = 6.7 人民币，假设在 2023 年内，中国的消费者物价水平（CPI）为 5%，而美国的 CPI 为 1%。从相对购买力角度来看，2023 年年末的人民币对美元汇率应该是

$$S_{t+1} = S_t \cdot \frac{P_{t+1}/P_t}{P_{t+1}^*/P_t^*} = 6.7 \times \frac{1.05}{1.01} \approx 7 \text{ 人民币 /1 美元}$$

从上面的相对购买力平价理论和例子可知，一国货币具有双重价值：一个是对内价值，常用 CPI 来衡量；另一个是对外价值，用汇率来衡量。这两个价值紧密联系。一个对内不断贬值的货币，必然对外贬值。

二、利率平价

对一种金融资产的需求由三个因素决定：收益（return）、流动性（liquidity）和风险（risk）。当两种资产的风险和流动性无差别时，我们就认为这两种资产具有完全替代性（perfect substitutes）。

利率平价在即期和远期外汇市场以及国内外货币市场之间建立了某种联立关系。利率平价的形成基于这样一个原则，即套利行为会使得风险和流动性相同的本币和外币两笔投资应具有相同的收益率。下面我们将讨论在完全资本流动下的利率平价。

假设一位投资者将一单位本币投资于购买某种本币证券，在这一持有证券时期，本币证券利率水平为 i，这笔投资的最终收益为

$1 \times (1 + i)$

同理，完全资本流动下，该投资者也可以把一单位本币按当前的即期汇率（S）兑换成外币，然后用所得到的外币购买某种外币证券。外币证券在同一时期的利率

水平为 i^* 。

与此同时，该投资者按照当前的远期汇率（F）出售外币证券投资的全部收益（包括本金和利息）。

这笔外国证券投资的投资过程如下：

$$1 \text{ 单位本币} \xrightarrow{\text{转换}} \frac{1}{S} \text{ 单位外币} \xrightarrow{\text{投资}} \frac{1}{S}(1 + i^*) \text{ 外币} \xrightarrow{\text{再转换}} \frac{1}{S}(1 + i^*)F \text{ 本币}$$

如果以上这两种证券只是计值币种不同，在期限、风险和流动性等方面都相同，这两笔投资应该获得相同的收益，用公式表示为

$$1 \times (1 + i) = 1/S \times (1 + i^*) \times F \tag{9.3}$$

以上公式称为可抵补的利率平价（covered interest rate parity）。之所以称为可抵补的利率平价，是因为在这一投资过程中我们用远期汇率规避了汇率风险。

三、费雪平价或费雪效应

在金融市场上，金融资产价格的变化往往包含着某种信息。而费雪平价理论讲述的便是如何通过考察当前的利率水平而获得有关通货膨胀预期。费雪平价反映了一国国内名义利率和预期通货膨胀率之间的紧密联系。在发达国家，通货膨胀率和实际利率一般都较低，这时费雪效应通常用以下公式表示：

$$i = r + E(p) \tag{9.4}$$

名义利率＝实际利率＋预期通货膨胀率

为了采取费雪效应理论中的套利行为，人们应该在预期通货膨胀率很高、但尚未完全反映在名义收益率上时，买入商品、卖出金融资产。而当通货膨胀率下降时，人们则会选择持有金融资产而不是囤积商品，从而获得较高的回报。当费雪效应成立时，可以从名义资产（金融资产）上完全反映出通货膨胀预期和保有的实际收益率（或实际利率）。

举例：从 2013 年到 2015 年 7 月期间，世界黄金价格下降。原因可能是，一方面，美国一系列产业技术革命，如页岩气开采成本下降，生产有利可图，从而对资金需求大量增加。另一方面，美国联邦储备银行开始退出量化宽松政策，对资金的供给开始减少。上述两个因素促使利率（或收益率）大幅上升，而物价水平并没有大幅上涨，投资者离开黄金等商品市场，并进入资本市场，对黄金需求下降，从而导致黄金价格下降。

第三节　金融机构外汇风险分析

金融服务业的全球化致使金融机构日益暴露在越来越大的外汇风险中。直接从事外汇交易、提供外汇贷款、购买以外汇标价的证券或发行以外汇标价的外债都会产生外汇风险。最具代表性的外汇风险案例就是 1997 年爆发的亚洲金融危机。这场

危机始于 1997 年 7 月 2 日，泰铢相对于美元跌了近 50%，这导致了亚洲其他国家货币的贬值，最后导致亚洲国家以外的其他国家的货币（如巴西里拉和俄罗斯卢布）贬值。例如，1997 年 11 月 2 日，在泰铢贬值五个月之后，韩元相对于美元贬值 10%。由于此次货币危机的冲击，许多金融机构的收益都受到了影响。金融危机对货币价值的剧烈冲击使得金融机构越来越重视加强对外汇风险的分析、防范和管理。我们将在本节介绍金融机构常常运用的分析和防范外汇风险的方法。

一、外汇风险的根源

（一）外汇头寸

表 9.6 列出了美国银行业在 1994 年到 2018 年外币资产和负债的余额。从表 9.6 中可知，从 1994 年到 1997 年，美国银行业的外币资产和负债一直在增长。而 1998 年到 2000 年，却出现了下降趋势，这一外币资产和负债的下降原因很可能是：1997 年到 1998 年东南亚金融危机和俄罗斯金融危机，以及 2000 年年初的阿根廷金融危机。随后，随着危机的结束和世界经济的恢复，美国银行业的外币资产和负债又大幅增长。但到了 2008 年国际金融危机爆发后，美国银行业的外币资产和负债却好像保持相对稳定。更进一步来看，在 1994 年到 2000 年，美国银行业的外币负债大于外币资产。如果这一时期出现了美元对其他货币贬值，美国银行就需要花费更多美元去换其他货币来支付外国债权人，这时就出现了外汇风险损失。然而，在 2005 年到 2018 年，情况出现反转，美国银行业总体上外币债权大于外币负债。如果美元对其他货币贬值（升值）的情况下，美国银行业会由于它的外汇风险暴露而遭受额外的收益（损失）。

213

表 9.6　美国银行业的外币负债和债权（以外币方式支付、期末数据）

单位：百万美元

类别	1994 年	1995 年	1997 年	1998 年	2000 年	2005 年	2008 年	2009 年	2012 年	2015 年	2018 年
银行负债	89 284	109 713	117 524	101 125	76 120	85 841	290 467	214 410	215 883	278 000	235 530
银行债权	60 689	74 016	83 038	78 162	56 867	93 290	324 230	333 622	373 624	432 455	441 136

资料来源：美国历年联邦储备公报。

表 9.7 给出了 2018 年 6 月美国所有银行的主要外币头寸。其中第 2 列和第 3 列为银行持有的外币资产和外币负债，均以外币标价。第 4 列和第 5 列表示外汇交易业务，其中包括外汇即期交易和外汇远期交易业务。从表 9.7 中可知，尽管美国银行业买入外汇和卖出外汇的数量非常大，但其头寸很小。例如，在 2018 年 6 月，美国银行业买入了 6 538 590 亿日元，其净头寸只是 −6 640 亿日元。

表 9.7　2018 年 6 月美国银行外币资产和外币负债月度头寸
（以标价货币表示）

币种	资产	负债	外汇买入	外汇卖出	净外币头寸
加元（百万）	299 409	284 120	1 959 332	2 056 350	−81 729
日元（亿）	1 384 160	1 263 610	6 538 590	6 665 780	−6 640
瑞士法郎（百万）	98 550	76 326	1 087 377	1 127 829	−18 228
英镑（百万）	942 772	908 663	3 091 625	3 309 119	−183 385
欧元（百万）	2 432 964	2 215 903	8 803 594	8 964 791	55 864

资料来源：2018 年美国财政部公报。

　　表 9.8 列出了从 2014 年到 2022 年的中国银行业外币贷款和存款数据。从表 9.8 中可知，从 2014 年到 2019 年，中国银行业的外币贷款呈下降趋势，外币存款呈上升趋势，从而外币头寸（外币贷款减去外币存款）呈减少趋势。2022 年，外币资产、负债和外币净头寸都出现大的增长。

表 9.8　中国银行业外币存贷款总额

单位：亿美元

类别	2014 年	2015 年	2016 年	2017 年	2018 年	2019 年	2022 年
外币贷款	8 351	8 303	7 858	8 379	7 948	7 888	15 186
外币存款	5 735	6 272	7 119	7 910	7 275	7 603	13 522
外币头寸	2 616	2 031	739	469	673	675	1 664

　　无论使用哪一种外币，银行的所有外汇风险都可由它们的净外币头寸来表示：

净外币头寸 i =（外汇资产 − 外汇负债）+（外汇买入 − 外汇卖出）

$$= 净外汇资产 + 净外汇买入 \qquad (9.5)$$

其中，i = 第 i 种外币。

　　显然，金融机构能够通过匹配其外币资产和外币负债，以及在外汇买卖中匹配其外汇买入和外汇卖出来规避外汇风险。金融机构也可以通过使用外汇买卖中的头寸来冲销外汇的资产和负债头寸，从而使得用某一种外币表示的净头寸为零。

　　尽管只给出了商业银行的外汇风险的例子，绝大多数的非银行金融机构同样因为持有外汇资产或负债以及进行外汇买卖而面临外汇风险。它们遭受外汇风险的绝对规模要小于主要的货币中心银行。其原因主要包括较小的资产规模、审慎的个人关注和管制。例如，退休金基金投资了大约 15% 的资产在外汇证券上，人寿保险公司通常持有的外汇证券不超过其资产的 10%。有趣的是，美国金融机构持有的海外资产少于日本和英国的金融机构。

（二）汇率的波动性和外汇风险

　　我们可以通过分析资产负债表中的资产、负债和外汇交易的不匹配和汇率运动的潜在波动性来衡量金融机构的外汇风险的潜在规模。具体来讲是：

本币在外币 i 上的损失/收益 = 外币 i 用本币计价的净外币敞口 × 本币/外币 i 的
汇率波动 $\qquad (9.6)$

　　金融机构的外汇头寸越大，该种外币汇率的波动越大，则金融机构的潜在损失或收益越大。也就是说，它的日风险收益越大。一国货币供给和需求的波动，也可能影响到汇率的波动。这就是说，从概念上讲，汇率就像商品的价格，当一国货币的供给低而需求高的时候，它就可能相对别国货币升值；当一国货币的供给高而需求低的时候，它就可能相对别国货币贬值。

二、外汇交易

（一）外汇交易活动

金融机构的外汇交易有以下四种形式：

（1）购买、出售外币，使客户参加和完成国际商业交易。

（2）购买、出售外币，使客户或金融机构对国外进行真实投资和金融投资。

（3）以套期保值为目的，购买、出售外币，以抵消客户或金融机构的特定外币的敞口头寸。

（4）通过预测外汇汇率走势，以投机为目的购买、出售外币。

　　在前两种活动中，金融机构通常作为其客户的中介机构而收取一定的服务费，本身并不承担外汇风险。如中国商业银行是中国主要的外汇供应商，它将外汇零售给客户。在第三种活动中，金融机构主要是通过对冲交易，来防御性地减少外汇风险。因此，外汇风险本质上与敞口头寸，即以投机为目的的第四种活动相关。通常情况下，金融机构在与别的金融机构进行外汇交易的时候并不对冲。金融机构可以直接同别的金融机构进行交易，或同专门的外汇经纪人交易。外汇经纪人因安排金融机构双方的交易而获得一定的佣金。投机性交易可以通过一系列外汇工具来实现。即期现汇交易是最普遍的，金融机构通过买卖之间的价差或者说通过叫买、叫卖价运动方向的不一致来获利。然而，金融机构也可以通过外汇远期交易、期货和期权来获利。越来越多的金融机构介入由投资者操作的专门对冲基金，如约瑟夫·刘易斯（Joseph Lewis）和乔治·索罗斯（George Soros），他们的投机活动致使货币币值剧烈波动，并对此进行豪赌。索罗斯的所作所为众所周知，而英国人约瑟夫·刘易斯却几乎不为人知，他的交易主要在其百慕大群岛的基地进行。1998 年美国长期资产管理公司（Long-Term Capital Management）的倒闭和对冲基金的操作者，如索罗斯和刘易斯的投机行为已经促使金融机构认识到对外汇交易需要更大力度的规范和监管。

（二）外汇交易的获利性

　　外汇交易的大部分利润和损失都来自持有敞口头寸或在外汇市场上进行投机活动。美国金融机构通过做市或作为中介机构向客户提供零售或批发服务而获得的佣金都是次要的、补充性的利润来源。中国的银行主要靠为客户提供外汇服务而获得收入。

　　表9.9 显示了美国三大银行的外汇交易收入来源。从表9.9 中可知，在 2008 年8 月国际金融危机爆发以前，美国这三家银行的外汇交易收入逐年稳定增长。比如，美国银行的外汇交易收入从 1995 年的 3.03 亿美元增长到 2008 年的 17.728 亿美元。

然而，在国际金融危机发生后，这三家银行外汇交易收入开始下降，到 2015 年还未恢复到金融危机前的外汇交易收入水平。

表 9.9　美国三大银行外汇交易收入

单位：百万美元

银行	1995 年	2000 年	2005 年	2008 年	2009 年	2011 年	2014 年	2015 年
美国银行	303.0	524.0	769.8	1 772.8	833.2	1 391.3	1 068.0	324.0
花旗银行	1 053.0	1 243.0	2 519.0	2 590.0	1 855.0	1 871.0	2 435.0	452.0
J. P. 摩根银行	253.0	1 456.0	997.0	1 844.0	2 541.0	1 043.0	1 586.0	880.0

三、外汇资产和负债的头寸

金融机构外汇敞口风险的第二方面的原因是外汇金融资产和外汇金融负债组合不匹配。如果一个金融机构持有的外汇资产超过它的外汇负债，那么在该种货币上就是净多头；如果一个金融机构持有的外汇负债超过它的外汇资产，那么在该种货币上就是净空头。外汇资产和负债，不仅包括了发行和购买的以外币计价的债券，还包括了外汇存款和贷款。金融市场的全球化使得获得多国货币的融资成为可能。因此，对于金融机构而言，极其重要的是：不仅要多样化他们的资产和资金的使用，而且需要探求外汇市场的不完美之处，从而为实现更高的资产回报或为达到更低的资金成本创造机会。

（一）对外投资收益和风险

为了考察金融机构资产负债表中增加了外币资产和负债后的收益和风险，先考虑表 9.10 的简单例子。

表 9.10　增加了外币资产后的金融机构的资产负债表

资产	负债
1 亿元人民币贷款（8%）（1 年） （以人民币计价） 等价于 1 亿元人民币的美元贷款（10%）（1 年） （以美元计价）	2 亿元人民币存款（6%）（1 年） （以人民币计价）

金融机构的负债以人民币计价，但其中的 50% 投资于以人民币计价的资产，50% 投资于以美元计价的资产。在这个例子中，金融机构资产和负债的久期匹配都为 1 年，但其资产和负债组合的货币不匹配。假设预期 1 年期人民币存款利率是 6%，1 年期人民币无风险信用贷款的收益率为 8%。若只投资于国内，金融机构可以赚取 2% 的利差。

现在金融机构将 2 亿元人民币中的 50% 投资于 1 年期美元贷款，其余的 50% 投资于人民币贷款。其具体操作如下：

第一步，年初，在即期市场上卖出 1 亿元人民币买入美元。如果汇率为 $1 = ¥8.260，那么可以兑换到 ¥100 000 000/（¥8.260/$）= $ 12 106 538。

第二步，将 $ 12 106 538 投资于年利率为 10% 的 1 年期美元贷款。

第三步，年末，这些贷款的收入为 $ 12 106 538×1. 1 = $ 13 317 192。

第四步，把这些美元资金转化为人民币，即在外汇市场上以年末的即期汇率卖出美元、买进人民币。

根据年末美元的即期汇率，即美元的远期汇率的变化，有以下三种情况：

（1）年末美元的即期汇率仍然保持在 ¥ 8. 260/ $ 。

美元贷款收入转化为人民币为

　$ 13 317 192× ¥ 8. 260/ $ ≈ ¥ 110 000 006

或以收益率表示为

（ ¥ 110 000 006 - ¥ 100 000 000） / ¥ 100 000 000 ≈ 10. 00%

金融机构两笔贷款组合的加权收益率为

0. 5×8% + 0. 5×10% = 9%

投资收益率 9% 减去融资成本 6%，得到净收益率 3%。

（2）年末美元贬值为 ¥ 7. 765/ $ 。

美元贷款收入转化为人民币为

　$ 13 317 192× ¥ 7. 765/ $ ≈ ¥ 103 407 996

或者以收益率表示为

（ ¥ 103 407 996 - ¥ 100 000 000） / ¥ 100 000 000 ≈ 3. 41%

贷款组合的加权平均收益率为

0. 5×8% + 0. 5×3. 41% ≈ 5. 71%

减去融资成本 6%，得到净收益率 -0. 29%。

年末美元汇率的贬值抵消了美元贷款相对于人民币贷款的较高的收益率，使净收益率为负。

（3）年末美元升值为 ¥ 8. 285/ $ 。

美元贷款收入转化为人民币为

　$ 13 317 192× ¥ 8. 285/ $ ≈ ¥ 110 332 936

或者以收益率表示为

（ ¥ 110 332 936 - ¥ 100 000 000） / ¥ 100 000 000 ≈ 10. 33%

贷款组合的加权平均收益率为

0. 5×8% + 0. 5×10. 33% ≈ 9. 17%

减去融资成本 6%，得到净收益率 3. 17%。

金融机构将会从美元投资中获得双重收益——美元贷款的高收益率加上在投资期内美元升值带来的额外收益。

（二）风险与套期保值

因为管理者事先不可能确定年末美元兑人民币的即期汇率，所以只持有美元资产，而没有美元负债的策略是有风险的。如前所述，如果美元由 ¥ 8. 260/ $ 升值到 ¥ 8. 285/ $ ，美元贷款的收益率为 10. 33%；如果美元对人民币贬值为 ¥ 7. 765/ $ ，那么美元贷款产生的收益率仅为 3. 41%。这样会影响到金融机构的资产加权平均收

217

益率，进而使净收益率降低，甚至可能为负。

理论上，金融机构管理者有两种方法能更好地控制外汇敞口的规模：表内套期保值和用远期合约套期保值。

1. 表内套期保值

假设投资于利率为10%的美元贷款的资金来源不是人民币存款，而是1年期的利率为7%的美元存款。现在金融机构的资产负债表如表9.11所示。

表 9.11　同时持有外汇资产和负债的金融机构的资产负债表

资产	负债
1亿元人民币贷款（8%）（1年） （以人民币计价）	1亿元人民币存款（6%）（1年） （以人民币计价）
等价于1亿元人民币的美元贷款（10%）（1年） （以美元计价）	等价于1亿元人民币的美元存款（7%）（1年） （以美元计价）

这样金融机构外币资产负债表的到期日和币种都匹配了。现在考虑两种情况：

（1）美元贬值为¥7.765/$。

由于金融机构的资产没有发生变化，贷款组合的收益率仍然是5.71%，即在没有进行套期保值的情况下美元汇率为¥7.765/$时的收益率。现在我们来考虑价值为1亿元人民币的美元负债以人民币表示的成本。

年初，金融机构以美元存款方式融入相当于1亿元人民币的资金，存款为1年期，利率为7%。当时的汇率为¥8.260/$。与 100 000 000 元人民币等值的美元数为 ¥100 000 000/（¥8.260/$）≈ $ 12 106 538。

年末，金融机构必须向美元存款的持有人返还本金和利息 $ 12 106 538×1.07≈ $ 12 953 996。

同时，年末美元贬值为¥7.765/$，则以人民币表示的须支付的金额为

$ 12 953 996×¥7.765/$ ≈ ¥100 587 779

或以百分比表示为

（¥100 587 779−¥100 000 000）/¥100 000 000≈0.59%

因此在年末：

贷款组合的加权平均收益率为5.71%。

融资平均成本为 0.5×6%+0.5×0.59%≈3.30%。

净收益率为 5.71%−3.30%=2.41%。

（2）美元升值为¥8.285/$。

同样，贷款组合的收益率仍然是9.17%，即在没有进行套期保值的情况下，美元汇率为¥8.825/$时的收益率。现在考虑当国内金融机构在年末必须向美元存款者支付利息和本金时国内1年期存款的人民币成本：

$ 12 106 538×1.07×¥8.285/$ ≈ ¥107 323 854

或者以百分比表示为

（¥107 323 854−¥100 000 000）/100 000 000≈7.32%

因此在年末：

贷款组合的加权平均收益率为 9.17%。

融资平均成本为 $0.5 \times 6\% + 0.5 \times 7.32\% \approx 6.66\%$。

净收益率为 $9.17\% - 6.66\% = 2.51\%$。

由此可见，无论在投资期内汇率朝何种方向变动，通过直接匹配金融机构的外币资产和负债表，金融机构都可以锁定正的净收益或利差。

我们能够看出，在资本可以自由流动的情况下，若不考虑外汇风险，当国外利差高于国内利差时，金融机构会逐渐地撤出国内市场，而把其业务放在国外。国内竞争的缓和扩大了国内存贷款利差，而国外竞争日益激烈减小了国外存贷差，直到国外业务的这种获利机会消失。但在涉足国外业务时，必须考虑到外汇风险对净收益的影响。

2. 用远期合约套期保值

除了用相同金额和期限的外币负债与外币资产相匹配，金融机构还可以通过外币远期市场来套期保值。由于拥有一年期的美元资产，即年末会产生一笔美元收入，金融机构可以在远期市场上签订一份远期合同，以约定的美元价格卖出远期美元、买入远期人民币，从而现在锁定年末以人民币表示的美元贷款收入，规避汇率变动带来的风险。远期头寸作为一种表外项目并不反映在资产负债表中。仍采用表 9.10 中的数据，金融机构通过远期合约套期保值的操作步骤如下：

第一步，金融机构以当天的即期汇率出售 100 000 000 元人民币换取美元，收入 ¥100 000 000/¥8.260/$ ≈ $12 106 538。

第二步，立刻以 10% 的年利率将这 $12 106 538 贷出。

第三步，同时，以现在的 1 年期远期汇率出售由美元贷款产生的预期本金和利息。设人民币和美元现在的 1 年期远期汇率为 8.285¥/$，即美元远期升水 0.30%：

（¥8.285 - ¥8.260）/8.260¥ ≈ 0.30%

第四步，一年后，金融机构收到美元贷款本息 $13 317 192：

$12 106 538×1.10 ≈ $13 317 192

第五步，金融机构将 $13 317 192 交割给 1 年期远期合约的购买者，收到事先承诺的 ¥110 332 936：

$13 317 192× ¥8.285/$ ≈ ¥110 332 936

或者以收益率表示为

（¥110 332 936 - ¥100 000 000）/ ¥100 000 000 ≈ 10.33%

金融机构贷款组合的加权收益率为

$0.5 \times 8\% + 0.5 \times 10.33\% \approx 9.17\%$

减去融资成本 6%，得到净收益率 3.17%。

通过远期合约交易，金融机构将美元贷款收益率锁定在 10.33%，将贷款组合的加权收益率锁定在 9.17%，从而锁定净收益率 3.17%。

在这个例子中，金融机构不断从国内人民币贷款中抽出资金注入套期保值的美元贷款是有利可图的，因为已经套期保值的美元贷款收益率是 10.33%，远远高于国内贷款的收益率8%。当金融机构寻找到更多的美元贷款投资机会时，它必须买入更多的现货美元。这使得美元兑人民币的即期汇率超过¥8.260/＄。另外，金融机构将出售更多的远期美元（美元贷款收入），导致美元远期汇率低于¥8.285/＄，美元远期发生贴水，投资收益下降。这一过程一直持续到金融机构6%的资金成本等于美元贷款远期套期保值的收益率。换句话说，此时借入人民币投资于美元贷款并以远期合约套期保值的投资方式将无利可图。用利率平价公式表示为

$$1 + r_{cn,\,t}^{D} = \frac{1}{S_t} \times (1 + r_{us,\,t}^{L}) \times F_t \tag{9.6}$$

其中：

$1 + r_{cn,\,t}^{D}$ 代表1加上在 t 时刻金融机构国内存款利率；

S_t 代表在 t 时刻美元兑人民币的即期汇率；

$1 + r_{us,\,t}^{L}$ 代表1加上 t 时刻美元贷款的利率；

F_t 代表在 t 时刻美元兑人民币的远期汇率。

假设 $r_{cn,\,t}^{D} = 6\%$，$r_{us,\,t}^{L} = 10\%$，与表9.10中数据一致。当金融机构把更多的资金投资于美元贷款时，购入美元的即期汇率从¥8.260/＄上升到¥8.285/＄。在均衡状态下，远期汇率将降为¥7.984/＄，这样就完全消除了美国投资对国内金融机构的吸引力：

$$1 + 0.06 = \frac{1}{8.285}(1 + 0.1)F_t$$

$$F_t = ¥7.984/\＄$$

上式体现了利率平价条件下的远期汇率的计算，这是一种无套利平价条件，意思是套期保值后以人民币表示的国外投资收益刚好等于以国内存款利率表示的融资成本。这种关系可表述为

$$\frac{r_{us,\,t}^{L} - r_{cn,\,t}^{D}}{1 + r_{us,\,t}^{L}} \approx -\frac{F_t - S_t}{S_t} \tag{9.7}$$

$$\frac{0.1 - 0.06}{1.1} \approx -\frac{7.984 - 8.285}{8.285}$$

$$0.036\,36 \approx 0.036\,33$$

即在均衡条件下，国内国外之间的存贷款利差按国外贷款收益率贴现得到的值约等于外汇的贴水率。这种关系就是利率平价理论所揭示的无套利均衡条件。它的含义是，在竞争性存款、贷款和外汇市场上，对金融机构管理者来说，国外投资的获利机会很小而且转瞬即逝。也就是说，只有当国际存款、贷款和其他金融市场出现重大缺陷，包括跨境金融流动障碍时，才会出现违反这种关系的情况。

（三）多币种外国资产负债头寸

到目前为止，我们都是以单一货币为例来说明资产、负债组合匹配或不匹配的情况。实际上，许多金融机构，包括银行、共同基金和养老基金，都持有多币种资产和负债。对多币种交易组合，在许多资产和负债市场中进行分散交易可以降低组合收益的风险及资金的成本。在一段时间内，当国内与国外利率或股票收益率的变

化不完全一致时，分散化的资产负债组合的潜在收益能够抵消不匹配的单一货币资产负债头寸的风险。

在理论上，任何一个特定国家的固定收益证券的名义利率包含以下两个主要因素：第一是真实利率，它反映了真实经济部门对该货币的需求和供给。第二是预期的通货膨胀率，它反映了资金的供应者要求资金的需求者支付的额外报酬以补偿贷款期间内由于预期的物价水平上涨给贷款者造成的损失。用公式可以表示为

$$i_i = r_i + E(p_i) \tag{9.8}$$

其中：

i_i 代表国家 i 的名义利率；

r_i 代表国家 i 的实际利率；

$E(p_i)$ 代表国家 i 一段时期内预期的通货膨胀率。

如果各国间的实际储蓄、投资需求和供给压力及通货膨胀预期紧密相关，我们会发现名义利率与金融市场高度相关。例如，由于对投资资金需求强烈，美国实际利率上升，可能会出现从其他国家流入美国的资本。其他国家的政策制定者和借款者，为了减少其资本流出的规模，会提高本国的实际利率和名义利率。另一方面，如果世界资本并非完全一体化，在国际资金流动达到平衡之前，名义利率和实际利率会存在相当大的差别。国内外资产或负债的收益率呈弱相关性关系，并存在巨大的分散化机会。

表 9.12 列出了 2016—2018 年世界主要股票市场收益率之间的相关性。

表 9.12　2016—2018 年世界主要股票市场收益率之间的相关性

主要股票市场	主要股票市场										
	道琼斯	加拿大	欧洲	英国	澳大利亚	日本	巴西	中国	印度	俄罗斯	南非
道琼斯	1										
加拿大	0.565	1									
欧洲	0.612	0.568	1								
英国	0.594	0.615	0.670	1							
澳大利亚	0.559	0.617	0.597	0.564	1						
日本	0.600	0.307	0.644	0.295	0.384	1					
巴西	0.421	0.635	0.230	0.373	0.328	0.150	1				
中国	0.392	0.277	0.256	0.221	0.259	0.460	0.322	1			
印度	0.425	0.387	0.436	0.410	0.411	0.373	0.325	0.103	1		
俄罗斯	0.123	0.225	0.333	0.227	0.165	0.200	0.129	−0.135	0.185	1	
南非	0.461	0.614	0.532	0.448	0.577	0.315	0.380	0.306	0.422	0.293	1

从表 9.12 中可以看到 2016—2018 年世界股票市场收益率之间的相关性。除了中国与俄罗斯股票市场呈负相关外（−0.135），其他主要股票市场收益率之间呈现正相关。

221

第四节　金融机构外汇风险的管理

一、外汇交易风险的管理技术

商业银行在外汇市场上的参与程度不同，有些银行可能很少涉足外汇市场，而另一些银行则是外汇市场上活跃的参与者。而在后者中，有些银行只是客户外汇交易的代理人，而另一些银行自己也进行交易。通常，外汇风险的报告采取较为简单直接的方式，只需记录即期与远期市场的各种货币头寸。交易者为外汇风险设置一个额度限制，然后就实时监测汇率变化，或只监视每日的收盘情况。也有一些外汇交易活跃的商业银行开始对风险管理方法（VaR）产生了浓厚的兴趣，并逐渐在外汇风险管理中使用这种方法。额度控制仍然是外汇交易风险控制的主要方法，它为所交易的币种的即期和远期头寸都设置了限制。许多银行都根据以往的经验或主观判断为外汇风险暴露头寸设置限制，然而也有一些银行尝试利用类似于利率风险管理模型的方法，以使决策更加客观。针对交易中存在的外汇风险，银行主要采用各种限额控制，它们主要可以分为以下几类：

①即期外汇头寸限额。这种限额一般根据交易货币的稳定性、交易的难易程度、相关业务的交易量而定。

②掉期外汇买卖限额。由于掉期汇价受到两种货币同业拆放利率的影响，故在制定限额时，必须考虑到该种货币利率的稳定性，远期期限越长，风险越大；同时，还应制定不匹配远期外汇的买卖限额。

③敞口头寸限额。敞口头寸也称为缺口头寸，是指没有及时抵补而形成的某种货币的多头或者空头头寸。敞口头寸限额一般需要规定相应的时间和金额。

④止损点限额。止损限额是银行对交易人员建立外汇头寸后，面对外汇风险引起的外汇损失的限制，是银行对最高损失的容忍程度。而这种容忍程度主要取决于银行对外汇业务的参与程度和对外汇业务收益的期望值：在市场中的参与程度越高，期望收益率越高，愿意承担的风险就越大。

除了制定每天各类交易的限额之外，还需制定每日各类交易的最高亏损限额和总计最高亏损限额。当突破了这些限额时，银行将进入市场，进行相应的外汇即期、远期、掉期以及期货和期权等交易，将多余的头寸对冲掉。这些金融市场工具也经常用于非金融机构的风险管理中。

二、外汇折算风险的管理技术

对于外汇折算风险而言，由于折算损益只是一种会计账面上的损益，并不涉及金融机构真实价值的变动，因此折算风险与交易风险、经济风险并不相同。这种账面风险主要影响向股东和债权人提供的会计报表。但是这种折算损益也在一定程度上反映了金融机构所承担的外汇风险，有可能在未来成为损失。

折算风险的管理技术主要有两种：资产负债表中性化法和风险对冲法。资产负债表中性化法要求金融机构调整资产和负债，使得以各种功能货币表示的资产和负债的数额相等，折算风险头寸为零，因此无论汇率怎样变动，也不会带来会计折算上的损失。风险对冲法是指通过金融市场操作，利用外汇合约的盈亏来冲销折算盈亏。

三、外汇经济风险的管理技术

外汇经济风险是指银行未来现金流对潜在汇率变动的敏感性。首先，外汇经济风险管理要考虑汇率变动的影响期间。如果汇率变动是暂时的，对银行经营进行大规模调整很可能使管理风险的成本大于可能带来的收益，因此是不可取的；如果这种变动是持久的，对银行的影响也将是持久的，则相应的经营调整是必要的。其次，银行需要决定经济风险管理的政策。这种政策取决于现金流与其变动的性质，以及管理人员对风险的态度。如果根据所预测的汇率变动时间、方向和幅度可以确定未来现金流的变动将有利于银行，管理人员大可不必采取行动。

经济风险的管理原则应当是尽可能降低汇率变动对现金流的负面影响。银行可以通过采取资产债务匹配、业务分散化、融资分散化、营运资本管理等措施来管理经济风险。

复习思考题及参考答案

1. 简述外汇市场的基本功能及实现。
2. 影响汇率变动的因素有哪些？
3. 外汇风险的种类有哪几种？
4. 如何计量金融机构的净外币敞口？
5. 如果金融机构持有美元多头，当人民币对美元升值时，金融机构是获利还是损失？
6. 金融机构有 1 000 万的美元资产和 700 万的美元负债。它又在外汇交易中购买了 800 万美元。金融机构以美元表示的净外币敞口是什么？
7. 四种主要外汇交易活动是什么？
8. 什么动机驱使金融机构对外币敞口进行套期保值？套期保值的局限性是什么？
9. 如果金融市场不完全相关，金融机构持有多币种外国资产和负债是有利还是无利？
10. 金融机构管理者控制外汇敞口的两种方法是什么？
11. 假设国内 1 年预期通货膨胀是 8%，1 年期名义利率是 10%，实际利率是多少？
12. 某金融机构在国内以 6.5% 的利率发行价值 2 亿元人民币的 1 年期存单。它把这笔资金的 50% 投资于某公司发行的 1 年期年利率为 7% 的债券，另外 50% 投资于 1 年期年利率为 8% 的美国公司债券。当前汇率是 ¥8.265/ $ 。

（1）如果人民币与美元间汇率不变，投资于债券的 2 亿元人民币的净收益率是多少？

（2）如果汇率下降为 ¥8.255/ $ ，投资于债券的 2 亿元人民币的净收益率是多少？

（3）如果汇率上升为 ¥8.275/ $ ，投资于债券的 2 亿元人民币的净收益率是多少？

扫一扫，即可获得参考答案

参考文献

［1］艾特曼，斯通希尔，莫菲特. 国际金融［M］. 15 版. 路蒙佳，译. 北京：中国人民大学出版社，2022.

［2］李志辉. 金融机构业务经营与管理［M］. 北京：中国金融出版社，2004.

［3］倪锦忠. 现代金融机构风险管理［M］. 北京：中国金融出版社，2004.

［4］彭江平. 金融机构风险管理的理论与系统［M］. 成都：西南财经大学出版社，2001.

［5］萨尔瓦多. 国际经济学［M］. 12 版. 杨冰，译. 北京：清华大学出版社，2019.

［6］SAUNDERS A, CORNETT M, ERHEMJAMTS O. Financial Institutions Management［M］. New York：McGraw-Hill, 2021.

金融风险管理

第十章
资本充足率

金融机构在经营过程中不可避免地面临着各种各样的风险，充足的资本能够弥补金融机构未预料到的损失，使其有效地维持清偿力。由于金融机构在整个经济中的特殊地位，任何一家金融机构出现清偿力不足问题，都会危及整个金融系统的安全和稳定，因此，充足的资本对金融机构持续经营具有十分重要的作用。巴塞尔协议确定了统一的资本充足率的计算方法和标准，并成为大多数国家金融监管当局计算和衡量资本充足率的标准。

第一节　资本概述

一、资本的定义

在市场经济中，任何一个以营利为目的的企业，在申请开业时，都必须具备一定数量的资本金，它是企业经营的基础。金融机构也不例外，必须投入一定的自有资本，它代表着股东对金融机构的所有权。由于金融机构在整个经济中的特殊地位，资本具有更重要的作用即防止金融机构遭遇清偿力不足的风险。事实上，从不同的角度来看，资本的定义是不同的。具体地说，从会计学的角度看，资本被定义为总资产与总负债的账面价值之差。从经济学的角度来看，金融机构的资本，即所有者权益的市场价值，被定义为总资产与总负债的市场价值之差，也称为经济净值。而从金融机构监管当局的角度看，由于资本的市值不易确定，因此，对资本以及一些与资本相关比率的规定是建立在金融机构的账面或历史价值之上。

二、资本市场价值与账面价值的比较

资本与风险的联系是十分紧密的。金融机构在经营过程中面临着巨大的风险，主要是利率风险、信用风险等，而资本对防止金融机构出现清偿力不足的风险发挥着重要作用。

（一）资本的市场价值

下面用一个例子来说明经济意义上的净值或所有者权益是如何抵御金融机构所面临的风险。表10.1是一张简单的金融机构的资产负债表，其中所有的资产和负债都是以当前的市场价格计价。

225

表 10.1　一家金融机构的资产负债表

单位：万元

资产		负债及所有者权益	
长期证券投资	8 000	负债（短期、浮动利率存款）	9 000
长期贷款	2 000	净值（所有者权益）	1 000
合计	10 000	合计	10 000

在市场价值计价的基础上，该金融机构的经济净值（所有者权益）为 1 000 万元，即总资产的市场价值 1 亿元减去总负债的市场价值 9 000 万元，在这种情况下，如果金融机构现在被清算，那么在经济上它是具有清偿力的，存款者不会遭受损失。以下主要考虑金融机构面临的两类风险——信用风险和利率风险对经济净值的影响。

1. 资本的市场价值和信用风险

表 10.1 显示，金融机构拥有 2 000 万元的长期贷款。假设由于经济不景气，大量的贷款人面临着现金流问题，不能履行还款义务，这将导致金融机构当前和未来预期的现金流减少，该信贷组合的市场价值由 2 000 万元降低为 1 200 万元（金融机构在二级市场上只能以 1 200 万元出售这些贷款）。此时金融机构的经济净值只有 200 万元。表 10.2 为调整后的金融机构的资产负债表。

表 10.2　调整后的金融机构的资产负债表

单位：万元

资产		负债及所有者权益	
长期证券投资	8 000	负债（短期、浮动利率存款）	9 000
长期贷款	1 200	净值（所有者权益）	200
合计	9 200	合计	9 200

从表 10.2 中可以看出，信贷组合的市场价值损失了 800 万元，在资产负债表的负债及所有者权益方则表现为金融机构经济净值（所有者权益）损失 800 万元。根据法律规定，在企业破产清算时，债权人享有对资产的第一要求权，而股东只具有对剩余资产的要求权。表 10.2 中负债仍为 9 000 万元，因此，债权人（存款者）的债权可完全得到保护。而股东的投资则最先遭受了损失。在本例中，只有当信贷组合的市场价值的损失超过 1 000 万元（金融机构的初始净值）时，债权人才会遭受损失。现在假设金融机构面临更大的信用风险，其信贷组合的市场价值从最初的 2 000 万元急剧下降到 800 万元，即资产遭受了 1 200 万元的损失（如表 10.3 所示）。

表 10.3　调整后的金融机构的资产负债表

单位：万元

资产		负债及所有者权益	
长期证券投资	8 000	负债（短期、浮动利率存款）	9 000
长期贷款	800	净值（所有者权益）	−200
合计	8 800	合计	8 800

　　这个更大的损失导致了金融机构出现清偿力不足的现象：当前金融机构资产的市场价值（8 800 万元）低于负债的市场价值（9 000 万元），而经济净值从 1 000 万元减少到了−200 万元，即产生了负的经济净值。此时，债权人也承受了一定程度的损失。但这 1 200 万元的损失中，股东最先承担了 1 000 万元的损失。也就是说，只有在净值完全损失后，债权人才开始承担损失。在本例中，金融机构出现清偿力不足情况后，可将剩余的 8 800 万元资产变现，用于偿还存款者。

　　这个例子清楚地阐述了经济净值的概念。金融机构的经济净值相对于其资产越大，其流动性就越强，就更能有效地维持其清偿力。

　　2. 资本的市场价值和利率风险

　　我们知道，利率上升会导致金融机构所拥有的长期固定收入证券和贷款的市场价值下降，但对浮动利率的金融工具的影响不会太大。在前面例子中，如果利率上升，市场价值会发生什么变化呢？假设利率上升使该金融机构的长期证券投资的市场价值从 8 000 万元下降到 7 500 万元，长期贷款的市场价值从 2 000 万元下降到 1 700 万元。由于所有负债都被视为短期浮动利率存款，所以它们的市场价值不发生变化，仍保持 9 000 万元。利率变动后的金融机构的资产负债表如表 10.4 所示。

表 10.4　利率变动后的金融机构的资产负债表

单位：万元

资产		负债及所有者权益	
长期证券投资	7 500	负债（短期、浮动利率存款）	9 000
长期贷款	1 700	净值（所有者权益）	200
合计	9 200	合计	9 200

227

　　金融机构资产的市场价值损失了 800 万元，在资产负债表的负债及所有者权益方表现为经济净值（所有者权益）从 1 000 万元下降到 200 万元，即降低了 800 万元。也就是说，当利率发生不利变动时，股东最先承担了资产的损失。只要资产的市场价值下跌超过了 1 000 万元，作为金融机构资产第一要求人的债权人就会受到不利影响。

　　这些例子说明了资产负债表内的经济净值（清偿能力）的计算。股东直接承担着信用风险和利率风险。当资产的市场价值下降时，经济净值（所有者权益）将会遭到一定程度的损失。但只要所有者的资本或所有者权益是充足的，债权人则可以避免清偿力不足的风险。也就是说，如果监管当局在经济净值变为零之前就关闭金融机构，那么债权人和提供债权担保的监管机构就不会遭到损失。

　　3. 使用资本市场价值记账可能存在的一些问题

　　首先，资本的市场价值难以确定。这主要是因为很多小商业银行拥有大量的非交易性资产，如资产负债表中的小额贷款。如果这些非交易性资产的市场价值不能被准确地测定出来，那么使用市场价值记账，就会产生误差。

　　其次，由于资本的收益和损失要反映在损益表中，因此，使用市场价值记账可能会引起金融机构的利润和所有者权益做出一些不必要的变动。如果金融机构打算将这些资产持有到期，那么资本收益和损失根本没有实现，将这些未实现的收益和损失反映在表上是不合理的。同时，监管当局也认为使用市场价值记账很可能会导致银行被迫过早地倒闭。

最后，由于长期资产对利率的反应一般比短期资产更灵敏，如果金融机构长期资产的市场价值必须反映不断变化的信用风险和利率风险，那么金融机构就不愿意持有长期资产，这妨碍了金融机构的贷款人的职能的履行。

（二）资本的账面价值

考虑到上述资本市场价值存在的问题，金融机构监管当局对资本的规定通常是建立在资本的账面价值之上。表 10.5 是基于账面价值的资产负债表，除了使用的是账面价值外，其余的都与表 10.1 一致。

表 10.5　一家金融机构的资产负债表

单位：万元

资产		负债及所有者权益	
长期证券投资	8 000	负债（短期、浮动利率存款）	9 000
长期贷款	2 000	净值（所有者权益）	1 000
合计	10 000	合计	10 000

在表 10.5 中，长期证券投资 8 000 万元和长期贷款 2 000 万元均反映的是这些资产的历史或初始账面价值。也就是说，它们反映了发放贷款和购买证券时的价值，这可能是很多年以前的价值。同样，在负债及所有者权益方，负债 9 000 万元是它们的历史成本，净值或所有者权益 1 000 万元反映的是所有者权益的账面价值，而不是市场价值。在本例中资本的账面价值为 1 000 万元，与其市场价值相等，但通常资本的账面价值与市场价值是不一致的。下面分析信用风险和利率风险对金融机构资本账面价值的影响。

1. 资本的账面价值与信用风险

在前面的表 10.2 中，我们假设现金流的减少使贷款的市场价值从 2 000 万元下降到了 1 200 万元，即市场价值损失了 800 万元。相比而言，当使用账面价值会计方法时，金融机构在选择问题贷款损失的确认时间以及反映该损失对资本的影响方面，具有较大的决定权。事实上，金融机构都愿意向存款者和监管当局提供良好的记录，而尽量抵制或拖延对问题贷款的公布。如果金融机构不对问题贷款做调整，信用风险将不会反映在账面价值上。

2. 资本的账面价值与利率风险

账面价值会计系统虽然在一定程度上可以反映信用风险，但对利率风险影响的认识是非常有限的。在前面的表 10.4 中，利率上升使长期证券投资和贷款的市场价值损失了 800 万元；同时，使经济净值从 1 000 万元下降为 200 万元。但在账面价值会计系统中，当所有资产和负债的价值都反映的是它们购买时的原始价值时，利率的上升对资产、负债和所有者权益的账面价值没有影响。也就是说，资产负债表保持不变，仍如表 10.5 所示。但使用账面价值记账也存在问题，当利率大幅上升时，如果金融机构仍使用账面价值，资本则保持为正值，但此时，其资产的市场价值可能已远远小于资产负债表中的账面价值，甚至在经济意义上已出现了清偿力不足的现象。

（三）资本的市场价值与账面价值之间的差值

金融机构资本的账面价值对其市场价值的偏离程度取决于很多因素。其中主要的影响因素一方面是利率的变动。利率波动越大，偏离就越大。另一方面是监管的严格程度。如果金融机构监管当局检查越频繁以及对问题贷款核销的监管标准越严格，偏离就越小。

三、资本的职能以及作用

（一）资本的职能

充足的资本可以使金融机构维持有效的清偿力，降低营运风险。一般来说，金融机构的资本具有保护职能、营业职能和管理职能。

1. 保护职能

金融机构在经营过程中不可避免地存在风险，资本有遭受损失的可能性。充足的资本为存款者、债权人和监管当局提供了一个"资本缓冲器"。当银行发生损失或倒闭时，资本为客户提供了物质保障，并对债务清偿起到了最后的保障作用，增强了公众的信心。

2. 营业职能

资本是股东在金融机构开业时投入的预付资金，是金融机构经营的启动器，是开业购置设备、房屋及其他营业所需的非营利资产的资金来源，为金融机构的开业和正常业务的经营提供了基础。

3. 管理职能

金融机构拥有充足的资本才能满足金融监管当局有关风险管理的要求。各国金融监管部门对金融机构的资本都有要求，包括对开业有最低资本限额的规定。当金融机构业务发展或设立分支机构时，对分支机构的营运资金也有要求。同时，金融监管当局还规定资本与资产的比率，迫使金融机构在扩张资产的同时继续增加相应的资本，从而降低经营风险，形成对社会、客户和自身的安全保障。

随着竞争的加剧和要求的规范化，尽管上述职能中已包含有限制资产膨胀的意思，但很多国家还通过各种方式强调这一点。如美国通货总监官员布雷顿·雷维特在银行家和银行监管会议上强调了金融机构的资本有四种职能：以充足的资本金弥补未预料到的损失，以增强公众的信心，维持金融机构的持续经营；当金融机构出现清偿力不足和发生流动性危机时保护未保险的存款者；为购置房屋设备和其他基本必需品提供资金；对金融机构不合理的资产膨胀进行限制。

（二）资本的作用

从以上职能可以看出，金融机构资本金的数量以及这些资本为存款者和债权人提供的保护作用决定着金融机构聚集资金的能力，同时也影响着金融机构承担风险的能力。因此，资本的作用体现在以下几个方面：①资本为金融机构提供了经营的先决物质条件，成为维持公众信心的基础；②资本是监管当局监管金融机构的重要手段；③资本是银行承担损失和维持清偿力的"资本缓冲器"，保护存款者的利益；④资本既支持了金融机构资产规模的扩张，又限制了资产的过度膨胀。

229

第二节　资本的充足性与巴塞尔协议

资本充足性对金融机构的安全经营具有重要的意义。从存款者看，他们希望银行拥有充足的资本，使他们的债权得以保障；从社会公众和金融监管当局看，他们也要求金融机构资本充足，以维持金融机构的安全经营；从金融机构自身看，保持充足的资本是其安全经营、稳健发展的基础。因此，金融机构持有充足的资本是风险管理的要求，是维护金融稳定发展的保障。

基于第一节中谈到的金融机构资本的市场价值和账面价值的优缺点，大多数金融机构监管当局对金融机构资本充足性的衡量是建立在资本的账面价值基础之上的。中国金融体系是以银行为主导的金融体系，银行是金融系统的中心，如果它们因为资本充足率未达到要求而倒闭，就会危及整个金融系统的稳定性。下面将主要介绍商业银行的资本充足率的测量指标——资本与风险资产比率。

1988 年，国际清算银行的成员达成一项协议，要求其成员在 1993 年 1 月之前，逐步完全采用风险资本比率，这就是著名的《巴塞尔协议Ⅰ》。《巴塞尔协议Ⅰ》规定了商业银行的资本构成、银行资产的风险权数和加权比率、资产负债表表外项目的信用换算系数，以及标准比率目标等；并提出了资本充足率不低于 8%，核心资本充足率不低于 4%。1993 年 1 月 1 日，为执行《巴塞尔协议Ⅰ》，国际清算银行（BIS）开始逐步引入并全面实施资本与风险资产比率。《巴塞尔协议Ⅰ》明确地将资产（包括表内和表外）的不同信用风险加入资本充足率的测量中。在 1998 年的修订中，国际清算银行（BIS）还以信用风险附加的形式（在 8% 的基础上附加）考虑到了市场风险。2004 年，国际清算银行正式颁布了《巴塞尔协议Ⅱ》，建议设定资本充足率要求时考虑操作风险，并对 1993 年协议中信用风险的评估方法进行了改进。

《巴塞尔协议Ⅱ》由相辅相成的三大支柱组成，三者共同促进了金融体系的安全稳健。第一大支柱包括监管部门对信用风险、市场风险以及操作风险的最低资本要求。市场风险的测量方法与 1998 年所采用的一样。在 2001 年的草案中，国际清算银行对信用风险和操作风险提出了一系列可以选择的办法。信用风险的计量有两种方法：一是标准法，具体在后文详述。二是内部评级法。标准法与 1993 年协议中的类似，但是提高了风险敏感度。内部评级法允许银行根据自身对借款人的资信状况的估计，来评价自己资产组合的信用风险（使用自己的内部评级系统及信用评级模型），但要严格遵守评价程序和信息披露标准，而且需要得到银行监管机构明确的批准。操作风险的测量有三种方法：基本指标法、标准法和高级计量法。

国际清算银行的第二大支柱强调监管程序的重要性，并把其作为最低资本要求的重要补充。《巴塞尔协议Ⅱ》特别创立了具体程序。通过该程序，监管机构能够确保每个银行具有健全的资本充足率内部评级体系，同时确保银行的资本目标与其具体的风险状况和控制环境相适应。国际清算银行的第三大支柱，对资本结构、风险和资本充足率方面的信息披露做出了详细的规定，这些信息披露的要求使市场参与者能够对银行风险状况和资本充足率等关键信息做出评判（见表 10.6）。

表 10.6　《巴塞尔协议Ⅱ》中资本监管的三大支柱

第一支柱	第二支柱	第三支柱
监管部门最低资本要求的计算 1. 表内和表外的信用风险（标准法、内部评级法） 2. 市场风险（标准法、内部评级法） 3. 操作风险（基本指标法、标准法、高级计量法）	将监管作为对第一支柱中最低资本要求的补充，并使第一支柱下计算出的最低资本要求得到贯彻执行	要求按规定披露资本结构、风险和资本充足率等信息，以增加金融机构的透明度，强化市场与投资者约束

2008 年 9 月，国际金融危机爆发，不少银行在金融危机中倒闭。这也暴露了在银行监管方面《巴塞尔协议Ⅱ》的不足。2010 年 12 月，巴塞尔委员会发布了《巴塞尔协议Ⅲ》的正式版本。在《巴塞尔协议Ⅱ》三大支柱的基础上，《巴塞尔协议Ⅲ》强化了商业银行的资本监管，其主要变化如下：

（1）提高了资本监管要求。把商业银行资本分类为核心一级资本、其他一级资本和二级资本，并提高了资本充足率的要求；还有，额外增加储备资本及逆周期资本要求，以及增加了系统重要性银行附加资本要求。

（2）对认可的资本工具提出了更严格的要求。在计算核心一级资本时，须调整/扣减某些缺少吸收损失能力的资产。

（3）对如下风险暴露提出新的资本要求及更高的风险权重，如衍生工具、回购协议或证券化融资等业务大幅度提高资产证券化风险暴露的资本要求，交易账户风险暴露须计提压力 VaR 资本要求等。

（4）引入了杠杆率的监管标准，即一级资本占表内外资产金额的比例不低于3%。

（5）提出了如下两个流动性比率的要求：

$$流动性覆盖率(LCR) = \frac{高质量的流动资产数量}{未来\ 30\ 天内净现金流出} \geq 100\%$$

$$净稳定融资比率(NSFR) = \frac{银行可用的稳定资金数量}{银行必需的稳定资金数量} \geq 100\%$$

2017 年 12 月，巴塞尔委员会发布了《第三版巴塞尔协议改革最终方案》（简称《新巴Ⅲ》）。其主要变化有如下几点：

（1）增加和细化了标准法中的信用风险暴露分类。在《新巴Ⅲ中》，不仅增加了担保债券、次级债、股权与其他资本工具等的风险暴露分类，同时在公司、零售、房地产等风险暴露大类下设立了小的分类。比如，在公司暴露下，又细分了实物融资风险暴露、中小企业风险暴露等小的分类；在房地产风险暴露下，除了以前有的居住用房地产、商业用房地产为抵押的风险暴露外，新增了开发贷的风险的小的分类。

（2）限制信用风险内部评级法的使用范围和规范了内部评级法的参数设置。比

231

如，对于股权风险暴露，不得使用内部评级法（包括初级法和高级法）；对于大中型企业（合并报表年收入 75 000 万欧元）和金融机构风险暴露，不得使用高级内部评级法。设置了资本计量底线，要求银行使用高级内部评级法计算出的风险加权资产（RWA）不得低于《新巴Ⅲ》的新标准法的 72.5%。

（3）其他方面的改革。

①操作风险资本计量方法改革。

在原《巴塞尔协议Ⅲ》中，操作风险计量主要由基本指标法、标准法和高级计量法三者组成。在《新巴Ⅲ》中，巴塞尔委员会将上述三种计量方法统一简化为新标准法一种。但新标准法的风险计量方法与原《巴塞尔协议Ⅱ》的风险计量方法有所不同，参见第十二章。

②市场风险资本计量方法改革。

在《新巴Ⅲ》中，市场风险最低资本要求大体上包括一般要求和市场风险监管资本计量方法两个部分。一般要求包括账簿分类、交易台管理、内部风险转移等。计量方法包括标准法、内部模型法和简化标准法三类，其计量方法与原来的计量方法有根本性的变化，参见第十一章。

③对全球系统重要性银行提出了更高的杠杆率要求。

2011 年，巴塞尔委员会对系统重要性银行（G-SIB）提出了附加资本充足率要求，并把 G-SIB 分为 A、B、C、D、E 五个档次，对应的附加资本充足率要求分别为 1%、1.5%、2%、2.5% 和 3.5%。在《新巴Ⅲ》中，还对 G-SIB 提出了附加杠杆率监管要求，A、B、C、D、E 五档系统重要性银行对应的附加杠杆率监管要求分别为 0.5%、0.75%、1%、1.25% 和 1.75%。

接下来，我们要讨论在《新巴Ⅲ》下的资本构成、信用风险加权资产、资本充足率要求，最后给出一个案例分析。这个案例是基于表内外信用风险加权资产所应满足的资本充足率要求。至于市场风险和操作风险所需要的资本，将在接下来的两章分别讨论。

一、资本构成

商业银行的资本划分为一级资本和二级资本，其中一级资本又可划分为核心一级资本和其他一级资本。核心一级资本、其他一级资本和二级资本的构成如表 10.7 所示。

表 10.7 《新巴Ⅲ》的资本构成

类别	内容
核心一级资本	①银行发行的满足监管标准的普通股(或非股份制公司发行的等同普通股的工具)； ②发行核心一级资本工具产生的股本盈余（股本溢价）； ③留存收益； ④累计其他综合收益和公开储备； ⑤由银行并表子公司发行的且由第三方持有的普通股（少数股东权益）但必须满足一定标准，才能计入核心一级资本； ⑥核心一级资本的监管调整项

表10.7（续）

类别	内容
其他一级资本	①银行发行的满足其他一级资本标准的工具（不应包含在核心一级资本中）； ②发行其他一级资本工具产生的股本盈余（股本溢价）； ③由银行并表子公司发行的且由第三方持有的工具，该工具应满足计入其他一级资本工具的标准同时未计入核心一级资本； ④其他一级资本的监管调整项
二级资本	①银行发行的满足二级资本标准的工具（未包含在一级资本中）； ②发行二级资本工具时产生的股本盈余（股本溢价）； ③由银行并表子公司发行的且由第三方持有的工具，该工具应满足计入二级资本的标准，同时未计入一级资本； ④《新巴Ⅲ》中列明的贷款损失准备； ⑤二级资本的监管调整项

（一）核心一级资本

核心一级资本与银行股权的账面价值联系紧密，反映了银行所有者对核心资本的贡献。核心一级资本反映了可以用于吸收损失的股权资金。通常来说，它包括普通股的账面价值和银行对附属机构少数股东权益之和与商誉之差。商誉是一项会计记录，反映了银行在收购其他银行或附属机构时，支付的高于市场价值的那部分金额。

（二）其他一级资本

其他一级资本是除了银行普通股以外可以吸收损失的其余资金，包括永久（无到期日）或不可赎回的金融工具，例如非累积永续优先股。只有在这些工具可以被更有利的金融工具替代时，它们才可能在发行5年后被赎回。

（三）二级资本

二级资本指的是破产清算状况吸收损失的资本，是一系列次级资本的来源。它包括银行的贷款损失准备以及多种具有上限的可转换和次级债务工具。

二、资本与风险资产比率的计算

根据《新巴Ⅲ》的资本充足率规划，信用风险加权资产由两个部分构成：一是表内业务的信用风险加权资产，二是表外业务的信用风险加权价值。下面分别加以讨论：

（一）表内业务的信用风险加权资产

1.《新巴Ⅲ》中的表内信用风险加权资产

《新巴Ⅲ》规定银行信用风险资产包括两个部分：一是资产负债表表内信用风险加权资产，二是资产负债表表外信用风险系数调整资产。

各个国家在银行资产负债表表内的资产风险类别与风险权数的判断标准上有所不同。《新巴Ⅲ》对资本充足性制定了国际统一的标准，规定银行根据信用风险情况，将风险权数分为0~1 250%等多种风险权重类别。风险小的资产，所赋予的风险权数就小。表10.8列举了美联储按照《新巴Ⅲ》制定的风险权数的主要类型及其对应的资产的美国标准。

233

表 10.8 《新巴Ⅲ》中表内风险资产权重的美国标准

类别	内容
第一类 （风险权重 为 0 的资产）	现金；金块；中央银行存款余额；对美国政府、美联储或者美国政府机构的直接无条件债权；由美国政府、美联储和美国政府机构无条件担保的风险暴露；对特定超国家机构（如国际货币基金组织）和多边开发银行的债权；对符合某些条件（将在下文探讨）的主权机构无条件担保的债权和风险
第二类 （风险权重 为 20% 的资产）	托收中的现金项目；由美国政府、美国央行或者美国政府机构有条件担保的风险暴露；对政府支持企业的债权；对美国存款机构或者已参保的信贷组织的债权；一般债权以及由地方政府（以及任何其他公共部门实体）充分信用担保的债权；符合特定主权条件的外国银行和公共部门实体的担保债权和风险暴露（详见下文）
第三类 （风险权重为 35%）	第 1~4 类居民住房抵押贷款（详见下文）
第四类 （风险权重为 50%）	符合特定条件的"法定"多户住房抵押贷款；符合特定条件的预售住宅建设贷款；由美国州政府和地方政府发行的收入债券；由符合特定条件的主权实体、外国银行和外国公共部门实体担保的债券和风险暴露（详见下文）；第 1~4 类居民住房抵押贷款（详见下文）
第五类 （风险权重为 75%）	第 1~4 类居民住房抵押贷款（详见下文）
第六类 （风险权重为 100%）	商业贷款；消费贷款；由符合特定条件的主权实体、外国银行和外国公共部门实体担保的债券和风险暴露（详见下文）；所有其余未列入的表内资产，包括不动产、非居民用房、固定资产以及其余自有不动产；第 1~4 类居民住房抵押贷款（详见下文）
第七类 （风险权重为 150%）	已逾期九十天及以上的贷款或其他风险暴露；高波动性的商业不动产贷款；第 1~4 类居民住房抵押贷款（详见下文）
第八类 （风险权重为 200%）	第 1~4 类居民住房抵押贷款（详见下文）
第九类 （风险权重为 1 250%）	资产证券化风险暴露
股权的风险权重	大多数公开交易股权风险暴露：300% 非公开交易股权风险暴露：400% 投资基金股权风险暴露：600%

第 1~4 类居民住房 抵押贷款的 风险权重	贷款与房屋价值比	第一类住房抵押贷款的 风险权重	第二类住房抵押贷款的 风险权重
	≤60%	35%	100%
	60%~80%	50%	100%
	80%~90%	75%	150%
	≥90%	100%	200%

表10.8(续)

类别	内容	
主权暴露的风险权重	主权国家风险分类:	风险权重
	0~1	0
	2	20%
	3	50%
	4~6	100%
	7	150%
	非国家风险分类	100%
	主权违约	150%
外国银行风险权重	主权国家风险分类:	风险权重
	0~1	0
	2	20%
	3	50%
	4~7	150%
	非国家风险分类	100%
	主权违约	150%

235

　　银行根据给定的风险权数,使用加权平均法,将资产负债表表内各项资产的金额分别乘以相应的风险权数,得到该项资产的风险加权值,然后将各项资产的风险加权值相加,就算出了银行资产负债表表内风险加权资产数额。其计算公式如下:

　　表内风险资产 = 表内各项资产 × 相应的风险权数　　　　　　　　(10.1)

　　第1~4类居民住房抵押贷款被分为两类风险类别:第一类居民住房抵押贷款风险和第二类居民住房抵押贷款风险。第一类居民住房抵押贷款包括传统的、第一留置权、审慎的包销抵押贷款。第二类居民住房抵押贷款包括次级留置权和非传统抵押产品。因此,居民住宅抵押贷款风险的权重取决于抵押贷款与房屋价值的比率。例如,贷款占房屋价值低于60%的第一类抵押贷款的风险权重为35%;该比率大于90%的第二类抵押贷款的风险权重为200%。

　　对于主权暴露的风险权重和外国银行风险权重,使用经济与合作组织(简称"经合组织",OECD)国家风险分类(CRC)确定主权风险敞口的风险权重。分配给类别0~1的国家风险评估最低,风险权重为0;而分配给第7类国家的风险评估最高,风险权重为150%。

　　对外国银行所承担的风险也将以银行本国的国家风险分类为基础。被评级为0~1风险类别的国家的银行具有最低的风险评估,风险权重为0;而被评级为4~7风险类别国家的银行的风险权重为150%。银行位于没有国家风险分类的国家的信用风险权重为100%;在确定发生主权违约事件或过去五年发生主权违约的情况下,主权风险权重将立即调为150%。

2. 资本充足率要求

根据《新巴Ⅲ》，最低核心一级资本充足率（核心一级资本/风险加权资产）为4.5%，最低一级资本充足率［（核心一级资本+其他一级资本）/风险加权资产］为6%，最低资本充足率［（一级资本+二级资本）/风险加权资产］在任何时候都不得低于8%。

《新巴Ⅲ》还提出了储备资本要求，要求银行应该持有高于最低监管要求的超额资本，以增强银行吸收损失的能力，保证即使危机爆发，银行资本充足率仍能达到最低资本要求标准。其储备资本要求为2.5%。这样，加上储备资本要求，银行核心一级资本充足率要求从4.5%提高至7%，一级资本充足率要求从6%提高到8.5%，资本充足率要求从8%提高到10.5%。

《新巴Ⅲ》还要求银行持有与信贷超常规增长相挂钩的超额资本，又称为逆周期超额资本，其数额为0~2.5%。此外，巴塞尔委员会还建议29家全球系统重要银行（其中包括中国工商银行、中国农业银行、中国银行、中国建设银行），对其实施1%~2.5%的附加资本要求。《新巴Ⅲ》资本充足率要求如表10.9所示。

表 10.9 《新巴Ⅲ》的资本充足率要求

项目	核心一级资本	一级资本	总资本
最低要求（1）	4.5%	6%	8%
储备资本（2）	2.5%		
（1）+（2）	7%	8.5%	10.5%
逆周期超额资本	0~2.5%		
重要性银行附加资本要求	2011年6月，巴塞尔委员会领导小组确定系统重要性银行附加资本要求为1%~2.5%普通股资本，对于系统性风险大者另加1%		
杠杆率	3%		
过渡期	2011年进入观察期，2013—2017年为过渡期，2018年正式纳入第一支柱		

【例10.1】表10.10是根据《新巴Ⅲ》的风险权重分类后的银行资产负债表。该银行表内资产的信用风险加权价值为

表内资产信用风险加权价值 $= 0×(8+13+60+50+42)+0.2×(10+10+20+55+10)+0.5×(34+308+75)+1×(390+108+22)+1.5×(10)=7.645$（亿元）

表内资产的直接账面价值为12.15亿元，但根据《新巴Ⅲ》，银行的信用风险加权价值为7.645亿元。

表 10.10　按《新巴Ⅲ》列出的银行资产负债表

金额单位：万元

权重	资产	金额	负债/权益	金额	资本级别
0	现金	800	活期存款	15 000	
	中央银行存款余额	1 300	定期存款	50 000	
	短期国债	6 000	定期存单	38 000	
	长期国债	5 000	购买政府基金	8 000	
	长期政府机构债券	4 200			
20%	在途现金	1 000	可转换债券	1 000	二级资本
	长期政府机构债券	1 000	次级债券	1 000	二级资本
	市政债券（普通债务债券）	2 000			
	根据经济合作与发展组织标准，向被评级为第2类风险的国家贷款	5 500			
	根据经济合作与发展组织标准，向被评级为第2类风险的国家的外国商业银行贷款	1 000			
50%	大学公寓债券（收入债券）	3 400	（不受限定的）永久性优先股	500	二级资本
	1~4类居民家庭住房抵押贷款 类别1：贷款与住房价值比在60%~80%	30 800	留存收益	4 000	核心一级资本
	根据经济合作与发展组织标准，向被评级为第3类风险的国家的外国商业银行贷款	7 500	普通股	3 000	核心一级资本
100%	商业贷款	39 000	（受限定的）非累积永久性优先股	1 000	其他一级资本
	消费贷款	10 800			
	房屋和设备	2 200			
150%	根据经济合作与发展组织（OECD）标准，向被评级为第7类风险的国家贷款	1 000			
N/A	贷款损失准备	（1 000）			二级资本
	资产总额	121 500	负债/权益总额	121 500	

表外业务					
100%	向一家甲公司提供 8 000 万元的 2 年期贷款承诺				
	向一家乙公司签发 1 000 万元的备用信用证作为直接信用担保				
	向一家丙公司签发 5 000 万元的商业信用证				
50%	一笔名义值为 1 亿元的 4 年期利率互换（定息与浮息互换），重置成本为 300 万元				
	一笔价值为 4 000 万元的 2 年期欧洲美元合约，重置成本为 -100 万元				

237

(二) 表外业务的信用风险加权价值

表内资产的信用风险加权价值是资本与风险加权资本比率中分母的一个组成部分，另一个组成部分是银行表外业务（off-balance sheet activities，OBS）的信用风险加权价值。这些表外业务代表了对存款机构的或有债权，而不是实际债权。因此，监管机构的法规并不要求以这些业务的全部面值来持有资本，而是要求以这些表外业务可能会给存款机构带来的表内信用风险等值额来持有资本。所以，在计算这些表外业务的信用风险加权价值时，首先要将它转换成信用风险等值额，即基于表内业务信用风险等值的金额。然后，对不同的表外业务，信用风险等值额的转换步骤有所不同。比如，信用证这样的或有合约或担保合约的信用风险或信用风险加权资产金额的计算，与远期外汇合约、远期利率合约、期权合约和互换合约等衍生工具的信用风险加权资产金额的计算是不同的。我们首先介绍担保类合约及或有合约等表外业务的信用风险加权资产价值，然后介绍衍生工具或市场合约的信用风险加权资产价值。

1. 表外或有担保合约的信用风险加权资产价值

参见表 10.11 中相应转换系数的规定。需要指出的是，根据《新巴Ⅲ》，银行签发的直接代替信用担保的备用信用证所具有的转换率为 100%。同样的，销售与回购协议以及有追索权的资产出售也具有 100% 的转换率。与履约相关的备用信用证和期限在 1 年以上的未使用贷款承诺具有 50% 的转换率。其他贷款承诺——那些期限不超过 1 年的贷款承诺具有 20% 的信用转换率。与贸易相关的标准信用证和所售出的银行承兑汇票具有 20% 的转换率。根据《新巴Ⅲ》，分配给银行表外业务（OBS）或有担保合约的风险权重与银行作为委托人订立交易相同。因此，用于分配表内资产（见表 10.8）的信用风险权重的信用评级也适用于分配表外业务的信用风险权重（例如，向被经合组织信用风险评级为第 4 类国家的外国银行提供的两年期贷款承诺的风险权重为 150%）。

表 10.11　《新巴Ⅲ》所规定的表外或有合约或担保合约的转换系数

类别	转换系数
不包括在资产负债表中销售和回购协议以及有追索权的资产出售	1
作为直接信用担保的备用信用证	1
与履约相关的备用信用证	0.5
初始期限在 1 年以下的贷款承诺的未使用部分	0.2
初始期限在 1 年以上的贷款承诺的未使用部分	0.5
商业信用证	0.2
银行承兑汇票的转让	0.2
其他贷款承诺	0.1

【例 10.2】为了理解如何将表外业务纳入风险比率中，我们对表 10.11 的内容进行扩展。假设除了其资产负债表中拥有的 7.645 亿元表内信用风险加权资产之外，该银行还有下列表外或有业务或担保业务。

（1）向甲公司提供 8 000 万元的 2 年期贷款承诺；

（2）向乙公司签发 1 000 万元的备用信用证作为直接信用担保；

（3）向丙公司签发 5 000 万元的商业信用证。

我们按照下面两个步骤来计算这些表外业务的风险加权资产价值。

第一步：将表外价值转换成表内信用等值额（见表 10.12）。

在第一步中，我们以表外业务的面值乘以表 10.11 给出的转换系数（CF），算出信用等值额。

表 10.12　信用等值额的计算

表外业务	面值/万元	转换系数	信用等值额/万元
2 年贷款承诺	8 000	0.5	4 000
备用信用证	1 000	1.0	1 000
商业信用证	5 000	0.2	1 000

因此，贷款承诺、备用信用证和商业信用证的信用等值额分别为 4 000 万元、1 000 万元和 1 000 万元。这些转换系数将表外业务转换成等值信用的表内业务。

第二步：赋予表外信用等值额一个风险类别。

在第二步中，我们以相应的风险权重乘以信用等值额。根据《新巴Ⅲ》，每种情况下的相应风险权重取决于表外业务标的证券的交易对手（如市政当局、中央政府或公司）。比如，如果被担保的标的证券的交易对手是发行普通债务（GO）债券的市政当局，而某银行签发表外备用信用证向这种市政普通债务债券的信用风险提供担保，那么，这时的风险权重为 0.2。可是，如果像例子中的那样，被担保的交易对手为某私营机构，那么，各种情况下，相应的风险权重均为 1。请注意，如果交易对手为中央政府，那么风险权重将为 0。在本例中，风险加权资产如表 10.13 所示。

表 10.13　风险加权资产的计算

表外业务	信用等值额/万元	风险权重（w_j）	风险加权资产/万元
2 年贷款承诺	4 000	1.0	4 000
备用信用证	1 000	1.0	1 000
商业信用证	1 000	1.0	1 000
总计			6 000

因此，银行表外或有业务和担保业务的信用风险加权资产价值为 6 000 万元。

2. 表外市场合约或衍生工具的信用风险加权资产价值

除了从事表外或有业务和担保业务之外，为了达到利率风险、信用风险和外汇风险管理以及套期保值等目的，现代金融机构还大量从事期货、期权、远期、互换、利率上限和其他衍生工具合约等表外业务的买卖；同时，它们还替自己的客户买卖这些金融产品。这些交易中的任何一种都可能使金融机构面临交易对手信用风险，即当面临实际或潜在的巨大交易亏损时，交易对手（含合约的另一方）有可能违约

239

的风险。这种违约意味着金融机构不得不按照（可能是）不利的条件，重新进行市场交易来取代此合约。

按照风险加权资本比率规则，场内衍生工具合约（交易所内的衍生产品交易合约）和场外金融工具（如远期合约、互换合约、利率上限和下限合约等）之间有着很大的差别。场内衍生合约的信用或违约风险几乎为零，因此当交易对手对其债务违约时，交易所自身会完全承担交易对手的债务。然而，在场外双边合约交易市场上，并不存在这种保证。根据《新巴Ⅲ》，对于场内交易的衍生工具，银行必须持有等于其保证金要求的2%的资本。2%的名义风险权重是为了反映场内交易衍生工具的违约风险非常低这一事实。

因此，银行对从事的大多数期货和期权等表外交易都没有资本要求，但对大多数的远期、互换、利率上限和下限合约等有资本要求。

与或有合约或担保合约一样，表外市场合约风险加权资产价值的计算，也需要采用两步计算法。首先，我们要计算出转换系数，以获得信用等值额。其次，我们以相应的风险权重乘以信用等值额。

第一步，将表外价值转换成表内信用等值额。

我们首先将场外互换、远期和其他衍生合约的名义值或面值转换成信用等值额。信用等值额本身被分解为潜在风险和现有风险两部分，即

表外衍生证券交易的信用等值额＝潜在风险＋现有风险

潜在风险部分反映了未来合约的另一方违约所产生的信用风险。该信用风险发生的概率取决于利率合约中利率的未来波动、信贷合约中的信用风险或者外汇合约中汇率的未来波动。表10.14列出了计算潜在风险时，利率合约和外汇合约的信用转换系数。美联储在进行了大量的模拟后，发现汇率的波动远大于利率的波动，因此，外汇合约的信用转换系数大于利率合约的信用转换系数。同时从表10.14中可知，这两类合约的期限越长，潜在的信用风险越大。

表10.14 计算潜在风险时使用的衍生合约的信用转换系数

单位:%

剩余期限	利率合约	外汇合约	信贷合约（投资级）	信贷合约（非投资级）	股票合约	贵金属合约	其他
1年及以内	0	1.0	5.0	10.0	6.0	7.0	10.0
1~5年	0.5	5.0	5.0	10.0	8.0	7.0	12.0
5年以上	1.5	7.5	5.0	10.0	10.0	8.0	15.0

除了计算表外市场衍生合约工具的潜在风险之外，银行还必须计算现有风险。这一风险反映了合约的交易对手违约时进行合约替换的成本。银行计算此类替换成本或现有风险的方法是：首先，使用类似合约的当前利率或价格代替原合约中的利率或价格；其次，计算在当前利率或汇率下产生的所有当期和未来各期的现金流；最后，将所有的未来现金流贴现，计算出合约的净损失或净收益的现值，即合约替换成本的现值。如果合约替换成本为负值（交易对手违约时，银行可以从合约替换中获利），那么，监管当局要求将替换成本（现有风险）确定为零。如果替换成本

为正值（交易对手违约时，银行将因为合约替换而遭受损失），那么这一价值就用于衡量现有风险的价值。由于互换和远期合约所固有的特殊性，因此，计算现有风险就给金融机构的管理信息系统增加了繁重的计算处理工作。实际中，小型的银行会委托专业化服务机构来完成这项工作。

第二步，确定表外信用等值额的风险类别。

将现有和潜在风险加总就得到了每一项合约的信用等值额，然后再用适当的风险权数乘以本币表示的信用等值额，就得到最后的衍生金融工具合约风险加权资产，即

衍生合约风险加权资产=衍生合约总的信贷风险等额×适当的风险权数

根据《新巴Ⅲ》，相应的风险权重为100%或1.0，即

表外市场衍生合约的信用风险加权价值=表外市场衍生合约的信用等值总额×1.0（风险权重）

【例10.3】假设例10.1和例10.2的银行进行过如下交易：一笔名义值为1亿元的4年期利率互换（定息与浮息互换）的套期保值交易，一笔价值为4 000万元的2年期远期外汇交易合约。

第一步，我们按如表10.15所示计算出每笔业务或每份合约的信用等值额。

表10.15　信用等值额的计算

合约类型 （剩余期限）	名义本金	潜在风险 转换系数	潜在风险	替换成本	现有风险	信用等值额
4年期利率定息 与浮息互换	1亿元	0.005	50万元	300万元	300万元	350万元
2年期远期外汇 交易合约	4 000万元	0.05	200万元	-100万元	0	200万元

4年期利率定息与浮息互换的名义值（合约面值）为1亿元。由于这是一份长期（1~5年）利率市场合约，因此，将其面值乘以0.005后，可以看出潜在风险或信用风险等额为50万元，将潜在风险与该合约给银行带来的替换成本（现有风险）相加。替换成本反映了互换交易对手违约时，银行不得不按目前的利率，签订一份新的4年期定息与浮息互换协议所涉及的成本。假设目前的利率不太有利，按现值衡量，替换现有未到期合约的成本为300万元。因此，利率互换总的信用等值额（潜在风险+现有风险）为350万元。

下面我们来看面值为4 000万元的外汇远期（2年）合约。由于该外汇合约的期限在1~5年，故潜在信用风险为4 000万元×0.05，即200万元。然而，这笔业务的替换成本为-100万元，也就是说，在这个例子中，如果对手违约，我们的银行实际会获利。交易对手为什么会在有利的情况下违约，这一点我们并不清楚。可是，监管当局不可能让银行从交易对手的违约中获利，因为这样会激励各种恶意的冒险行为。因此本例中现有风险确定为零。所以，该合约的潜在风险（200万元）与现有风险（0）相加，得出的信用等值额为200万元。由于银行只有两份表外衍生合约，将两个信用等值额相加，就可以得到该行表外市场合约全部的信用等值额550

241

万元（350+200＝550）。

第二步，以相应的风险权重乘以全部的信用等值额。具体来看，为了计算出银行表外衍生或市场合约的风险加权价值，我们将以相应的风险权重来计算，通常来说为 1.0 或 100%。

表外衍生或市场合约的信用风险加权资产价值＝550 万元（信用等值额）×1.0（风险权重）＝550 万元

（三）根据《新巴Ⅲ》计算出的总信用风险加权资产

根据《新巴Ⅲ》，总信用风险加权资产为约 8.3 亿元（表内业务 7.645 亿元，加上表外或有和担保业务的风险加权价值 6 000 万元，再加上表外衍生合约风险加权价值 550 万元）。

（四）资本充足率的计算

计算出存款机构的风险加权资产之后，最后一步就是计算出核心资本以及总风险加权资本比率。

【例 10.4】根据表 10.9 和表 10.10 可知，银行的核心一级资本（留存收益和普通股）总额为 7 000 万元，其他一级资本（受限定的永久优先股）总额为 1 000 万元，二级资本（可转债券、次级债券、不受限定的永久优先股和贷款损失准备）总额为 3 500 万元。

现在，我们分别根据《新巴Ⅲ》规定的风险加权资本要求，来计算该银行总的资本充足率：

（1）核心一级资本与风险加权资产的比率：

$$\frac{7\ 000}{83\ 000} \approx 8.43\%$$

（2）一级资本与风险加权资本的比率：

$$\frac{7\ 000 + 1\ 000}{83\ 000} \approx 9.64\%$$

（3）总资本与风险加权资产的比率：

$$\frac{7\ 000 + 1\ 000 + 3\ 500}{83\ 000} \approx 13.86\%$$

根据表 10.9 的资本充足率要求，该银行的资本充足率已超过了最低核心一级资本充足率 4.5%、最低一级资本充足率 6%，以及最低总资本充足率 8% 的要求。考虑到附加储备资本 2.5% 的情况，该银行资本充足率也达到核心一级资本充足率 7%、一级资本充足率 8.5% 和总资本充足率 10.5% 的要求。

2017 年 12 月，巴塞尔银行监管委员会发布《新巴Ⅲ》。《新巴Ⅲ》改革实质上选择了一种方向性调整，主要表现在限制了内部模型法在监管资本计量中的使用：一是在使用范围方面，严格限制了高级计量法的使用，甚至某些方面完全禁止使用高级计量法（如操作风险和交易对手信用风险），转而鼓励采用标准法计量监管资本；二是在使用程度方面，规定不会完全依赖高级计量法算出的监管资本要求，而是要在标准法计量监管资本的基础上，给出一个监管资本的底线，规定使用高级计量法算出的监管资本不低于标准法计量资本的 72.5%。

第三节 中国银行业资本充足率的规定

在我国，1995 年颁布实施的《中华人民共和国商业银行法》对我国商业银行资本充足率的要求与《巴塞尔协议Ⅰ》完全一致，其规定商业银行的资本充足率不得低于 8%。1996 年，中国人民银行颁布的《商业银行资产负债比例管理监控、监测指标和考核办法》（现已废止）对商业银行信用风险资本充足率的计算方法进一步提出了具体的要求。该方法参考了 1988 年资本协议的总体框架，并考虑到中国国情，因此在诸多方面放宽了标准。我国的资本监管制度在许多方面与国际标准差距较大，存在如没有明确规定对资本充足率偏低的银行的监管措施，以及我国商业银行损失准备计提严重不足，导致资本充足率明显高估等诸多问题。

2003 年 12 月，第十届全国人大常委会第六次会议通过了《中华人民共和国银行业监督管理法》和《中华人民共和国商业银行法》（以下简称《商业银行法》）的修改决定。其中，修改后的《商业银行法》第三十九条有关商业银行资本充足率不得低于 8%的规定为实施资本充足率监管奠定了法律基础。我国自 2004 年 3 月 1 日起实施的《商业银行资本充足率管理办法》，在资本监管方面做出了重大的改进，该办法借鉴了 1988 年的《巴塞尔协议Ⅰ》，同时吸收了《巴塞尔协议Ⅱ》有关监管和信息披露的规定。原中国银监会把我国商业银行实施《巴塞尔协议Ⅱ》的基本策略确定为"两步走"和"双轨制"。所谓"两步走"就是商业银行应按照《商业银行资本充足率管理办法》的要求，提高资本充足率水平，在 2007 年 1 月 1 日加入世界贸易组织（WTO）过渡期结束时，确保绝大多数商业银行资本充足率达到或超过 8%；与此同时，鼓励大型商业银行开发内部评级系统，在条件成熟时采取内部评级法进行资本监管。"双轨制"就是将来对商业银行资本监管不搞"一刀切"，具备条件的大型商业银行采取《巴塞尔协议Ⅱ》，对其他银行，继续按照《商业银行资本充足率管理办法》实施资本监管。

为稳步推进新资本协议在我国的实施，推动商业银行增强风险管理的能力，提升资本监管的有效性，原中国银监会于 2007 年 2 月 28 日颁布了《中国银行业实施新资本协议指导意见》，并提出了实施《巴塞尔协议Ⅱ》的时间表。2008 年年底，原中国银监会又陆续发布了有关新资本协议实施的监管法规，修订现行资本监管规定，并在业内征求意见，同时要求商业银行从 2010 年年底开始实施新资本协议，届时达不到最低要求的商业银行，经批准可暂缓实行，但不迟于 2013 年年底。

2010 年 12 月，巴塞尔委员会发布了《巴塞尔协议Ⅲ》。根据《巴塞尔协议Ⅲ》，2012 年 6 月原中国银监会发布了《商业银行资本管理办法（试行）》，并于 2013 年 1 月 1 日起实施。该办法根据《巴塞尔协议Ⅲ》确定的银行资本和流动性监管新标准，在全面评估现行审慎监管制度有效性的基础上，强化资本充足率监管、建立杠杆率监管标准、改进流动性风险监管、强化贷款损失准备监管。

243

1. 强化资本充足率监管

（1）改进资本充足率计算方法。

一是严格资本定义，提高监管资本的损失吸收能力。将监管资本从现行的两级分类（一级资本和二级资本）修改为三级分类，即核心一级资本、其他一级资本和二级资本，严格执行对核心一级资本的扣除规定，提升资本工具吸收损失能力。二是优化风险加权资产计算方法，扩大资本覆盖的风险范围。采用更为细化的信用风险权重方法，推动银行业金融机构提升信用风险管理能力；明确操作风险的资本要求；提高交易性业务、资产证券化业务、场外衍生品交易等复杂金融工具的风险权重。

（2）提高资本充足率监管要求。

将现行的两个最低资本充足率要求（一级资本和总资本占风险资产的比例分别不低于4%和8%）调整为三个层次的资本充足率要求：一是明确三个最低资本充足率要求，即核心一级资本充足率、一级资本充足率和总资本充足率分别不低于5%、6%和8%。二是引入逆周期资本监管框架，包括2.5%的储备资本和0~2.5%的逆周期超额资本。三是增加系统重要性银行的附加资本要求，暂定为1%。新标准实施后，正常条件下系统重要性银行和非系统重要性银行的资本充足率分别不低于11.5%和10.5%；若出现系统性的信贷过快增长，商业银行需计提逆周期超额资本。

2. 建立杠杆率监管标准

引入杠杆率监管标准，即一级资本占调整后表内外资产余额的比例不低于4%，弥补资本充足率的不足，控制银行业金融机构以及银行体系的杠杆率积累。

3. 改进流动性风险监管

建立多维度的流动性风险监管标准和检测指标体系。建立流动性覆盖率、净稳定融资比例、流动性比例、存贷比以及核心负债依存度、流动性缺口率、客户存款集中度以及同业负债集中度多个流动性风险监管和检测指标，其中流动性覆盖率、净稳定融资比例均不得低于100%。同时，推动银行业金融机构建立多情景、多方法、多币种和多时间跨度的流动性风险内部监控指标体系。

4. 强化贷款损失准备监管

建立贷款拨备率和拨备覆盖率监管标准。贷款拨备率（贷款损失准备占贷款的比例）不低于2.5%，拨备覆盖率（贷款损失准备占不良贷款的比例）不低于150%，原则上按两者孰高的方法确定银行业金融机构贷款损失准备监管要求。

2017年12月，巴塞尔委员会发布了《新巴Ⅲ》。根据《新巴Ⅲ》的要求，结合中国银行业的实际情况，我国国家金融监督管理总局在2023年11月1日发布了《商业银行资本管理办法》（简称《新资本办法》），并计划从2024年开始逐步实施。《新资本办法》共包含正文和25个附件。其主要改变有：实行差异化的资本监管体系，对风险加权资产进行细化和重新分类。下面对此加以分析和说明：

1. 实行差异化的资本监管体系

在《新资本办法》中，按照银行的业务规模和风险差异，所有银行划分为三个档次，并分别实施差异化的资本监管要求（见表10.16）。从表10.16中可知，规模

244

较大或跨境业务较大的银行，划为第一档银行，对标《新巴Ⅲ》的资本监管要求；资产规模和跨境业务规模相对较小的银行，划为第二档银行，实施相对简化的资本监管要求；对于资产规模小于 100 亿元人民币的商业银行，进一步简化资本监管要求。

表 10.16　《商业银行资本管理办法》对银行档次划分标准

分档	分档标准	监管规则
第一档	符合以下任一条件的商业银行： ①上年年末并表口径调整后表内外资产余额 5 000 亿元人民币（含）以上； ②上年年末境外债权债务余额 300 亿元人民币（含）以上且占上年末并表口径调整后表内外资产余额的 10%（含）以上	①对标《新巴Ⅲ》； ②操作风险采用标准法
第二档	符合以下任一条件的商业银行： ①上年年末并表口径调整后表内外资产余额 100 亿元人民币（含）以上，且不符合第一档商业银行条件； ②上年年末并表口径调整后表内外资产余额小于 100 亿元人民币但境外债权债务余额大于 0	①不对其他商业银行划分级别，不单独划分投资级其他金融机构、投资级公司、专业贷款、居住用房地产风险暴露等较复杂的分类； ②操作风险采用基本指标法
第三档	指上年年末并表口径调整后表内外资产余额小于 100 亿元人民币且境外债权债务余额为 0 的商业银行	①单独适用附件 23 的简化版本规则； ②资本充足率底线要求仅为 8.5%

资料来源：国家金融监督管理总局。

2. 风险加权资产的细化和重新分类

（1）细化地方政府债，并设定•不同的风险资产权重。《新资本办法》把地方政府债务分为一般债和专项债，并把地方政府一般债务分析权重从原来的 20% 下调到 10%，地方政府专项债仍保持在 20% 不变。

（2）金融同业业务风险权重划分。《新资本办法》根据交易对手银行的情况，对原始期限在 3 个月（含）以内的风险资产暴露的权重未做改变，权重系数仍为 20%；对 3 个月以上的风险资产暴露，根据对手银行的标准信用风险评估，把对手银行分为 A+，A、B、C 四个等级，并分别赋予 30%、40%、75%、150% 的风险暴露权重。对手银行的评级见表 10.17。对于非银行金融机构风险暴露，参照公司风险暴露处理方法，把非金融机构划分为投资级和非投资级两类，分别赋予 75%、100% 的权重。

表 10.17 《商业银行资本管理办法》的银行业分级标准

分类	风险权重		分级标准
	三个月以内	三个月以上	
A+	20%	30%	A 级基础上,另外满足核心一级资本充足率≥14%,杠杆率≥5%
A	20%	40%	信用风险较低的商业银行,即使在不利的经济周期和商业环境下,也具备充足的偿债能力。应同时满足以下条件: (1) 满足所在国家或地区监管部门的最低资本要求。 (2) 满足所在国家或地区监管部门公开发布的监管法规中关于缓冲资本要求,包括储备资本要求、逆周期资本要求以及系统重要性银行附加资本要求。 (3) 上述最低资本要求和缓冲资本要求,不包括针对单家银行的第二支柱资本要求
B	50%	75%	信用风险较高的商业银行,偿债能力依赖于稳定的商业环境。应同时满足以下条件: (1) 不满足 A 级商业银行标准。 (2) 满足所在国家或地区监管部门的最低资本要求,不包括针对单家银行的第二支柱资本要求
C	150%	150%	(1) 不满足上述 A+级、A 级、B 级标准。 (2) 在拥有外部审计报告的情况下,外部审计师出具了否定意见或无法表示意见,或者对银行持续经营能力表示怀疑。

资料来源:国家金融监督管理总局。

（3）对于我国商业银行、其他非银行金融机构的次级债,由原来风险暴露权重的100%上升到150%。《新资本办法》还将全球系统重要银行（TLAC）的债务工具的风险权重设定为150%。

（4）公司风险暴露。《新资本办法》把公司风险暴露划分为一般公司风险暴露和专业贷款风险暴露。在一般公司风险暴露方面,又细分为小微企业（75%）、投资级企业（75%）、中小企业（80%）和一般企业（100%）。专业贷款风险暴露,又细分为物品融资风险暴露（100%）、商品融资风险暴露（100%）、项目融资风险暴露（运营前130%、运营中100%）。投资级企业认定标准如下[1]:

①经营情况正常,无风险迹象,按时披露财务报告。

②最近三年无重大违法违规行为,未纳入人民法院失信黑名单,公司财务会计文件不存在虚假记载,最新一期经审计年度财务报表的审计意见应为无保留意见。

③最近三年无债务违约或者迟延支付本息的事实,商业银行对其债权风险分类均为正常。

④在认可的证券交易所或中国银行间市场登记有在存续期内的股票或债券（不

金融风险管理

---

[1] 注:以下标准须同时满足。

含资产证券化产品）。

⑤对外担保规模处于合理水平且不存在违规担保情况。

⑥最近三个会计年度利润总额（合并口径）、归属母公司所有者净利润（合并口径）均大于 3 000 万元；最近三个会计年度利润总额（法人口径）、净利润（法人口径）均大于 0；最新一期（季度频率）的归属母公司所有者净利润（合并口径）、净利润（法人口径）均大于 0。

⑦上一会计年度末资产负债率原则上不高于 70%，金融、建筑工程、航空运输等特殊行业的公司可适当放宽。

⑧上一会计年度末经营活动产生的现金流量净额原则上应大于净利息费用，金融行业的公司可不受此限制。

以上财务数据应于财务报表日后 6 个月内更新完毕。公司财务报表时效性不满足要求的，商业银行不应认定其为投资级公司。

（5）零售风险暴露。《新资本办法》区分了是否存在货币错配的情况，细分零售个人风险暴露（75%）和其他个人风险暴露（100%）。《新资本办法》还将优质信用卡客户的风险权重从 75% 下降到 45%，其他保持不变。

（6）房地产风险暴露。《新资本办法》把房地产风险暴露分为商用房地产风险暴露、居住房地产风险暴露和房地产开发风险暴露三种。在风险权重的选择上，主要取决于三个风险因子：一是还款来源是否依赖于房地产所产生的现金流，二是房地产风险暴露是否符合审慎要求，三是贷款价值比水平的高低。

（7）表外业务。《新资本办法》对部分表外业务项目的信用转换系数做了调整，总体上讲有升有降。

下面将讨论《商业银行资本管理办法》中有关资本构成及补充工具、风险加权资产的风险权重，以及资本充足率的要求。

一、资本的构成及补充工具

按照《商业银行资本管理办法》规定的要求，其商业银行资本构成及补充工具如图 10.1 所示。

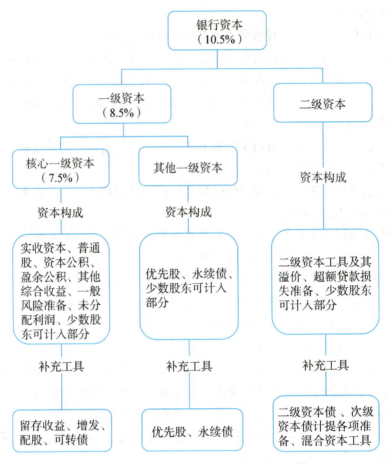

图 10.1　我国商业银行资本构成及补充工具

二、风险加权资产的风险权重

表 10.18 给出了第一档银行的表内信用资产风险权重。关于第二档银行的表内资产风险权重，是在第一档银行风险权重的基础之上，做了适当的调整和简化，具体参见国家金融监督管理总局发布的《商业银行资本管理办法》。表 10.19 给出了第一档和第二档银行的表外信用转换系数。关于第三档银行，国家金融监督管理总局在《商业银行资本管理办法》附件 23 中做出另行规定，其中要点有：

①第三档银行不计算一级资本充足率，但核心一级资本充足率不得低于 7.5%，总资本充足率不得低于 8.5%，不计提储备资本。

②第三档银行风险加权资产只包括信用风险加权资产和操作风险加权资产，不包括市场风险加权资产。

③对第三档银行表内和表外资产风险权重和项目做了较大的简化。

表 10.18 《商业银行资本管理办法》中银行表内资产信用风险权重

项目	权重/%
1. 现金类资产	
1.1 现金	0
1.2 黄金	0
1.3 存放中国人民银行款项	0
2. 对主权的风险暴露	
2.1 对我国中央政府的风险暴露	0
2.2 对中国人民银行的风险暴露	0
2.3 对评级 AA-（含）以上的国家或地区的中央政府和中央银行的风险暴露	0
2.4 对评级 AA-以下、A-（含）以上的国家或地区的中央政府和中央银行的风险暴露	20
2.5 对评级 A-以下、BBB-（含）以上的国家或地区的中央政府和中央银行的风险暴露	50
2.6 对评级 BBB-以下、B-（含）以上的国家或地区的中央政府和中央银行的风险暴露	100
2.7 对评级 B-以下的国家或地区的中央政府和中央银行的风险暴露	150
2.8 对未评级的国家或地区的中央政府和中央银行的风险暴露	100
2.9 对国际清算银行、国际货币基金组织、欧洲中央银行、欧盟、欧洲稳定机制和欧洲金融稳定机制等的风险暴露	0
3. 对我国公共部门实体的风险暴露	
3.1 视同我国主权的公共部门实体风险暴露	
3.1.1 对我国中央政府投资的金融资产管理公司为收购国有银行不良贷款而定向发行的债券	0
3.1.2 对省（自治区、直辖市）及计划单列市人民政府的风险暴露	
3.1.2.1 一般债券	10
3.1.2.2 专项债券	20
3.1.3 对除财政部和中国人民银行外，其他收入主要源于中央财政的公共部门实体的风险暴露	20
3.2 对经国家金融监督管理总局认定的我国一般公共部门实体风险暴露	50
4. 对在其他国家或地区注册的公共部门实体的风险暴露	
4.1 对评级 AA-（含）以上国家或地区注册的公共部门实体的风险暴露	20
4.2 对评级 AA-以下、A-（含）以上国家或地区注册的公共部门实体的风险暴露	50
4.3 对评级 A-以下、B-（含）以上国家或地区注册的公共部门实体的风险暴露	100
4.4 对评级 B-以下国家或地区注册的公共部门实体的风险暴露	150
4.5 对未评级的国家或地区注册的公共部门实体的风险暴露	100
5. 对我国开发性金融机构和政策性银行的风险暴露（不含次级债权）	0
6. 对多边开发银行的风险暴露	
6.1 对合格多边开发银行的风险暴露	0
6.2 对评级 AA-（含）以上的其他多边开发银行的风险暴露	20

249

项目	权重/%
6.3 对评级 AA−以下、A−（含）以上的其他多边开发银行的风险暴露	30
6.4 对评级 A−以下、BBB−（含）以上的其他多边开发银行的风险暴露	50
6.5 对评级 BBB−以下、B−（含）以上的其他多边开发银行的风险暴露	100
6.6 对评级 B−以下的其他多边开发银行的风险暴露	150
6.7 对未评级的其他多边开发银行的风险暴露	50
7. 对境内外金融机构的风险暴露	
7.1 对境内外其他商业银行的风险暴露（不含次级债权）	
7.1.1 对 A+级商业银行的风险暴露	
7.1.1.1 对 A+级商业银行原始期限三个月（含）以内，或因跨境货物贸易而产生的原始期限六个月（含）以内的风险暴露	20
7.1.1.2 对 A+级商业银行的其他风险暴露	30
7.1.2 对 A 级商业银行的风险暴露	
7.1.2.1 对 A 级商业银行原始期限三个月（含）以内，或因跨境货物贸易而产生的原始期限六个月（含）以内的风险暴露	20
7.1.2.2 对 A 级商业银行的其他风险暴露	40
7.1.3 对 B 级商业银行的风险暴露	
7.1.3.1 对 B 级商业银行原始期限三个月（含）以内，或因跨境货物贸易而产生的原始期限六个月（含）以内的风险暴露	50
7.1.3.2 对 B 级商业银行的其他风险暴露	75
7.1.4 对 C 级商业银行的风险暴露	150
7.2 对境内外其他金融机构的风险暴露（不含次级债权）	
7.2.1 对投资级其他金融机构的风险暴露	75
7.2.2 对一般其他金融机构的风险暴露	100
8. 对公司的风险暴露	
8.1 对一般公司的风险暴露	
8.1.1 对投资级公司的风险暴露	75
8.1.2 对中小企业的风险暴露	85
8.1.3 对小微企业的风险暴露	75
8.1.4 对其他一般公司的风险暴露	100
8.2 对专业贷款的风险暴露	
8.2.1 对项目融资的风险暴露	
8.2.1.1 运营前阶段的项目融资	130
8.2.1.2 运营阶段的项目融资	100
8.2.2 对物品融资的风险暴露	100
8.2.3 对商品融资的风险暴露	100
9. 对个人的风险暴露	
9.1 对个人的风险暴露	

表10.18（续）

项目	权重/%
9.1.1 对监管零售个人的风险暴露	
9.1.1.1 对合格交易者个人的风险暴露	45
9.1.1.2 对其他监管零售个人的风险暴露	75
9.1.2 对其他个人的风险暴露	100
9.2 对存在币种错配情形的个人风险暴露	min（无币种错配情形下风险权重的1.5倍，150）
10.　房地产开发风险暴露	
10.1 对符合审慎要求的房地产开发风险暴露	100
10.2 对其他房地产开发风险暴露	150
11.　居住用房地产风险暴露	
11.1 对还款不实质依赖于房地产所产生的现金流的居住用房地产风险暴露	
11.1.1 对符合审慎要求的居住用房地产风险暴露	
11.1.1.1 贷款价值比在50%（含）以下	20
11.1.1.2 贷款价值比在50%至60%（含）	25
11.1.1.3 贷款价值比在60%至70%（含）	30
11.1.1.4 贷款价值比在70%至80%（含）	35
11.1.1.5 贷款价值比在80%至90%（含）	40
11.1.1.6 贷款价值比在90%至100%（含）	50
11.1.1.7 贷款价值比在100%（不含）以上	交易对手风险权重
11.1.2 对不符合审慎要求的居住用房地产风险暴露	交易对手风险权重
11.2 对还款实质依赖于房地产所产生的现金流的居住用房地产风险暴露	
11.2.1 对符合审慎要求的居住用房地产风险暴露	
11.2.1.1 贷款价值比在50%（含）以下	30
11.2.1.2 贷款价值比在50%至60%（含）	35
11.2.1.3 贷款价值比在60%至70%（含）	45
11.2.1.4 贷款价值比在70%至80%（含）	50
11.2.1.5 贷款价值比在80%至90%（含）	60
11.2.1.6 贷款价值比在90%至100%（含）	75
11.2.1.7 贷款价值比在100%（不含）以上	105
11.2.2 对不符合审慎要求的居住用房地产风险暴露	150
11.3 对向个人发放的存在币种错配情形的居住用房地产风险暴露	min（无币种错配情形下风险权重的1.5倍，150）

251

项目	权重/%
12. 商用房地产风险暴露	
12.1 对还款不实质依赖于房地产所产生的现金流的商用房地产风险暴露	
12.1.1 对符合审慎要求的商用房地产风险暴露	
12.1.1.1 贷款价值比在60%（含）以下	65
12.1.1.2 贷款价值比在60%（不含）以上	交易对手风险权重
12.1.2 对不符合审慎要求的商用房地产风险暴露	交易对手风险权重
12.2 对还款实质依赖于房地产所产生的现金流的商用房地产风险暴露	
12.2.1 对符合审慎要求的商用房地产风险暴露	
12.2.1.1 贷款价值比在60%（含）以下	75
12.2.1.2 贷款价值比在60%至80%（含）	$\max(90,$ 交易对手风险权重)
12.2.1.3 贷款价值比在80%（不含）以上	110
12.2.2 对不符合审慎要求的商用房地产风险暴露	150
13. 商业银行持有的不动产	
13.1 商业银行自用不动产	100
13.2 商业银行非自用不动产	
13.2.1 因行使抵押权等方式而持有并在法律规定处分期限内的非自用不动产	100
13.2.2 其他非自用不动产	400
14. 租赁资产余值	100
15. 股权	
15.1 对金融机构的股权投资（未扣除部分）	250
15.2 被动持有的对工商企业股权投资在法律规定处分期限内的	250
15.3 对因市场化债转股持有的工商企业股权投资	250
15.4 对获得国家重大补贴并受到政府监督的股权投资	250
15.5 对工商企业的其他股权投资	1 250
16. 对次级债权（未扣除部分）	
16.1 对我国开发性金融机构和政策性银行的次级债权（未扣除部分）	100
16.2 对我国商业银行的次级债权（未扣除部分）	150
16.3 对我国其他金融机构的次级债权（未扣除部分）	150
16.4 对全球系统重要性银行发行的外部总损失吸收能力（TLAC）非资本债务工具（未扣除部分）	150
17. 对合格资产担保债券	
17.1 对具有外部信用评级的债券	

表10.18（续）

项目	权重/%
17.1.1 评级为 AA-（含）以上	10
17.1.2 评级为 AA-以下、BBB-（含）以上	20
17.1.3 评级为 BBB-以下、B-（含）以上	50
17.1.4 评级为 B-以下	100
17.2 对不具有外部信用评级的债券	
17.2.1 债券发行银行的标准信用风险评估结果为 A+级	15
17.2.2 债券发行银行的标准信用风险评估结果为 A 级	20
17.2.3 债券发行银行的标准信用风险评估结果为 B 级	35
17.2.4 债券发行银行的标准信用风险评估结果为 C 级	100
18. 已违约风险暴露	
18.1 对以居住用房为抵押、还款不实质性依赖于房地产所产生的现金流的已违约风险暴露	100
18.2 对其他已违约风险暴露	
18.2.1 损失准备低于资产账面价值的 20%	150
18.2.2 损失准备不低于资产账面价值的 20%	100
19. 其他	
19.1 依赖于银行未来盈利的净递延税资产（未扣除部分）	250
19.2 其他表内资产	100

资料来源：《商业银行资本管理办法》。

表 10.19　《商业银行资本管理办法》中表外项目的信用转换系

项目	信用转换系数/%
1. 等同于贷款的授信业务	100
2. 承诺	
2.1 可随时无条件撤销的贷款承诺	10
2.2 其他贷款承诺	40
2.3 未使用的信用卡授信额度	
2.3.1 一般未使用额度	40
2.3.2 符合标准的未使用额度	20
2.4 票据发行便利	50
2.5 循环认购便利	50
2.6 其他承诺	40
3. 银行借出的证券或用作抵押物的证券	100
4. 与贸易直接相关的短期或有项目	
4.1 基于服务贸易的国内信用证	50
4.2 其他与贸易直接相关的短期或有项目	20

项目	信用转换系数/%
5. 与交易直接相关的或有项目	50
6. 信用风险仍在银行的资产销售与购买协议	100
7. 远期资产购买、远期定期存款、部分交款的股票及证券	100
8. 其他表外项目	100

资料来源：《商业银行资本管理办法》。

三、资本充足率与最低资本要求

表 10.20 给出了《新巴Ⅲ》与《商业银行资本管理办法》的要求。

表 10.20　《新巴Ⅲ》与《商业银行资本管理办法》的要求

项目	《新巴Ⅲ》的要求			《商业银行资本管理办法》的要求		
	核心一级资本	一级资本	总资本	核心一级资本	一级资本	总资本
最低要求（1）	4.5%	6%	8%	5%	6%	8%
储备资本（2）	2.5%			2.5%		
（1）＋（2）	7%	8.5%	10.5%	7.5%	8.5%	10.5%
逆周期超额资本	0~2.5%			0~2.5%		
系统重要性银行附加资本要求	全球系统重要性银行分为五类，其附加资本充足率要求分别为 1.0%、1.5%、2.0%、2.5%和3.5%			系统重要性银行分为五类，其附加资本充足率要求分别为 0.25%、0.5%、0.75%、1%和1.5%		
杠杆率	3%			4%		
执行期	2023 年 1 月开始执行			2024 年 1 月开始执行		

应注意的是，表10.20 只是对一般银行的资本要求。根据《新巴Ⅲ》，对于系统重要性银行，要额外增加附加的资本和杠杆率要求。从 2021 年以来，中国人民银行就发布了中国银行业系统重要性银行名单，并不断更新名单。2023 年 9 月 22 日，中国人民银行和国家金融监督管理总局发布了我国系统重要性银行名单，共计 20 家商业银行。其中，6 家国有大型银行，9 家股份制商业银行，5 家城市商业银行。系统重要性银行共分为 5 组，其附加资本要求分别为 0.25%、0.5%、0.75%、1%和1.5%；其附加杠杆率为附加资本的 50%，分别为 0.125%、0.25%、0.375%、0.5%和 0.75%。

四、资本充足率计算

资本充足率是银行资本总额对其风险加权资产的比率。其具体的计算公式如下：

$$资本充足率 ＝（总资本 － 资本扣减项）/ 风险加权资产$$

$$一级资本充足率 ＝（一级资本 － 对应资本扣减项）/ 风险加权资产$$

$$核心一级资本充足率 ＝（核心一级资本 － 对应资本扣减项）/ 风险加权资产$$

$$总资本 ＝ 一级资本 ＋ 二级资本$$

资本扣减项包括商誉、其他无形资产（土地使用权除外）、由经营亏损引起的净递延税资产、贷款损失准备缺口、资产证券化销售利得、确定受益类的养老金资产净额、直接或间接持有本银行的股票、对资产负债表中未按公允价值计量的项目进行套期形成的现金流储备，以及商业银行自身信用风险变化导致其负债公允价值变化带来的未实现损益。

风险加权资产 = 表内资产×风险权数 + 表外资产×转换系数×风险权数（表内外风险加权资产总和）

风险加权资产包括信用风险加权资产、市场风险加权资产、操作风险加权资产。其中信用风险加权资产占了绝大部分，根据有关统计，一般中国商业银行达到90%左右。还有，市场风险加权资产 = 市场风险资本×12.5，具体计算参见第十一章。操作风险加权资产 = 操作风险资本×12.5，具体计算参见第十二章。

第四节　流动性风险管理

流动性是一个较为宽泛的概念。一般情况下，它是指资产的变现能力。一种资产在合理的价格下，在市场上能迅速地进行交易，我们就称这种资产变现能力强，即流动性强。对于企业来讲，如果它有充足的现金或能以合理的利息成本及时借到钱，用以偿还到期的债务，我们就说这家企业偿债能力强，即流动性强。在金融市场上，如果流通中的货币供给总量超过所需的总量，我们称之为流动性过剩；如果流通的货币供给总量小于所需的总量，我们称之为流动性紧缺。当金融市场出现过剩（货币供给过多）的时候，商品价格会普遍上涨（称为通货膨胀），房地产价格和金融资产价格也会上涨（称之为出现泡沫，即市场价格大于其真实价值）。当金融市场上出现流动性紧张（货币供给较小）的时候，商品价格会普遍下降，房地产价格和金融资产价格也会下降。经济学家普遍认为，流动性风险是造成2008年9月国际金融危机的一个主要原因。2008年9月，全球金融资产价格泡沫破灭，金融资产价格大幅下降。金融机构资产由于金融资产价格大幅下降而缩水，再加上债权人向金融机构追债；与此同时，金融市场流动性紧缩，面临支付债务的金融机构在金融市场借不到钱还债，从而破产，导致2008年9月国际金融危机的爆发。

鉴于2008年国际金融危机的经验教训，2010年9月巴塞尔委员会发布了《巴塞尔协议Ⅲ》，首次将流动性风险监管提升到与资本监管同等重要的位置。《巴塞尔协议Ⅲ》引入了两个流动性风险的监管指标：短期监管的流动性覆盖率指标和长期监管的净稳定资金比率指标。2013年1月，巴塞尔委员会又发布了《第三版巴塞尔协议：流动性覆盖率和流动性风险监测标准》，对流动性风险监管更加具体化；并公布了四个监测工具，即合同期限错配、融资集中度、可用的无变现障碍资产及以其他重要货币计价的流动性覆盖比率。同时，还增加了危机时期流动性监管的应对方案。

参照《巴塞尔协议Ⅲ》对银行流动性风险管理的标准和要求，并结合我国银行业的实际情况，2014 年原中国银监会发布了《商业银行流动性风险管理办法（试行）》。经过几年的讨论和修改，原中国银保监会在 2018 年 5 月正式发布了《商业银行流动性风险管理办法》（以下简称《管理办法》）。

中国银行业流动风险监管指标体系见表 10.21。

表 10.21　中国银行业流动风险监管指标体系

指标名称	适用范围	计算方法	最低监管标准/%
流动性比例（LR）	全部商业银行	流动性资产余额/流动性负债余额	25
流动性覆盖率（LCR）	资产规模在 2 000 亿元及以上的银行	合格优质流动性资产/未来 30 天内的现金净流出量	100
净稳定资金比率（NSFR）	资产规模在 2 000 亿元及以上的银行	可用的稳定资金/所需的稳定资金	100
优质流动性资产充足率（HQLAAR）	资产规模在 2 000 亿元以下的银行	优质流动性资产/短期现金净流出	100
流动性匹配率（LMR）	全部商业银行	加权资金来源/加权资金运用	100

资料来源：《商业银行流动性风险管理办法》。

从表 10.21 中可知，《管理办法》给出了 5 个监管指标：流动性比例（LR）、流动性覆盖率（LCR）、净稳定资金比例（NSFR）、优质流动性资产充足率（HQ-LAAR）、流动性匹配率（LMR）。其中，流动性比例和流动性匹配率这两个指标对全部商业银行都适用；流动性覆盖率和净稳定资金比例对资产规模达到 2 000 亿元及以上的商业银行适用；优质流动性资产充足率只对资产规模 2 000 亿元以下的商业银行适用。此外，还给出了这 5 个指标的计算方法和最低监管标准。还需说明的是，《管理方法》还有 7 个附件，这些附件具体说明了在计算这 5 个指标时，其分子和分母应包括银行那些资产和负债，并根据这些资产和负债的质量和持有期限，给出了具体的折算率。虽然这 5 个监管指标有所不同，但它们的主要目标是，促使商业银行持有流动性较高的优质资产，拥有较高比例的长期稳定负债，减少资产和负债的期限错配，降低对同业资金的依赖，最终加强银行对付短期流动性风险的能力。

1. 流动性比例

①流动性资产包括现金、黄金、超额准备金存款、一个月内到期同行往来款轧差后的资产净额、一个月内到期的债券投资、在国内外二级市场可随时变现的债券投资、其他一个月内到期的可变现资产（不包括不良资产）。

②流动性负债包括活期存款（不包括财政性存款）、一个月内到期的定期存款（不包括政策性存款）、一个月内到期的同业往来负债净额、一个月内到期的已发行债券、一个月内到期的应付利息和各种应付款项、一个月内到期的央行债款、其他一个月内到期的负债。

2. 流动性覆盖率

流动性覆盖率是指在确保商业银行具有充足的合格优质流动性资产，能够在规定的流动性压力情景下，通过变现这些资产满足未来至少 30 天的流动性需求。

①合格优质流动性资产为无变现障碍资产，由一级资产和二级资产构成。一级资产包括现金、压力情景下可以提取的准备金、满足一定条件的国债、央票和政策性金融债。一级资产无论剩余期限长短，均按照当前市场价值计入优质流动性资产。二级资产由 2A 资产和 2B 资产构成，合格优质流动性资产中二级资产占比不得超过 40%，其中 2B 资产占比不得超过 15%。2A 资产包括满足一定条件的国债、央票、政策性金融债、公司债券、担保债券，按照当前市场价值的 85% 计入优质流动性资产。2B 资产包括满足一定条件的公司债券，按照当前市场价值的 50% 计入优质流动性资产。

②现金流出包括零售存款、无抵（质）押批发融资、抵（质）押融资等。预期现金流入总量是在流动性覆盖率所设定的压力情景下，表内外相关契约性应收款项余额与其预计流入率的乘积之和。现金流入项目包括抵（质）押借贷、来自不同交易对手的其他现金流入、信用便利、流动性便利和或有融资便利等。

3. 净稳定资金比例

净稳定资金比例监管指标主要是为了在确保商业银行具有充足的稳定资金来源，以满足各类资产和表外风险敞口对稳定资金的需求。

①可用的稳定资金是指商业银行各类资本与负债项目的账面价值与其对应的可用稳定资金系数的乘积之和。其中，账面价值指资本或负债项目在进行监管扣除或其他调整前的余额。可用稳定资金系数的设定反映了负债的稳定性，包括负债期限及不同类型的资金提供者在收回资金倾向上的差异。可用稳定资金系数细分为 100%、95%、90%、50%、0 五档。

②所需的稳定资金是指商业银行各类资产项目的账面价值以及表外风险敞口与其对应的所需稳定资金系数的乘积之和。所需的稳定资金取决于银行所持各类资产以及表外风险敞口的流动性特征、剩余期限。所需稳定资金系数的设定反映了银行资产和表外风险敞口的流动性特征。所需稳定资金系数细分为 100%、85%、65%、50%、15%、10%、5%、0 八档。

4. 优质流动性资产充足率

①优质流动性资产充足率监管指标主要是为了确保商业银行保持充足的、无变现障碍的优质流动性资产。在压力情况下，银行可通过变现这些资产以满足未来 30 天内的流动性需求。优质流动性资产为无变现障碍资产，由一级资产和二级资产构成。一级资产包括现金、压力情景下可以提取的准备金、国债、央票和政策性金融债。一级资产无论剩余期限长短，均按照当前市场价值计入优质流动性资产。二级资产包括非金融机构发行的金融债、地方政府债等。二级资产无论剩余期限长短，均按照当前市场价值的 85% 计入优质流动性资产。计入优质流动性资产的二级资产不可超过优质流动性资产的 40%。

②短期现金净流出=可能现金流出−确定现金流入。其中，可能现金流出包括一般性存款、同业业务、发行债券、来自中央银行的资金和其他项目流出等。确定现金流入包括未来 30 天内到期的贷款、同业业务、投资债券和金融工具流入等。确定

现金流入不可超过可能现金流出的75%。

5. 流动性匹配率

流动性匹配率监管指标是指商业银行主要资产与负债的期限配置结构，主要是为了引导商业银行合理配置长期稳定负债、高流动性或短期资产，避免过度依赖短期资金支持长期业务发展，提高流动性风险抵御能力。该指标值越低，说明银行以短期资金支持长期资产的问题越大，期限匹配程度越差。

①加权资金来源包括来自央行的资金（公开市场操作、常备借贷便利、中期借贷便利、再贷款等）、各项存款、同业存款、同业拆入、卖出回购（不含与央行的交易）、发行债券及发行同业存单等项目。

②加权资金运用包括各项贷款、存放同业、拆放同业、买入返售（不含与央行的交易）、投资同业存单、其他投资（债券投资、股票投资外的表内投资）等项目。

第五节 宏观审慎评估体系

2008年国际金融危机爆发以后，各国金融监管当局开始探讨如何从整个金融体系角度，来科学地制定防范和化解系统性金融风险，从而实现以金融稳定为目标的政策和监管指标体系。2011年，中国人民银行针对银行业实施了差别准备金率和合意贷款规模的管理制度。差别准备金率是指中央银行根据各商业银行执行央行信贷政策的情况，对其实施动态和有差别的存款准备金率；而合意贷款规模管理制度，是指中国人民银行根据各商业银行每年的资本充足率、存贷比等指标来测算各商业银行的新增信贷额度，并限定商业银行在此额度内发放信贷。

从2016年起，中国人民银行把差别准备金率和合意规模管理制度"升级"为宏观审慎评估体系（MPA）。

什么是MPA呢？MPA共包含资本和杠杆、资产负债情况、流动性、定价行为、资产质量、跨境融资风险、信贷政策执行情况七大类指标。而这七大类指标各自又下设不等数量的细分类指标，这些指标大多是定量指标，少数为定性指标（见表10.22）。

表10.22　MPA考核指标体系

指标体系		评分标准		
		全国性重要金融机构	区域性系统重要性金融机构	普通金融机构
资本和杠杆情况	资本充足率（80分）	（1）≥C：80分。（2）[C-4%，C)：48~80分。（3）[0%，C-4%)：0分		
	杠杆率（20分）	（1）≥4%：20分。（2）[0%，4%)：0分		
	总损失吸收能力（TLAC）	监管要求明确前暂不纳入		

表10.22（续）

指标体系		评分标准		
		全国性重要金融机构	区域性系统重要性金融机构	普通金融机构
资产负债情况	广义信贷（60分）：与目标M2增速偏离的百分点	(1)≤20：60分。 (2)>20：0分	(1)≤22：60分。 (2)>22：0分	(1)≤25：60分。 (2)>25：0分
	委托贷款（15分）：与目标M2增速偏离的百分点	(1)≤20：15分。 (2)>20：0分	(1)≤22：15分。 (2)>22：0分	(1)≤22：15分。 (2)>22：0分
	同业负债（25分）：与占总负债比相比	≤25：25分	≤28：25分	≤30：25分
		(1)≤33：15~25分。(2)>33：0分		
流动性	流动性覆盖率（40分）	(1)符合期间监管指标：40分。(2)不符合：0分		
	净稳定资金比例（40分）	(1)≥100：40分。(2)其他：0分		
	遵守准备金制度情况（20分）	(1)遵守：20分。(2)未遵守：0分		
定价行为	利率定价（100分）	利率定价行为符合市场竞争秩序等要求：0~100分		
资产质量	不良贷款率（50分）	(1)不高于同地区、同类型机构不良贷款率：50分。 (2)不高于同地区、同类型机构不良贷款率2个百分点且不高于5%：30-50分。 (3)其他：0分		
	拨备覆盖率（50分）	(1)≥150%：50分。 (2)[100%,150%)：30-50分。 (3)<100%：0分		
外债风险	外债风险加权余额（100分）	(1)不超过上限：100分。 (2)超过：0分		
信贷政策执行	信贷执行情况（70分）	根据信贷政策导向效果评估：0~70分		
	央行资金运用情况（30分）	基础20分，根据央行资金运用投向、利率等要求进行增加：0~30分		

259

中央银行根据商业银行的经营状况，对每家商业银行这七大类指标进行评分，每大类指标满分为100分。根据七大类指标的综合评分结果，把银行分为A档（综合评分90分以上）、B档（达标，60分至90分）、C档（不达标，60分以下）。其中，资本和杠杆、定价行为这两大类指标实行一票否决，也就是这两大类指标中，其中任意一项未达到60分，该银行的MPA考核直接定为C档。如果一家银行这七大类指标都为优秀（90分以上），该银行就定为A档。除资本和杠杆、定价行为这两大类指标达标外，如其他五大类指标中不超过两个指标不达标，这家银行就被定为B档。除上面以外的其他情况，银行将被定为C档。针对MPA的考核结果，央行将会采取奖励或惩罚性措施，如降低或提高法定存款准备金利率和常备借贷便利利率、货币政策工具操作资格，以及金融市场准入和金融产品发行资格等。

复习思考题及参考答案

1. 银行的资本充足率对银行的安全性十分重要，那么从会计、经济以及监管当局的角度看，其与资本的定义有何区别？

2. 表 10.23 是一家银行的资产负债表。

表 10.23　某家银行的资产负债表

单位：万元

资产		负债及所有者权益	
长期证券投资	1 000	负债（短期、浮动利率存款）	9 000
长期贷款	9 000	净值（所有者权益）	1 000
合计	10 000	合计	10 000

其中，贷款主要是固定利率的中长期贷款，存款主要是短期存款。

利率上升导致一家重要的客户企业倒闭，造成了该银行 3% 的贷款不能收回，银行未核销这部分损失。试分析利率上升对该银行的资产负债表的影响。

3. 资本的职能有哪些？其作用是什么？

4. 《新巴Ⅲ》规定的商业银行的资本构成有哪些？

5. 试述 2023 年 11 月《商业银行资本管理办法》中有关商业银行的资本充足率的规定。

6. 请根据表 10.24、表 10.25 中的相关数据来回答下列问题：

（1）根据《新巴Ⅲ》，该银行风险加权资产是多少？

（2）为了保证 4.5% 的最低核心一级资本充足率要求、6% 的最低一级资本充足率要求，以及 8% 的最低总资本充足率要求，该银行需要持有多少核心一级资本、一级资本以及总资本？

（3）如果不考虑储备资本，假设股权的面值为 22.5 万元，股权的剩余价值为 20 万元，限定永久优先股为 5 万元、次级债为 5 万元、贷款损失准备为 8.5 万元，根据《新巴塞Ⅲ》，该银行的资本充足率水平为多少？该银行是否符合《新巴Ⅲ》的（核心一级资本、一级资本以及总资本）资本充足率要求？

（4）如果包括 2.5% 的储备资本要求，银行是否满足《新巴Ⅲ》的 7% 的最低核心一级资本充足率要求、8.5% 的最低一级资本充足率要求，以及 10.5% 的最低总资本充足率要求？

表 10.24　某家银行资产负债表相关数据（一）

表内业务	面值/元
现金	121 600
短期政府债券（≤92 天）	5 400
长期政府债券（>92 天）	414 400

表10.24（续）

表内业务	面值/元
中央银行的存款余额	9 800
政府机构担保的回购协议	159 000
对本国存款机构的债权	937 900
根据OECD标准，对评级为第2类风险的国家的银行的短期债权	1 640 000
市政普通债务债券	170 000
对政府机构或由政府机构担保的债权	26 500
市政收入债券	112 900
第1类居民住房抵押贷款，贷款价值比为75%	5 000 000
商业贷款	4 667 669
根据OECD标准，对评级为第3类风险的国家的主权贷款	11 600
房屋和设备	455 000

表10.25 某银行资产负债表相关数据（二）

表外业务	转换系数/%	面值/元
以政府为交易对手		
贷款承诺		
<1年	20	300
1~5年	50	1 140
备用信用证		
与履约相关	50	200
直接信用担保	100	100
以本国存款机构为交易对手（第2类风险权重）		
贷款承诺		
<1年	20	100
≥1年	50	3 000
备用信用证		
与履约相关	50	200
直接信用担保	100	56 400
商业信用证	20	400
以地方政府为交易对手（第3类风险权重）		
贷款承诺		
≥1年	50	100
备用信用证		
与履约相关	50	135 400
以公司客户为交易对手		
贷款承诺		
<1年	20	3 212 400
≥1年	50	3 046 278

表10.25(续)

表外业务	转换系数/%	面值/元
备用信用证		
与履约相关	50	101 543
直接信用担保	100	490 900
商业信用证	20	78 978
以主权为交易对手		
根据OCED标准，对评级为第1类风险的国家的贷款承诺		
<1年	20	110 500
≥1年	50	1 225 400
以主权为交易对手		
根据OCED标准，对评级为第2类风险的国家的贷款承诺		
<1年	20	85 000
≥1年	50	115 500
以主权为交易对手		
根据OCED标准，对评级为第7类风险的国家的贷款承诺		
≥1年	50	30 000
利率市场合约（假设现有风险为0）		
<1年（名义值）	0	2 000
1~5年（名义值）	0.5	5 000

扫一扫，即可获得参考答案

参考文献

[1] 巴塞尔银行监管委员会.第三版巴塞尔协议改革最终方案[M].中国银行保险监督管理委员会,译.北京:中国金融出版社,2020.

[2] 陈忠阳.巴塞尔协议Ⅲ:改革、风险管理挑战和中国应对策略[J].国际金融研究,2018(6):66-77.

[3] 马婷婷,蒋江松媛.银行研究框架及2022A+2023Q1业绩综述:哪些银行业绩有望率先改善?[R/OL].(2023-06-14)[2024-01-15].https://www.163.com/dy/article/I77AGF65051982TB.html.

[4] 于昊翔.商业银行主要监管指标浅析[R].远东资信,2022.

[5] 张晓艳.商业银行管理[M].北京:中国金融出版社,2013.

[6] 中国银行业协会. 解读商业银行资本管理办法 [M]. 北京：中国金融出版社，2012.

[7] 周岳，马航. 一文读懂商业银行资本金——商业银行专题研究之一 [R]. 国金证券，2019.

[8] SAUNDERS A，CORNETT M. Financial Institutions Management [M]. New York：McGraw-Hill，2020.

第十一章
市场风险和管理

近年来，随着利率市场化的推进和人民币汇率形成机制改革进程的进一步深化，我国商业银行和金融机构所面临的市场风险迅速增加，因此，加强对市场风险的管理显得更加重要和迫切。1996 年，巴塞尔委员会正式开始对商业银行的市场风险提出了最低资本要求。此后，原中国银监会在 2004 年年底发布了《商业银行市场风险管理指引》，对我国银行业金融机构加快金融创新和加强市场风险管理提出了最基本的要求。2005 年，为了切实引导银行监管人员和银行管理者形成正确的市场风险监管理念和方法，原银监会编写了《商业银行市场风险监管现场检查手册》。2008 年国际金融危机以后，巴塞尔委员会修改了对市场风险资本的监管要求，并于 2019 年发布了《市场风险最低资本要求》。随后，我国国家金融监督管理总局，于 2023 年 11 月发布了《商业银行资本管理办法》，提出了对我国商业银行的市场风险资本要求和计量方法。

在本章的第一、二节，我们首先介绍了市场风险的概念、测度方法和风险度量的模型。第三节主要介绍巴塞尔委员会于 2019 年提出的测度市场风险资本要求的新标准法框架。第四节重点介绍了我国国家金融监督管理总局在《商业银行资本管理办法》中提出的测度市场风险资本要求的简化标准法。

第一节　市场风险的概念以及测度的一般方法

一、市场风险的定义

从概念上讲，金融机构的交易性组合资产与投资性组合资产在时间和流动性上是不一致的。交易性资产组合包括了能够在有组织的市场上迅速购买或出售的资产、负债以及衍生金融工具合约。而投资性组合资产包括相对来说不流动的资产、负债和衍生金融工具合约，银行会在一个较长的时期内持有它们。从会计角度，对银行的表内外资产的记录可分为银行账簿（banking book）和交易账簿（trading book）两大类。巴塞尔委员会在 2004 年的《新资本协议》中对其 1996 年发布的《资本协议市场风险补充规定》中的交易账簿定义进行了修改，修改后的定义为：交易账簿记录的是银行为交易目的或规避交易账簿其他项目的风险而持有的可以自由交易的金融工具和商品头寸，持有它的目的是从实际或预期的短期波动中获利。与交易账簿相对应，银行的其他业务归入银行账簿，最典型的是存贷款业务。交易账簿中的项目通常按市场价格计价（mark-to-market），当缺乏可参考的市场价格时，可以按模型定价（mark-to-model）。银行账簿中的项目则通常按历史成本计价。表 11.1 列出了一家典型的商业银行的银行账簿和交易账簿的明细。需要指出的是，银行一旦发生损失，无论该损失是属于交易性损失还是投资性损失，资本都对存款者、银行的债权人以及监管当局起到了一个"缓冲器"的作用（见第十章）。在表 11.1 中可以看到，银行账簿包括了绝大部分的贷款、存款以及其他不流动资产。交易账簿主要包括了各种市场可交易的工具的多头和空头，这些资产工具包括债券、商品①、外汇、股票和衍生金融工具。

表 11.1　商业银行的银行账簿和交易账簿的明细

资产类型	资产	负债
银行账簿 （投资性组合资产）	贷款	资本
	其他不流动资产	存款
交易账簿 （交易性组合资产）	债券（多头）	债券（空头）
	商品（多头）	商品（空头）
	外汇（多头）	外汇（空头）
	股票（多头）	股票（空头）
	衍生金融工具（多头）	衍生金融工具（空头）

注：衍生金融工具被列入表外业务（见第八章）。

随着银行贷款证券化的流行，越来越多的资产成为可流动的和可交易的。从监管当局的角度，通常将持有期低于一年期限的资产视为可交易资产，而对金融机构而言可交易资产的持有期限就更短了。具体说，金融机构关注着它们的交易账簿中资产和负债价值的波动，或称为风险价值（Value at Risk，VaR），甚至还要关注他们交易性账户中资产和负债价值的每日波动情况，即日风险价值（Daily Value at Risk，DVaR），特别是当这些价值的变化足以影响到金融机构的清偿力时，金融机构会更加重视这些价值的变化。根据定义，风险价值是指在一定的持有期和给定的置信水平下，利率、汇率等市场风险要素发生变化时可能对某项资金头寸、资产组合或机构造成的潜在最大损失。因此，VaR 或 DVaR 实际上是对市场风险的一种测量方法，它所关注的是潜在的最大的损失，这样市场风险可以定义为由市场条件变化引起的金融机构交易性组合收益的不确定性的风险，其中市场条件包括资产价格、利率水平、汇率水平、市场波动性、市场流动性等。根据国家金融监督管理总局于 2023 年 11 月 1 日所颁布的《商业银行资本管理办法》，市场风险被定义为因市场价格（利率、汇率、股票价格和商品价格）的不利变动而使银行表内和表外业务发生损失的风险。

———————————

① 指可以在二级市场上交易的某些实物产品，如农产品、矿产品（包括石油）和贵金属（不包括黄金）等。

二、测度市场风险的一般方法

当金融机构积极地交易各种资产和负债（包括衍生金融工具）而不是将这些资产和负债作为投资或套期保值目的来长期持有时，市场风险就会产生。在目前一些国际型大型金融机构中，交易性活动给它们带来的利润逐渐开始取代传统的由吸收存款和发放贷款的利差所带来的利润。这些主要的金融机构大都建立了自己的模型来测量由此带来的收益的不确定性，而这种对不确定性的测度可以精确到每一天也可以扩展到一年。更具体地说，我们需要通过计算得到一个数字来描述市场风险。这就是我们上面所提到的风险价值方法，或 VaR 方法。

假设，我们对一给定的资产发生大量损失的可能性感兴趣，具体来说，是对这样的一笔损失在 100 个交易日内发生的次数不超过一次感兴趣。这样，可表述为我们对在 99% 的置信度水平下的日风险价值感兴趣。比如，一个银行可以报告它的日风险价值在 99% 的置信度水平下为 100 万元。这个表述意味着银行估计有低于 1% 的概率它会在下一个交易日中损失 100 万元。下面是对日风险价值的确切定义。

在 99% 的置信度水平下的风险价值是指一个最小的数值 x，资产或资产组合（外汇也被看成一种资产）在下一交易日产生损失超过 x 的概率不超过 1%。

如果假设 L 为下一个交易日所发生的损失，上述定义就可以用数学符号表示为：

$$P[L \geqslant x] \leqslant 0.01 \qquad (11.1)$$

风险价值就是使上述条件成立的最小的数值 x，即损失的水平在 99% 的置信度水平下不会超过 x。也就是说，如果银行在 99% 的置信度水平下日风险价值为 100 万元，就意味着下一个交易日损失超过 100 万元的概率不超过 1%。反过来讲，该银行的资产组合在 1 天中的损失有 99% 的可能性不会超过 100 万元。同时我们还可以说，该银行在可预期到的未来的 100 天里有 1 天，损失至少为 100 万元（置信度水平为 99%）。

同样我们也可以定义更长时间段、不同置信度水平下的风险价值，比如通常监管机构要求银行计算的是 10 天的风险价值。例如，我们说某银行在 95% 置信度水平下的 10 天的风险价值为 100 万元，这就意味着该银行在接着的 10 个交易日中，损失超过 100 万元的概率小于 5%。

只要我们假设给定资产的收益率有一个特定的分布，这样我们就可以使用概率论的方法来计算 VaR。这个方法包含了两个步骤：一是要选择和确定资产收益率的分布，二是使用历史数据或其他方法来估计该分布的参数。

在多数情况下，我们都假设收益率的分布为正态分布，该正态分布的均值为 μ，方差为 σ^2。注意我们可以通过历史数据估计出收益率的均值和方差。这样如图 11.1 所示，图中阴影部分表示损失超过 2.33 的概率区间仅有 1%。

接着，我们用 R 表示资产的收益率，$X(t)$ 表示资产在 t 时刻的市场价值，这样就有

$$R = \frac{X(1) - X(0)}{X(0)} \qquad (11.2)$$

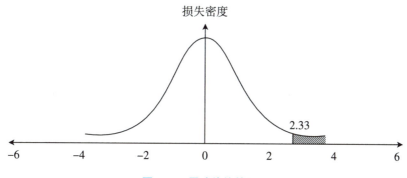

图 11.1　风险价值的图示

把等式右边的分母 $X(0)$，移项到等式左边，两边再同时乘以负号，就可以得到实际损失：

$$L = - X(0) \cdot R \tag{11.3}$$

如果 R 服从正态分布，则变量 $Z = (R - \mu)/\sigma$ 也就服从标准正态分布，这样我们就可以通过下面的式子来计算置信度为 99% 时的 VaR：

$$0.01 = P[L \geqslant x] = P[-X(0) \cdot R \geqslant x] = P[R \leqslant - x/X(0)]$$

$$= P\left[\frac{R - \mu}{\sigma} \leqslant \frac{- x/X(0) - \mu}{\sigma}\right]$$

$$= P\left[Z \leqslant \frac{- x/X(0) - \mu}{\sigma}\right] \tag{11.4}$$

查阅标准正态分布表（Z 表），我们就可以找到

$$P[Z \leqslant - 2.33] = 0.01$$

这样，我们就可以通过

$$\frac{- x/X(0) - \mu}{\sigma} = - 2.33$$

找到数值 x，即我们所定义的 VaR。所以，在 99% 的置信度水平下，假设收益率的分布为标准正态分布时，求解 VaR 的公式为

$$\text{VaR} = X(0)[2.33\sigma - \mu] \tag{11.5}$$

【例 11.1】假设一个投资的平均日收益率为 0.03%，标准差为 1%，目前的价值为 100 万元，求 VaR 为多少。

$$\text{VaR} = 1\,000\,000 \times (2.33 \times 1\% - 0.03\%) = 23\,000 （元）$$

由于上面所计算的是金融机构在下一个交易日有可能遭受的损失，因此我们经常称上述的 VaR 为日风险价值，即 DVaR。当然我们还可以把上述的分析扩展到 2 天、3 天，直到 N 天。如果假设市场条件对收益率的冲击是独立的，且用方差来衡量的风险即收益率的日波动是一致的。这就是说，日收益率是呈独立同分布的。这样，银行持有该种资产 N 天，其 N 天的市场风险就为

$$\text{VaR} = DVaR \times \sqrt{N} \tag{11.6}$$

同样，VaR 方法还能够拓展到对交易组合市场风险的计算，我们将利用下一节所介绍的风险度量模型来进行说明。

267

第二节　风险度量模型

VaR 方法目前已经成为银行业计算市场风险的一个行业标准，许多银行在其基础上都开发了自己的用于计算市场风险的内部模型，其中最有代表性的就是摩根大通的风险度量模型（riskmetrics model）。在这里我们引用该公司前主席丹尼斯·韦瑟斯通（Dennis Weatherstone）的话来表达市场风险测度模型所要达到的目标，即"在每一个营业日结束时，告诉我所有地区及所有业务的市场风险"。简而言之，摩根大通的主席想在纽约时间下午 4：15 时得到一个数字，特别是当市场趋于恶化时他更希望得到这样一个数字，即该集团在下一个交易日中所暴露的市场风险。需要指出的是，在本章我们仅讨论固定收益证券、外汇和股票三种最主要的交易性资产的市场风险。

为什么金融机构如此关注市场风险呢？从表 11.2 中我们不难理解这一问题。摩根集团于 1994 年开发其风险度量模型时，已经在 14 个国家或地区拥有 120 个独立单位的可交易的固定收益证券、外汇、商品、衍生金融工具、新兴市场国家债券以及所有权类资产①（主要品种是股票），日交易额达到了 500 亿美元。我们假设摩根大通交易性组合资产的收益率服从【例 11.1】中的分布，粗略估计一下，摩根集团当时的置信度水平为 99% 的日风险价值就为 11.5 亿美元。那么就意味着摩根集团在下一个交易日有不超过 1% 的可能性遭受超过 11.5 亿美元的损失。

表 11.2　摩根大通交易性业务表

项目	固定收益证券	外汇	商品	衍生金融工具	股票	新兴市场债券	所有权类资产	合计
交易的地区数量/个	14	12	5	11	8	7	11	14
独立风险承担单位的数量/个	30	21	8	16	14	11	19	120
日交易次数/次	>5 000	>5 000	<1 000	<1 000	>5 000	<1 000	<1 000	>20 000
日交易额/亿美元	>100	>300	10	10	<10	10	80	>500

资料来源：摩根大通官网。

现在，我们将使用风险度量模型对一个假设的但又是十分典型的银行的市场风险进行测度。某家银行的交易账户中主要有三项资产：固定收益证券、外汇以及股票。而这三项资产当前的市值均为 100 万元。首先我们仍然将讨论一下在风险度量模型中市场风险的定义及其一般公式。

一、风险度量模型中的市场风险

在由某银行所建立的模型中，金融机构的经营者最关心的就是当下一个交易日

---

① 包括普通股、优先股、股权证书、股票认购权等。

的市场条件向不利方变化时，该集团潜在的损失为多少，即

$$市场风险 = 在不利市场环境中所估计出的潜在损失 \tag{11.7}$$

更具体地说，某银行用日在险收益（Daily Earnings at Risk，或简写为 DEAR）来表示市场风险，它有三个可以量化的组成部分：

$$日风险价值（DEAR） = 头寸的本币市场价值 \times 头寸的价格敏感度 \times$$
$$收益的潜在不利变化 \tag{11.8}$$

由于后两项的乘积实际上就是某项资产价格波动的程度，这样我们就可以把式（11.8）改写成

$$日风险价值 = 头寸的本币市场价值 \times 价格的波动 \tag{11.9}$$

价格敏感性以及"收益的不利变化"的测度取决于金融机构对测度价格敏感度模型的选择及其对价格或收益不利变化的认识。在这里，我们将集中讨论风险度量模型是如何来计算固定收益证券、外汇以及股票的日风险价值，并如何得出交易性资产组合的总市场风险，而这一数字测度了一家银行在下一个交易日所暴露的全部市场风险。

二、固定收益证券的市场风险

假设这家银行有一笔零息票债券，这笔债券的市场价值为 100 万元，剩余期限为 10 年，面值为 2 209 424 元[①]，该债券当前的年收益率为 8.250%。这些债券是该银行交易性资产组合中的一部分。因此，头寸的本币市场价值为 1 000 000 元。

当利率向不利方向变化时，银行的管理者就需要知道该银行所面临的潜在的风险暴露。当给定银行债券的市值时，该银行此时可能遭受的损失就取决于债券价格的波动程度。回顾我们在第五章所学习的久期模型，我们知道

$$\frac{\mathrm{d}P}{P} = -\mathrm{MD} \times \mathrm{d}R$$

也就是说价格的日波动的计算方法应该为

$$价格的日波动 = -\mathrm{MD} \times 日收益的不利变化 \tag{11.10}$$

在该例子中，由于该银行持有的是零息票债券，所以它的久期就等于它的剩余期限，因此当给定债券的收益率 $R = 8.25\%$ 时，该债券修正的久期 MD，应该为

$$\mathrm{MD} = \frac{D}{1+R} = \frac{10}{1.082\,5} = 9.238$$

这样，如果要计算价格的日波动，只需要用修正的久期乘以债券收益率每日的不利变动即可。现在我们假设债券的不利变动如图 11.2 所示。在这一个分布中，收益率的变化被假定为服从正态分布，这样我们就可以找到最近的过去的收益率具体的正态分布来估计当前收益率的变化。在这里，我们定义"不利"变动存在一个最大的变动值，无论收益率如何变动，超过该最大值的概率仅为 5%。由于我们仅仅关注的是不利变动，因此 5% 就意味着 20 天中有 1 天，其收益率的不利变动将超过

[①] 之所以为 2 209 424 元，是因为 2 209 424 / $(1.082\,5)^{10}$ = 1 000 000。

给定的最大值。

　　运用统计学的知识,我们知道在正态分布的条件下,90%的值落在均值的标准差正负 1.65 倍的范围里,即 1.65σ。假设上一年,10 年期零息票债券的收益率均值为 0,而标准差 σ 为 10 个基点[①](或 0.001),因此 1.65σ 就等于 16.5 个基点。从图 11.2 中可以看到债券收益率的变化无论是向好的方向还是向坏的方向变化,仅有 5% 的概率能够超过所给定的变化程度,即 16.5 个基点。而由于我们仅考虑的是收益率向不利的方向变化,因此从图 11.2 中可以看到,仅有 5% 的概率下一个交易日的损失会超过 16.5 个基点,也就是说 20 天中有 1 天损失会超过 16.5 个基点。

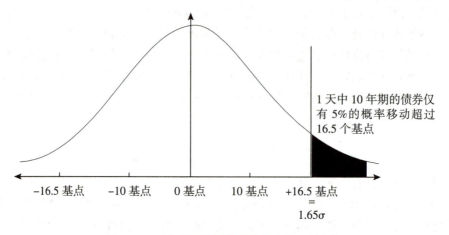

图 11.2　10 年期零息票债券收益率的不利变化

　　现在我们可以计算 10 年期零息票债券的潜在的价格的日变动水平,它等于

价格变动 = -MD × 收益率潜在的不利变动

$$= -9.238 \times 0.001\,65$$

$$\approx -1.524\%$$

　　当给定价格的变动水平和 10 年期零息票债券初始的市场价值后,由于我们仅考虑的是不利变化,因此运用式(11.9)就可以得到

DEAR = 1 000 000 × 1.524% = 15 240(元)

　　这就是说,100 万元的零息票债券,20 天里有一天的损失至少为 15 240 元。换句话说,如果明天就是 20 天中的坏日子,该日的潜在损失就为 15 240 元。与上一节所介绍的 VaR 方法一样,我们可以将上述的分析拓展到 2 天、3 天直至 N 天。如果收益率的变化是独立的,并且日波动水平大约是一致的,金融机构将持有这种资产 N 天,这样 N 天的市场风险就可以与上述的 DEAR 相联系,即

$$\text{VaR} = \text{DEAR} \times \sqrt{N}$$

　　因此当利率朝着对金融机构不利的方向变化时,金融机构持有债券的风险价值(VaR)就是日风险价值(DEAR)和持有天数的函数。具体来说,DEAR 假设金融

金融风险管理

---

①　1 个基点为 0.000 1。

机构能够在下一个交易日出售所有的债券，但是事实上由于市场不流动因素的存在，金融机构往往需要几天来卖出它所有的债券头寸。所以说，市场的不流动性使金融机构的损失加重了。如果 N 为 5 天的话，即

$$VaR = 15\,240 \times \sqrt{5} \approx 34\,077.68\,（元）$$

如果持有时间更长的话，例如 10 天，就会有

$$VaR = 15\,240 \times \sqrt{10} \approx 48\,193.11\,（元）$$

可以看到，持有的时间越长，金融机构可能潜在损失的幅度就越大。

需要指出的是，在上面的计算中，我们使用了修正的久期来计算，但是在金融机构中，技术人员使用风险度量模型时，更倾向于使用现金流现值的变化来描述价格的敏感性。现在我们承上例，如果债券的收益率变化 1 个基点，使用现金流现值的方法，债券市场每 1 元债券的价值变化就应该为

$$\left[\frac{2\,209\,424}{(1+8.260\%)^{10}} - \frac{2\,209\,424}{(1+8.250\%)^{10}}\right] \div 1\,000\,000 \approx -0.000\,923\,3$$

但是，实际上收益率的不利变化为 16.5 个基点，因此

$$DEAR = 1\,000\,000 \times 0.000\,923\,3 \times 16.5 = 15\,234.8\,（元）$$

这样，如果使用直接的现金流计算方法，潜在的损失就为 15 234.8 元，这个结果跟使用修正的久期所计算的结果 15 240 元非常接近。

三、外汇的市场风险

271

与其他的大型金融机构一样，我们所假设的银行的外汇交易也非常频繁，记住：

日风险价值（DEAR）= 头寸的本币市场价值×价格的波动

假设该银行在某个交易日结束时有 125 万港元即期头寸。现在银行的经营者想知道该头寸的日风险价值，即当下一个交易日对银行来说是"坏日子"时，与港币的人民币价值的变化相关的该笔头寸的风险暴露。

首先我们要计算该头寸的人民币价值，假设此时港币/人民币的即期汇率为 1.250 0，即 1 港币等于 1.25 人民币，那么就有

该外汇头寸的本币价值=外汇头寸×人民币/港币的即期汇率

$$= 1\,250\,000 \times (1 \div 1.25)$$

$$= ￥1\,000\,000$$

假设我们回顾去年的港币/人民币的汇率变化，即期汇率的标准差（波动程度）为 65.8 个基点。同时假设该银行的管理者仅仅对不利变化感兴趣，即不利变化发生的概率不超过 5%。因此从统计学看，如果汇率的变化在历史上是呈正态分布的，那么汇率向不利方向变化的程度就为 1.65σ，而这种情况 20 天中仅可能发生一次，那么外汇的波动就为

外汇波动=$1.65 \times 65.8 \times 0.000\,1 \approx 1.085\,7\%$

换句话说，在去年 5% 的时间里，港币的人民币价值的下降至少为 108.57 个基点，这样就有

DEAR = 头寸的本币价值×外汇的波动

       = ￥1 000 000×0.010 857

       = ￥10 857

这就是当港币的人民币价值朝着对金融机构不利的方向变化时，金融机构由于持有了 125 万港元将面临的潜在的日收益的暴露。

四、股票的市场风险

许多大型金融机构也要持有股票的头寸。从资本资产定价模型（CAPM）中我们知道，持有单一股票 i 的头寸所要面临的两种风险：

总风险＝系统性风险＋非系统性风险

$$\sigma_i^2 = \beta_i^2 \sigma_m^2 + \sigma_{ei}^2 \tag{11.11}$$

其中，系统性风险所反映的是当整个市场发生变化时股票 i 针对这一变化的变化，它由整个市场组合风险（σ_m）和股票 i 的贝塔系数（β_i）共同决定。非系统风险就是 i 公司自身的市场因素以外的个别风险（σ_{ei}）。根据 CAPM 理论，在一个充分分散化的组合中，非系统性风险可以被分散掉，也就是说组合的非系统风险可以等于零。如果金融机构的交易性组合的收益与股票市场指数的收益一致，那么该组合的贝塔系数就为 1，也就是说金融机构交易性组合收益的变化与市场完全一致，此时组合的标准差 σ_i 就等于股票市场指数的标准差 σ_m。

现在假设金融机构交易性的股票头寸有 100 万元，这一股票能够完全反映中国股票市场指数。也就是说 $\beta=1$，因此该股票的 DEAR 就应该为

DEAR = 头寸的本币价值×股票市场收益的波动

       = ￥1 000 000×1.65σ_m

如果在上一年，股票市场指数日收益的 σ_m 为 5%，1.65σ_m = 8.25%，这就是说，股票市场日收益率向不利方向变动超过 8.25%的概率为 5%。在这个例子中：

DEAR = ￥1 000 000×0.082 5

       = ￥82 500

这就是说，如果明天市场向不利方向变化时，金融机构至少要损失 82 500 元。

需要说明的是，如果金融机构的股票组合没有充分分散，那么非系统风险 σ_{ei} 对交易性头寸的影响应当考虑进去。同时如果 CAPM 并不能很好地解释资产价格时，我们就需要将多指数的套利定价模型（APT），以及误差度引入 DEAR 的计算。这已超出了本书的范围，我们不再做进一步的讨论。

五、资产组合市场风险的计算

在上面的几个部分里面，我们分别介绍了 10 年期的零息票债券（固定收益证券的一种，市值 100 万元）、即期港币头寸（外汇，市值 100 万元）、股票（市值 100 万元）的 DEAR 的计算。表 11.3 列出了三种资产分别的日风险价值。但是管理者想要知道整个交易性头寸的总风险。要计算这一总风险，我们不能简单地把单一

风险加总，即 DEAR = ￥15 240+ ￥10 857+ ￥82 500 = ￥108 597。在这样的计算中，忽略了固定收益证券、外汇、股票交易性头寸之间的相关性，我们称这样计算出的风险为基础交易性资产头寸的风险。具体说，一些资产间的相关性是正的，而另一些资产间相关性是负的。根据现代资产组合理论，资产间的相关性为负可以减少资产组合的总风险。

表 11.3 固定收益证券、外汇、股票的日风险价值表

交易性资产	日风险价值
10 年期零息票债券	￥15 240
即期港币头寸	￥10 857
股票	￥82 500

图 11.3 列出了上述三种资产的相关系数矩阵。从矩阵中可以看到 10 年期零息票债券与汇率间的相关系数（$\rho_{z,\text{HKD}}$）为负 0.4，与股票的系数（$\rho_{z,s}$）为 0.2，汇率与股票（$\rho_{\text{HKD},s}$）的系数为 0.1。

	10 年期零息票证券	港币/人民币	股票
10 年期零息票证券	—	-0.4	0.2
港币/人民币	-0.4	—	0.1
股票	0.2	0.1	—

图 11.3 资产间的相关系数（ρ_{ij}）

使用相关系数矩阵以及单个资产的 DEAR，我们就可以计算出整个交易性资产组合的总风险或标准差：

$$\text{组合资产的 DEAR} = \begin{bmatrix} (\text{DEAR}_z)^2 + (\text{DEAR}_{\text{HKD}})^2 + (\text{DEAR}_s)^2 \\ + (2 \times \rho_{z,\text{HKD}} \times \text{DEAR}_z \times \text{DEAR}_{\text{HKD}}) \\ + (2 \times \rho_{z,s} \times \text{DEAR}_z \times \text{DEAR}_s) \\ + (2 \times \rho_{s,\text{HKD}} \times \text{DEAR}_s \times \text{DEAR}_{\text{HKD}}) \end{bmatrix}^{1/2}$$

上面的公式实际上是现代组合资产理论（MPT）的直接应用，因为 DEAR 基本上类似于标准差。因此将我们表 11.3 和图 11.3 中的数据代入上面的公式，就可以得到

$$\text{组合资产的 DEAR} = \begin{bmatrix} 15\ 240^2 + 10\ 857^2 + 82\ 500^2 \\ + 2 \times (-0.4) \times 15\ 240 \times 10\ 857 \\ + 2 \times 0.2 \times 15\ 240 \times 82\ 500 \\ + 2 \times 0.1 \times 10\ 857 \times 82\ 500 \end{bmatrix}^{1/2} = ￥87\ 784.25$$

这一公式揭示了在计算组合资产的 DEAR 时，不仅要考虑组合资产中每一项资产的 DEAR，还要考虑资产间的相关系数。上面所计算出的组合资产的风险 87 784.25 元显然要比基础的交易性资产头寸风险 108 597 元低。如果我们假设固定

收益证券、外汇、股票三种交易性资产之间的相关系数为 1，即 $p_{ij}=1$，那么可以迅速地算出组合资产的 DEAR 为 108 597 元。因此当我们假设资产间的收益是完全正相关时，事实上就是在计算交易风险暴露时放大了实际的市场风险暴露。

第三节 巴塞尔协议的市场风险资本计量要求

一、巴塞尔委员会对市场风险计量的要求

巴塞尔委员会在 1988 年的《巴塞尔协议Ⅰ》中并未对市场风险计量进行规定。随着市场风险的重要性日益凸显，巴塞尔委员会在 1996 年《资本协议市场风险补充规定》中强调对市场风险进行计量，风险资本计量包括了市场风险和信用风险的计量。对市场风险资本的计量，提出两类测定方法：一类为标准法，另一类为内部模型法。标准法包含了对利率风险、股权风险、汇率风险、商品价格风险以及衍生金融工具风险的资本计量标准；内部模型法允许银行根据内部风险管理的模型进行市场风险资本计量，巴塞尔委员会认可的内部模型法为风险价值（VaR）模型。

巴塞尔委员会在 2004 年颁布的《巴塞尔协议Ⅱ》对市场风险的规定主要包括风险度量框架、资本要求、市场风险的标准计量法、市场风险的内部计量方法四个部分。在风险度量框架方面，《巴塞尔协议Ⅱ》中关于市场风险的定义、范围、计量方法和过渡期安排与《资本协议市场风险补充规定》基本一致，同时，提出了谨慎评估指引、交易账簿中交易对手信用风险处理等内容。在资本要求、市场风险的标准计量方法和内部计量方法等方面，《巴塞尔协议Ⅱ》与《资本协议市场风险补充规定》基本保持一致。其中标准法主要包括：重定价法、久期法、标准期限法（考虑总体风险和特定风险）。重定价法测量期限少于 6 个月，久期法测量期限多于 6 个月，标准期限法无期限制约。

巴塞尔委员会于 2009 年颁布了《新资本协议市场风险框架（修订版）》和《交易账簿新增风险资本计量指引》（亦称《巴塞尔协议》2.5 版本），主要新增以下内容：

（1）引入压力风险价值。

（2）对非证券化信用产品违约风险和迁移风险的新增风险资本要求。

2010 年 9 月，巴塞尔委员会通过了《巴塞尔协议Ⅲ》。其中，市场风险资本计量部分仍沿用 2009 年《新资本协议市场风险框架（修订版）》的规定。

2019 年，巴塞尔委员会发布了《市场风险最低资本要求》。与先前的市场风险资本计量相比较，其主要变化如下：

（1）更加明确了交易账簿和银行账簿的划分，加强了账簿之间内部风险转移的管理。

（2）对计量市场风险资本最低要求的标准法做了完全的修订，大大增加了计量难度。比如，在整体计量的框架下，引入了敏感度资本、违约风险资本、剩余风险

资本这三类资本计量。在风险类别上，由过去五大类风险增加到七大类风险。过去五大类风险包括利率风险、股权风险、外汇风险、商品风险和期权风险；而现在的七大类风险包括一般利率风险、非证券化信用利差风险、非相关性交易组合证券化信用利差风险、相关性交易组合证券化信用利差风险、外汇风险、股权风险和商品风险；在资本汇总方面，充分考虑到高中低三种情景下风险因子之间和风险组之间的相关性。

（3）重新构建内部模型法的市场风险最低资本计量框架。新的内部模型法的资本计量由预期损失资本、不可建模风险因子资本和违约风险资本三个部分组成，新的内部模型法不同于原来的风险价值模型（VaR）和压力风险价值模型（sVaR）。

（4）由于上面的新标准法还是内部模型法，对于中小银行应用都过于复杂。由此，巴塞尔委员会允许中小银行在满足一定条件下，可运用简化标准法来计量市场风险最低资本要求。简化标准法与旧的标准法的计量方法基本一致，但还是存在以下两个主要不同点：一是风险类别从原来五类改为四类，包括的四类风险有利率风险、股权风险、外汇风险和商品风险，不包括期权风险；二是市场风险最低资本要求不再是这四类风险资本的简单相加，而是这四类风险资本各自乘以不同的大于1的系数，然后再相加。其计算形式如下：

市场风险资本要求 = 利率风险资本要求（含利率类期权资本要求）× 1.3 +
汇率风险资本要求（含汇率类期权资本要求）× 1.2 +
商品风险资本要求（含商品类期权资本要求）× 1.9 +
股权风险资本要求（含股权类期权资本要求）× 3.5

在这一节的接下来的部分，我们将介绍新标准法的基本模型框架，在本章第四节，我们还将介绍中国商业银行应用的简化标准法。

二、新标准法的计量框架

在新标准法下，市场风险资本要求由三个部分加总得到：敏感度资本要求、违约风险资本要求和剩余风险附加资本要求。

其中，敏感度资本要求又由三个部分加总：德尔塔（Delta）资本要求、维伽（Vega）资本要求和曲度（Curvature）资本要求。同时，在加总这三种资本要求时应考虑风险因子间与风险组间的相关性，以反映分散化效应。在金融压力时期，这种相关性会上升或下降，所以商业银行还应分别计算高、中、低三种相关性情景下的资本要求，并取资本加总口径的最大值作为敏感度资本要求。

违约风险资本要求的计量须参考银行账簿信用风险计量的逻辑，并考虑同类风险暴露之间的对冲效应。

剩余风险附加资本要求是针对标的为奇异性资产的工具和承担其他剩余风险的工具提出的。

下面，我们将给出市场风险标准法计量框架（见图11.4）和计量步骤。

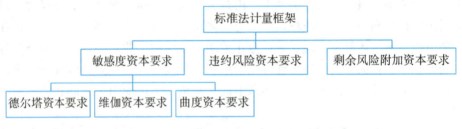

图 11.4　市场风险标准法计量框架

1. 敏感度资本要求的计量

通过加总不同风险类别的德尔塔资本要求、维伽资本要求和曲度资本要求，我们就能得到敏感度资本要求。其计量步骤如下：

（1）识别每个金融工具中包含的七类风险。在上面我们曾提到，在旧的标准法下，共五类风险，但在新的标准法下，共有七类风险。它们分别为：一般利率风险、信用利差风险—非资产证券化、信用利差风险—资产证券化（关联性交易组合）、信用利差风险—资产证券化（非关联性交易组合）、股权风险、商品风险和外汇风险。

（2）在上述七类风险类别的每个风险类别下，将每一个金融工具划归至不同的组合篮子里，具有相同特性的一系列风险因子被划归到一个风险组合篮子。这里，风险因子指的是影响金融工具估值的变量，如股权价格或收益率曲线的某个期限上的利率。而风险组合指的是一组具备共同风险特征的风险因子，如相同币种下所有期限的利率曲线。每一种风险类别下的德尔塔、维伽和曲度风险组合篮子的划分相同。

具体到每一个风险类别的情况是：一般利率风险的一个组合篮子为每种货币币种对应的无风险收益率曲线。三类信用利差风险依照其信用质量和行业划分：股权风险主要依据市场总市值、经济体和行业划分，商品风险依据不同的商品类型划分，而汇率风险则以金融工具货币与报告货币之间的汇率划分。

（3）分别计算每一个特定金融工具的德尔塔、维伽和曲度的风险敏感度。其中，德尔塔风险被定义为风险因子一个小的幅度变化而引起的金融工具市值变化。比如，一般利率风险的德尔塔定义为无风险收益率曲线上某个期限变化一个基点引起金融工具的市值变化。其他类别风险因子的定义类似，比如分别对应信用利差、股权即期价格、商品期货价格、汇率等风险因子的变化。除去少数奇异资产外，交易账簿上所有金融工具都需要计算德尔塔风险敏度性资本。

对维伽和曲度风险的计量仅针对期权或者隐含提前支付权的金融产品，对不含期权的金融产品不需要对维伽和曲度风险计量。

（4）每一种风险类别下的风险因子要按照设定的节点（指不同期限、信用类别等）乘以对应的权重，以计算出加权风险敏感性。其中，德尔塔风险权重由巴塞尔委员会统一给出。比如，在一般利率风险类别下，对于一种货币的无风险收益率曲线，在 3 个月期限到 30 年期限之内设有 10 个时间期限节点，并分别给出不同的权重。对一般利率风险德尔塔风险组合来讲，3 个月期限节点权重最大，为 1.7%；而 5 年期限及以后期限节点权重最小，为 1.1%。在计算维伽风险资本要求时，德尔塔风险组分类同样适用于维伽风险。不过，在计算维伽风险时，所有维伽风险因子都需要考虑市场流动性风险，其具体做法是，为每一风险类别设置不同的流动性期限。巴塞尔委员会在维伽风险资本要求的计算中，专门给出了不同风险类别的流动性期限，以及相对应的每个风险类别的风险权重。德尔塔风险组分类同样适用于曲度风险计算。对于一般利率风险、信用利差风险和商品风险，在确定曲度风险权重时，应将该风险类别中最高的分组风险权重应用于所有组别。比如，在计算一般利率风险时，10 个节点中 3 个月期限节点的风险权重最高，为 1.7%，这一权重应为所有组别计算曲度风险的权重。对于外汇和股权风险，曲度风险权重与相应的德尔塔风险权重一致。

（5）在每一个风险组内，根据同一风险组内不同风险因子加权敏感度的相关系数，对组内的德尔塔（或维伽）敏感度风险头寸在风险内进行加总。然后，在每一风险类别中，根据不同风险组之间的相关系数，在风险组之间进行加总，从而得到每一个风险类别下的德尔塔（或维伽）敏感度资本要求。关于曲度敏感度资本计算方法，由于其计算的复杂性，在这里不加以说明。

值得注意的是，为了反映在金融紧张时期相关性有上升或下降的风险，每个风险组和风险类别都应以高、中、低三种相关系数来分别计算相应的风险资本。这些相关系数，和文中提出的计算参数和变量值，以及全部计算公式，都由巴塞尔委员会给定。在分别计算出高、中、低三种相关系数下的所有风险类别下的德尔塔敏感度资本要求、维伽敏感度资本要求和曲度敏感度资本要求后，接下来就需要加总这三种敏感度资本要求。其加总原则是，基于敏感度的风险资本要求为高、中、低相关系数情景下资本加总口径的最大值。上述敏感度资本计算的流程参见图 11.5。

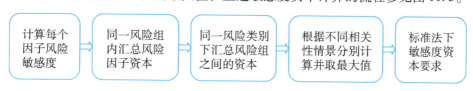

图 11.5　敏感度资本计算流程

如前所述，巴塞尔委员会对市场风险类别的分类，由原来的五类变为现在的七类。为了说明敏感性资本的具体计量，我们这里引用罗瑜等人的文章中归纳的示意图，来说明七类风险中的一般利率风险中德尔塔敏感度风险资本的计量流程（见图 11.6）。

一、识别所有包含一般利率风险的产品

金融产品
利率债、企业债、利率衍生产品……

二、将所有涉及一般利率风险的金融产品划分为不同组合篮子

CNY、USD、EUR……

划分货币篮子时，不区分金融产品，只关注货币品种

三、针对无风险收益率曲线上的不同期限节点，计算德尔塔风险敏感度 $S_{k,rt}$

$$S_{k,rt}=\frac{V_i(r_t+0.000\,1,cs_t)-V_i(r_t,cs_t)}{0.000\,1}$$

1.无风险收益率曲线可选银行间借贷利率（BOR）所对应的互换曲线、主权债券曲线等。
2.期限节点分为3M、6M…30Y共计10个期限节点。

四、根据巴塞尔委员会给定的不同期限点对应的风险权重，计算对应曲线、对应期限节点的加权风险

$$WS_k=RW_k\times S_k$$

1.不同期限的风险权重由巴塞尔委员会指定，如3M期限的风险权重为1.70%。
2.对于本国报告货币（CNY）及部分特定货币（USD、EUR等），银行可自行判断将上述风险校重除以2的算术平方根，3M的风险权重将变为$1.7\%/\sqrt{2}=1.2\%$。

五、基于相关系数 ρ，在组合内进行加权汇总

$$K_b=\sqrt{\sum_k WS_k^2+\sum_k\sum_{k\neq 1}\rho_{kl}WS_kWS_l}$$

区分高度、中度、低度三种相关情景，取不同的 ρ 值。

六、基于相关系数 γ，跨组合汇总一般利率风险类别中的德尔塔风险

$$Delta=\sqrt{\sum_b K_b^2+\sum_b\sum_{c\neq b}\gamma_{bc}S_bS_c}$$

1.区分高度、中度、低度三种相关情景，取不同的 γ 值。
2.在三种情景下，分别简单加总所有风险类别的德尔塔、维伽和曲度风险，取三种情景下的最大值为敏感度资本。

图 11.6　一般利率风险类别中德尔塔敏感性风险资本计量流程

注：组合内的风险加总公式为：$K_b=\sqrt{\sum WS_k^2+\sum\sum_{k\neq l}\rho_{kl}WS_kWS_l}$，其中 K_b 为组合 b 的风险头寸，WS_k 和 WS_l 分别为对应风险因子的加权后风险，ρ_{kl} 为提前给定的相关性。

2. 违约风险资本的计量要求

违约风险资本用于反映基于敏感度方法的信用利差没有捕捉到的违约风险。违约风险存在于上述七类风险中的三类：非证券化资产组合、证券化资产组合（非相关性交易组合）、证券化资产组合（相关性交易组合）。

其计量步骤如下：

（1）计算每个金融工具的违约风险头寸。

（2）对于同一债务人，在符合条件的情况下，空头和多头的违约风险头寸抵

消，得到净多头风险头寸或净空头风险头寸。

（3）将净风险头寸分配到不同的风险组中。例如，非证券化违约风险组分为公司、主权和地方政府。

（4）同一个风险组中，将净风险头寸乘以风险权重，通过对冲效益比例进行对冲处理，得到各风险组违约风险资本要求。

（5）各风险组的违约风险资本要求加总，就得到整体违约风险资本要求。

3. 剩余风险附加资本的计量

剩余风险附加资本要求是针对标的为奇异性资产的工具和承担其他剩余风险的工具追加的附加资本提出的。其中，标的为奇异性资产的工具是指基础资产的风险暴露不在德尔塔、维伽、曲度敏感度资本要求和违约风险资本要求范围内的工具，包括但不限于长寿风险、天气、自然灾害、未来的实际波动率等。承担其他剩余风险的产品主要包括障碍期权、亚式期权、数字期权等，在国内涉及此部分资本计提的产品主要为结构性存款衍生产品部分，但基本都是背对背平盘，因此无须计提该部分资本。计量方法也较为简单，标的为奇异性资产的金融工具的剩余风险附加资本要求为名义本金乘以 1%，承担其他剩余风险的金融工具的剩余风险附加资本要求为名义本金乘以 0.1%。

第四节　我国银行业对市场风险资本计量要求

279

一、我国监管当局对市场风险计量的要求

我国监管当局重视市场风险的计量，在 2004 年颁布并在 2007 年修改的《商业银行资本充足率管理办法》中明确提出了商业银行要在设立交易账簿的基础上对市场风险计提资本。对于计提市场风险商业银行的要求为："交易账簿总头寸高于表内外总资产的 10% 或超过 85 亿元人民币的商业银行，须计提市场风险资本"，"不须计提市场风险资本的商业银行，必须每季向银监会报告市场风险头寸"。《商业银行资本充足率管理办法》中明确规定了商业银行应当按照标准法计算市场风险资本，经原中国银监会审查批准，可以使用内部模型法计算市场风险资本。从监管当局的管理办法和指引来看，我国监管当局对市场风险计量的方式是根据巴塞尔新资本协议的要求来进行规定的，分为标准法和内部模型法。标准法的计量方式基本上与巴塞尔新资本协议保持一致，同时，原中国银监会批准的商业银行可运用内部模型法计算市场风险资本要求，内部模型法主要为风险价值（VaR）模型。

2012 年 6 月，原中国银监会正式颁布《商业银行资本管理办法（试行）》，将市场风险资本计算纳入统一的资本监管框架之中，同时考虑到对中国实际情况的适用性，提出以下主要要求：

（1）在改进标准法计量方法的同时，首次推出以 VaR 值计量为核心的市场风险内部模型法。

（2）明确了实施最低定性和定量要求，对返回检验、压力测试、模型验证等相

关工作提出具体要求。

（3）增加压力风险价值并将其纳入市场风险资本计量的要求。

（4）补充新增风险计量要求。随衍生金融工具产品及交易规模的迅速增长，对信用风险可能转化为市场风险进行资本计提。

2019 年，巴塞尔委员会发布了《市场风险最低资本要求》。根据这一文件的精神，我国国家金融监督管理总局于 2023 年 11 月发布了《商业银行资本管理办法》。该文件要求商业银行在进行市场风险资本计量时，应包括商业银行交易账簿中的违约风险、一般利率风险、信用利差风险、股权风险、全账簿（交易账簿和银行账簿）的汇率风险和商品风险。商业银行可以采用标准法、内部模型法和简化标准法来计量市场风险资本要求。其中，如采用内部模型法，须得到国家金融监督管理总局的批准；采用简化标准法，须满足一定的条件。在上一节，我们已经介绍了标准法计量市场风险资本的基本框架；在下面，我们将介绍简化标准法在我国商业银行的应用。

二、简化标准法

简化标准法中每一类风险的计量方法基本上与旧的标准法相同，可以理解为考虑到对冲后的估值乘以不同发行主体、不同评级、不同剩余期限等对应的监管给定系数，再按照风险类别相加。但是，简化标准法与旧的标准法主要有两个不同点：一是风险类别由旧标准法下的五类改为简化标准法下的四类，即在原来旧标准法下的利率风险、股权风险、外汇风险、商品风险和期权风险五类风险，改为简化标准法下的利率风险、股权风险、外汇风险和商品风险四类风险；二是市场风险资本不再是这四类风险资本的简单相加，而是每一类风险资本乘以大于 1 而且不相等的系数再相加。因此简化标准法下的整体风险资本要求高于旧标准法下的风险资本要求，其具体形式如下：

市场风险资本要求 ＝ 利率风险资本要求（含利率类期权资本要求）× 1.3 ＋
汇率风险资本要求（含汇率类期权资本要求）× 1.2 ＋
商品风险资本要求（含商品类期权资本要求）× 1.9 ＋
股票风险资本要求（含股票类期权资本要求）× 3.5

运用简化标准法计量市场风险资本要求的商业银行，应同时满足以下条件：

①在简化标准法下，市场风险加权资产不超过 150 亿元；

②非中央交易对手衍生工具的名义本金（全账簿）不超过 4 000 亿元；

③银行及其任何附属子公司未使用内部模型法计量市场风险资本要求；

④非全球系统重要性银行（G-SIB）或国内系统重要性银行（D-SIB）；

⑤未持有任何相关性交易头寸。

对比前述的标准法，简化标准法不需要单独计量违约风险资本要求和剩余风险附加资本要求。而且，简化标准法下，只包含利率风险、股权风险、外汇风险、商品风险四类风险分类。其中，利率风险和股权风险需要同时计算特定市场风险和一般市场风险。一般市场风险指的是市场利率或股市波动的风险，而特定市场风险指的是在一般市场价格波动情况下单独考虑不同发行人的信用评级、风险状况而额外计提的风险资本要求。以利率风险为例，一般市场风险针对所有的利率类和债券类产品；而特定市场风险仅计量债券类和利率类期权的风险资本要求，而不计量利率和货币互换、远期利率协议、利率期货和利率指数期货的风险资本要求。

三、利率风险的资本要求

利率风险包括交易账簿中的债券（固定利率和浮动利率债券、央行票据、可转让存单、不可转换优先股，及按照债券交易规则进行交易的可转换债券等）、利率及债券衍生工具头寸的风险。利率风险的资本要求包括特定市场风险和一般市场风险的资本要求两部分。

（一）特定市场风险的资本要求

特定市场风险的资本要求是指金融工具的市场价值或投资金额乘上特定市场风险的计提比率，其金融工具类别和计提比率参见表11.4。

表 11.4　特定市场风险计提比率对应表

类别	发行主体外部评级	特定市场风险资本计提比率
政府证券	AA-以上（含 AA-）	0
	A+ 至 BBB- （含 BBB-）	0.25%（剩余期限不超过 6 个月）
		1.00%（剩余期限为 6 至 24 个月）
		1.60%（剩余期限为 24 个月以上）
	BB+ 至 B-（含 B-）	8.00%
	B-以下	12.00%
	未评级	8.00%
合格证券	BB+以上（不含 BB+）	0.25%（剩余期限不超过 6 个月）
		1.00%（剩余期限为 6 至 24 个月）
		1.60%（剩余期限为 24 个月以上）
其他	外部评级为 BB+以下（含）的证券以及未评级证券的资本计提比率为证券主体所适用的信用风险权重除以 12.5	

281

关于表 11.4 中的各类证券，做如下说明：

（1）政府证券包含各国中央政府和中央银行发行的各类债券和短期融资工具。

我国中央政府、中国人民银行、开发性金融机构和政策性银行发行的债券的资本计提比率均为 0。

（2）合格证券包括：

①多边开发银行、国际清算银行和国际货币基金组织发行的债券。

②我国地方政府、公共部门实体发行的债券，若无法获取前述发行主体的外部评级，可使用债项评级。

③被至少两家合格外部评级机构评为投资级别的发行主体发行的债券。

（3）对于其他发行主体发行的债券，其资本计提比率为证券发行主体所对应的信用风险权重除以 12.5。

对于证券化工具，其资本计提比率为其风险权重除以 12.5。

（二）一般市场风险的资本要求

（1）一般市场风险的资本要求包含以下三个部分：

①每时段内加权多头和空头头寸可相互对冲的部分所对应的垂直资本要求。

②不同时段间加权多头和空头头寸可相互对冲的部分所对应的横向资本要求。

③整个交易账簿的加权净多头或净空头头寸所对应的资本要求。

（2）商业银行可以采用到期日法或久期法计量利率风险的一般市场风险资本要求。

（3）商业银行采用到期日法计量一般市场风险资本要求，应先对各头寸划分时区和时段，时段的划分和匹配的风险权重见表 11.5，时区的划分和匹配的风险权重见表 11.6。到期日法具体计量步骤如下：

①各时段的头寸乘以相应的风险权重计量各时段的加权头寸。

②各时段的加权多头、空头头寸可相互对冲的部分乘以 10% 得出垂直资本要求。

③各时段的加权多头头寸和加权空头头寸进行抵消，得出各个时段的加权头寸净额；将在各时区内不同时段的加权头寸净额之间的可相互对冲的部分乘以表 11.6 所列的同一区内的权重得出各个时区内的横向资本要求。

④各时区内全部时段的加权头寸净额进行抵消，得出各时区加权头寸净额；每两个时区加权头寸净额之间可相互对冲的部分乘以表 11.6 所列的相邻区内以及 1 区和 3 区之间的权重得出时区间的横向资本要求。

⑤各时区加权头寸净额进行抵消，得出整个交易账簿的加权净多头或净空头头寸所对应的资本要求。

表 11.5　时段和权重

票面利率不小于 3%	票面利率小于 3%	风险权重/%	假定收益率变化
不长于 1 个月	不长于 1 个月	0	1.00
1 至 3 个月	1 至 3 个月	0.20	1.00
3 至 6 个月	3 至 6 个月	0.40	1.00
6 至 12 个月	6 至 12 个月	0.70	1.00
1 至 2 年	1.0 至 1.9 年	1.25	0.90
2 至 3 年	1.9 至 2.8 年	1.75	0.80
3 至 4 年	2.8 至 3.6 年	2.25	0.75
4 至 5 年	3.6 至 4.3 年	2.75	0.75
5 至 7 年	4.3 至 5.7 年	3.25	0.70
7 至 10 年	5.7 至 7.3 年	3.75	0.65
10 至 15 年	7.3 至 9.3 年	4.50	0.60
15 至 20 年	9.3 至 10.6 年	5.25	0.60

表11.5（续）

票面利率不小于3%	票面利率小于3%	风险权重/%	假定收益率变化
20 年以上	10.6 至 12 年	6.00	0.60
	12 至 20 年	8.00	0.60
	20 年以上	12.50	0.60

资料来源：《商业银行资本管理办法》附件六。

表 11.6　时区和权重

时 区	时 段	同一区内	相邻区之间	1 区和 3 区之间
1 区	0~1 个月	40%		
	1 至 3 个月			
	3 至 6 个月			
	6 至 12 个月			
2 区	1 至 2 年	30%	40%	100%
	2 至 3 年			
	3 至 4 年			
3 区	4 至 5 年	30%		
	5 到 7 年			
	7 至 10 年			
	10 至 15 年			
	15 至 20 年			
	20 年以上			

资料来源：《商业银行资本管理办法》附件六。

（三）利率及债券衍生工具

（1）利率衍生工具包括受利率变化影响的衍生工具，如：利率期货、远期利率协议、利率互换、交叉货币互换合约、利率期权及远期外汇头寸。

债券衍生工具包括债券的远期、期货和债券期权。

（2）衍生工具应转换为基础工具，并按基础工具的特定市场风险和一般市场风险的方法计量资本要求。利率和货币互换、远期利率协议、远期外汇合约、利率期货、利率指数期货及利率期权不必计量特定市场风险的资本要求；如果期货合约的基础工具是债券或代表债券组合的指数，则应根据发行主体的信用风险计量特定市场风险资本要求。

这里举一例来说明如何运用到期日法来计算利率风险资本要求。假设银行签订了一笔面值为 3 000 万美元、剩余期限为 2.5 年的单一货币利率掉期合约。根据这一合约，银行收取浮动利率计算的利息收入，并以 2.9% 的年固定利率支付利息。当前浮动利率为 2.0%，6 个月后重新定价。当前市场汇率为 1 美元 = 7.3 人民币。其计算步骤如下：

①首先能确定的是这笔合约属于金融衍生品。根据《商业银行资本管理办法》

283

附件 16，这类衍生品只计算一般利率风险资本要求，而不需要计算特定市场风险资本要求。

②依据简化标准法，利率掉期应转换为基础工具。所以，利率掉期拆分为两个利率对应的基础工具的多头头寸和空头头寸。收取利率的为多头，支付利率的为空头。浮动利率的期限以下一个重定价日为准，固定利率的期限以到期日为准。在这一案例中，利率掉期应拆分为持有期限到下一个重定价日期限（6 个月）的浮动利率多头，期限等于掉期合约剩余期限（2.5 年）的固定利率空头。

对于浮动利率部分，当前浮动利率为 2.0%，下一个重定价期限为 6 个月，应归于表 11.6 中第 1 时区的 3 至 6 个月时段，方向为多头。多头部分金额为下一个重定价日收到的本金加上利息，并按当前利率市场上美元零息债券收益率折现为现值。如果现在 6 个月美元零息债券的利率为 2.11%，则多头金额为

$30\,000\,000 \times 7.3 \times (1+2.0\%/2) / (1+2.11\%/2) \approx 218\,880\,808$（元）

对于固定利率部分，利率为 2.9%，剩余期限为 2.5 年，应划为表 11.6 中第 2 时区的 2 至 3 年时段，方向为空头。空头金额应为未来现金流（本金加上利息）的折现值。假设支付方式为：6 个月后，2.9%；18 个月后，2.9%；30 个月后，102.9%。现在 6 个月美元零息债券的利率为 2.11%，18 个月为 2.68%，30 个月为 3.12%。这样固定利率部分的空头金额为：

$30\,000\,000 \times 7.3 \times [2.9\%/(1+2.11\%)^{0.5} + 2.9\%/(1+2.68\%)^{1.5} + 102.9\%/(1+3.12\%)^{2.5}] \approx 221\,079\,305$（元）

③计算各时段的加权头寸。从表 11.5 可知，浮动利率多头的风险权重为 0.4%，固定利率空头的风险权重为 1.75%。由此，浮动利率多头的加权多头头寸为 $218\,880\,808 \times 0.4\% \approx 875\,523$（元），固定利率空头的加权空头头寸为 $221\,079\,305 \times 1.75\% \approx 3\,868\,888$（元）。

④计算垂直资本要求。由于每个时段只有一个空头或多头头寸，不存在可对冲部分，因此垂直资本要求为零。

⑤计算时区内横向资本要求。由于每个时区只有一个空头或多头头寸，因此时区内横向资本要求为零。

⑥计算时区间的横向资本要求。第 1 个时区的加权净多头为 875 523 元，第 2 个时区的加权净空头为 3 868 888 元。为此，这两个时区加权净头寸可相互对冲的部分为 875 523 元。从表 11.6 中可知，这两个相邻时区的权重为 40%，所以资本要求为 $875\,523 \times 40\% \approx 350\,209$ 元。

⑦计算总交易账簿的加权净头寸：$|875\,523 - 3\,868\,888| = 2\,993\,365$（元）

⑧最后得到，在到期日法下计算出的一般利率风险资本要求为

$350\,209 + 2\,993\,365 = 3\,343\,574$（元）

上述利率风险资本乘上系数（利率为 1.3），就成为监管当局要求的法定利率风险资本，然后再乘上 12.5，就成为利率的市场风险加权资产

$3\,343\,574 \times 1.3 \times 12.5 \approx 54\,333\,078$（元）

四、股票风险

股票风险是指交易账簿中股票及股票衍生工具头寸的风险。其中股票是指按照股票交易规则进行交易的所有金融工具，包括普通股（不考虑是否具有投票权）、可转换债券和买卖股票的承诺。

（一）特定市场风险和一般市场风险

特定市场风险的资本要求等于各不同市场中各类股票多头头寸绝对值及空头头寸绝对值之和乘以 8% 后所得各项数值之和。一般市场风险对应的资本要求，等于各不同市场中各类多头及空头头寸抵消后股票净头寸的绝对值乘以 8% 后所得各项数值之和。

（二）股票衍生工具

股票衍生工具包括股票和股票指数的远期、期货、互换合约、期权。

衍生工具应转换为基础工具，并按基础工具的特定市场风险和一般市场风险的方法计量资本要求。

这里举一例来说明如何计算股票市场风险的资本要求。假设银行持有一种股票多头为 200 万元，同时还持有该股票空头为 50 万元。下面是计算步骤。

①特定市场风险的资本要求

（200+50）× 8% = 20（万元）

②一般市场风险的资本要求

|200 − 50| × 8% = 12（万元）

③计算该股票的风险资本要求。该股票的风险资本要求等于该股票特定市场风险资本要求加上一般市场风险资本要求，加总后再乘上系数（股票为 3.5）：

（20+12）× 3.5 = 112（万元）

股权的市场风险加权资产为

112×12.5 = 1 400（万元）

五、外汇风险

外汇风险是指外汇（包括黄金）及外汇衍生工具头寸的风险。

（一）外汇风险的资本要求

外汇风险的资本要求等于净风险暴露头寸总额乘以 8%。

净风险暴露头寸总额等于以下两项之和：

①外币资产组合（不包括黄金）的净多头头寸之和（净头寸为多头的所有币种的净头寸之和）与净空头头寸之和（净头寸为空头的所有币种的净头寸之和的绝对值）中的较大者。

②黄金的净头寸。

（二）外汇衍生工具

外汇衍生工具应转换为基础工具，并按基础工具的方法计量市场风险资本要求。

现在举一例来说明如何计算外汇风险的资本要求。在表 11.7 中，给出了 1 家银

285

行以人民币表示的 5 种外币和黄金的净头寸。

表 11.7　外币和黄金的净头寸

单位：万元

头寸	日元	欧元	英镑	加元	美元	黄金
单一货币头寸风险暴露头寸	+50	+100	+150	−20	−180	−35
净风险暴露头寸		+300		−200		35

在本例中，外汇风险资本要求是净多头外汇头寸（300）或净空头外汇头寸（−200）中的较高者的绝对值，加上黄金净头寸（35）并乘以 8%。此外，还要乘以系数（1.2），得出外汇风险资本要求：

(300+35) × 8% × 1.2 = 32.16（万元）

外汇的市场风险加权资产为

32.16 × 12.5 = 402（万元）

六、商品风险

商品风险是指商品、商品远期、商品期货、商品互换、商品期权的风险。此处的商品是指可以在二级市场买卖的实物产品，如贵金属（不包括黄金）、农产品和矿物（包括石油）等。

（1）商品风险对应的资本要求等于以下两项之和：

①各项商品净头寸的绝对值之和乘以 15%。

②各项商品总头寸（多头头寸加上空头头寸的绝对值）之和乘以 3%。

（2）商品衍生工具应转换为名义商品，并按上述方法计量资本要求。

复习思考题及参考答案

1. 请简要说明什么是市场风险，什么是 VaR。

2. 假设银行有 5 年期、零息票债券头寸 100 万元，面值为 ¥1 402 552。该债券的到期收益率为 7%。历史上该债券的平均收益率为 0，标准差为 12 个基点，置信度水平为 95%。试求：

（1）该债券的修正的久期。

（2）该债券的价格波动率。

（3）债券的 DEAR。

3. 一家银行的 DEAR 为 ¥8 500，那么 10 天的 VaR 为多少？20 天的 VaR 为多少？为什么 20 天的 VaR 比 10 天的 VaR 的两倍少？

4. 某银行有 2 000 万瑞士法郎（SWF）和 2 500 万英镑（GBP）面临市场风险。即期汇率分别为 $ 0.40/SWF， $ 1.28/GBP。瑞士法郎和英镑美元价值的标准差分别为 65 个基点和 45 个基点，置信度水平为 95%。求两种货币 10 天的 VaR 分别是多少？

5. 假设某金融机构股票、外汇和债券的 DEAR 分别为 30 万元、20 万元和 25 万元，根据下面资产的相关系数矩阵（见图 11.7），求组合资产的 DEAR。

	股票	外汇	债券
股票	—	-0.10	0.75
外汇	-0.10	—	0.20
债券	0.75	0.20	—

图 11.7 某金融机构资产的相关系数矩阵

6. 简述新标准法下市场风险资本的计量框架。
7. 简述中国银行业采用的简化标准法。

扫一扫，即可获得参考答案

参考文献

[1] 巴塞尔银行监管委员会. 第三版巴塞尔协议改革最终方案 [M]. 中国银行保险监督管理委员会，译. 北京：中国金融出版社，2021.

[2] 乔瑞. 金融风险管理师手册 [M]. 张陶伟，彭永江，译. 北京：中国人民大学出版社，2004.

[3] 李志辉. 商业银行业务经营与管理 [M]. 北京：中国金融出版社，2004.

[4] 罗瑜，赵蕊，陈璐. 巴塞尔协议Ⅲ市场风险新监管标准实施对商业银行的挑战 [J]. 金融监管研究，2019（12）：1-18.

[5] 倪锦忠. 现代商业银行风险管理 [M]. 北京：中国金融出版社，2004.

[6] 陶菲，李经谋. 中国期货市场理论问题研究 [M]. 北京：中国财经经济出版社，1997.

[7] 王晓康，周蕊，张佳琦，等. 新巴塞尔协议Ⅲ市场风险标准法实施对商业银行的影响研究 [J]. 北京邮电大学学报（社会科学版），2023（5）：63-74.

[8] 张剑光，刘江涛. 我国商业银行市场风险计量的波动性研究 [J]. 国际金融研究，2009（9）：79-86.

[9] 博迪，莫顿. 金融学 [M]. 伊志宏，译. 北京：中国人民大学出版社，2000.

[10] SAUNDERS A，CORNETT M. Financial Institutions Management [M]. New York：McGraw-Hill，2003.

［11］ SAUNDERS A, CORNETT M. Fundamentals of Financial Institutions Management ［M］. New York: McGraw-Hill, 2021.

［12］ CVITANIC J, ZAPATERO F. Introduction to Economics and Mathematics of Financial Markets ［M］. Cambridge: The MIT Press, 2004.

［13］ ROSE P S, SYLVIA C H. Bank Management and Financial Services ［M］. New York: McGraw-Hill/Irwin, 2005.

金融风险管理

第十二章
操作风险和管理

国际银行业监管的理论与实践通常将银行风险分为市场风险、信用风险和操作风险三类。《巴塞尔协议Ⅱ》把这三种风险纳入风险资本的计量和监管框架。操作风险是银行面临的最古老的一种风险，对操作风险的界定和管理却是在《巴塞尔协议Ⅱ》出台以后才引起重视的。如何识别、测定和管理操作风险已成为金融机构日常管理的一个重要组成部分。随着我国商业银行股份制改革的完成，对操作风险的管理已成为商业银行的一项日常事务。本章第一、二节将介绍《巴塞尔协议Ⅱ》对操作风险的界定、分类及对其特点的描述等；在第三节里，先简单介绍 2004 年 6 月巴塞尔委员会发布的《巴塞尔协议Ⅱ》中关于操作风险资本计量的方法，然后讨论 2017 年巴塞尔委员会发布的《第三版巴塞尔协议改革最终方案》中，关于最新的操作风险资本计量的方法。在第四节里，我们还将讨论 2023 年 11 月 1 日中国国家金融监督管理总局发布的《商业银行资本管理办法》中，有关中国商业银行操作风险资本计量的最新要求。

289

第一节　操作风险概述

一、操作风险的界定

操作风险是银行与生俱来的风险，近年来操作风险的管理逐渐受到各国商业银行的重视，《巴塞尔协议Ⅱ》也把其纳入风险资本管理的范畴。然而，对操作风险的定义在业内并没有达成共识。目前，国际上关于操作风险的界定可以归纳为以下三种观点：

（1）广义的操作风险是指除市场风险和信用风险以外的所有风险。这种定义过于笼统，无法计量。

（2）狭义的操作风险是指只与金融机构中运营部门相关的风险，即控制、系统及运营过程中的错误或疏忽而可能导致潜在损失的风险。最狭义的定义是将操作风险定义为与操作部门相关的风险，或称作为操作性风险。

（3）《巴塞尔协议Ⅱ》中对操作风险的定义是，由于不完善或有问题的内部程序、人员及系统或外部事件而造成损失的风险。这一定义包括法律风险，但不包括策略风险和声誉风险。这是因为，法律风险是银行在经营活动中对所涉及的法律问题处理不当或外部法律环境的变化而导致银行遭受损失的风险。银行的法律活动是银行为完成经营任务而采取的手段之一，基本上是操作性质的活动。而策略风险和声誉风险则是银行董事会对银行的重大发展方向和目标的决策失误而导致银行损失的风险，这是决策性质的风险而不是操作风险。而且，从为风险配置资本的角度讲，对策略风险和声誉风险进行测定并配置资本几乎是不可能做到的。

《巴塞尔协议Ⅱ》的定义是介于广义与狭义之间的操作风险的定义，这种定义以狭义的操作风险界定为基础并对其所涵盖的风险内容进行扩展，寻求内涵的完备性与计量管理之间的平衡。

二、操作风险的分类

巴塞尔委员会按照导致操作风险发生的事件因素，将操作风险分为七类（见表12.1）。

表 12.1　操作风险损失事件分类详表

事件类型（1级目录）	定义	2级目录	业务举例（3级目录）
内部欺诈	故意骗取、盗用财产或违反监管规章、法律或公司政策导致的损失，此类事件至少涉及内部一方，但不包括性别/种族歧视事件	未经授权的活动	交易不报告（故意） 交易品种未经授权（存在资金损失） 头寸计价错误（故意）
		盗窃和欺诈	欺诈/信贷欺诈/假存款 盗窃/勒索/挪用公款/抢劫 盗用资产 恶意损毁资产 伪造 多户头支票欺诈 走私 窃取账户资金/假冒开户人，等等 违规纳税/逃税（故意） 贿赂/回扣 内幕交易（不用企业的账户）
外部欺诈	第三方故意骗取、盗用财产或逃避法律导致的损失	盗窃和欺诈	盗窃/抢劫 伪造 多户头支票欺诈
		系统安全性	黑客攻击损失 盗窃信息（存在资金损失）
就业政策和工作场所安全性	违反就业、健康或安全方面的法律或协议，个人工伤赔付或者因性别/种族歧视事件导致的损失	劳资关系	薪酬、福利、雇佣合同终止后的安排 有组织的劳工行动
		安全性环境	一般责任（滑倒和坠落，等等） 违反员工健康及安全规定事件 工人的劳保开支
		性别及种族歧视事件	所有涉及歧视的事件

表12.1(续)

事件类型 (1级目录)	定义	2级目录	业务举例（3级目录）
客户、 产品及 业务操作	因疏忽未对特定客户 履行分内义务（如 信托责任和适当性要 求）或产品性质或 设计缺陷导致的损失	适当性、披露和 信托责任	违背信托责任/违反规章制度 适当性/披露问题(了解你的客户等) 违规披露零售客户信息 泄露私密 冒险销售 为多收手续费反复操作客户账户 保密信息使用不当 贷款人责任
		不良的业务或 市场行为	反垄断 不良交易/市场行为 操纵市场 内幕交易（不用企业的账户） 未经当局批准的业务活动 洗钱
		产品瑕疵	产品缺陷（未经授权等） 模型误差
		客户选择、业务提起 和风险暴露	未按规定审查客户 超过客户的风险限额
		咨询业务	咨询业务产生的纠纷
实体资产 损坏	实体资产因自然灾害 或其他事件丢失或毁 坏导致的损失	灾害和其他事件	自然灾害损失 外部原因（恐怖袭击、故意破坏）造 成的人员伤亡
业务中断和 系统失败	业务中断或系统失败 导致的损失	系统	硬件 软件 电信 动力输送损耗/中断
执行、交割 及流程管理	交易处理或流程管理 失败和囚交易对手方 及外部销售商关系导 致的损失	交易认定、 执行和维持	错误传达信息 数据录入、维护或登载错误 超过最后期限或未履行义务 模型/系统误操作 会计错误/交易方认定记录错误 其他任务履行失误 交割失败 担保品管理失败 交易相关数据维护
		监控和报告	未履行强制报告职责 外部报告失准（导致损失）
		招揽客户和文件记录	客户许可/免责声明缺失 法律文件缺失/不完备
		个人/企业客户 账户管理	未经批准登录账户 客户记录错误（导致损失） (客户资产因疏忽导致的损失或毁坏)
		交易对手方	非客户对手方的失误 与非客户对手方的纠纷
		外部销售商和供应商	外包 与外部销售商的纠纷

资料来源：《巴塞尔协议Ⅱ》（征求意见稿第三稿）中文版。

291

巴塞尔委员会选择按操作风险损失事件进行分类，主要是从商业银行监管的角度出发，以风险计量和资本配置为目标，使得分类结果与历史数据相对应，在实务操作中便于数据的获取和操作风险的计量。

三、操作风险的特点

（1）操作风险大多为内生性风险，具有不易计量性。除自然灾害以及外部冲击等一些不可预测的事件外，大部分的操作风险是一种内生性风险，而且单个操作风险因素与操作性损失之间并不存在清晰的、可以用数量界定的关系。只要银行业务没有中断，操作风险将永远存在，并成为银行业务经营中的重要组成部分，银行只能对操作风险进行管理，而不能消除操作风险。

（2）操作风险与预期收益之间具有弱相关性。操作风险是一种纯粹的风险，承担这种风险不能带来任何收入，而信用风险和市场风险却存在风险与报酬的一一对应关系，风险越大，可能获得的收益也越大。

（3）覆盖面广。从广义上讲，操作风险实际上覆盖了商业银行在经营方面除信用风险、市场风险与决策风险之外的所有风险。从业务流程上看，操作风险既包括后台业务、中间业务，也包括前台业务和面对客户的服务；从业务种类上看，操作风险不仅涉及系统、模型、信息传递等管理技术问题，也涉及凭证填报、实物传送等实际操作问题；从风险的严重性看，工作疏忽等小问题与恶意欺诈等犯罪行为都属于操作风险的范畴。所以，操作风险几乎存在于商业银行日常业务经营管理的每一个方面。

（4）较强的人为性。操作风险主要来自商业银行的日常营运，因此，人为因素对操作风险的形成有着重要影响。只要是与人员相关的业务，都存在着操作风险。如果说市场风险来自金融市场上金融产品价格的波动，信用风险来自借款人的违约，那么大多数的操作风险来自银行内部的人为失误。

四、操作风险与信用风险和市场风险的比较

操作风险与信用风险、市场风险在表现形式上相互交织，但是三者在产生机制和管理模式上差异较大。单个的操作风险因素与操作风险损失之间没有清晰明确的数量关系。因为在银行的业务链中，任何一个环节出现操作失误，都有可能通过业务链的传递而层层放大。

1. 操作风险与信用风险

信用风险是指商业银行的交易对手违约的潜在可能性。商业银行的长期实践经验表明，信贷风险是最大的，最明显的信用风险。在我国，商业银行风险管理一直以信用风险管理为核心。无论对方违约是什么原因，交易时银行是否已经进行资信审查，都笼统归入信用风险中。可是对信用风险管理的过程本来就属于操作风险的范畴，换句话说，商业银行很难区分客户不能偿还贷款，是信用风险导致的，还是信贷人员没有履行审查程序而产生的。

2．操作风险与市场风险

市场风险是指市场价格波动而导致的银行可交易产品头寸遭受损失的风险。操作风险和市场风险有高度的相关性。银行利用复杂的金融模型对金融资产进行定价时，模型缺陷或选取参数的偏差将会导致运算结果失真。若以此结果为依据管理市场风险，未必达到理想的效果，甚至有可能演变成以市场风险形式表现出来的操作风险。表 12.2 对操作风险、市场风险和信用风险之间的区别进行了总结。

表 12.2　操作风险与市场风险、信用风险的区别

项目	操作风险	市场风险	信用风险
风险类型	内部操作风险	利率风险	违约风险
	人的风险	汇率风险	集中决策风险
	体制风险	股东权益风险	信用恶化风险
	外部事件风险	存货风险	授信风险
风险因素	内部欺诈	基本点价值及其时间波动曲线	信用状况变动矩阵
	外部欺诈		
	就业政策和工作场所的安全性		
	客户、产品及业务操作		违约率
	实体资产损失		
	业务中断和系统失败		违约损失率
	执行、交割及流程管理		

从表 12.2 可以看出，操作风险与信用风险和市场风险相互交织而又有区别，这就导致了操作风险在测定和管理上的困难。所以，如何测定操作风险并将其纳入整个银行体系的风险管理，是每家银行所面临的难题。

第二节　《巴塞尔协议Ⅱ》对操作风险管理的建议

2004 年 6 月，巴塞尔委员会正式发布了《巴塞尔协议Ⅱ》。从 1975 年 9 月巴塞尔委员会的成立到 2004 年 6 月《巴塞尔协议Ⅱ》的正式发布，再到 2006 年年底《巴塞尔协议Ⅱ》的正式实施的 30 余年历程中，巴塞尔协议的思想在实践中不断得到完善，逐渐成为银行业监管的国际规则。《巴塞尔协议Ⅱ》提出的"以全面的方法管理操作风险"的理念，表明国际银行业监管机构开始将操作风险提升到和市场风险及信用风险同样重要的高度来加以控制和监督。

一、《巴塞尔协议Ⅱ》的提出

1974 年，前联邦德国赫尔斯塔银行和美国富兰克林国民银行的相继倒闭，令整个国际金融界非常震惊。监管机构在惊愕之余开始全面审视拥有广泛国际业务的商业银行的监管问题。1974 年，在国际清算银行的发起下，来自美国、英国、法国、

293

德国、意大利、日本、荷兰、比利时、加拿大和瑞典 10 国的中央银行代表于巴塞尔开会讨论跨国银行的国际监管问题。1975 年，成立了常设监督机构，即巴塞尔委员会。

1975 年，一些大型银行的海外分行由于管理不严和监管疏忽，不断引发金融混乱。在此背景下，第一个巴塞尔协议出台，全称为《对外国银行机构监管的原则》。其主要内容是按股权原则确定分行、多数股附属银行、少数股附属银行，以及监管银行的流动性、清偿性、外汇活动和头寸等。

20 世纪 80 年代的拉美债务危机对西方商业银行产生了巨大冲击。为此，1988 年巴塞尔会议通过了具有里程碑意义的《统一国际银行资本衡量和资本标准的国际协议》，即《巴塞尔协议Ⅰ》。它针对国际化程度较高的银行提出了最低资本充足率的要求，包括资本的定义、风险资产的计算及 8% 的最低资本充足率要求三个方面的内容。

《巴塞尔协议Ⅰ》的目标是设定一个公平的银行监管环境，确保全球银行业的资本额维持在一个适当的水平。随后，该协议逐渐成为银行业资本监管的一个全球性标准。但是随着全球资本市场不断发生变化，尤其是衍生工具的快速增长，原有的协议内容已经历多次修订。

20 世纪 90 年代后期，亚洲金融危机的爆发使金融监管当局和国际银行业感到有必要重新制定新的国际金融监管标准。2004 年 6 月，巴塞尔委员会推出了《巴塞尔协议Ⅱ》。《巴塞尔协议Ⅱ》全面修订和补充了《巴塞尔协议Ⅰ》的资本充足衡量标准和风险资本要求，引进了新颖的资产评级和风险测度方法，是对跨国银行资本充足性监管规则的一次根本性改革。

二、《巴塞尔协议Ⅱ》对操作风险的定义与解释

2001 年，《巴塞尔协议Ⅱ》的初稿沿用了英国银行家协会（BBA）在 1997 年对操作风险的界定，"由于内部程序、人员、系统的不完善或失误造成直接或间接损失的风险"。2004 年《巴塞尔协议Ⅱ》最终稿将操作风险定义为："由于不完善或有问题的内部程序、人员及系统或外部事件所造成损失的风险。"出于使操作风险资本费用最小化的目的，这一界定包含了法律风险，但策略风险和声誉风险并不包含其中。《巴塞尔协议Ⅱ》对操作风险的定义具有以下特点：

（1）定义以操作风险形成的不同原因为基础。与市场风险和信用风险都具有某种共性不同，操作风险的异质性使得很难形成对它的一致的定义。所以，操作风险定义包含了人员、程序和技术三方面的内部因素和外部事件。

①人员方面因素所导致的损失：由当前或过去雇员故意违反内部政策而导致的损失，未授权的操作行为导致的损失，以及对关键员工的过度依赖可能导致的直接和间接损失。

②程序方面因素所导致的损失：由现存程序的缺陷或缺乏而招致的损失。这种损失可能源于人们对当前程序错误的领悟。与程序相关的损失是非故意的。

③技术方面因素所导致的损失：由现存系统或技术的故障引起的损失，这种损

失是非故意的。如果与技术相关的故意损失发生，那么它们将被归入人员或外部损失类。实际上，"技术"要比定义中的"系统"更宽泛、更准确，因为技术包含互联网技术的基础结构和应用，以及通信设备等。

④外部事件所导致的损失：自然或人为暴力所导致的损失，或第三方的行为而引起的损失。外部事件包括自然灾害、恐怖袭击、外部法律问题、外部供给者和业务外包等。

然而，实际上操作风险源自哪里是很难分割的，例如人力资源的质量问题可能是根本原因而非直接原因；交易程序或管理程序的不完善可能是未授权交易发生的原因。而且，大多数操作失败的重大案例是许多操作领域同时失败的结果。

（2）操作风险的定义明确指出包括法律风险，但不包括策略风险和声誉风险。《巴塞尔协议Ⅱ》将后两种风险从操作风险范围中排除的根本理由，主要是从确定所遭受经济损失的困难和监管成本最小化两方面考虑。这也反映了操作风险可能导致的间接损失不容易量化的事实，所以，《巴塞尔协议Ⅱ》在操作风险的界定中取消了"直接或间接损失"的描述。

然而，实际上，策略风险和声誉风险很难从操作风险中分割出来。特别是声誉风险，它通常是操作风险导致的间接损失的一部分。因为声誉风险包括交易所采用的程序失败而导致的机构声誉或业务特许权损坏的损失。而且，除了金融损失对公司的直接影响外，操作损失事件可能通过声誉风险间接影响公司。公司的欺诈行为或不适当业务行为的披露，可能会通过消费者、持股人以及合伙人而影响公司的声誉。

（3）操作风险的定义体现了操作风险的内生性和环境依赖性特点。正是因为操作风险的内生性决定了操作风险通常是隐性事件，而且它常常与信用风险或市场风险联系在一起。例如，巴林银行的倒闭。一名交易员的欺诈行为通常被认为是操作风险。交易员的欺诈是巴林银行倒闭的根本原因，而市场环境变化又是巴林银行倒闭的催化剂。因而，这既说明了操作风险的内生性和决定性，也说明了操作风险具有环境依赖性。

但是，这个定义仍然没有明确操作风险最根本的风险源——人。实践中的程序和系统更多是通过雇员才具有生命力的，所以内部操作通常就是员工的作为或不作为。而高级管理层的管理方法和态度，如内部控制和激励机制等制度，能够直接或间接影响员工的工作态度，对员工的作为或不作为施加影响，进而影响银行的操作风险管理能力。由此，操作风险的定义侧重于操作风险的产生原因。

三、《巴塞尔协议Ⅱ》有关操作风险的规定

《巴塞尔协议Ⅱ》确定了银行业风险管理的三大支柱：监管资本最低要求（资本充足率）、监管部门的监督检查和市场纪律。

1. 第一支柱是指《巴塞尔协议Ⅱ》中的最低资本要求

巴塞尔委员会给出三种复杂性和风险敏感度渐次加强的方法来计算操作风险资本：基本指标法、标准化法和高级计量法。基本指标法按照操作风险暴露的一定比

例（如总收入的 15%）来提取覆盖操作风险所需的资本金。标准化法将资本金的计提建立在总收入的基础上，根据不同业务线的相对风险，确定相应的百分比，将不同的指标运用于不同的业务线，提高了对风险的敏感性。高级计量法采用一系列可靠方法来测量较常出现的、用单一方法无法界定的操作风险，其目的是为银行提供评估自身操作风险的框架。

2. 第二支柱是指监管当局的监督检查

监管当局的监督检查是最低资本要求和市场纪律的重要补充。《巴塞尔协议Ⅱ》认为，对于操作风险的管理应比照其他重大银行业的风险管理严格进行。如未能对操作风险实施适当的管理，可能导致对一个银行资产组合的错误描述，并可能造成银行的重大损失。为了促使银行的资本状况与总体风险相匹配，监管当局可以采用现场检查、非现场稽核及与银行管理部门座谈等方法审核银行的资本充足状况。

3. 第三支柱是指市场纪律

市场纪律要求将操作风险及化解措施和损失状况公之于众。关于操作风险，银行必须披露的内容有：操作风险管理的策略和过程；风险管理的结构与组织；风险报告或者风险测量系统的范围和内涵；对冲或化解风险的政策；检测对冲或化解风险的方式和过程；银行还应披露使用的计算规范资本的方法，以及计提的操作风险资本金。

第三节　操作风险的度量方法

一、《巴塞尔协议Ⅱ》的操作风险资本计量统一标准

2004 年 6 月，巴塞尔委员会正式发布了《巴塞尔协议Ⅱ》，在这一协议中，巴塞尔委员会要求商业银行度量操作风险，并增加操作风险的资本。巴塞尔委员会还对操作风险提出了三种计量方法，即基本指标法（BIA）、标准法（SA）和高级计量法（AMA）。这三种方法在复杂性和风险敏感性方面渐次加强。巴塞尔委员会认为，对操作风险计提资本不是目的，关键是通过计提资本和分配资本推动商业银行改进风险管理。

在上述三种方法中，基本指标法是最简单也最不具备风险敏感性的计量方法。巴塞尔委员会设定总收入代表着银行操作风险暴露规模，操作风险的资本要求为商业银行前三年总收入的年均值与资本系数（统一设定为 15%）的乘积。在度量操作风险的资本方面，基本指标法的优点是计量方法简单，但缺点是缺少风险敏感性。更进一步讲，对不同风险管理水平的银行的操作风险进行资本计量是一样的，无法实现有差别的和有激励机制的有效监管。

对于标准法，它把银行的业务分为八条业务线，每条业务线都分配了一个资本系数 β。各业务条线资本要求的方法是，用银行每条业务线的收入乘以该条线所指派的资本系数 β，总操作风险资本要求等于各业务条线监管资本按年加总后取三年的均值。与基本指标法相比，标准法根据不同业务线上的风险程度的不同，分别设

定了不同的资本系数。但标准法与历史损失数据无关，使得银行经营状况与实际风险程度的关系不大，使得经营状况良好、风险管理水平高的银行可能比更差的银行计提更多资本。由标准法派生出的替代标准法，允许银行用零售银行和商业银行这两条业务线上的贷款和垫款乘以一个固定系数（3.5%）代替这两条业务线的收入作为风险指标。除此之外，替代标准法的计算方法与标准法完全相同。

高级计量法建立在银行内外部损失数据、情景分析、业务经营环境和内部控制因素等基础上，并运用统计模型描述操作风险损失的分布，然后用来计量操作风险资本要求。银行可以自主开发适合自身特点的高级计量模型来计算操作风险暴露资本。相较于基本指标法和标准法，高级计量法具有更高的风险敏感性，可以更加实际地反映银行的风险暴露状况，也避免了银行总收入越大操作风险越大的悖论，但其也存在实施成本较高、开发难度大、监管核准流程相对较长、透明度差等缺陷。

二、《第三版巴塞尔协议改革最终方案》中的操作风险新标准法的计量框架

巴塞尔委员会以操作风险标准法的修订作为其改革的主要方向，2017年新标准法主要有以下改进内容：

（1）简化操作风险计量框架，增强银行间的可比性。巴塞尔委员会废除了《巴塞尔协议Ⅱ》所提出的基本指标法、标准法（含替代标准法）和高级计量法，提出了一个更具风险敏感性的操作风险新标准法，要求所有银行都将原有的三种方法统一为一种，在过渡期后执行新标准法计量操作风险最低资本要求。相比于操作风险高级计量法，新标准法是一个高度简化的计量模型，它主要基于三个部分构成：业务指标（BI）、业务指标部分（BIC）、内部损失乘数（ILM）。

其操作风险最低资本要求（ORC）由业务指标部分（BIC）和内部损失乘数（ILM）相乘得到：

$$ORC = BIC \times ILM \tag{12.1}$$

（2）放弃总收入指标，以业务规模衡量风险暴露。《巴塞尔协议Ⅱ》框架下的简单方法是将银行总收入（GI）作为操作风险暴露指标。然而，总收入采用了以净收入为基础的计算方法，即支出项目可以抵扣资本要求，使得银行操作风险资本要求随着总收入的减少而降低，与银行实际风险状况不相符。在新标准法框架下，改用以业务规模衡量操作风险暴露，衡量业务规模的 BI 由利息、租赁和分红组成部分（ILDC）、服务组成部分（SC），以及金融组成部分（FC）三者之和构成，旨在体现银行整体业务规模所蕴含的操作风险。各个组成部分的计算如下：

$$ILDC = \min\left[\overline{abs（利息收入-利息支出）}, \overline{2.25\%\times生息资产}\right] + \overline{股息收入} \tag{12.2}$$

$$SC = \max\left[\overline{其他营业收入}, \overline{其他营业支出}\right]$$
$$+ \max\left[\overline{手续费和佣金收入}, \overline{手续费和佣金支出}\right] \tag{12.3}$$

$$FC = \overline{abs（交易账簿净损益）} + \overline{abs（银行账簿净损益）} \tag{12.4}$$

以上公式中各指标上方的横杠表示该数值是按过去三年的年平均值计算。我们

297

需先逐年计算各项净值（例如利息收入减去利息支出）的绝对值，然后计算三年的年平均值。业务指标部分的定义见表 12.3。

表 12.3　业务指标部分的定义

业务指标	损益表或资产负债表项目	描述	典型的子项目
利息、租赁和分红	利息收入	所有金融资产的利息收入和其他利息收入（包含融资租赁和经营性租赁的利息收入、租赁资产收益）	·以下项目获得的利息收入：贷款和垫款、可供出售资产、持有至到期资产、交易性资产、融资租赁和经营租赁 ·套期保值衍生工具的利息收入 ·其他利息收入 ·租赁资产的收益
	利息支出	所有金融负债的利息支出和其他利息支出（包含融资租赁和经营租赁的利息支出，经营租赁资产的损失、折旧和减值）	·以下项目的利息支出：存款、已发行债券、融资租赁、经营性租赁 ·套期保值衍生工具的利息支出 ·其他利息支出 ·租赁资产的损失 ·经营租赁资产的折旧和减值
	生息资产（资产负债表项目）	未偿还贷款、垫款、生息证券（包括政府债券）以及租赁资产年末价值的总额	
	分红收入	未纳入银行合并财务报表的股权、基金等投资的分红收入，包括未并表子公司、联营公司和合资公司的分红	
服务	手续费和佣金收入	提供咨询和服务的收入，包括银行作为金融服务外包商的收入	费用及佣金收入： ·证券（发行、创设、接收指令，转递、执行客户指令等） ·清算和结算、资产管理、托管、信托交易、支付服务、结构性融资、资产证券化的服务、贷款承诺和担保、外汇交易
	手续费和佣金支出	获得咨询和服务的支出，包括银行为寻求金融服务外包所支出的费用，但不包括非金融服务项目（如物流、IT、人力资源）	费用及佣金支出： ·清算和结算、托管、资产证券化服务、贷款承诺和担保、外汇交易
	其他营业收入	未被前序业务指标项目包含的一般银行类服务收入（不包括经营性租赁）	·投资物业的租金收入 ·持有待售非流动资产及终止经营业务的收益
	其他营业支出	未被前序业务指标项目包含的一般银行类服务支出，预计经营过程中的损失事件（不包括经营性租赁）	·持有待售非流动资产及终止经营业务的损失 ·由经营损失事件造成的损失（如罚款、处罚、结算、损坏资产的重置成本），且未在以前年度计提拨备及准备金 ·为操作损失事件计提拨备及准备金的相关支出

表12.3（续）

业务指标	损益表或资产负债表项目	描述	典型的子项目
金融	交易账簿净损益	·交易性金融资产/负债（衍生工具、债券、权益证券、贷款和垫款、卖空头寸、其他资产和负债）的净损益 ·套期保值会计的净损益 ·汇兑差额的净损益	
	银行账簿净损益	·以公允价值计量且其变动计入当期损益金融资产的净损益 ·不以公允价值计量且其变动不计入当期损益金融资产的已实现收益或损失（贷款和垫款、可供出售资产、持有至到期资产、以摊余成本计量的金融负债） ·套期保值会计的净损益 ·汇兑差额的净损益	

资料来源：巴塞尔委员会《第三版巴塞尔协议改革最终方案》。

（3）重新校准边际资本系数，构建业务指标参数部分。随着银行产品和渠道创新的不断涌现，现行标准法对业务条线的划分对许多银行不再适用，各业务条线的风险排序也发生了变化，一些业务条线虽具有最低的资本系数12%，但实际有着相当高的操作风险损失。同时，也为了满足计量框架更为简单和更具备可比性的改革目标，新标准法中提出了业务指标部分（BIC），不再区分业务条线和设定相对应的资本系数，改为按照银行业务指标设定分层的边际系数。

在分层法下，业务指标部分（BIC）由业务指标（BI）乘以对应的边际系数。三个档次的边际系数采取分层累进的形式，意味着银行操作风险资本要求随着业务指标规模的增加而以更快的速度提高。

本次巴塞尔委员会发布的文件，将原来四种计算操作风险资本的方法统一为一种所有银行均需执行的新标准法。新标准法主要由两个部分构成：一是业务指标部分，二是内部损失乘数。

业务指标部分（BIC）由业务指标（BI）和边际资本系数（MC）两部分组成（见表12.4）。其中，业务指标的计算由利息、租金和分红部分（ILDC），服务部分（SC），金融部分（FC）相加获得，用以表示银行整体的业务规模所包含的风险规模。根据业务规模的大小，巴塞尔委员会设置了三个累进层级，各累进层级所对应的边际资本系数随着业务规模增大而上升。业务规模的设计，部分参考了原有替代标准法的一些思路。

表 12.4　银行不同业务规模对应边际资本系数

层级	业务规模	边际资本系数/%
第一档	业务规模 ≤ 10 亿欧元	12
第二档	10 亿欧元 < 业务规模 ≤ 300 亿欧元	15
第三档	业务规模 > 300 亿欧元	18

资料来源：巴塞尔委员会《操作风险最低资本要求》。

例如：若某银行业务规模为 350 亿欧元，则其 BI（业务规模）＝ 10×0.12＋（300−10）×0.15＋（350−300）×0.18 ＝ 53.7（亿欧元）。

（4）引入内部损失乘数，以提高操作风险计量的敏感性。近年来，国际银行业因欺诈、违规销售、操纵金融等受到监管处罚的事件频繁发生，如果单纯采取业务指标这一规模因子，无法反映操作风险的驱动因素。因而巴塞尔委员会在新标准法中引入内部损失乘数（ILM），对业务指标部分（BIC）进行调整。内部损失乘数的计算公式如下：

$$ILM = Ln\left[\exp(1) - 1 + (\frac{LC}{BIC})^{0.8} \right] \tag{12.5}$$

式中，银行操作风险损失部分（LC）为过去十年的年平均操作风险损失的 15 倍。式（12.5）意味着在 BIC 一定时，单个银行历史损失越多，内部损失乘数会非线性增加，但最外层使用的对数函数形式可以降低内部损失乘数的上升幅度，从而避免了操作风险最低资本要求受到低频高损或严重事件的过度影响。最终计量的操作风险最低资本要求等于业务指标部分（BIC）与 ILM 的乘积。

根据式（12.5），内部损失乘数取决于 LC 与 BIC 之比，如银行的操作风险损失等于 BIC，则 ILM＝1，意味着银行的最低资本要求等于 BIC；若操作风险损失高于 BIC，则 ILM>1，这时银行需要持有更多的资本；相反，如果操作风险损失低于 BIC，则 ILM<1，但最低不低于调节因子底线 0.541，相当于损失较少的银行可以享受到资本折扣，银行可以持有较少的资本。为降低实施成本，巴塞尔委员会针对 BI 小于 10 亿欧元的小银行，将 ILM 规定为 1，忽略历史损失数据的影响。同时，考虑到各司法管辖区的金融市场、金融机构和监管体制的差异，巴塞尔委员会允许各监管机构自行决定是否将辖区内所有银行的 ILM 设置为 1。

（5）新标准法操作风险资本要求计算框架见表 12.5。

表 12.5　新标准法操作风险资本要求计算框架

项目	计算程序
总体计算公式	操作风险加权资产 = 操作风险最低资本要求×12.5 操作风险最低资本要求 = 业务指标部分×内部损失乘数

表12.5（续）

项目	计算程序		
业务规模部分	业务指标部分为业务指标与边际资本系数的计算结果 业务指标 = 利息、租金和分红部分 + 服务部分 + 金融资产部分		
	利息、租金和分红部分	为以下两部分加总： ①近三年（利息收入 − 利息支出）绝对值的年均值与 2.25%× 近三年年均生息资产中较小者 ②近三年年均分红收入	
	服务部分	为以下两部分加总： ①近三年年均其他营业收入与近三年年均其他营业支出中较大者 ②近三年年均手续费和佣金收入与近三年年均手续费和佣金支出中较大者	
	金融资产部分	为以下两部分加总： ①近三年交易账簿净损益绝对值的年均值 ②近三年银行账簿净损益绝对值的年均值	
内部风险乘数	内部损失乘数	内部损失乘数 $= \ln \left[\exp(1) - 1 + (损失数据/业务指标部分)^{0.9} \right]$	
	损失数据	15× 过去 10 年的年平均操作风险损失额	

资料来源：巴塞尔委员会《操作风险最低资本要求》。

301

第四节　中国银行业关于操作风险的度量方法

2023 年 11 月 1 日，国家金融监督管理总局发布了《商业银行资本管理办法》。《商业银行资本管理办法》规定商业银行可以采用标准法或基本指标法来计量操作风险资本要求。《商业银行资本管理办法》把商业银行分为三个档次：第一档商业银行应采用标准法来计量商业银行操作风险资本要求，第二档和第三档商业银行应采用基本指标法来计量操作风险资本要求。而商业银行操作风险加权资产为所需操作风险资本要求的 12.5 倍，即操作风险加权资产=操作风险资本要求×12.5。下面，我们将分别介绍计算操作风险资本要求的标准法和基本指标法。

一、标准法

商业银行计算操作风险资本要求的公式为

$$K_{\text{TSA}} = \text{BIC} \times \text{ILM} \tag{12.6}$$

式中，K_{TSA} 为按标准法计量的操作资本要求，BIC 为业务指标部分，ILM 为内部损失乘数。

业务指标部分（BIC）等于商业银行业务指标（BI）乘以对应的边际资本系数 α。业务指标（BI）为利息、租赁和股利部分（ILDC），服务部分（SC），及金融部分（FC）之和，即 BI = ILDC + SC+ FC。其业务指标的这个部分的具体构成，参见

表 12.6。其业务指标这三个部分的计算公式参见式（12.2）、式（12.3）和式（12.4）。

商业银行采用标准法，应根据业务指标（BI）对应的边际资本系数。业务指标80 亿元人民币（含）以下部分，边际资本系数 α 为 12%；80 亿元人民币以上、2 400 亿元人民币（含）以下部分，边际资本系数 α 为 15%；2 400 亿元人民币以上部分，边际资本系数 α 为 18%。

内部损失乘数（ILM）是基于商业银行操作风险年平均历史损失数据与业务指标部分的调整因子，其计算公式如下：

$$ILM = Ln\left[\exp(1) - 1 + \left(\frac{LC}{BIC}\right)^{0.8}\right] \qquad (12.7)$$

式中，损失部分（LC）为近十年操作风险损失金额的年算术平均值的 15 倍。对于中国的商业银行而言，其损失数据的识别、收集和处理，是一项具有挑战性的任务。所以，国家金融监督管理总局要求，在一般情况下，商业银行应使用数字 1 作为内部损失乘数（ILM）。

表 12.6　中国银行业业务指标构成说明

组成部分	项目	定义	典型的子项目
利息、租赁和股利	利息收入	所有金融资产的利息收入和其他利息收入（包括融资租赁的利息收入和经营租赁的租金收入、租赁资产的收益）	• 以下项目获得的利息收入：贷款和垫款、金融投资——债权投资、金融投资——其他债权投资、交易性金融资产、融资租赁 • 套期保值衍生品的利息收入 • 其他利息收入 • 经营租赁的租金收入 • 租赁资产的收益
	利息支出	所有金融负债的利息支出和其他利息支出（包括租赁业务的利息支出，租赁资产的损失、折旧和减值）	• 以下项目的利息支出：存款、已发行债券、租赁业务 • 套期保值衍生品的利息支出 • 其他利息支出 • 租赁资产的损失 • 租赁资产的折旧和减值
	生息资产	未偿还贷款和垫款、生息债券（包括政府债券）以及租赁资产年末价值的总额	
	股利收入	未纳入商业银行合并财务报表的股权、基金等投资的股息、红利收入，包括未并表子公司、联营公司和合营公司	

表12.6(续)

组成部分	项目	定义	典型的子项目
服务	手续费和佣金收入	提供咨询和服务的收入，包括商业银行作为金融服务外包商的收入	费用及佣金收入： • 证券（发行、创设、交易、执行客户指令等） • 代销类（基金、保险、债券等） • 清算与结算、资产管理、托管、信托交易、支付服务、结构性融资、资产证券化服务、贷款承诺和担保、外汇交易
	手续费和佣金支出	获得咨询和服务的支出，包括商业银行金融服务外包的支出，但不包括非金融服务项目（如物流、IT、人力资源）	费用及佣金支出： • 清算与结算、托管、资产证券化服务、贷款承诺和担保、外汇交易
	其他经营性收入	未被前序项目包含的一般银行类服务收入（不包括经营租赁收入）	• 投资性房地产的租金收入 • 分类为持有待售且不符合终止经营条件的非流动资产及处置组的收益 • 其他一般银行类服务收入
	其他经营性支出	未被前序项目包含的一般银行类服务支出，以及由操作风险损失事件造成的费用和损失（不包括经营租赁支出）	• 分类为持有待售且不符合终止经营条件的非流动资产及处置组的损失 • 由操作风险损失事件造成的损失（如罚款、处罚、结算、损坏资产的重置成本），且未在以前年度计提的准备金 • 为操作风险损失事件计提的准备金 • 其他一般银行类服务支出
金融	交易账簿净损益	• 以交易性目的持有的金融资产和承担的金融负债（衍生品、债券、权益证券、贷款和垫款、卖空头寸、其他资产和负债）的净损益 • 套期保值会计的净损益 • 汇兑差额的净损益	
	银行账簿净损益	• 以公允价值计量且其变动计入当期损益金融资产和负债的净损益 • 不属于以公允价值计量且其变动计入当期损益金融资产和负债的已实现收益或损失（贷款和垫款、金融投资——债权投资、金融投资——其他债权投资、以摊余成本计量的金融负债） • 套期保值会计的净损益 • 汇兑差额的净损益	

303

二、基本指标法

上面已经讲过，对于第二档和第三档银行，在计算操作风险资本要求时，应采用以总收入为基础的基本指标法。总收入为净利息收入和非利息收入之和，具体构成见表 12.7。这样，计算操作风险资本要求的基本指标法公式如下：

$$K_{\mathrm{BIA}} = \frac{\sum_{i=1}^{n} \mathrm{GI}_i \times \alpha}{n} \tag{12.8}$$

式中，K_{BIA} 为按基本指标法计量的操作风险资本要求，GI 为近三年中每年正的总收入，n 为近三年中总收入为正的年数，α 为 15%。

表 12.7　中国银行业总收入的构成

项目	内容
利息收入	①金融机构往来利息收入，贷款、投资利息收入，其他利息收入等
利息支出	②金融机构往来利息支出、客户存款利息支出、其他借入资金利息支出等
净利息收入	③=①-②
手续费和佣金净收入	④手续费及佣金收入-手续费及佣金支出
净交易损益	⑤汇兑与汇率产品损益、贵金属与其他商品交易损益、利率产品交易损益、权益衍生产品交易损益等
证券投资净收益	⑥证券投资净损益等，但不包括银行账簿"以摊余成本计量"和"以公允价值计量且其变动计入其他综合收益"两类证券出售实现的损益
其他营业收入	⑦股利收入、投资性房地产公允价值变动等
净非利息收入	⑧=④+⑤+⑥+⑦
总收入	⑨=③+⑧

复习思考题及参考答案

1.《巴塞尔协议Ⅱ》中关于操作风险的定义是什么？如何理解？

2.《巴塞尔协议Ⅱ》中，按照业务种类和损失事件如何分类操作风险？

3. 操作风险与市场风险和信用风险相比，其特点是什么？

4. 简述《第三版巴塞尔协议改革最终方案》中，关于操作风险资本计量的标准法。

5. 简述《商业银行资本管理办法》中，关于操作风险资本计量的基本指标法。

扫一扫，即可获得参考答案

参考文献

[1] 巴塞尔银行监管委员会. 第三版巴塞尔协议改革最终方案 [M]. 中国银行保险监督管理委员会, 译. 北京: 中国金融出版社, 2021.

[2] 巴塞尔银行监管委员会. 统一资本计量和资本标准的国际协议: 修订框架 [M]. 中国银行业监督管理委员会, 译. 北京: 中国金融出版社, 2004.

[3] 冯乾, 游春. 操作风险计量框架最新修订及其对银行业的影响 [J]. 财经理论与实践, 2019 (1): 2-9.

[4] 刘明彦. 商业银行操作风险管理 [M]. 北京: 中国经济出版社, 2008.

[5] 鲁政委, 陈昊. 巴塞尔协议Ⅲ操作风险资本监管的新标准法与实施挑战 [J]. 金融监管研究, 2019 (4): 1-14.

[6] 吕香茹. 商业银行全面风险管理 [M]. 北京: 中国金融出版社, 2009.

[7] 徐刚. 商业银行操作风险成因及控制研究 [M]. 北京: 中国金融出版社, 2004.

[8] 亚历山大. 商业银行操作风险 [M]. 陈林龙, 等译. 北京: 中国金融出版社, 2005.